MARY POPPINS
e sua criadora

MARY POPPINS
e sua criadora

*A vida de
Pamela Travers*

VALERIE LAWSON

Prata

1ª Edição
São Paulo-SP • Brasil

Publicado anteriormente nos Estados Unidos em 2006 pela Simon & Schuster Paperbacks com o título *Mary Poppins she wrote: the life of P. L. Travers*, na Inglaterra em 2005 pela Aurum Press Ltd. e originalmente pela Hodder em 1999 com o título *Out of the sky she came*

Copyright© 1999 Valerie Lawson
Todos os direitos desta edição reservados à Prata Editora e Distribuidora Ltda.

ISBN 978-85-86307-57-7

Editor-Chefe: Eduardo Infante
Tradução: Marilu Reis, Frederico Rimoli e Natália Petroff
Preparação e Revisão de Texto: Flávia Portellada
Projeto Gráfico e Direção de Arte: Julio Portellada
Diagramação: Estúdio Kenosis

Fontes das Fotos:
Página 1: Coleção da família Travers • Página 2: (*acima*) Fotografia de Valerie Lawson, 1996; (*abaixo*): Coleção da família Travers • Página 3 (*acima e abaixo à esquerda*): Biblioteca Estadual de Nova Gales do Sul; (*abaixo à direita*): Revista Green Room • Página 4: Coleção Travers da Biblioteca Mitchell, Sidney • Página 5: (*acima e abaixo à direta*): Coleção da família Travers; (*abaixo à esquerda*): Fotografia de Valerie Lawson, 1997 • Páginas 6 e 7: Ilustrações dos livros de Mary Poppins, por Mary Shepard, reproduzidas por cortesia da N. E. Middleton Artists' Agency • Página 8 (*acima à esquerda*): Hulton Getty; (*acima à direita e abaixo*): Coleção da família Travers • Página 9: Coleção da família Travers • Página 10: © Earl Thiesen/revista LOOK, reprodução autorizada • Página 11 (*acima à esquerda*): © Earl Thiesen/revista LOOK, reprodução autorizada; (*acima à direita*): revista Modern Woman, janeiro de 1965; (*abaixo à direita*): Everybody's, 11 de novembro de 1964; (*abaixo à esquerda*): Coleção Travers da Biblioteca Mitchell, Sidney • Páginas 12 e 13: Coleção Travers da Biblioteca Mitchell, Sidney • Página 14 (*acima e abaixo à direita*): Coleção Travers da Biblioteca Mitchell, Sidney; (*abaixo à esquerda*): The Australian Women's Weekly, 28 de dezembro de 1966 • Página 15 (*acima*): The Draper's Record; (*abaixo*): Coleção Travers da Biblioteca Mitchel, Sidney • Página 16 (*acima*): Coleção da família Travers; (*centro*): © revista LOOK; (*abaixo*): © Jane Bown 1995, reprodução autorizada.

Dados Internacionais de Catalogação na Publicação (CIP)
(Câmara Brasileira do Livro, SP, Brasil)

Lawson, Valerie
   Mary Poppins e sua criadora : a vida de Pamela Travers / Valerie Lawson ; tradutores Marilu Reis, Frederico Rimoli, Natália Petroff. — 1. ed. — São Paulo : Prata Editora, 2014.

   Título original: *Mary Poppins she wrote : the life of P. L. Travers.*

   1. Australianos – Inglaterra – Biografia. 2. Autores australianos – Século 20 – Biografia. 3. Autores ingleses – Século 20 – Biografia. 4. Poppins, Mary (Personagem fictício) I. Título.

13-13928   CDD-823.912

Índices para catálogo sistemático:
1. Autores ingleses : Século 20 : Biografia
823.912

Prata Editora e Distribuidora
www.prataeditora.com.br
facebook/prata editora

É PROIBIDA A REPRODUÇÃO

Todos os direitos reservados à editora, de acordo com a legislação em vigor. Proibida a reprodução total ou parcial desta obra, por qualquer meio de reprodução ou cópia, falada, escrita ou eletrônica, inclusive transformação em apostila, textos comerciais, publicação em websites etc., sem a autorização expressa e por escrito da editora. Os infratores estarão sujeitos às penalidades previstas na lei.

Impresso no Brasil/*Printed in Brasil*

Para Lucy e Annie

SUMÁRIO

Prefácio 11

PARTE 1: A DONZELA, 1899–1934

Prólogo: O momento entre o dia e o escurecer...
...quando tudo pode acontecer.......................... 21
1 O verdadeiro Sr. Banks 23
2 Ellie e Allora 39
3 A Velha Inglaterra na Austrália 55
4 O nascimento de Pamela 65
5 O encontro com a Irlanda 83
6 Amantes, gurus e a menina hesitante 115

PARTE 2: A MÃE (1934-1965)

Prólogo: Ela veio do céu, e para o céu voltou.......... 143
7 Poppins e Pamela no País das Maravilhas............. 145
8 Uma bela noite para morrer 167
9 A trajetória de Camillus 177
10 A porta para Mabeltown 191
11 A despedida de Monsieur Bon Bon 213
12 Jogo de sombras 235
13 A americanização de Mary 243

PARTE 3: A ANCIÃ, 1965-1996

Prólogo: Uma anciã na cadeira de balanço
        é como o tique-taque do relógio da terra 281
14 Uma anciã entre as Belas Adormecidas 283
15 Em busca de Pamela Travers. 305
16 Não tema mais o calor do sol 327

Bibliografia 347
Livros publicados por P. L. Travers 349
Agradecimentos 351

*O que chamamos de começo é muitas vezes o fim
e fazer um fim é fazer um começo.
O fim é de onde partimos. E toda frase
e sentença que está certa (onde toda palavra está em casa
e toma o seu lugar em apoio às outras,
a palavra nem hesitante nem ostentosa,
uma relação fácil do velho com o novo,
a palavra comum, exata, sem vulgaridade,
a palavra formal precisa mas não pedante,
o par perfeito para uma dança).
Toda sentença e toda frase é um fim e um começo,
todo poema um epitáfio. E qualquer ato
é um passo para o cepo, para o fogo, para a garganta do mar abaixo,
ou para uma pedra ilegível: e é daí que partimos...*

*Não desistiremos de explorar
E o fim de toda a nossa busca
Será chegar ao lugar de onde partimos
E conhecer o lugar pela primeira vez.*

T. S. Eliot,
Um Buraco na Sombra ("Little Gidding")
Quatro Quartetos

PREFÁCIO

Quando o poeta Ted Hughes recebeu a coleção dos livros de *Mary Poppins*, ele escreveu uma nota de agradecimento para Collins, o editor: "Lamento que minha esposa, Sylvia Plath, não possa ver isto, porque Mary Poppins foi a fada madrinha de sua infância. Ela falava muito dela".[1]

Plath soube instintivamente que Mary Poppins representava todas as personagens boas dos contos de fadas. Sob a fachada de uma inofensiva babá britânica empurrando um carrinho de bebê em Kensington, Poppins possui mais magia e mistério do que as fadas madrinhas de Cinderela ou da Bela Adormecida. Mas Poppins também tem uma outra característica. Há algo sinistro por trás dos seus olhos azuis e das flores em seu chapéu. Como escreveu Pamela Lyndon Travers, sua criadora, todo bom conto de fadas tem uma contrapartida de maldade, o antagonista necessário.[2]

Em *Mary Poppins*, Travers criou mais do que a imagem açucarada que conhecemos dos filmes de Walt Disney dos anos 1960. Poppins permaneceu porque é tão excêntrica quanto amável, tão ameaçadora quanto carinhosa, tão inflexível quanto sensual, tão ilusória quanto real. De onde ela vem, para onde ela vai? As crianças Banks sabiam apenas de uma coisa: ela veio do céu e para o céu ela vai voltar.

Desde a publicação do primeiro livro, em 1934, *Mary Poppins* passou a fazer parte da cultura popular de muitos países, quase uma personagem de quadrinhos, consolidada pelo filme de Walt Disney, de 1964, com relançamentos em 1973 e 1980, e um lançamento posterior em vídeo e DVD.

AGRADECIMENTOS

As seis histórias da coleção continuam a ser impressas e foram traduzidas para diversos países. O nome "Mary Poppins" se tornou um adjetivo, uma referência de mulher ideal. Mais recentemente, a babá surgiu em um dos episódios da série *Os Simpsons*, transformada em Sherry Bobbins, que tentou levar a ordem ao caos daquela casa, mas fracassou. Mas nem mesmo esta abordagem a destruiu. Ao contrário, a engrandeceu.

A imagem de Mary Poppins voando com seu guarda-chuva sobre os telhados de Londres é impagável, mas o conceito da personagem é ainda mais forte. Implica em uma infância segura e é uma resposta para o eterno dilema das mulheres: como conciliar a vida entre as próprias necessidades e a demanda familiar.

Mary Poppins voou para um lar dos anos 1930 onde a mãe não trabalhava. (No filme, a Sra. Banks se tornou uma ativista maluca, uma interpretação interessante que revelava a posição de Walt Disney diante do alvorecer da nova era do feminismo.) No final do século 20, a maioria das mulheres trabalhava e muitas mães precisavam de alguém para cuidar das crianças. Se pudessem pagar, contratavam uma babá; caso contrário, colocavam os filhos sob os cuidados de uma creche. Independentemente de quem fosse, o pai e a mãe tinham uma relação de ambivalência com a pessoa responsável por seus filhos.

Os pais queriam acreditar no melhor, mas frequentemente sentiam ou imaginavam uma bruxa má por trás da aparência de boazinha. A mãe ficava tensa, imaginando se a babá roubaria seu filho ou seu marido. (Em muitas culturas, a babá é retratada como uma interesseira ou uma enroladora que passa o tempo seduzindo o patrão, como Fran Fine, a bela babá judia que se vestia com roupas extravagantes da série de TV *The Nanny*.)

A ansiedade é reforçada pelas terríveis histórias de babás da vida real, capazes de sacudir um bebê indefeso até a morte. E, ao deixar o tribunal, elas parecem seres angelicais, com seus cabelos impecavelmente penteados, as mãos segurando uma bolsa e o corpo contido em um elegante *tailleur*.

A produtora de filmes Hammer captou isso muito bem. Em 1965, um ano depois do lançamento de *Mary Poppins*, a companhia inglesa especializada em filmes de terror lançou *Nas Garras do Ódio*, no qual a protagonista, Bette Davis, é referida como "Mary Poppins". Davis representa uma babá já idosa, realmente assustadora. Aqueles olhos esbugalhados sob grossas sobrancelhas negras e sinistras, retratam a imagem característica de Davis. À noite, ela penteia os cabelos do mesmo modo que Poppins.

Na primeira cena da casa, vemos uma mulher histérica, cujo filho esteve em um internato por dois anos, enviado pelo pai indiferente e pela mãe infeliz. O garoto se recusava a comer ou dormir dizendo que a babá planejava envenená-lo e afogá-lo no banho. Fica implícito um segredo sobre algo horrível que acontecera com sua irmã mais nova. A babá de Davis gera uma sensação de desconforto e desconfiança, enquanto infantiliza a mãe incapaz. Ela alterna entre dar de comer em sua boca com uma colher e chamá-la de "madame" de um jeito bem afetado. No final do filme, quando percebemos que a babá é uma psicopata, Davis diz: "O trabalho de uma babá se baseia na confiança".

Em *Nas Garras do Ódio*, a babá representa a imagem inversa de Mary Poppins, é o contraste entre o preto e o branco, o mal e o bem, a bruxa má e a fada boa. A babá veio para matar. Mary veio para corrigir, para colocar ordem na desordem, para gerar união na desunião. Isso feito, ela pode ir para um lugar secreto no céu.

Pamela Travers certa vez declarou: "Um monge budista com quem estudei me disse que *Mary Poppins* estava repleto de ensinamentos *zen* e que todas as histórias *zen* trazem algo simples contendo um segredo. Algumas vezes, o segredo é revelado, em outras não. Não importa, mas ele sempre está presente".[3]

O mesmo pode ser dito da história de Travers. Quase todos já ouviram falar de Mary Poppins, mas quase ninguém conhece Pamela Lyndon Travers. "Não quero ser rotulada, tenho aversão a isso", disse ela em uma entrevista.[4] Travers deixou bem claro que não queria uma biografia depois de sua morte. Talvez, como Oscar Wilde, que chamava os biógrafos de "sequestradores de corpos", ela se sentisse ofendida com qualquer intromissão em sua vida pessoal. "Não deixo as pessoas fuçarem na minha vida... Minha vida privada não é uma carta na manga", comentou com uma amiga.[5]

Por outro lado, ela arquivou sua vida em caixas etiquetadas. Se fosse sincero o seu desejo de privacidade, ela teria destruído todas as suas cartas pessoais, anotações e fitas gravadas de suas leituras, formais e informais, além de seus álbuns de fotografias. Em vez disso, ela vendeu sua documentação pessoal, incluindo anotações particulares, para a Biblioteca Mitchell, em Sydney, onde o acesso ao material é público. Cada fotografia, carta, poema e pensamento fortuito, está cuidadosamente anotado e preservado para futuros leitores. Ao deixar este grande tesouro, talvez Travers

AGRADECIMENTOS

estivesse tentando registrar pessoalmente sua própria vida, para não deixar que outra pessoa a interpretasse.

Apesar de Travers não ter desejado uma biografia, acredito que sua morte significou uma mudança nas regras. Assumi o mesmo ponto de vista do biógrafo Michael Holroyd, que disse: "Eu discrimino os direitos dos vivos e dos mortos... Quando estamos vivos precisamos de nossos sentimentalismos, fugas, meias-verdades e mentiras brancas, para viver. Quando morremos, as regras passam a ser diferentes".[6]

Para mim, ela se tornou mais fascinante à medida que me envolvi em seu mistério; era o que mais me intrigava e não a sua temática, embora eu gostasse de *Mary Poppins* quando criança, e compreendia os sentimentos ambíguos de conforto e medo ao ter uma babá. A nossa chamava-se Sra. Henderson, a "Hendy", uma vizinha que fazia biscoitos e era boa, justa e severa. Ela tinha um jeito tão diferente de minha mãe, parecia mais afável, mas igualmente determinada. Minha mãe trabalhava, algo incomum para uma neozelandesa dos anos 1950. Eu amava Hendy, apesar de ficar com medo dela algumas vezes.

Resolvi pesquisar sobre Pamela Travers quando descobri que ela era australiana. Assim como eu, tinha sido dançarina, atriz e escritora. A "caçada à Pamela" acabou se tornando uma jornada de cinco anos de descobertas, que me levou a patamares inesperados, tanto geograficamente como emocionalmente. A parte mais maravilhosa da viagem foi sair em busca de algo totalmente desconhecido. Eu escrevi para a sua agente, e Travers respondeu. O aerograma azul é de 22 de agosto de 1994.

> *Cara srta. Lawson,*
> *Eu não gosto de publicidade pessoal, mas estou disposta a conversar sobre meu trabalho.*

A carta prosseguia dizendo que ela tinha quebrado o braço, por isso parte de sua memória também tinha se quebrado. Perguntou se eu tinha lido seu mais novo livro, *What the Bee Knows*. A carta terminava, dizendo: "Estamos passando por um calor tão violento que espero ansiosamente a chegada do vento sul[7] à noite!" Ditada para alguém de caligrafia simples, a carta tem a assinatura vacilante de P. L. Travers.

Solicitei uma cópia de *What the Bee Knows* para uma editora desconhecida da Califórnia, mas logo deixei o livro de lado... Não dispunha de tempo para as referências e pesquisas sobre os heróis mitológicos de Pamela Travers.

Numa manhã, dezoito meses depois, acordei sabendo que era o momento certo para começar o livro. Algo que Travers escreveu ficou na minha mente. Eu compreendi o que ela quis dizer sobre as três fases da vida de uma mulher, "donzela, mãe e anciã",[8] porque todas faziam parte de mim, coexistindo, do mesmo modo que uma menina, desde cedo, já possui todos os óvulos em seu corpo para os seus futuros bebês.

A jornada começou na Sala de Leitura Dixson da Biblioteca Mitchell, em Sydney, uma lugar de contemplação e paz, onde a vida de Travers se abriu diante de mim assim que desembrulhei o pacote de tecido amarrado com uma fita branca, contendo suas antigas cartas e histórias.

Em 1996, escrevi novamente para sua agente literária pedindo para encontrar Travers em Londres, no início de maio. Ela respondeu que Travers estava muito doente. Um dia depois de receber essa carta, Travers morreu. Escrevi seu obituário no *Sydney Morning Herald*. Na semana seguinte, fui a Londres para cobrir um processo judicial que faria parte de um livro sobre um escândalo em um escritório de advocacia. O caso foi resolvido, e era hora de seguir em frente. Caminhei pela Shawfield Street, em Chelsea— onde Pamela Travers viveu por mais de trinta anos —, com uma sensação que mesclava medo, tristeza e excitação.

Pensei sobre a viagem de Pamela de Sydney para Londres, em 1924, e sua saudosa lembrança: "desde criança, sempre tive um forte desejo que acho que nasceu comigo, de ir à Inglaterra e à Irlanda. Eu edifiquei toda minha vida para isso".[9]

Shawfield Street é uma rua curta. E pareceu ainda mais curta naquele dia. Logo alcancei a porta cor-de-rosa da casa de Pamela e toquei a campainha, esperando que ninguém atendesse. Ninguém atendeu. Durante o tempo que levei para chegar a Kings Road, tudo pareceu verossímil: a passagem do tempo, as viagens realizadas ou não e como, agora, essa história era necessária.

Os três anos seguintes que passei em busca da verdade sobre Pamela se tornaram um fim em si mesmo, a busca era tão importante quanto a conclusão. No final de 1997, viajei pelo Novo México, para Washington, Nova York e Boston, e depois através do condado de Donegal para Londres, onde conheci o filho de Pamela, Camillus Travers. Ele estava morando na

AGRADECIMENTOS

29 Shawfield Street, tão familiar para mim quanto uma foto antiga, embora nunca tenha entrado na casa. O estúdio de Pamela ficava no andar de cima. Ele abriu as portas para mim. Ali, sua escrivaninha parecia intocada desde a sua morte.

Não podia ter deixado Londres àquela altura. O estúdio ficou na minha cabeça e era impossível escrever o livro sem voltar lá.

Nove meses depois, voltei a Londres. Todos os dias eu sentava em sua mesa, arrumando, vasculhando cada gaveta, separando fotos amareladas, o que sobrou de um diário, pedaços de papel, organizando, colocando clipes e passando elásticos em pilhas de coisas. Estava completamente só. Camillus saía cedo e voltava para casa depois que eu ia embora.

Um dia, descobri seus antigos discos, com músicas compostas para exercícios de meditação, os "movimentos" criados por seu guru Gurdjieff, e coloquei um deles na vitrola. O som do piano era mais suave do que eu esperava. O espírito de Pamela pareceu voltar para o estúdio naquela manhã. E, num outro dia, no fim da primeira semana, uma rajada de vento bateu a porta de repente. Novamente, a presença de Pamela era forte. A minha nuca ficou toda arrepiada.

Todo fim de tarde, eu andava pela Kings Road, passando pelas lojas de maquiagem e butiques, pelo caminho sinuoso para South Kensignton, com as anotações dentro da pasta, uma vida em pedaços ainda não codificados. Pamela Travers estava em tudo ao meu redor.

TRAVERS DIZIA QUE TODOS OS livros alegres se baseiam na tristeza. Ela devia ter em mente o próprio sofrimento. E também tinha muitos desgostos. Ela sabia que "o copo da tristeza está sempre cheio. Para o adulto é como uma jarra, para a criança, é um dedal, mas está sempre cheio".[10] E dizia: "todos nós estamos em busca da magia. Todos precisamos sentir que estamos sob um feitiço e que um dia uma varinha de condão fará surgir das roupas esfarrapadas a princesa que acreditamos ser. Contudo, nós mesmos temos que sacudir a varinha. Se pudéssemos parar de restaurar continuamente nossas defesas. Ficar nus e indefesos. Ah, como precisamos disso".[11] Ela precisava, mas não conseguia, e gerava mais defesas e máscaras com o passar do tempo. O escritor Salman Rushdie resumiu esta vida, e muitas outras, em um comentário declarado em uma entrevista: "Nós vivemos em um mundo de frustração. Você começa com grandes esperanças e a maravilhosa inocência na infância, mas descobre que o mundo não é bom o suficiente, nem nossas vidas, nem nós mesmos. Mas existem momentos na vida em que podemos ter uma experiência transcendente, em que nos sentimos parte de algo maior, ou em que simplesmente nosso coração bate mais forte".[12]

Eu acredito que Travers experimentou esta transcendência maravilhosa mais do que a maioria. Como sempre, ela chegou inesperadamente, no prazer de sua busca por um padrão e um significado para a vida. Ela disse para uma de suas escritoras preferidas, Jonathan Cott: "Há uma frase maravilhosa em um poema de Theodore Roethke, que diz 'você aprende quando vai aonde deve ir'. Você não consegue aprender antes de se colocar a caminho, não é? Você segue pela estrada e aprende ao caminhar".[13]

A sua vida foi muito mais do que imaginei. E a minha vida foi dilatada pelos seus escritos.

Valerie Lawson

Notas

[1] Carta de Ted Hughes, sem data, Biblioteca Mitchell, Sydney.
[2] P. L. Travers, *About the Sleeping Beauty* (Londres: Collins, 1975).
[3] Feenie Ziner, "Mary Poppins as a Zen Monk", *The New York Times*, 7 de maio de 1972.
[4] "A Remarkable Conversation About Sorrow", entrevista em 23 de junho de 1965, para Janet Graham, *Ladies' Home Journal*.
[5] Carta para Staffan Bergsten, 19 de fevereiro de 1977.
[6] Michael Holroyd, entrevista a Nigel Farndale, *Daily Telegraph*, 4 de julho de 1998.
[7] O vento que refresca Sydney depois de um dia quente de verão.
[8] Entrevista a uma estação de rádio de Boston, 1965.
[9] "A Remarkable Conversation About Sorrow".
[10] Ibid.
[11] Nota manuscrita de P.L. Travers durante a Segunda Guerra Mundial, Biblioteca Mitchell, Sydney.
[12] Salman Rushdie, entrevista a Nigel Williamson, *The Times*, 3 de abril de 1999.
[13] Jonathan Cott, *Pipers at the Gates of Dawn: the wisdom of children*Prólogo: *s literature* (Nova York: Random House, 1983).

I

A Donzela
1899–1934

"O MOMENTO ENTRE O DIA E O ESCURECER...
...QUANDO TUDO PODE ACONTECER."[1]

ALLORA, FEVEREIRO DE 1907

"Venha para dentro Lyndon... Lyndon, você está me ouvindo? Já é tarde, está quase escuro. Preciso que você me ajude com a bebê."

Lyndon ouviu. Ela queria aproveitar cada momento do crepúsculo no campo próximo à casa grande. Lyndon estava deitada de costas, olhando para o céu. Os espinhos espetavam seus ombros nus. Cada vez mais desejava que a abóboda celeste caísse sobre ela, tão leve quanto os lençóis limpos que Kate Clancy balançava sobre sua grande cama de madeira aos sábados.

Vênus já tinha ido embora. De um lado, podia ver o Cruzeiro do Sul, e do outro, as sete estrelas da constelação das Plêiades. Johnny, o cavalariço, havia dito que as estrelas já tinham sido mulheres, as sete irmãs de Atlas.

Lyndon sentia como se pudesse voar para o azul do hemisfério acima dela. Mamãe dizia que se não tivesse cuidado, seu cabelo poderia tocar as estrelas. Ela bem que gostaria de acreditar nisso, mas sua mãe tinha dessas histórias bobas.

Mas ela nunca contou para ninguém que podia ouvir o murmúrio das estrelas. Lyndon gostava mais das Plêiades. E se uma das sete irmãs se libertasse e voasse para a terra, direto para sua casa, com a mãe e o pai, Kate Clancy e suas irmãs, Barbara e a pequena Moya? Ela gostaria que fosse Maia, a irmã mais mágica.

Se Lyndon ficasse imóvel por tempo suficiente, as árvores poderiam se esquecer dela e continuar sussurrando. Ah, os cochichos! Lyndon sabia que a tagarelice parava quando elas a viam.

"Lyndon"! Ela ficou em pé e limpou seu avental de algodão. A casa estava iluminada com a luz das velas e das lamparinas. Lyndon quase podia sentir o cheiro da hora do banho, ver a grande barra de sabão Sunlight. Sua mãe estaria vestida com uma camisola, com Moya babando sobre a fita azul do decote. Quando a pequena parou de chorar ao pegar o peito da mãe, e a água parou de pingar, e o cavalo adormeceu no estábulo, Lyndon pôde escutar a casa. À noite, ela era cheia de estalos, rangidos e gemidos.

Lyndon tinha escondido uma moeda de três centavos no avental durante o dia todo. Antes de ir para a cama, ela foi ao quarto do pai e mostrou a moeda para ele. Ela prometeu que compraria algumas peras de manhã.

"Peras! É exatamente do que eu preciso!" Travers Robert Goff pegou a moeda e colocou sob seu travesseiro.

Na manhã seguinte, quando Lyndon acordou, sua mãe Margaret já estava desperta, meio sentada meio deitada no sofá na sala de estar, e disse: "Papai foi encontrar com Deus."

Nota

[1] Anotações de aula preparadas por P. L. Travers, 1947-8, Biblioteca Mitchell, Sydney.

1

O VERDADEIRO SR. BANKS

Helen Lyndon Goff tinha dois pais. Um deles era real. O outro, imaginário. As características dos dois homens podiam ser vistas no terceiro pai, o George Banks totalmente fictício, o melancólico chefe de família das aventuras de *Mary Poppins*. O Sr. Banks era um banqueiro, mas representou mais do que um sustentáculo para a cidade de Londres, com seu chapéu-coco e seu guarda-chuva fechado, resmungando sobre suas finanças pessoais e a baderna de sua casa em Chelsea. O Sr. Banks contratou Mary Poppins para colocar ordem no caos e, embora nunca a tivesse acompanhado em suas aventuras celestes, ele sabia instintivamente que ela era mágica.

Helen Lyndon Goff disse que inventou dois George Banks e a quase perfeita Mary Poppins "principalmente para agradar a si mesma". O Sr. Banks desempenhou vários papéis. Ele foi o pai e o amante que Lyndon desejou ter — um excêntrico gerente de banco que vivia com a família na 17 Cherry Tree Lane, em Londres, onde, em um dia fantástico, Mary Poppins chegou voando, trazida pelo vento leste.

Mas, no lugar do Sr. Banks, Lyndon teve Travers Robert Goff, que não chegava nem perto. Contudo, ela preservou o melhor dele nas suas lembranças de infância, e melhorou bastante o resto. O resultado foi um herói irlandês multifacetado: fascinante, atraente e charmoso, um pai que ela mais tarde descreveu como um ótimo administrador de fazenda de cana-de-açúcar na distante Austrália, "a terra profunda", como ela dizia. Nascido na Irlanda, este pai imaginário idealizado atravessou os canaviais do nordeste de Queensland com um terno branco de seda, um chapéu branco de abas largas, brincos de ouro e uma faixa escarlate na cintura, cercado de serviçais e com um celeiro repleto de todo tipo de veículo: uma carruagem, um cabriolé, uma velha liteira, um elegante trenó com carrinhos, carroças e charretes.[1]

Na realidade, o pai foi gerente de banco antes de ser rebaixado a bancário. Morreu com quarenta e poucos anos, uma vida que deixou a desejar. A família ficou desamparada e precisou recorrer à caridade de parentes ricos, mas indiferentes. Travers Robert Goff bebia muito e queria bem mais do que conseguiu. Seu legado foi incutir na mente da filha a ideia de que ela não era totalmente australiana, mas uma extraviada nas Antípodas, destinada a passar a vida em busca dos contos de fadas, poemas, romances e fantasias de seu pai irlandês. Ela passou até a usar o nome dele, e como jornalista, escritora e atriz, adotou o pseudônimo de Pamela Lyndon Travers.

Travers Goff não passava de um embromador. As histórias que contava para a família e os amigos ficavam mais e mais romanescas à medida que bebia. Ele gostava de se gabar dizendo que sua vida era tomada pelo "Crepúsculo Celta", a terra de Yeats e George William Russell. Mas, por mais que admirasse os poetas e dramaturgos do século 19, sua maior paixão eram os antigos mitos irlandeses, e a personificação da Irlanda, imortalizada na peça de William Butler Yeats, *Cathleen ni Houlihan*. Fadas, duendes e elfos o fascinavam. A Grande Serpente da sua terra adotiva não significava nada. Mesmo na Austrália, "a Irlanda o envolvia como uma capa, da mesma maneira que James Joyce se cobria com Dublin quando estava em Paris".[2]

Helen Lyndon Goff seguia o grande preceito de Mary Poppins: nunca se explique. Ela nunca explicou porque favoreceu essa versão fantasiosa da vida de seu pai. Deve ter sido um caso de pura pretensão. Certamente preferia ser a filha de um cavalheiro agricultor dos trópicos do que a de um simples bancário provinciano. Seja qual for o motivo, as histórias infundadas dos primeiros anos do pai, e dela mesma na Austrália, a assombraram por toda a vida e até após a sua morte. Seu obituário no *The New York Times* declara que ela era filha de um plantador de cana, enquanto o *The Guardian* acreditava que ela fosse a neta do premiê de Queensland, que também foi o fundador de uma das maiores refinarias de açúcar da Austrália.

A confusão é compreensível, considerando a relutância do próprio Goff em revelar suas origens, mesmo para a esposa. Ela disse ao médico que assinou o atestado de óbito do marido que ele nascera no condado de Wexford, na Irlanda. Já Lyndon dizia, "Meu pai vem de uma família muito antiga da pequena nobreza irlandesa, que chamamos de nobreza rural... Ele era o filho mais novo, e os filhos mais novos eram enviados para explorar o mundo... O que o levou para a Austrália, eu não sei. Ele era anglo-irlandês e os irlandeses são grandes viajantes".[3]

Goff nasceu em casa, na Queens Road, Deptford, em Londres, em dezembro de 1863, o segundo filho do agente marítimo Henry Lyndon Bradish Goff e sua esposa, Charlotte Cecilia. Porém, ele tinha parentes irlandeses de sobrenome Davis-Goff, que viviam no condado de Wexford e perto de Galway, no oeste da Irlanda.

Quando jovem, antes dos vinte anos, Travers Goff navegou de Londres ao Ceilão (atual Sri Lanka), onde trabalhou em uma plantação de chá antes de seguir para a Austrália. Ele se estabeleceu em Nova Gales do Sul, e por volta de 1891, mudou-se para a colônia de Queensland. É possível que tenha sido capataz de uma fazenda de cana-de-açúcar em algum momento antes de seu casamento. Uma fotografia de 1896, de um estúdio de Sydney, o retrata com um bigode caído e desproporcional, empertigado em um terno branco, com sapatos brancos e chapéu de safári. O traje se assemelha aos de capatazes de fazendas de cana-de-açúcar registrados em fotografias dos anos 1880. Mas este figurino também pode ser uma referência nostálgica às roupas que ele usava no Ceilão.

Independentemente de qual fosse sua ocupação original na Austrália, Goff não ficou muito tempo em cidade nenhuma. Seu nome não aparece em nenhum catálogo de endereços dos anos 1880, de Nova Gales do Sul ou Queensland. Mas, por volta de 23 de julho de 1898, ele se estabeleceu em Maryborough, onde ingressou no banco Australian Joint Stock. Como gerente regional, ele ganhava um salário de 250 libras por ano, além de um subsídio de 50 libras.[4]

Existiam lugares bem piores para um solteiro viver do que a bela cidade tropical de Maryborough, um porto fluvial situado a uns 250 quilômetros ao norte de Brisbane, cujo nome homenageava o Rio Mary, que atravessava a cidade. Como muitas cidades costeiras de Queensland, Maryborough parecia um pouco com o Ceilão colonial, com suas delicadas construções em madeira, erguidas para suportar os meses sufocantes de verão, e se orgulhava de sua prefeitura e do Queens Park, planejado em estilo londrino, com árvores ornamentais. Um canhão recuperado de um naufrágio em Torres Strait era disparado todos os dias, às treze horas em ponto. Nos anos 1880, o entretenimento em Maryborough incluía a Orchestra Society, concertos de banda realizados no frescor da noite, circos, shows de variedades e passeios de barco pelo rio à luz do luar.

Pouco antes da mudança de Goff, no ano do Jubileu da Rainha Vitória, o cinema chegou à cidade.

Maryborough vivia da madeira e do açúcar. Na década de 1880, a indústria do açúcar crescia com mais de quarenta fábricas incluindo as de extração de caldo de cana e as usinas de beneficiamento na região. Mas o crescimento deu lugar a uma longa época de seca, que forçou os agricultores a hipotecar suas propriedades e inviabilizou o pagamento dos empréstimos. Os banqueiros ficaram aflitos com o baixo preço do açúcar e com a falta de perspectiva para a indústria. Os bancos começaram a executar as hipotecas e dividiram as fazendas em pequenas propriedades, que foram colocadas à venda.

Os bancos australianos ficaram em péssima situação com a crise dos anos 1880 e o Australian Joint Stock não foi exceção. Em 1898, quando Travers Goff foi contratado, era considerado o terceiro banco de Nova Gales do Sul e Queensland, mas a crise ainda estava recente na mente dos banqueiros. O AJS dependia dos depósitos de Londres, e os problemas financeiros da Inglaterra no início da década de 1890 levaram o banco a fechar as portas em abril de 1893, reabrindo dois meses depois com um projeto de reestruturação.[5]

A montanha russa dos bancos australianos nos anos 1890 continuou a afetar Goff, tanto no lado profissional quanto pessoal, até a sua morte. As experiências do pai de Lyndon e os problemas financeiros que envolviam a família de sua mãe ficaram para sempre em sua memória. Ambos influenciaram sua imagem de George Banks, cuja personalidade era tão ambígua quanto a de seu pai. Para Banks, Lyndon criou um ser aflito que sonhava com as estrelas, mas tinha que ir ao banco todos os dias, com exceção dos domingos e feriados. Lá, ele ocupava uma grande cadeira em uma grande mesa e ganhava dinheiro. Os seus filhos, talvez como a pequena Helen Lyndon, acreditavam que ele fabricava moedas e as levava para casa em uma maleta preta. Algumas vezes, quando George Banks não tinha nenhum dinheiro para dar às crianças, ele dizia, "O banco está quebrado".

Os filhos mais velhos, Jane e Michael, contavam o dinheiro do cofrinho cuidadosamente, prudentes como o pai: "Seis centavos e quatro moedas de um centavo... são dez centavos".[6]

Da mesma forma, já na idade adulta, Lyndon examinava seus investimentos, consultando banqueiros, advogados e agentes constantemente, achando que nunca tinha o suficiente. Seus medos não se originavam apenas dos problemas do pai, mas também dos investimentos insensatos do tio de sua mãe, Boyd Morehead, filho de um escocês austero e precavido. Boyd era a ovelha negra dos prudentes Morehead, uma família escocesa descrita por Lyndon como "muito rica". Ela se gabava dizendo que a mãe, Margaret Morehead, tinha sido "educada em Londres e Paris, e que, até se casar, sempre teve sua própria criada".[7] O esnobismo e a prudência inatos de Lyndon vêm da família da mãe. Ao contrário de Goff — esquivo e difícil quanto a suas origens — a história dos Morehead é um livro aberto, exibida nas enciclopédias biográficas e nos registros de algumas das empresas mais antigas da Austrália.

O primeiro Morehead a se estabelecer na Austrália foi Robert Archibald Alison Morehead, o terceiro filho do cônego episcopal de Edimburgo. Robert, um fabricante de mantas e tecidos na Escócia, decidiu se mudar para um clima mais quente com receio de contrair tuberculose. No final da década de 1840, ele foi nomeado gerente da Scottish Australian Company, e sua esposa, Helen Buchaman Dunlop, chegou a Sydney no ano seguinte. Ele tinha 28 anos. Logo depois, nasceram dois filhos, Robert Charles, em 1842, e Boyd Dunlop, um ano depois. A família se mudou para a O'Connell Street, no centro da cidade. A sala de jantar da família Morehead dava diretamente para o escritório da Scottish Australian Company. Em seguida, mais duas instituições se mudaram para a vizinhança, o Australian Club (só para homens) e o jornal *Sydney Morning Herald*. Na O'Connell Street, Helen teve mais dois bebês: Helen Christina e a mais nova, Jane Katherine.

Os Morehead sempre viajavam com estilo. A família ia e voltava de Londres em navios de luxo da P&O. Os meninos estudaram na Escócia e no Sydney Grammar, e as meninas eram ensinadas em casa por tutoras. A vida descrita na O'Connell Street deixou marcas na casa fictícia da família Banks, na 17 Cherry Tree Lane. Quando criança, contaram para Lyndon que os filhos dos Morehead almoçavam com os pais, mas tomavam o lanche da tarde na sala de estudos, com a governanta. Eles também dispunham de cozinheira, lavadeira, faxineira e arrumadeira. O bom humor natural das crianças aborrecia o pai; elas gostavam de chocá-lo, escorregando pelos corrimões e cantando na cama no início da noite — ele podia ouvir a algazarra do seu escritório, que ficava no andar de baixo.

Em 1861, aos quarenta e poucos anos, Helen Morehead morreu, deixando os quatro filhos adolescentes para o marido criar. A mais nova, Jane, com apenas 13 anos, foi enviada para o internato de Carthona, em Darling Point. A irmã mais velha, Helen, aprendeu a ser uma matriarca, e a cuidar da família. "Aos 15 anos", escreveu ela mais tarde, "tinha que administrar uma casa. Eu estava aterrorizada por ter que dar ordens aos empregados e temia não ser uma boa dona de casa, mas fiz o melhor para meu pai e ele me ajudou no que pôde".[8] Ela nunca se casou, ao contrário de seus irmãos. Robert foi o primeiro filho a deixar a casa, casando-se com Maria Jacobs, em 1867. Cinco anos depois, Jane se casou com um inglês, William Rose. O último a se casar foi Boyd, em 1873. Ele e a noiva, Annabella Ranken, foram morar em Brisbane. Alguns destes Morehead do século 19 aparecem em diferentes personagens nos livros de *Mary Poppins*. Dois dos filhos dos Banks, Jane e Annabel, receberam seus nomes em homenagem a Jane Morehead e Annabella Morehead.

A confortável vida dos Morehead se devia às sábias decisões do pai. Robert Archibald Alison Morehead chegou a Sydney com cerca de 30 mil libras para investir na Scottish Australian Company e logo ele passou a comprar hipotecas e oferecer empréstimos financeiros a juros altos de 12,5%. Ele chamou isso de "colher os frutos das hipotecas". Desta forma, conseguiu comprar propriedades em Sydney, Melbourne e no campo. Morehead também entrou para o ramo de comissionamento, agenciamento e empréstimo contra produção, especialmente de algodão. Ele lucrou com a mineração de carvão em Newcastle e comprou terras cultiváveis em Queensland e Golfo Country, incluindo uma enorme propriedade em Bowen Downs.

Ele se aposentou em 1884, depois de construir um império que abrangia propriedades na área rural e na cidade, e minas de carvão produtivas.[9] Mas a vida pessoal de Morehead não teve o mesmo sucesso. Além da esposa, ele também perdeu seu filho mais velho, Robert Charles, que trabalhava nos negócios da família, e tinha apenas 32 anos quando morreu de tuberculose, em 1874. (Na vida adulta, Lyndon sempre achava que tinha contraído tuberculose e viajava pelo mundo em busca de lugares quentes e tranquilos, por medo da doença.)

Robert Charles Morehead sabia que estava condenado. Quatro dias antes de sua morte, ele assinou um testamento nomeando o pai como curador. Deixou 700 libras para a esposa Maria e sua filha Margaret. Ao mesmo tempo, o pai, Robert Archibald Alison Morehead, modificou seu próprio testamento. Seus curadores deveriam reservar 3 mil libras para serem investidas por seu filho, Boyd, e seu genro, William Rose. Ambos seriam tutores de Maria e Margaret.

Seis anos depois de ficar viúva, Maria decidiu casar-se novamente, à revelia do sogro. Diante disso, em uma cláusula adicional, Robert Archibald Alison Morehead determinou que ela recebesse 500 libras de sua herança "na condição de renunciar completamente à custódia de Margaret Agnes Morehead". No descumprimento desta condição, a quantia passaria para o seu patrimônio. Vitimada por esta relação tensa, a pequena Margaret passou então a viver com o avô, sob os cuidados de sua tia Helen. Este desenlace inesperado, envolvendo dois testamentos dos Morehead, atingiu Margaret profundamente. E, mais tarde, também afetou a educação de sua filha, Lyndon, levando as duas a entrar na órbita de uma mulher que era o protótipo da *Mary Poppins*.

Antes de morrer, o velho Morehead acrescentou uma cláusula ao seu testamento, dando a Helen o direito de legar sua parcela do patrimônio, equivalente a 15 mil libras, segundo sua vontade. Com a morte do pai, em 1885, ela "assumiu a posição e os privilégios de chefe da família, e os reteve até o fim da vida".[10]

A residência dos Morehead ficava em Woollahra, um dos bairros mais nobres de Sydney. Margaret foi criada por esta mãe substituta, a "Tia Ellie", em uma confortável casa, cheia de criados. Tia Ellie lhe transmitiu as diretrizes da vida, assim como seus valores, maneirismos e ditados. E Margaret os passou para a própria filha, Lyndon, que por sua vez os entregou a *Mary Poppins*. Enquanto crescia em uma casa segura e rica, Margaret acabou tornando-se totalmente dependente da tia Helen depois que o tio Boyd investiu seus fundos fiduciários, perdendo o dinheiro de sua herança.

Enquanto o pai era prudente e moderado, Boyd era impetuoso e cheio de ambição. Ansioso, sem paciência para terminar a faculdade, Boyd tentou a mineração de ouro e depois foi trabalhar no Bank of New South Wales, até ser demitido por insubordinação. O pai o ajudou, e Boyd foi para o campo, onde passou a administrar a propriedade Bowen Downs. Depois de seu casamento, ele se tornou um membro da Assembleia Legislativa de Queensland, e abriu uma empresa de comércio de suprimentos, a B. D. Morehead e Cia., mas acabou se envolvendo em um escândalo de venda de terras. Mesmo assim, foi secretário colonial de Queensland e nomeado primeiro-ministro, de novembro de 1888 a junho de 1890.

Na mansão de Cintra, em Bowen Hills, Brisbane, ele viveu com a esposa e sete filhas, cuidando de suas propriedades rurais e de seus negócios na cidade, que incluíam, desde 1876, um cargo de diretor do Queensland National Bank.[11] O banco era administrado por Edward Drury, sócio de Sir Thomas McIlwraith, que se tornou primeiro-ministro de Queensland em 1879, e transferiu para lá as contas do governo.

O Queensland National Bank era mais do que o banco do governo. Enquanto arrecadava dinheiro para Queensland em Londres, ele também era uma espécie de cofre para os negócios dos membros do governo. Seus acionistas incluíam membros do Conselho e da Assembleia Legislativa. Em 1891, o governo de Queensland e o Bank of England se desentenderam sobre um empréstimo que o governo tentou levantar em Londres. A tensão minou a confiança de Londres, tanto no governo como no Queensland National Bank. Os investidores ingleses começaram a retirar seus depósitos e as ações do banco despencaram para valores bem abaixo da média.

Como diretor do banco, Boyd ficou profundamente envolvido na crise. Ele e os outros diretores fizeram empréstimos para comprar as ações do banco. Por anos, Boyd investiu boa parte de sua herança, incluindo a da sobrinha Margaret, em depósitos e ações do banco. Em maio de 1893, o banco fechou as portas para tentar se reestruturar. A reabertura se deu no mesmo ano, mas seus segredos mais escusos não foram conhecidos até três anos depois, quando o gerente geral morreu e uma auditoria revelou que o banco estava insolvente. Em 1898, Morehead e outros diretores do banco foram inocentados das acusações de negligência. O banco foi reestruturado, mas muitos clientes não conseguiram retirar seus fundos por anos.

Tudo isso colocou em risco a estabilidade do clã Morehead. Anos depois, Lyndon confidenciou para uma amiga que o tio de sua mãe investiu o dinheiro da família sem cuidado. Quando a mãe se casou, pouco restava de sua herança.[12]

Aos vinte e poucos anos, Margaret era uma moça bonita e tímida. Ela conheceu Travers Robert Goff em Sydney, antes que ele aceitasse o emprego no banco. Ele lhe pareceu seguro e confiante — estável o suficiente para proporcionar o sustento de uma família. Mais do que isso, parecia sofisticado, um viajante que contava histórias do Ceilão. E a maneira como ele se vestia todas as noites para o jantar — era um *sahib* com criados à sua volta. De Queensland, ele a cortejou com cartas espirituosas e alegres, muitas delas escritas em versos. Eles decidiram se casar em Brisbane, a cidade de Boyd Morehead, em 9 de novembro de 1898, na bela Igreja Anglicana de Todos os Santos. Boyd conduziu a sobrinha ao altar.

Exatos nove meses depois, em 9 de agosto de 1899, Helen Lyndon Goff nasceu em Maryborough, na residência anexa ao AJS Bank. Ela recebeu o nome de Helen em homenagem à bisavó materna e à tia-avó. Mas ninguém nunca a chamou de Helen. Preferiam chamá-la de Lyndon, um nome irlandês muito usado na família do pai tanto para meninos como para meninas. O diminutivo era Lindy ou Ginty. Ela gostava do nome gaélico, que significava água ou pedra.[13]

Lyndon nunca se considerou australiana — sempre se viu como uma irlandesa, filha de mãe escocesa. Na meia-idade, ela demonstrava um certo constrangimento por ter nascido na Austrália e explicava que seu nascimento lá se deu "quase por acaso". Ela via a Austrália como o "sul selvagem" e a si mesma como uma mulher deslocada. Em um discurso na Biblioteca do Congresso dos Estados Unidos, nos anos 1960, Lyndon declarou: "Vocês devem se lembrar de 'Little Black Boy', de (William) Blake'... minha mãe me deu à luz no sul selvagem... Neste sentido, eu também era um menino negro, nascido nos trópicos".[14]

Com a sensação de ter nascido no lugar errado, Lyndon sentiu-se impelida à viajar para longe do sol do sul, em direção às brumas da Europa. Esse impulso foi alimentado pelas ideias românticas do pai sobre a Irlanda. Mas, como toda criança, sua personalidade se instalou muito antes da escapada aos vinte e poucos anos. Lyndon era formada por uma combinação de três adultos — seus pais e a tia-avó Ellie — e pelas correlações dos três. Nenhum deles era direto com ela, nenhum a apoiava verdadeiramente.

Lyndon fez a primeira jornada de sua vida de incansável viajante nos braços da mãe. Elas seguiram de trem de Maryborough para Sydney, onde Lyndon encontrou sua tia-avó Ellie pela primeira vez. Ellie foi uma referência confiável e estável para Lyndon. Seu pai foi o primeiro de vários homens cuja vida praticamente foi destruída pelo alcoolismo. Mais tarde, Lyndon se deu conta de que a mãe percebeu logo que Travers Goff bebia demais. O hábito de "beber exageradamente", adquirido ainda no Ceilão, cresceu com o tempo e "lançou uma sombra sobre nossas vidas".[15]

Em 1900, com a esposa e a filha na casa da tia Ellie, Travers Goff reviveu os dias de namoro. Nas cartas carinhosas enviadas para Margaret, em Sydney, ele dizia, "queria só ver vocês duas, com a tia, Emily e Eliza (as empregadas) paparicando a pequena. Imagine um bebê na Albert Street, que diferença deve fazer! Estou feliz que elas tenham se afeiçoado pela pequena. Sra. Goff, deve estar orgulhosa de sua filha. Cara Margaret, cumprimente-as por mim. Como elas a chamam, de bebê ou Lyndon? Que bom que a tia lhe deu um vestido tão caro. Transmita a ela meu carinho. Pena ter que mexer no seu cabelo, mas como você disse, é melhor não desagradar a tia".[16]

Goff se submetia claramente à "tia", que sempre ofereceu dinheiro e um segundo lar para sua esposa e filha. Desde cedo, Lyndon era sempre despachada sozinha para a casa da tia Ellie ou de outros parentes. As separações ajudaram a criar em Lyndon um tipo de autossuficiência e estimularam sua forma peculiar de vida imaginária. Uma vez, quando Margaret viajou, o pai escreveu para a esposa contando sobre a "mais nova brincadeira" de Lyndon, na época com quatro anos de idade. "Ela faz de conta que é uma das galinhas, sentando-se sobre os ovos para chocá-los. Para ela, aquelas não eram apenas aves domésticas, mas amigas da família, e tinham os nomes dos vizinhos e amigos dos Goff, como a Sra. McKenzie, por exemplo, ou a Sra. Starke". Goff contou que a brincadeira "começa quando ela acorda de manhã, continua até a hora que vou para o escritório, recomeça assim que volto para casa e dura até a hora de dormir".

Durante boa parte da infância, Lyndon esteve totalmente absorvida pela experiência de ser uma ave, chocando, atarefada, resoluta. Ela ficava sentada durante horas com os braços agarrados ao corpo.[17] "Ela não pode entrar, está botando ovos", diziam a família e os amigos. Muitas vezes, a mãe a arrastava do ninho, mas em vez de destruir a fantasia da menina, ridicularizando-a, ela entrava na brincadeira. "Eu já lhe disse. Já falei uma centena de vezes, nada de botar ovos na hora do almoço".[18]

A visão de si mesma como uma galinha choca estava de acordo com a teoria de Lyndon de que para escrever é preciso "chocar", e para ser uma mulher de verdade, é preciso ser mãe. Quando os jornalistas falavam sobre sua inspiração, ela sempre dizia "Odeio a palavra criativa. Chocadeira. Esta é a palavra. Eu diria que existem pessoas chocadeiras na vida. É por isso que sempre tive essa ligação com galinhas e ninhos. Não era pelos ovos, mas pela contemplação, pela reflexão". Na cozinha de sua última casa em Londres, havia uma prateleira repleta de galinhas de cerâmica.[19]

A contemplação de Lyndon não era apenas um produto da solidão, mas também uma proteção contra uma certa frieza de seus pais. Travers e Margaret Goff eram pessoas típicas de seu tempo e lugar. No início do século 20, nas cidades pequenas, os pais educavam os filhos para serem independentes e subservientes. Mais do que isso, Travers e Margaret também foram reféns da própria presunção. Se os pais são "os primeiros deuses dos filhos e responsáveis por muitas das sementes do destino", como Lyndon escreveu mais tarde, então os Goff também plantaram muitas sementes de dúvida e mistério. Eles deixavam pistas, mas eram muito simples, rudimentares demais para ajudar. Lyndon recorreu aos provérbios, regras e citações aleatórias dos poemas e livros de seus pais para ajudá-la a elaborar, fantasiar e dar sentido às coisas.

Ela chegou a acreditar que os pais viviam em um estado de "inocência radical", como escreveu W. B. Yeats, no poema de 1919, *A Prayer for My Daughter*. "Em nossa vida familiar, se existissem temperamentos a serem considerados, não eram os nossos". Seus pais estavam absorvidos na "própria existência, ocupados, contidos, importantes", e isso deixava as crianças do casal "livres". "Eu tinha permissão para crescer na escuridão, no desconhecido, sem ser notada, debaixo da terra, como uma semente". Ela não tinha lembrança do pai ou de qualquer outra pessoa lhe explicando alguma coisa. Quando Lyndon chorava, Travers Goff dizia, "Deixe-a chorar, precisamos de chuva". Ela via a mãe como uma mulher de aparência delicada, boa e generosa, de olhos suaves, e, no entanto, quando criança se perguntava "se ela lembrava mais uma corça ou uma serpente".[20]

Na verdade, Margaret Goff não queria saber o que Lyndon estava fazendo. Em vez disso, ela dava instruções, com "sua voz cheia de relógios e aquecedores". Lyndon declarou em entrevistas que os pais eram intelectuais, mas que amavam a vida, o que significa que "eles deixavam muito para você". Sua grande tristeza era que as duas avós morreram antes de seu nascimento. Aquelas sábias senhoras, como ela as chamava, "portadoras da tradição", poderiam ter revelado quem ela era, porque tinha nascido, como tinha nascido — perguntas comuns na infância, mas importantes.

"Eu queria respostas importantes, mas os adultos que me cercavam eram decepcionantes em suas respostas... Eu pensava que se tivesse uma avó, ela saberia das coisas".[21]

A vida dos Goff em Maryborough era simples, eles não eram permissivos, nem centrados em posses. Lyndon tinha poucos brinquedos ou tesouros pessoais. Toda semana os pais lhe davam uma moeda; Lyndon não tinha como saber o valor do objeto misterioso, chamado de *sovereign* (antiga moeda de ouro inglesa), guardado em um pequeno bolso quadrado junto com a corrente do relógio do pai. A mãe lhe comprava algumas coisinhas, um rolo de fita azul, ou um leque delicado com rosas. Suas bonecas eram feitas com uma colher de pau vestida, mas tinham vidas aventurosas. De qualquer forma, não eram as coisas que mexiam com Lyndon, mas as palavras — as histórias, as baladas e os contos da carochinha compartilhados pela vizinhança.

A mãe estava sempre desfiando seu repertório de máximas que mais tarde seriam atribuídas à Mary Poppins. Margaret gostava de dizer "tudo que vale a pena ser feito, merece ser bem feito". Lyndon não acreditava nisso quando criança. A presença do pai foi muito forte em sua vida, ou melhor, as recordações que tinha dele. Embora gostasse de se lembrar do pai em seus canaviais, do poeta brilhante e espirituoso mergulhado na Irlanda, o verdadeiro Goff podia ser sentimental e difícil, especialmente quando bêbado e relembrando sua "terra natal". "Fui criada por um pai irlandês muito poético. Não existia nada além da Irlanda, tudo à sua volta era irlandês; se tivéssemos um cavalo, ele recebia um nome irlandês, a renda de nossos vestidos era trazida da Irlanda, e eu cresci influenciada pelo Crepúsculo Celta, por Yeats e tudo mais. Por isso a Austrália nunca me pareceu o lugar onde eu gostaria de estar. Meu corpo brincava sob o sol, mas meu mundo interior tinha cores mais sutis... os verdes infinitos da Irlanda, que para mim pareciam habitados apenas por poetas tocando harpas... heróis cortando as cabeças uns dos outros, e damas veladas sentadas no chão, a se lamentar".[22]

Com o tempo, Lyndon passou a vê-lo como um homem cheio de insatisfação irlandesa, que nunca realizou os desejos de seu coração. Ele era "orgulhoso e arrogante, extremamente alegre e divertido, poético, sempre cantando e declamando poemas, e chorando com eles. Mas eu descobri que ele era melancólico e triste e que precisava de alguém que o compreendesse. Sua melancolia era o contraponto de sua alegria irlandesa", hereditária e contagiosa. "Sempre que bebia, ele sofria com o massacre de Drogheda, em 1649 (a abominável chacina de milhares de civis por Cromwell), até que todos à sua volta se sentissem culpados. Ele era irlandês e determinado a dar a última palavra, mesmo, ou pelo menos com as crianças."

O refúgio de Lyndon estava nos livros. Ela afirmava que já lia aos três anos de idade. O alfabeto foi se revelando para ela aos poucos através das embalagens domésticas, do sabão Sunlight (o preferido de Mary Poppins), usado para lavar "o chão, as roupas e as crianças", das letras impressas nos sacos de farinha, das etiquetas nas caixas de comprimidos laxantes Beecham, ou nas palavras "Bazar Hoje", no quadro de avisos da igreja. Ela até tentava decifrar os desenhos nas caixas de chá, gravados em ideogramas chineses.[23]

Quando aprendeu a ler, Lyndon finalmente compreendeu que os "grims" não estavam apenas nas histórias fantásticas contadas por Matilda, a lavadeira. Ela ficou "famosa no bairro por contar essas histórias de *grim*", que Lyndon pensava ser "um termo genérico para narrativas ou devaneios". Ela descobriu que as histórias de Grimm eram contos encadernados em dois volumes "vermelhos, de capa grossa, com folhas coladas pela impressão, que achou na estante do pai".[24]

Lyndon deixou Maryborough ainda pequena. Desde então, ela se recordava da cidade como gostaria que tivesse sido. Da casa de dois andares dos Goff, próxima ao rio Mary, de onde podia avistar a usina de açúcar de Maryborough. Por toda a vida, ela imaginou a usina como um canavial, ainda que fosse um campo de trigo seco. "Nós vivíamos às margens de um lago", recordou certa vez, "ao lado de um canavial... À noite, sob o luar, o pequeno lago brilhava entre os canaviais, o telhado da usina refletia a luz da lua e das estrelas, e desencadeava uma aura esbranquiçada, de modo que o telhado de nossa casa e da usina pareciam alinhados com a terra."[25]

Mais tarde, dentro desse canavial encantado imaginário, ela criou os livros quase autobiográficos que contavam a respeito de dois empregados: Ah Wong, uma homenagem ao cozinheiro chinês que trabalhou para os Goff (na época, os cozinheiros chineses eram comuns nas fazendas de cana) e Johnny Delaney, em homenagem ao carpinteiro irlandês corcunda que cuidava dos estábulos. Lyndon escreveu que Johnny Delaney era tão importante que "quando pequenos, pensávamos que tínhamos três pais: mamãe, papai e Johnny". Ele os ensinou a se esconder de Kate Clancy, "nossa terrível babá".

Anos depois, ela acabou confessando — mas apenas aos jornalistas de sua confiança —, que essas histórias eram um apanhado de suas lembranças da infância e que nem tudo que estava lá poderia ser levado a sério.

No início de 1902, Travers Goff foi transferido para um novo cargo no AJS Bank, em Brisbane — mais tarde, Lyndon compreendeu que ele tinha sido rebaixado. Os Goff partiram para o Sul no começo do ano. Como empregado, e não mais como gerente de agência, o salário anual de Travers Goff foi reduzido em 50 libras e ele não tinha mais direito a subsídios.[26] A família foi morar na Brisbane Street, em Ipswich, onde nasceu a segunda filha, Barbara Ierne (conhecida como Biddy), em abril daquele ano. E então as coisas começaram a mudar no lar dos Goff. Travers logo se viu forçado a aceitar a função de substituto de outros funcionários, quando estes saíam de licença. Primeiro em Clifton, em Darling Downs, próximo de Toowoomba, durante o mês de agosto de 1903, e depois em maio de 1905, na agência de Killarney, a nordeste de Brisbane. Na época, Margaret Goff estava grávida da terceira filha. A família vivia em "Heitor", na Lisson Grove, Wooloowin, e Travers era oficialmente um "simples bancário".[27]

Antes do nascimento da caçula, Cicely Margaret (Moya), em julho de 1905, Helen Lyndon, na época com cinco anos de idade, foi enviada para Sydney para ficar com tia Ellie novamente. Ela nunca soube exatamente porque foi mandada para lá. Lyndon pensou que devia ser um privilégio. De qualquer modo, decidiu acreditar nisso.

A viagem de Brisbane para Sydney durou a noite toda. O condutor levou a menina em uma cama improvisada no bagageiro da cabine. Lyndon ouviu o apito do trem, percebeu os vagões se movimentando na escuridão, e ficou olhando as janelas iluminadas dos pequenos povoados do caminho, antes de cair no sono. Para ela, o trem era uma corrente de ferro, um colar de fogo que ligava a mãe, em Brisbane, com a tia Ellie, em Sydney. Ela gostava de pensar que a própria tia tinha enviado aquele trem, como uma carruagem que a levaria para o refúgio da fada madrinha.[28] Muitas crianças teriam se agarrado à mãe, uma separação assim seria demais para suportar. Mas Helen Lyndon era uma aventureira.

Notas

1. P. L. Travers, *Johnny Delaney* (Nova York: Reynal & Hitchcock, 1944).
2. Entrevista a Robert Anton Wilson, *New Age Journal*, agosto de 1984.
3. Shusha Guppy, *Looking Back: a panoramic view of a literary age by the grandes dames of European Letters.* (Nova York: Simon & Schuster, 1993); carta para Staffan Bergsten, 19 de fevereiro de 1977.
4. Arquivos de Westpac.
5. O Banco AJS manteve este nome até 1906, quando foi recuperado pelo Australian Bank of Commerce. Por fim, passou para o Bank of New South Wales, futuro Westpac.
6. P. L. Travers, *Mary Poppins* (Londres: Gerard Howe, 1934).
7. Carta para Staffan Bergsten, 19 de fevereiro de 1977.
8. Lembranças de Helen Morehead, Biblioteca Mitchell, Sydney.
9. David S. Macmillan, "R. A. A. Morehead", *Australian Dictionary of Biography*, vol. 2 (Melbourne: Melbourne University Press; Londres/Nova York: Cambridge University Press, 1967).
10. P. L. Travers, *Aunt Sass* (Nova York: Reynal & Hitchcock, 1941).
11. Ross Fitzgerald, *From the Dreaming to 1915: a history of Queensland* (Austrália: University of Queensland Press, 1982).
12. Carta para Staffan Bergsten, 19 de fevereiro de 1977.
13. Artigo de P. L. Travers publicado no *The New York Times*, 20 de outubro de 1962.
14. "Only Connect", discurso na Biblioteca do Congresso, 31 de outubro de 1966.
15. Carta para Staffan Bergsten, 19 de fevereiro de 1977.
16. Carta de Travers Goff para Margaret Goff, Biblioteca Mitchell, Sydney.
17. Jonathan Cott, *Pipers at Gates of Dawn: the wisdom of children's literature* (Nova York: Random House, 1983).
18. "A Radical Innocence", *The New York Times*, 9 de maio de 1965.
19. "A Remarkable Conversation About Sorrow", entrevista em 23 de junho de 1965 para Janet Graham, *Ladies' Home Journal*.
20. "A Radical Innocence".
21. "A Radical Innocence"; "Only Connect"; entrevista para Michele Field, *Good Weekend*, 25 de janeiro de 1986; Roy Newquist, *Conversations* (Nova York: Simon & Schuster, 1967); "A Remarkable Conversation About Sorrow".
22. Entrevista à Melinda Green, 1976; "The Primary World", *Parabola*, 1979; *Conversations*; "Only Connect"; "Joyful and Triumphant, Some Friends of Mary Poppins", *McCall's*, maio de 1966; "The Black Sheep", *The New York Times*, 7 de novembro de 1965; "A Remarkable Conversation About Sorrow"; "Looking Back", *The New Yorker*, 20 de outubro de 1962; entrevista a Robert Wilson, *New Age Journal*.
23. "A Remarkable Conversation About Sorrow"; Cott, *Pipers at Gates of Dawn*; "A Radical Innocence".
24. "The Primary World".
25. "Silver Lake, Golden Window", *Good Housekeeping*, abril de 1948.
26. Arquivos do Westpac.
27. Certidão de nascimento de Cicely Goff.
28. P. L. Travers, *Aunt Sass*. Neste relato de Helen Christina Morehead, ela foi chamada de "Aunt Sass" ou "Christina Saraset".

2

ELLIE E ALLORA

Lá estava ela na plataforma. Alta e magra, lábios franzidos e apertados. Seu chapéu estava quase voando, como se tivesse duas asas de pombo no topo. Tia Ellie inclinou-se na bengala branca e preta. "Ehhh! Até que enfim você chegou!" O trem estava dois minutos atrasado. Aquela saudação novamente! Lyndon já a tinha ouvido antes. A voz em contralto de Ellie era sempre a mesma. Lyndon achava parecida com a voz do papai urso quando ele via que alguém tinha comido seu mingau.

O motorista acomodou tia Ellie, a empregada Elizabeth e a menininha loira no carro e as levou até o número 2 da Albert Street. Lyndon lembrava vagamente do papel de parede — "um dos melhores que você pode encontrar" — das fotografias enfileiradas, dispostas em formação militar sobre o piano, nas mesas e nas prateleiras, do jeito como a Srta. Elizabeth reclamava sobre sua "lida diária", enquanto esfregava o rosto de Lyndon até deixá-lo vermelho, e a empacotava em vestidos de babados e casacos com gola de pele. E como o bigode da tia Ellie a pinicava quando ela a beijava antes de dormir.

Tia Ellie, uma buldogue de coração sensível, ficou guardada na lembrança da Lyndon adulta mais nitidamente do que seus pais. Em um pequeno livro sobre a vida de tia Ellie, ela a descreveu como severa e suave, misteriosa e orgulhosa, anônima e amorosa. A tia-avó "caminhava com passos silenciosos" pelas páginas de *Mary Poppins*,[1] emprestando seus trejeitos a várias personagens. Ela não aparece apenas na figura engomada e ágil de *Mary Poppins*, mas também pode ser encontrada na assustadora Srta. Andrew — a babá do Sr. Banks — e na Srta. Lark, a vizinha arrogante, porém romântica. As duas mulheres fictícias, já de certa idade e sem maridos para oprimi-las, representavam os dois lados da personalidade de tia Ellie, autoritária e bondosa.

Assim como a Srta. Lark, Ellie tinha dois cachorros, ou melhor, uma sucessão de cães, sempre chamados de Tinker e Badger. Embora pudesse desintegrar uma criança no ar com uma palavra, Ellie se desmanchava diante de "qualquer coisa com quatro patas, pelos, cauda ou latido". E, enquanto o animal sempre era colocado no melhor quarto de hóspedes da casa, a criança era mandada para um berço no sótão.

Quando disposta à generosidade, Ellie oferecia presentes extravagantes. No seu terceiro aniversário, Lyndon ganhou uma tigela Royal Doulton, com três menininhos brincando com cavalos. Mais tarde, o item apareceu em "Bad Wednesday", um capítulo em *Mary Poppins Comes Back*, como um presente de Natal que a Sra. Banks recebe de sua tia-avó Caroline.

Dizia-se que Tia Ellie tinha sofrido uma decepção amorosa ao se apaixonar por um de seus primos, membro do Parlamento, com quem achou que se casaria. Depois, nunca mais encontrou o homem certo para compartilhar um lar e ter filhos; em lugar disso, adotou muitas sobrinhas e sobrinhos, tornando-se o mastro central do carrossel familiar, controlando tudo.

A velha senhora e Lyndon almoçavam juntas todos os dias. A menina ficava perplexa ao ver a comilança da tia, talvez uma dúzia de pêssegos por refeição depois de quase todo o cozido, deixando apenas o que parecia ser um monte de ossos e caroços. Ela conhecia Ellie melhor do que Jane, a outra tia-avó. Mas, em sua memória, assim como ela se via como uma galinha, ambas sempre foram um par de corvos empoleirados na cerca ou perfilados no horizonte, com um ar de "terrível convicção, segurança e sabedoria incontestável", como escreveu em um artigo não publicado. Lyndon se tornou uma especialista em significado e origem das lendas, portanto, na época em que escreveu estas palavras, já sabia que um corvo geralmente é sinal de mau agouro, ou de má sorte, mas também pode ser uma fada disfarçada — provavelmente uma fada com a mente perturbada.

Ela concluiu que as tias-avós eram as culpadas por sua "incapacidade de suportar o autoritarismo de qualquer espécie". Elas eram "enormes presenças sombrias… observando tudo que acontecia… eu jurei nunca ser assim quando crescesse. Elas eram as figuras autoritárias que me acompanharam… elas eram cruéis, queriam o mundo para si".[2] Quando Lyndon soube que Ellie tinha vivido às custas de seu patrimônio, imaginou a tia vivendo dentro dela, roendo um dedo ou o polegar, ou engolindo um órgão.

Tia Ellie não foi apenas evocada na imaginação de Lyndon como uma mulher poderosa, ela realmente tinha essa posição na sociedade de Sydney. Era uma mulher independente, que viveu até os 90 anos de idade e nunca precisou de nenhum homem, além de seu pai, para obter apoio financeiro. Construiu uma rede social e teve o cuidado de não ficar para trás. Ellie visitava os Goff, em Queensland, frequentemente, e foi à Inglaterra mais de quinze vezes.

No seu testamento, ela revelou a essência de seu caráter e de seu círculo social. Elencou trinta legados diferentes, explicados em detalhes complexos. Seus bens mais preciosos deveriam ser divididos entre sua irmã, sobrinhas, sobrinhos, sobrinhas-netas, sobrinhos-netos e amigos, que incluíam a família fundadora da Colonial Sugar Refining Company, os Knoxe, que viviam perto da Albert Street, na mansão Fiona.

Os legados, que poderiam ter saído da bolsa de viagem de *Mary Poppins*, incluíam um relógio, uma mochila e um cobertor de viagem, um anel de prata para guardanapo, uma peneira para açúcar, um bule, uma caixa de chá com colher, colheres de chá e pinças para açúcar, fotografias emolduradas, dois broches grandes de camafeu, um tântalo, uma balança, uma peça de porcelana Wedgwood, um frasco para sais de cristal e prata e um frasco para perfume, com tampa de prata, ambos gravados com as iniciais HCM, talheres de prata, todos com o brasão dos Morehead, uma panela e concha de cobre para conservas, um candelabro, uma caneca comemorativa russa, vasos de Worcester e um dedal de ouro.

Ellie deixou ações da Australian Gas Light Company e da Colonial Sugar Refining Company, que lhe rendiam um dividendo anual de 150 libras, para serem divididas entre Lyndon, sua irmã Cicely Margaret e outras sobrinhas e sobrinhas-netas. As meninas Goff também herdaram as ações da Commercial Banking Company of Sydney.

Lyndon comemorou seu sexto aniversário na Albert Street, com Ellie, e contou para os pais sobre os presentes nas cartas escritas a lápis em uma caligrafia vacilante mas feita com esmero. As cartas eram eloquentes graças à silenciosa presença de Ellie, que supervisionava as primeiras tentativas da menina de redigir um texto. Ela perguntava para a mãe se a bebê tinha olhos azuis e cabelos cacheados (como ela), se chorou quando foi batizada, e se Biddy tinha gostado da nova irmã, chamada de Moya desde seus primeiros dias.

Os pais de Lyndon já tinham dito que chamariam a pequena de Moya, a forma irlandesa para Mary. Travers Goff havia manifestado a preferência por um menino, que pretendia chamar de Brian Travers Goff. Ele escreveu para a filha contando que tia Ellie mencionou na última carta que ela tinha "engordado muito. Por isso, mocinha, você estará como um porquinho premiado quando retornar. Não importa, nós ficaremos felizes de tê-la de volta depois de suas longas férias. Como você voltará logo, não vamos lhe mandar seu presente de aniversário. Você o receberá quando chegar".[3]

Ao voltar para casa, a menina "gorda" mal acabou de abrir o presente e ouviu de sua mãe que deveria ficar com amigos até as coisas se arranjarem. Moya precisava de toda a sua atenção. Mais tarde, Lyndon escreveu que sempre sofreu por ser a filha mais velha.

Três meses depois do nascimento de Moya, Goff foi transferido novamente, desta vez para a filial do Australian Joint Stock Bank, em Allora, uma pequena cidade do interior, em Darling Downs, a oito quilômetros de Toowoomba, no sul de Queensland. Ele começou a trabalhar como gerente, em 16 de outubro de 1905. Os dezoito meses seguintes foram os mais difíceis da infância de Lyndon. A maior parte de suas lembranças vem desta época e lugar, no alto de Darling Downs, onde uma catástrofe inesperada mudaria o rumo de sua vida. Ela viveu aqueles dias em Allora com uma intensidade que sempre precede um triunfo ou uma profunda decepção.

Allora era um lugar perfeito para sonhar. Calma, longe de tudo, a cidade era muito fria no inverno e quente demais no verão — extremos que ajudaram a sua imaginação a alçar grandes voos, quando ficava diante da lareira observando o fogo, ou se deitava na grama e olhava para o céu, apreciando o longo pôr-do-sol no verão. Lyndon tinha uma sensação de vazio e solidão em Allora, cujo nome melodioso escondia sua origem prosaica — a palavra aborígene *gnallarah*, que significa "o lugar do pântano".

A filial do Australian Joint Stock Bank em Allora existia há quase trinta anos e a porta dupla da agência bancária se abria para a ampla rua principal da cidade, a Herbert Street. O gerente e sua família viviam em uma casa anexa ao banco, toda cercada por uma varanda ao estilo de Queensland. No verão, o sol enrugava e queimava os habitantes da cidade. As varandas e as sombrinhas usadas pelas mulheres eram alguns dos poucos recursos para se proteger do sol. Porém, no inverno, o vento castigava o lugar. Lá os ventos sopravam mais fortes do que na costa; as empregadas faziam de tudo para manter as lareiras queimando em todas as salas, geralmente retangulares e altas, voltadas para o corredor largo e frio.

Na época de frio as duas meninas mais velhas gostavam de brincar na cozinha aquecida pelo fogão, e, no verão, ficavam no grande campo cercado nos fundos. Ao anoitecer, os amigos iam embora, separando-se e correndo para suas casas, através dos jardins e campos, e elas chamavam seus nomes, e o som de suas vozes ficava cada vez mais fraco. Quando iam para a cama, as meninas continuavam a chamá-los, até cair no sono.

Antes de fechar os olhos, Lyndon observava as sombras escalando a parede, dobrando-se ao meio e deslizando ao longo do teto. E ela se perguntava "o que é isso batendo na parede, sussurrando, gemendo?" Ela temia que um velho marinheiro ou um capitão cruel estivesse escondido atrás da porta do quarto, arranhando a parede com um lápis. Ele usava uma calça vermelha, um casaco azul com dragonas esfarrapadas, e seus joelhos se dobravam de dor, resultante de um antigo ferimento à bala.[4]

A mãe garantia que os estalos eram apenas a madeira da casa "se espreguiçando gostosamente depois de um dia quente". "Veja", ela dizia, escancarando a porta, "ele não está aí e você sabe disso!" O problema era que a mãe falava de um capitão real; e o capitão de Lyndon estava dentro de sua cabeça, e sua cabeça não tinha uma porta que a mãe pudesse abrir.[5] Ela descobriu que poderia evocar em sua própria mente os monstros mais assustadores, assim como uma série de criaturas de contos de fadas. Gigantes, fadas e gênios espreitavam pela terra, tão próximos quanto a sua sombra.[6]

No jardim e no cercado mais distante, ela criou pequenos parques para pessoas pequenas. Os liliputianos sentavam nas folhas da grama para tomar chá. Ela imaginava que devia parecer uma nuvem gigante para estes seres pequeninos. Seu dedo devia ser tão grande e assustador quanto um leão.[7] O parque se transformou em uma história, "The Park in the Park", incluída no quarto livro, *Mary Poppins in the Park*, no qual Jane Banks cria um parquinho para pessoas pequenas. Ali, todos eram felizes e ninguém brigava. As flores eram as árvores, as folhas eram bancos e os homenzinhos de massa de modelar viviam em casas e brincavam no parque de diversões. "Eu tinha paixão por fazer estas pequenas clareiras, de no máximo um metro quadrado, por todo o nosso jardim."[8] Mas, a qualquer momento, o pé de um adulto podia destruir a fantasia.

Lyndon tinha mais afinidade com animais do que com pessoas. Ela tomava cuidado para não pisar nas formigas ou nos besouros. Eles poderiam ser príncipes disfarçados. Ela também tinha um amigo imaginário, uma criança do seu tamanho e da sua idade. Ela o chamava de "Aquele Amigo". Lyndon adorava o seu quintal, com árvores ressecadas pelo sol e uma cerca escorregadia. Mais tarde, ele foi transformado no parque Chelsea, tantas vezes visitado pelos filhos dos Banks e por *Mary Poppins*. Nele, a cerca era uma elegante grade de ferro, a grama rala virou um gramado verdejante, os kookaburras se transformaram em rouxinóis e os cogumelos se tornaram um carrossel.[9]

Lyndon se sentia cercada pelos espíritos das árvores, pelo capim e pelas pedras, mas, principalmente, pelas estrelas. Em Allora, as estrelas pareciam mais próximas do que em Brisbane, tão próximas que Lyndon pensava que podia ouvir os seus cochichos.[10] Johnny Delaney lhe deu noções básicas sobre as constelações, até que ela "conhecesse o céu noturno do Sul como um livro".[11] O céu parecia "um subúrbio celestial... habitado por um círculo de amigos", entre eles, as duas pontas do Cruzeiro do Sul, a Cabeleira de Berenice, Vênus e Orion, com seu cinto cravejado.[12] Sua estrela preferida era a vespertina, personificada por Héspero.

Ela gostava de imaginar uma grande comunidade em movimento no céu. Amigos e familiares circulando, se encontrando e dançando. Ela sabia que Castor e Pólux, irmãos e heróis, se transformaram em estrelas gêmeas, para que pudessem ficar juntos para sempre. Lyndon esperava o mesmo de seus pais.[13] Os heróis e criaturas da antiga Grécia, que deram nome às constelações, foram sua primeira lição de mitologia, tornaram-se primeiro um prazer, e depois, uma obsessão em sua vida.

A visão do firmamento à noite era ao mesmo tempo amigável e envolvente, mas antes do azul-escuro tomar conta do céu, tinha que suportar aquela hora ou mais. O crepúsculo. O anoitecer. Para Lyndon, este era um momento de melancolia e, algumas vezes, de pânico. Quando os "longos raios de sol se assentavam na terra como as listras nas costas de uma zebra",[14] ela perguntava, "Será que o sol nascerá amanhã?", uma das muitas questões que os pais sequer consideravam. "É claro..." Mais tarde ela diria, "Se alguém soubesse ou compreendesse o quanto eu me sentia ansiosa com o sol, teria sido de grande ajuda para mim".[15] Era quando fugia para a casa iluminada em busca de conforto.[16]

É difícil saber quanto dessa angústia foi criada de modo retrospectivo. Certamente soava como uma ideia romântica. Já adulta, Lyndon descreveu o crepúsculo como o momento primordial da infância, quando tudo pode acontecer, e de fato acontece, quando acaba a brincadeira e a criança fica sozinha no "fluxo incandescente do anoitecer, e uma sensação de melancolia e doçura toma conta de seu espírito".[17]

O sentimento foi reforçado por um poema que ela adorava, do escritor irlandês George William Russell, que imaginou uma criança brincando ao anoitecer, no momento em que os adultos a despertam de seu sonho.

> *Não chama o viajante para casa ainda,*
> *Apesar de ser tarde.*
> *É o momento da primeira investida*
> *Ao invisível portão*
> *Permaneça imóvel sob esse golpe de luz,*
> *A hora é repleta de destino.*

Estes sonhos, ela escreveu, poderiam ser levados clandestinamente para dentro de casa e permanecer vivos secretamente no armário. Seu pai também ficava intrigado com o anoitecer. Ele permanecia ao seu lado, com a cabeça inclinada para trás, procurando a primeira estrela no céu.[18] Em um momento como esse, a criança fazia seus planos de vida, embora o romance fosse duas vezes mais incrível para uma Lyndon, uma futura escritora, que estava "construindo um depósito de onde seriam retirados os seus tesouros".[19] Mas Lyndon foi ainda mais longe neste caminho romântico. Ela alegou que sua própria jornada em busca de um sentido surgiram destes momentos de crepúsculo.[20]

O céu noturno e o pôr-do-sol se tornaram o tema condutor de seus artigos e livros. Os contos de *Mary Poppins* trazem muitas histórias sobre os filhos dos Banks brincando nas estrelas, Poppins descendo e subindo uma trilha de poeira estelar, e nos seus artigos, várias crianças perguntam sobre a lua — "O que está do outro lado? Por que a lua está quebrada quando não está cheia?"

Lyndon contou que sentia-se mais feliz nas casas onde podia ver o pôr-do-sol[21] e achava que escrevia melhor ao anoitecer. Ela sempre citava outros autores que pensavam da mesma maneira, incluindo Georges Simenon, que disse que seus filhos temiam o pôr-do-sol, e Beatrix Potter, a escritora de livros infantis que se tornou sua heroína literária. O fascínio pelo medo do escuro permaneceu até a velhice. Ela entrava em pânico até mesmo com os *blackouts* nos teatros.[22]

Os sentimentos de melancolia a assaltavam ao anoitecer, sentimentos que antecipavam como um adulto se sentiria diante da frustração de um dia perdido, ou pior, de uma vida desperdiçada. A cada pôr-do-sol, ela pensava que devia existir algo mais.[23] Ela não sabia o que era, mas... "assim como o vento sopra e o céu é azul, eu seguiria e descobriria... Eu me agarrei a todas as oportunidades que surgiram em meu caminho".[24]

A princípio, sua rota de fuga poderia ter vindo com os ciganos. Lyndon ouviu que eles andavam pelo mundo e roubavam crianças. A história, frequentemente contada, nunca mudava: como uma miragem, um grupo de homens altos em trajes azuis e mulheres cobertas com véus, talvez maometanos, acampavam em tendas pontiagudas próximas a sua casa. Ela dizia que ficava por perto, esperando ser escolhida como um item em um balcão de trocas. Lyndon ofereceu uma de suas sandálias ao homem mais importante. Ele a examinou, mas, em silêncio, a recolocou nos pés da menina, direcionando-a de volta para casa. Fantasia ou realidade, a natureza idílica da história lhe confere um sentido sexual, como se o homem examinasse os atributos da jovem e os considerasse insuficientes. "Eles não me levaram!", contou ela para os pais. "Isso não é de surpreender", Margaret e Travers responderam em tom de zombaria.

A rota alternativa veio com os livros. Um de seus parentes Morehead lhe enviou da Inglaterra uma edição especial da *Enciclopédia Infantil*, junto com uma carta comercial assinada por um tal Sr. Arthur Mee, oferecendo outros livros. A carta, aparentemente escrita à mão, estava endereçada à "Querida Criança". Lyndon pensou que era sua primeira carta de amor. Mas os pais lhe garantiram, asperamente, que a escrita tinha sido feita com algum tipo de máquina e que milhares de crianças receberam a mesma carta. Ela não acreditou. Um amigo não iria traí-la. Lyndon escreveu ao Sr. Mee explicando quem era e pedindo que ele lhe enviasse uma passagem para a Inglaterra. "A resposta demorou e, quando chegou, não foi nada satisfatória. Eu fui repreendida por incomodar o querido Sr. Mee".[25]

Lyndon já tinha lido todos os contos de fadas, "as grandes cenas, para se emocionar e se apaixonar", da Branca de Neve, da Pequena Sereia, da

Bela Adormecida, da Cinderela, todas povoadas por donzelas, bruxas e figuras maternas marcantes. Estas histórias faziam ferver o seu sangue com prazer e horror, quando as mulheres faziam justiça ou encontravam o amor. Ela preferia as solteiras corajosas, como a Guardadora de Gansos ou a destemida Bela Adormecida. Todos os vilões, anões, gigantes, madrastas, bruxas e dragões permaneceram ao seu lado durante toda a vida. Ela tinha um apreço pelos anti-heróis. A mãe se perguntava por que Lyndon preferia Rumpelstiltskin quando a Filha do Moleiro era "muito mais agradável". Sim, mais agradável, mas bem menos interessante. Ela era fascinada pelos antagonistas das histórias, a ovelha negra, a bruxa malvada. Os contos de Grimm eram repletos de forças do mal, em contraste com a meiguice e doçura dos contos de fadas de Hans Christian Andersen. Algumas vezes, ela imaginava se também seria uma bruxa má, alguém que tinha "parte com o diabo", como Blake falou de Milton.[26]

Depois de devorar os Grimm, ela foi vasculhar nos livros da biblioteca dos pais, uma miscelânea de Dickens e Scott, Shakespeare, Tennyson e poetas irlandeses; livros infantis de Beatrix Potter, *Alice no País das Maravilhas* e *Os Heróis*, de Kingsley. Havia apenas uma autora australiana na estante: Ethel Turner, que escreveu *Seven Little Australians*.

Lyndon adorava os livrinhos que comprava por um centavo na loja da Herbert Street. Os contos de fadas eram encadernados em verde; a história de Buffalo Bill veio em vermelho e azul. A contracapa dos livros trazia maravilhosas propagandas de despertadores e rifles — ela até planejou comprar um de cada, mas nunca conseguiu economizar o suficiente.

Um de seus livros preferidos da coleção de seu pai era *Twelve Deathbed Scenes*, que ela leu tantas vezes que os conhecia de cor. Lyndon pensava em como seria bom morrer — se pudesse voltar. Das estantes da mãe, ela lia a revista *Home Chat*, com sua sessão de receitas, remédios para cólicas e modelos de tricô. Mas seu grande prazer secreto era ler os romances da mãe, enquanto Margaret tirava uma soneca de meia hora depois do almoço. Embora os personagens fossem parecidos com bonecos de cera, ela amava aquela meia hora roubada, como um bêbado ama sua provisão secreta de bebidas.[27]

Lyndon ficou confusa com o significado de concubina. O pai e a filha discutiram a palavra, mas Travers foi tão evasivo que ela concluiu que concubina deveria significar empregada. Diante desse engano infantil, Travers saiu intempestivamente da sala. Ela falou sobre Esaú e Jacó com a mãe. Lyndon preferia o filho mau. Margaret explicou que Esaú era a ovelha negra da família. Lyndon então entendeu — ela sempre gostou da ovelha negra: Dan, de *Jo's Boys* (*A Rapaziada de Jô*), Peter Rabbit e seu tio Cecil, que se casou com uma mulher que a mãe descrevia como "um tipo de hindu".

Ela era fascinada pela Bíblia, por sua obscuridade e sua aura de proibição. Adorava o que chamou de "grandes fatos terríveis" da Bíblia e sua potencialidade para se misturar com os mitos e contos de fadas em sua mente. Os Goff eram devotos fiéis e frequentavam os cultos todos os domingos na igreja St. David's. Travers usava um terno branco, entoava hinos antigos com sua voz de barítono e levava solenemente a bandeja de coleta até o altar. Para as crianças, parecia que Deus vivia nas proximidades, não apenas na cidade, mas ali em casa, na Herbert Street. Lyndon ficava atrás do pai especulando a respeito de Deus. Por que ele não tinha um título, Duque Deus ou Sr. Deus? E por que ele chamava Deus de "Harry"? "Eu não chamo!", dizia o pai. "Chama sim... você diz 'por Deus Harry!'"[28]

Ela acreditava que Deus devia estar trabalhando entre eles o tempo todo, tocando órgão aos domingos, correndo pelos campos, ouvindo através das janelas e buracos de fechadura. Ela colheu um girassol e explicou aos pais que aquilo também devia ser Deus. Bobagem, eles responderam, ninguém pode colher Deus e, se isso fosse possível, não o fariam.[29] Então, quem era Deus? Será que ele estava presente em sua canção favorita *Green Grow the Rushes-oh*? Ela refletiu durante anos sobre a frase "Cada um é um e sozinho e assim será cada vez mais". Quem era "um", era Deus ou ela mesma?[30] Ela gostou tanto da ideia que a guardou por toda a vida, incluindo-a no livro *Mary Poppins in Cherry Tree Lane*, publicado nos anos 1980.

A primeira experiência compassiva de Lyndon aconteceu em uma tarde quente de domingo. As venezianas estavam semiabertas, protegendo o quarto onde Margaret lia em voz alta a história da crucificação em *Peep of Day*, uma coleção de histórias bíblicas. Lyndon começou a chorar incontrolavelmente por Jesus. Ela estava imersa na tristeza. A mãe não achou graça, não sentiu pena, apenas ficou irritada. "Eu tenho o trabalho de ler para você e tudo o que você faz é chorar e ficar triste... enxugue os olhos, isso foi há muito tempo".[31]

Lyndon gostava de contar as moedas e notas que caíam na bandeja de coleta da igreja. Ela se perguntava o que Deus fazia com tudo aquilo.

Uma vez, ela tentou ficar com uma moeda que o pai lhe deu para colocar na bandeja, mas ele, atento, entoou o aviso "o tempo é como uma corrente contínua... coloque esta moeda *agora*!".[32]

Para passar o tempo, durante o sermão Lyndon examinava a congregação buscando as caras mais feias, e decidia matar a pior. Bum! "O Sr. Ebb está morto". Bang! "O Sr. Haig está morto". A mãe erguia as sobrancelhas diante da expressão feroz do rosto de Lyndon, e sussurrava "O quê?" "Matando", respondia Lyndon. "Não na igreja", dizia a mãe.[33]

As crianças inquietas sempre eram afastadas dos bancos antes do fim do sermão. As meninas dos Goff brincavam entre as sepulturas, mudando os vasos de rosas para os túmulos sem flores. Elas fingiam que tiravam das sepulturas os bebês mortos há muito tempo e os passavam de colo em colo, confortando a pequena Lucinda ou Lizzie ou Jack. Elas corriam entre as sepulturas recém-cavadas, com seus ramalhetes de lírios murchos; havia gente ali dentro, elas sabiam. Os corpos não eram bonitos, como os pais prometiam, mas feios e assustadores. Lyndon sabia que viveria para sempre. Talvez.[34]

Nesse mundo onde ninguém dava explicações, Lyndon se voltou para a imaginação e a poesia. Em uma análise retrospectiva, ela não conseguia se lembrar de uma época em que não estivesse escrevendo. Ela encarava a escrita como se fosse uma repórter, "ouvindo e escrevendo o que ouviu. Não havia satisfação ou vaidade". Isso era bom, porque "Nunca senti que eu era alguém especial".[35] Seus poemas eram pouco comentados — certamente ninguém achava que houvesse um gênio na família. Ela se lembra de ter levado alguns versos para a mãe, que estava mais preocupada em não queimar linguiças do que com a leitura de poemas. "Outra hora, querida..." E, quando a mãe os mostrava para o pai, ele suspirava, "Quase um Yeats!".[36]

A mãe, mais sensível e criativa, podia fazer um verdadeiro piquenique no café da manhã para a filha, ou estender uma toalha e deixá-la comer no chão da casa. Mas também podia ser assustadora e raivosa — mas nem tanto quanto a noite em que ela começou a arrumar o quarto das crianças e tinha que guardar os brinquedos no armário. Ao contrário de *Mary Poppins*, que mexia o nariz para fazer os brinquedos se arrumarem sozinhos, Margaret se irritava com a tarefa e, no final, acabava furiosa. Ela confiscou a boneca com rosto de porcelana, a preferida de Lyndon, e jogou-a através do quarto gritando para ela sumir dali. A cabeça da boneca atingiu a cabeceira de ferro da cama e se espatifou. "Mamãe, você a matou!", gritou Lyndon, chorando, sentindo o golpe em seu corpo. Margaret juntou os cacos e jogou-se na cama, aos prantos, "Perdoe-me!".

Travers também tinha seus acessos de raiva, mas era igualmente rápido para perdoar. Em um dia de chuva, o casal de bonecas de pano que ele chamou de Lord Nelson e Lady Hamilton ficou abandonado no jardim. Lyndon sentiu tanto medo de sua fúria que mentiu. Não tinha sido ela. Ela nunca deixaria as bonecas lá fora. "Você está mentindo!", berrou ele, mas ao perceber o rosto tenso da menina, logo baixou o tom, "e deixe que eles morram de gripe".[37]

Durante o ano de 1906, Lyndon e a irmã Biddy frequentaram a Allora Public School, onde uma vez Biddy achou um broche perdido por uma professora. Ela o devolveu. A recompensa de dois shillings pareceu exagerada para o feito. Travers Goff, todo arrogante, todo metido a gerente de banco, insistiu que o dinheiro fosse devolvido imediatamente; mas as meninas não podiam mais fazer isso. Lyndon e Biddy haviam gasto o dinheiro com um pacote de doces de marzipã.[38]

Lyndon nunca sabia se o pai reagiria às suas travessuras com uma piada ou uma explosão. Mas ele poderia fazer pior: ridicularizá-la. Ela gostava tanto do guarda-chuva com cabo de papagaio da empregada que decidiu economizar para comprar um. Lyndon achava tão elegante a empregada balançando aquele guarda-chuva, e ficou ofendida ao ouvir a mãe dizer que "nem morta" usaria aquilo. Mas a reação do pai ao guarda-chuva da empregada, que ela embrulhava cuidadosamente no papel de seda ao voltar de um dia de folga, foi mais constrangedora: "Poderíamos colocá-lo em uma gaiola e ensiná-lo a dizer "Polly bonita".[39]

Lyndon sempre divagava a respeito dos passeios da empregada. Quando ela chegava em casa, não dizia claramente o que tinha feito. Apenas dava a entender. Era cheia de histórias sobre sua família, mas ela dizia — Não, não posso contar, essas aventuras não são para os ouvidos das crianças.[40]

Subjugada por bons pais, ainda que convencionais, amando-os profundamente e com uma enorme imaginação alimentada pelos livros, Lyndon cresceu vencendo as dificuldades. Ela pensava que deveria ser "seu próprio planeta". Desejava ser boa, ser melhor, mas sentia que era tocada pelo mal. Ela sempre queria ser algo maior do que si mesma. Suspeitava que não era a preferida da mãe — mas sim a linda Biddy. O papel de Lyndon era o de amar e não o de ser amada. Ela sabia que os amados poderiam "sentar-se no colo do tempo", enquanto os amantes tinham que vigiar e rezar, e moer seu próprio grão.[41]

No entanto, ela sentia, e esperava, ser a mais amada pelo pai. Sendo a filha mais velha e a mais sensível, Lyndon sentiu intensamente os efeitos do alcoolismo do pai, embora, como ela escreveu, "Eu não sabia o que me fazia sofrer".[42] A bebida não era um segredo de família, todos sabiam, inclusive os patrões de Travers. No final de janeiro de 1907, Goff acreditava que seria rebaixado mais uma vez. Ele ficou doente ao voltar para casa depois de um dia inteiro debaixo de chuva.[43] Durante três dias, ele ardeu em febre alta. Uma noite, Lyndon tentou animá-lo com uma moeda de três centavos que guardava no bolso do avental. Ela ficou impressionada com seu rosto, tão branco quanto os travesseiros. Ali estava aquele homem que ela conhecia como um Zeus, agora enfraquecido. Lyndon se sentiu como todas as crianças quando veem seus pais debilitados e quietos. O pânico tomou conta de seu peito e de suas entranhas.[44]

O jornal local relatou que Goff morreu na noite de quinta-feira. Margaret certamente não estava com ele, pois não chamou o médico à noite, mas somente depois de encontrá-lo morto pela manhã. O Dr. Francis Pain declarou o óbito na sexta-feira, 8 de fevereiro. A causa da morte foi descrita como ataque convulsivo. Naquela manhã, quando Margaret contou que o pai tinha ido para Deus, Lyndon teve uma sensação de vergonha, seguida de descrédito. Aquilo não estava certo. Deus não precisava dele. Ele tinha todos aqueles anjos.

Lyndon tinha sete anos e meio de idade. Ela usou luto durante alguns meses, um vestido branco com uma faixa preta. Mas somente seis anos depois ela conseguiu aceitar a morte do pai.

Ao se tornar moça, Lyndon falou com o pai morto, chegando finalmente à conclusão de que deveria confortá-lo: "Está bem, está bem, você não precisa ficar tão infeliz". Ninguém a consolou. Quando adulta, ela acreditava que o pai havia morrido porque não conseguiria enfrentar o que estava reservado para ele no banco — em vez disso, deixou que a pneumonia o matasse. E, mesmo que a convulsão tenha sido a causa imediata da morte, ela sempre acreditou que o fator subjacente era o alcoolismo.[45]

Depois que o médico foi embora, na manhã daquela sexta-feira, Margaret aparentemente conseguiu reunir forças. O funeral foi organizado prontamente. Ela enviou um telegrama para tia Ellie e colocou um anúncio no jornal local para vender a mobília da casa. Não havia mais futuro ali. Ela não tinha mais os pais, nem seu tio-avô Boyd, falecido há dois anos, e a casa era propriedade do banco.

O funeral de Travers aconteceu no cemitério de Allora, na tarde de sexta-feira, oficiado pelo vigário de St. David. Ellie telegrafou de Sydney, informando que viajaria para Allora de trem, sem demora. Um mensageiro foi buscá-la na estação. Ela cumprimentou a sobrinha na entrada da casa. Os lírios perfumavam o ambiente. "Meg!" Não havia mais nada a dizer. Margaret apenas inclinou a cabeça sobre o ombro magro da tia. "Você e as crianças ficarão comigo!", disse Ellie. Margaret começou a fazer as malas. Em 16 de fevereiro, depois de vender a mobília, o cavalo e a charrete, Margaret, Ellie e as três meninas deram adeus à empregada na estação.

As horas passavam cada vez mais devagar à medida que se aproximavam de Sydney. "Aqui é Nova Gales do Sul, é aqui a cidade?" Apenas Moya, com dezoito meses, permanecia passiva, passando de um colo para outro. De volta para casa, Ellie voltou à sua postura autoritária. A família abatida foi conduzida até o hall de entrada da casa em Albert Street.

"Cuidado com isso!" O objeto abrigado nas sombras era um busto de Sir Walter Scott, que "seu tataravô!" havia dado para ela. Margaret e as meninas sentaram-se para almoçar com Ellie. Primeiro a sopa, depois a carne, o pudim e o prato de frutas. Era fevereiro, um mês sufocante em Sydney. É claro que Ellie monopolizou a conversa, chamando a atenção para os modos das crianças e para as perspectivas do futuro. Biddy desabou primeiro, depois Margaret saiu da sala, com Moya no colo. Ellie pegou uma porção de cerejas vermelhas. Apenas Lyndon ficou com ela à mesa. Seus olhos eram tristonhos. Será que ela iria chorar também? "Não, não vou, velha besta. Eu não estou chorando, meus olhos são assim." Silêncio. "Aqui", disse Ellie finalmente, "leve as cerejas para sua mãe e diga que sou uma mulher velha e amarga. Eu não quis dizer nada daquilo". Lyndon pegou as cerejas, segurou-as em suas mãozinhas e olhou nos olhos da tia-avó. Ellie, de 61 anos, e Lyndon, de sete, reconheceram-se uma na outra — a alma de uma mulher que não recua.[46]

Notas

1. P. L. Travers, *Aunt Sass* (Nova York: Reynal & Hitchcock, 1941).
2. "A Radical Innocence", *The New York Times*, 9 de maio de 1965.
3. Carta de Travers Goff, 5 de agosto de 1905, Biblioteca Mitchell.
4. "Silver Lake, Golden Window", *Good Housekeeping*, abril de 1948.
5. "The Black Sheep", *The New York Times*, 7 de novembro de 1965.
6. Nota manuscrita de P. L. Travers, Biblioteca Mitchell, Sydney.
7. "Meet the Creator of Mary Poppins", entrevista para Ian Woodward, *Women's Weekly*, 1975.
8. Nota manuscrita de P. L. Travers em Shawfield Street, Chelsea.
9. *Good Housekeeping*, abril de 1948.
10. "Where will all the stories go?" *Parabola*, 1982.
11. Anotações de aula preparada por P. L. Travers, 1947-8, Biblioteca Mitchell, Sydney.
12. "The Primary World", *Parabola*, 1979.
13. Carta para Staffan Bergsten, 20 de março de 1977.
14. "Now Hail and Farewell", *Parabola*, 1985.
15. Entrevista para uma rádio de Boston, 1965.
16. "A Remarkable Conversation About Sorrow", entrevista de 23 de junho de 1965 para Janet Graham, *Ladies' Home Journal*.
17. "That Friend", *Good Housekeeping*, novembro de 1950.
18. "A Radical Innocence".
19. Anotações de aula preparada por P. L. Travers, 1947-8, Biblioteca Mitchell, Sydney.
20. Nota manuscrita, Biblioteca Mitchell, Sydney.
21. Jonathan Cott, *Pipers at Gates of Dawn:* the wisdom of children's literature (Nova York: Random House, 1983).
22. Entrevista com Camillus Travers, 1997.
23. Cott, *Pipers at the Gates of Dawn*.
24. "Carta para a Learned Astrologer", *Parabola*, 1973.
25. "Fear No More the Heat of the Sun", *Parabola*, 1977.
26. "The Black Sheep".
27. "I Never Wrote for Children". *The New York Times*, 2 de julho de 1978.
28. Shusha Guppy, *Looking Back: a panoramic view of a literary age by the grandes dames of european letters.* (Nova York: Simon & Schuster, 1993).
29. "Now Hail and Farewell".
30. Cott, *Pipers at the Gates of Dawn*.
31. "A Remarkable Conversation About Sorrow".
32. "Threepenny Bit", artigo de P. L. Travers em manuscrito, Biblioteca Mitchell, Sydney.
33. Entrevista para Melinda Green, 1976, texto datilografado, Biblioteca Mitchell.
34. "Fear No More the Heat of the Sun".
35. Roy Newquist, *Conversations* (Nova York: Simon & Schuster, 1967).
36. Entrevista para uma rádio de Boston, 1965.
37. "A Radical Innocence".
38. "Only Connect", discurso na Biblioteca do Congresso, 31 de outubro de 1966.

39 "Carta para a Learned Astrologer".
40 Nota manuscrita na Biblioteca Mitchell, Sydney.
41 P. L. Travers, *Johnny Delaney* (Nova York: Reynal & Hitchcock, 1944).
42 Carta para Dushka Howarth, novembro de 1981.
43 Carta para Staffan Bergsten, 19 de fevereiro de 1977.
44 "Threepenny Bit".
45 Carta para Staffan Bergsten, 19 de fevereiro de 1977.
46 Travers, *Aunt Sass*.

3

A VELHA INGLATERRA NA AUSTRÁLIA

Ivy, Myrtle, Holly, Elm, Daphne, Shepherd. Os nomes das ruas de Bowral continham a essência do interior da Inglaterra. A cidade situada na parte mais elevada dos planaltos de Nova Gales do Sul era cercada de árvores e flores transplantadas da Inglaterra, choupos, salgueiros e pessegueiros. À distância, era uma mistura de tons de verde, dos mais escuros aos mais claros. Ao contrário das cidades costeiras, que derretiam em intermináveis verões, Bowral tinha as estações definidas, com neve e árvores com copas coloridas, tulipas e narcisos.

Localizada a 200 quilômetros ao sul de Sydney, a cidade lembrava a Índia colonial, um lugar onde homens e mulheres saudosos de sua terra natal se refugiavam do calor da costa. Bowral era pacata no inverno e agitada no verão, quando o povo da cidade saía para passear e se refrescar.[1]

A vida ali era tranquila. Margaret e as filhas se mudaram para lá em 1907, e foram morar em um dos quatro chalés de madeira da Holly Street, na época uma rua empoeirada. Tia Ellie pagava o aluguel. Um salgueiro se inclinava sobre um córrego escuro que passava pelo cercado, de frente para o jardim. Lyndon cresceu nesse lugar, da infância à juventude, época em que as meninas descobrem que os pais não sabem de nada. Ela analisava a mãe, como fazem todas as garotas, com uma espécie de percepção gradativa. Por que, quando ela compreendeu o nascimento, o amor e a morte, sua mãe parecia entender tão pouco?

Tia Ellie matriculou Lyndon e Biddy na Sydney Church of England Girls Grammar School, fundada no ano anterior. Lyndon tinha oito anos, idade em que as meninas se refugiam em brincadeiras secretas com a "melhor amiga", quando um transeunte poderia ouvir as confidências sussurradas entre elas ou a um amigo imaginário e invisível. Ela divagava sob o salgueiro, que tomava formas surpreendentes: uma princesa fugindo de um ogro, os braços de um príncipe, ou um cavalo, que a carregava para a vitória. Noutro dia, ele se transformava em um navio, vermelho e preto, com uma chaminé, no qual ela viajava para a terra das fadas. Mais tarde, aos 11 anos, Lyndon percebeu que os homens passaram a olhá-la de outro jeito, espiando seus pequenos seios, como o homem da quitanda, que se inclinava sobre o balcão e a chamava de "minha menininha".[2]

Muitos desses vizinhos e comerciantes de Bowral renasceram anos mais tarde nos livros e artigos de Lyndon, entre eles o "Tio" Dodger Woods e sua filha Nellie Rubina, a Srta. Quigley e a Sra. Corry, que espreitava no armazém geral da rua principal, intimidando suas filhas gigantes, Annie e Fannie. O coração da Srta. Quigley estava partido. As meninas Goff souberam disso ouvindo fragmentos de conversas nos chás, de fora da sala, quando os adultos pediam para as crianças saírem para brincar. As meninas estavam mais interessadas em explorar o jardim da Srta. Quigley, com suas tentadoras macieiras. Assim como Eva, elas deveriam sofrer pelas maçãs roubadas do pomar, escondidas na blusa de marinheiro e nos bolsos do calção. Mas, uma vez, a Srta. Quigley foi mais esperta.

"Crianças, que amor, vocês vieram me visitar?" Passando pelo jardim, a Srta. Quigley pediu que elas descessem das árvores e fossem até a sala, onde abriu uma linda caixa de música, incrustada de prata e madrepérola. O longo cilindro dourado entoava a *Canção de Ninar de Brahms*, *Barbara Allen* e o *Danúbio Azul*. Ela dançou em volta da jardineira, com os braços curvados diante de si, e as crianças entraram na valsa. "Ah, crianças!" Ela murmurava para elas sobre o Danúbio, o rio "azul como os olhos, azul como o céu, azul, azul..." — com quem elas se casariam, um funileiro, um alfaiate, um poeta? — e enquanto valsavam, as maçãs caíram dos calções, inúteis e sem sentido.[3]

Elas aprenderam a arte avançada de escalar árvores com o tio Dodger, que as ajudava a descer sem pânico quando subiam muito alto nos galhos. Dodger tinha jeito com crianças e pássaros. As kookaburras, os pardais e os papagaios atendiam a seu chamado e pousavam em sua cabeça. Sua sobrinha Nellie Rubina, na época com uns oito anos, era uma criança teimosa, corada e desajeitada, que vivia do outro lado do campo, na frente das Goff. Ela tirava balas dos bolsos e as oferecia com um olhar profundo e expressivo. As balas traziam gravadas frases enigmáticas, como "Espere até amanhã" ou "Sirva-se". Nellie Rubina vagava pelas ruas de terra, carregando um saco com um pedaço de pão. Ela chamava Lyndon, e se recusava a dividir o pão.

Nellie Rubina e tio Dodger aparecem no segundo livro, *Mary Poppins Comes Back*, na história em que a personagem principal, Nellie Rubina, acaba com a neve ao trazer a primavera para o mundo. Mas ela é uma adulta, e não uma criança, e se assemelha a uma boneca que vive com seu tio em uma arca de madeira com uma tampa articulada. Ela poderia ser a filha de Deus. Nellie e o tio oferecem as balinhas para *Mary Poppins* e as crianças dos Banks, e fabricam objetos feitos de madeira que representam a primavera: cucos, cordeiros, galhos carregados de brotos e campânulas brancas.

Lyndon ficava intrigada com essas balinhas e mais ainda com os comerciantes que as vendiam. Tia Ellie contava uma história sobre uma loja de doces inglesa mantida por uma velha senhora decrépita, que tinha dois tipos de balas, uma chamada *Kiss Me Quick* e outra, *Cuddle Me Close*.[4] Esta velha senhora, combinada com a proprietária da loja de doces de Bowral, é a base de uma das amigas mais estranhas de *Mary Poppins*, a Sra. Corry. Ela aparece em vários livros de *Mary Poppins* como uma velha senhora pequena e magra, em uma loja empoeirada, cujas vitrines eram decoradas com pedaços de papel colorido. A Sra. Corry armazenava bolo de gengibre, sorvete, palitos de alcaçuz, maçãs do amor (emboloradas) e açúcar de cevada. Seus próprios dedos eram feitos de açúcar de cevada e ela tiranizava suas filhas gigantescas.

Ficou claro que a Sra. Corry vinha do mundo das lendas e mitos. Ela era uma velha senhora sábia, contadora de histórias, uma profetisa. A Sra. Corry conhecia Guilherme, o Conquistador, Alfredo, o Grande e Guy Fawkes, e com suas filhas e *Mary Poppins*, colava as estrelas no céu, com a ajuda de um pote de cola e uma escada muito alta.

A Sra. Corry de Bowral era igualmente assustadora. Lyndon ficava apavorada quando tinha que entrar naquela loja escura. Com a voz trêmula, ela pedia dois *fizzos* — balas de goma em formato de picolé. A Sra. Corry gritava "fizzos!" com um eco estrondoso, alto o suficiente para acordar as filhas, que vinham do andar de cima para ver a garota.[5]

Mesmo com o rico filão de personagens que encontrou em Bowral, o foco da vida de Lyndon continuou sendo sua mãe, Margaret, uma órfã criada pela tia, e que agora era uma viúva de trinta e poucos anos. Aos dez anos, Lyndon ainda não acreditava que o pai tinha realmente morrido. Se as coisas iam muito mal, ela encorajava a mãe, dizendo, "Não se preocupe, tudo vai ficar bem quando papai voltar de Deus". Os olhos claros de Margaret escureciam.[6]

Lyndon temia que a mãe se casasse novamente, apesar de que ela não teria sofrido tanto se Margaret tivesse encontrado um homem. Ela sentia o peso de ser a filha mais velha, a confidente. "A filha mais velha ocupa uma posição muito difícil. Esperam muito de você, que precisa dar o exemplo."[7] A mãe requisitava até a mão de Lyndon sobre sua testa quando tinha uma dor de cabeça. Aos poucos, ela começou a sentir-se inadequada para a tarefa, ressentida, como as crianças em crescimento fazem com as necessidades dos pais. Seu cabelo começou a cair em pequenos tufos; o médico da família, Dr. Throsby, disse que era muita tensão para a menina.[8]

O cometa Halley, que ela chamava equivocadamente de Cometa Harry, foi uma metáfora duradoura para a ausência de seu pai. Esperar por ele "foi uma das coisas que fiz durante toda minha vida, imaginando-o lá fora, em seu curso estabelecido, arrastando a cauda entre as galáxias". Quando o cometa apareceu, em 1910, as meninas Goff, em seus vestidos vermelhos engomados, foram tiradas da cama para ver o milagre, e ouviram, "Vocês não vão vê-lo novamente... ele só voltará daqui a setenta e seis anos".[9]

Em dois relatos, um em uma carta de 1977 e outro publicado em uma revista, onze anos depois, Lyndon contou uma história que estava registrada em sua mente. Ela falava de um cavalo branco mágico, mas muito mais do que isso, a história significou o fim de sua infância, e para sua satisfação, explicou finalmente o mistério: de onde veio *Mary Poppins*? Em uma noite, quando Lyndon tinha uns onze anos, a mãe transtornada pela angústia fugiu de casa ameaçando se afogar no riacho. Ela não tinha superado a morte do marido e não tinha com quem compartilhar sua dor. A chuva caía sobre o telhado metálico do chalé, e as árvores estavam pesadas com o aguaceiro.

Lyndon já era madura o suficiente para não entrar em pânico. Ela alimentou o fogo, pegou uma velha colcha no quarto e cobriu a si mesma, e depois Biddy e Moya. As três meninas se sentaram na frente do fogo, vigiadas pela raposa entalhada sobre a lareira, iluminada pela lamparina de porcelana da mãe. Lyndon contou para as irmãs aflitas, apinhadas no tapete da lareira, a história de um cavalo branco mágico.

O cavalo devia ser Pégaso, um símbolo que apelou para o lado poético de Lyndon. Enquanto não tinha asas, ele galopava sobre o mar como um cometa brilhante, "seus cascos tocavam de leve a espuma". O potro era elegante, com a crina e a cauda bem aparadas. Ele estava indo para casa?, perguntavam as meninas. Não, o cavalo estava indo para um lugar sem nome. Ele podia ver o lugar à distância, como uma grande nuvem de luz. Ele pode fazer qualquer coisa? Colocar o mundo em uma frigideira, voar pelo ar, mesmo sem asas e mergulhar no fundo do mar? Sim, sim, sim! Talvez ele nunca chegue até a luz. O que ele come, o que ele bebe? Anos depois, Lyndon acreditou que o cavalo mágico corria debaixo da terra e eventualmente subia como *Mary Poppins*.[10]

As três meninas ficaram abraçadas enquanto Lyndon pensava no riacho. Sua imaginação voava para descrever as aventuras do cavalo, mas sua mente considerava a realidade. O riacho era muito fundo? Certamente não era fundo o suficiente para uma mulher se afogar. Só se ela deitasse e deixasse a água cobrir o seu rosto, como uma Ofélia. Mas, logo abaixo, o riacho se transformava em uma piscina mais larga. Em todo caso, o que aconteceria conosco se ela nunca mais voltasse? Será que iríamos para um orfanato e usaríamos camisolas bordadas para esconder os furos no tecido, ou tia Ellie nos levaria para Sydney? Talvez ela mandasse Biddy para tia Jane, eu ficaria com tia Ellie, e Moya, com uma das primas? Assim, ninguém seria a "menorzinha". Quanto tempo leva um afogamento? Meu Deus, se mamãe voltar, eu vou ser boazinha.

Quando os últimos pedaços de lenha deslizavam na lareira, a porta se abriu. Margaret parecia uma Ofélia ressuscitada, o cabelo molhado colado no rosto, as roupas agarradas ao corpo. Biddy e Moya correram para abraçá-la na cintura, nos joelhos, tentaram beijá-la no rosto, rindo e chorando, puxando sua roupa, puxando a colcha sobre ela, mas Lyndon se conteve. Ela foi até o aquecedor, um lugar proibido para as crianças, e ferveu uma chaleira de água para colocar na bolsa, que levou em silêncio para o quarto da mãe. Moya e Biddy já tinham ido para a cama, uma de cada lado, rindo e cochichando a história do cavalo branco mágico.

Margaret olhou para a filha mais velha. Lyndon jogou a bolsa de água quente na cama, com toda força que conseguiu reunir, do mesmo jeito que Margaret fez quando quebrou sua boneca de porcelana na cama de ferro. "Ah, menina insensível. As outras ficaram tão felizes em me ver. Qual é o seu problema?", gritou Margaret. Lyndon não conseguiu responder. Ela foi para a cama e se deitou com o coração frio e o corpo rígido, imóvel como uma pedra. A dor seguida de alívio era impossível de suportar. Ela não conseguia nem chorar.

Ela se sentiu como um botão verde, fechado, incapaz de se curvar a uma outra dor. Só depois de adulta, ao escrever para uma amiga, Lyndon conseguiu se dar conta do tamanho da tristeza de Margaret, pois o que "havia nascido de dois agora tinha que ser carregado por um. A plenitude se transformou em vazio". A cama vazia simbolizava a perda — a cama que uma vez ressoou as intimidades de um casamento: "A respiração yin e a respiração yang fluindo juntas, pés nus sobre pés nus, o dia dissolvido, absolvido pela noite".[11] Ela percebeu que, longe de ser inocente, a mãe sabia muito. Um dia Lyndon viu Margaret olhando para ela no banho. A mãe chorava baixinho. "Todo o amor tinha invadido seus olhos cinzas, eles estavam escuros de preocupação e amor, de angústia, compaixão e desejo de consolar. Ela não disse nada. Nenhuma de nós conseguia falar."

EM MAIO DE 1912, MARGARET Goff anunciou no jornal local *Wollondilly Press*: "Alugo chalé mobiliado. Tratar com Sra. Goff, Holly Street, Bowral". Ela pretendia morar um tempo com tia Ellie, e já tinha matriculado Lyndon no ensino médio em Sydney. Ellie insistiu que era o melhor a fazer; a menina era brilhante e ela pagaria os custos. Lyndon, que completaria 13 anos em agosto daquele ano, iria para o internato e voltaria a Bowral nas férias.[12]

Margaret, cumprindo seu dever de mãe, contou a Lyndon (um dia em Sydney, no Jardim Botânico), que ela logo seria uma mulher e explicou o motivo do fluxo mensal de sangue.[13]

Lyndon ficou em silêncio, cheia de ressentimento calado, que depois extravasou sobre as novas professoras da Normanhurst Private Girls School, uma escola particular para meninas, no subúrbio de Ashfield. Tia Ellie considevara Normanhurst "elegante". A escola se declarava leiga, mas tinha ligações com a St. John's Church of England e com a Abbotsleigh (outra escola para meninas), na costa norte de Sydney.[14]

Lyndon começou a ser impertinente e criativa para quebrar as regras. A diretora a chamou em sua sala, mas em vez de apenas repreendê-la, perguntou, "Você sabe por que faz estas coisas?" Lyndon mentiu, dizendo que estava entediada. "Bem", continuou a Srta. Beatrice Tildsley, "o que é interessante para você? Talvez a leitura?" Ela a levou para um canto da sala, onde poderia ler todos os livros que quisesse. Mais tarde, Lyndon contou que começou com *O Declínio e a Queda do Império Romano*, e seguiu daí por diante.[15] Ela se lembra de Normanhurst como um lugar onde podia ler e aprender, como uma preparação para a vida de escritora e atriz.[16]

Agora, separada da mãe, Lyndon compreendeu finalmente que o pai estava morto. Na verdade, ela pensou que ele tinha se transformado em uma estrela.

Lyndon estudou música por obrigação, passou no exame teórico do Trinity College, em 1913, e se apaixonou perdidamente pelo palco, arrebatada pela forte impressão ao assistir uma peça na qual o herói foi ferido e sua testa coberta por molho de tomate. (O tempo que passou em Normanhurst coincidiu com a Primeira Guerra.)[17] Sua primeira matéria publicada no jornal da escola, assinada como Lyndon Goff, foi uma notícia sobre o "Grande Show de Variedades" apresentado no terceiro trimestre de 1914. "Depois da apresentação de diferentes números, descobrimos entusiasmados a existência destas estrelas de primeira grandeza que habitavam incógnitas entre nós, em alguns casos, por anos", escreveu. O rendimento do show foi revertido para os fundos de guerra.

Lyndon logo passou do palco à direção, com a produção de uma apresentação da escola para angariar fundos, em novembro de 1914. A apresentação começava com a "Marseillaise", seguida de "Bravo!", uma declamação de guerra, e incluía "Gossip", uma cena de duas velhas senhoras (sem dúvida inspirada em tia Jane e tia Ellie). O destaque da noite era um melodrama estrelado por Lyndon representando reis, lindas mulheres em perigo e cavaleiros em duelo. A peça terminou com a queda do *kaiser* graças aos esforços da Inglaterra, França, Bélgica e Austrália, antes das garotas e professoras cantarem "God Save the King".

Em 1915, o jornal da escola registrou em crônica a perda de aliados na Batalha de Gallipolli, e declarou sinceramente que "os corações das meninas reverenciavam aqueles que fizeram, ou estavam prontos a fazer, a maior oferenda de todas". E, ao descrever o baile de máscaras da escola naquele ano, Lyndon elogiou as bandeiras dos aliados hasteadas e, em cada canto, as miniaturas das bandeiras colocadas entre as palmeiras e samambaias. Ainda sobre o baile, o Head Dress Dance, ela escreveu: "os gritos por alfinetes, algodão e outros itens eram ouvidos nos quartos, enquanto todas corriam de lá para cá, em grande excitação... a couve-flor e o nabo tinham que ser guiados, os buracos feitos nas máscaras não ficaram suficientemente grandes para se enxergar através deles".

Lyndon escrevia bem, no estilo direto e claro de uma jornalista iniciante, mas era notório que embora a escrita fosse espontânea, a atuação vinha em primeiro lugar. Graças ao seu fascínio por representar, Lyndon conheceria o primeiro de uma série de homens que, em suas palavras, "a passariam de um para o outro". Estes homens não eram apenas seus mentores, mas pais substitutos e amantes, que representariam o Sr. Banks da sua *Mary Poppins*.

Seu nome era Lawrence Campbell, um ator com quase 50 anos, nascido em Londres, e que ensinou arte dramática e oratória em Sydney por vinte anos. Como orador, Campbell preparava alunos de várias escolas, incluindo a Normanhurst. Em 1915, ele escalou Lyndon para o papel de Bottom na produção da Normanhust de *Sonho de uma Noite de Verão*, que abriu a temporada de outubro do Ashfield Town Hall.

Naquele ano, ela também representou o papel principal de *Le Voyage de Monsieur Perrichon* e passou no exame da Junior University. Em 1916, como líder da turma, seus pensamentos oscilavam entre fugir de Normanhurst e a carreira de atriz. Em maio de 1916, Lawrence Campbell levou as formandas, incluindo Lyndon, para ver *Ricardo III*, no New Adelphi Theatre. A produção fazia parte de uma temporada com seis peças de Shakespeare apresentadas pelo produtor George Marlow. A estrela era o ator inglês Allan Wilkie, que representou Malvolio, Shylock e Romeu durante a temporada, mas se sobressaiu como Ricardo III, que ele retratou como um homem manco e com uma boca torta horrível. Lyndon e as amigas, sentadas na primeira fila, tiveram uma visão maravilhosa da tragédia.[18]

Campbell era mais do que um simples professor que levava as alunas para passear. Além de ator profissional, era diretor do Palace Theatre, onde declamava poemas. Ele também representou Jaques em *As You Like It*, na temporada shakespeariana de 1916, de Allan Wilkie. E tinha uma proposta fantástica para Lyndon. Por que ela não se mudava para sua casa? Sua esposa seria uma boa acompanhante e a treinaria como atriz.[19] Mais tarde, quando mencionou esta proposta em suas entrevistas, Lyndon não insinuou nenhuma conotação sexual, mas deu a entender que tal mudança seria impossível "em famílias como a minha", pois tia Ellie e sua mãe eram muito esnobes. Para elas, a vida no palco seria indecorosa para uma jovem, tanto quanto a prostituição.[20] Lyndon disse, "Eu tinha que ganhar a vida e ajudar minha família... Eu não tinha escolha".

Tia Ellie se encarregou disso. Não existiam empregos decentes para uma jovem em Bowral. Ela deveria trabalhar em Sydney. Não havia o que fazer; Margaret, Biddy e Moya teriam que se mudar para a cidade e Lyndon viveria em casa novamente. Margaret Goff alugou uma casa modesta na 17 Pembroke Street, em Ashfield, e as duas meninas mais novas foram matriculadas na Normanhurst. Tia Ellie colocou Lyndon na Australian Gas Light Company, onde conhecia um membro do conselho, Thomas Forster Knox, cunhado de sua amiga Edith Knox.[21] Ellie sugeriu que Lyndon se tornasse datilógrafa. Thomas Knox ainda tentou protestar timidamente, "Queria Srta. Morehead, ela ainda é muito jovem...", antes de Ellie gritar, "Bobagem, ela é perfeitamente capaz e precisa trabalhar".

Lyndon foi trabalhar como secretária no escritório do caixa, mas tinha medo de fazer a contagem do dinheiro no final de cada dia. Mais tarde, escreveu que "provavelmente devido ao meu contato inicial com o dinheiro, ou talvez pela falta dele", nunca consegui fazer o balanço corretamente. Alguém chegou para salvá-la com uma velha máquina de somar e a gerência nunca soube de sua incompetência. Lyndon foi indicada para uma promoção. Todos os dias, diante da grande máquina de escrever negra, ela ouvia a voz de tia Ellie argumentando, irritada: seja uma boa menina. Ajude sua mãe. "Parecia que este era meu papel e eu imaginava se havia algo mais para mim na vida".[22]

Nos momentos mais sombrios, ela se perguntava: "Se as estrelas fossem a felicidade, qual delas gostaria de ter, a Via Láctea ou as duas estrelinhas que apontam para o Cruzeiro do Sul?" Lyndon preferia as duas estrelas. Tudo "entre elas era tão negro, tão escuro, tão terrível — mas eu achava que aqueles dois momentos seriam melhores do que anos na Via Láctea".[23]

Notas

1. *The Triad*, 10 de setembro de 1923.
2. Nota manuscrita, Biblioteca Mitchell, Sydney.
3. "Miss Quigley", *Parabola*, 1984.
4. *Aunt Ellie's memoirs*, Biblioteca Mitchell, Sydney.
5. Artigo manuscrito, Shawfield Street, Chelsea.
6. Shusha Guppy, *Looking Back: a panoramic view of a literary age by the grandes dames of european letters*. (Nova York: Simon & Schuster, 1993).
7. A inquietação por ser a filha mais velha aparece em muitas lembranças, incluindo "A Remarkable Conversation About Sorrow", entrevista em 23 de junho de 1965 para Janet Graham, *Ladies' Home Journal*.
8. Carta para Staffan Bergsten, 10 de fevereiro de 1977.
9. "A Radical Innocence", *The New York Times*, 9 de maio de 1965.
10. O relato sobre a angústia da mãe e o conto do cavalo branco aparecem em "The Interviewer", *Parabola*, 1988, e em uma carta para Staffan Bergsten, 19 de fevereiro de 1977.
11. Ibid.
12. P. L. Travers disse duas vezes que foi para o internato de Normanhurst aos 11 anos. Mas isto parece improvável, uma vez que ela sempre diminuiu a idade e seu registro não aparece no jornal da escola antes de 1913. O arquivo dos alunos da escola não existe mais. A escola fechou em 1941.
13. Nota manuscrita, Biblioteca Mitchell, Sydney.
14. Sheena e Robert Coupe, *Speed the Plough: Ashfield 1788–1988* (Ashfield, Austrália: Conselho da Municipalidade de Ashfiel, 1988).
15. Entrevista para Miss Arledge, sem data, Biblioteca Mitchell, Sydney.
16. "Threepenny Bit", artigo de P. L. Travers em manuscrito, Biblioteca Mitchell, Sydney.
17. Jonathan Cott, *Pipers at the Gates of Dawn*: the wisdom of children's literature (Nova York: Random House, 1983).
18. *Normanhurst School Magazine*, edições de 1913 a 1916, Biblioteca Mitchell, Sydney.
19. *Good Weekend*, 25 de janeiro de 1986.
20. Roy Newquist, *Conversations* (Nova York: Simon & Schuster, 1967).
21. Rosemary Broomham, *First Light: 150 Years of Gas* (Sydney, Austrália: Hale & Iremonger, 1987; Helen Rutledge, *My Grandfather's House* (Sydney, Doubleday, 1986).
22. Guppy, *Looking Back*.
23. P. L. Travers, "A Note on Cliques", *Christchurch Sun*, 12 de maio de 1924.

4

O NASCIMENTO DE PAMELA

Aos 17 anos, Lyndon sabia de cor todas as falas de Julieta e muitos trechos de Lacy Teazle em *School for Scandal*. Aparentemente, ela era uma datilógrafa, mas no fundo, continuava uma atriz. Sob os ensinamentos de Minnie Everett, ela continuou as aulas de dança, cantarolava melodias que acompanhavam seus próprios versos,[1] e se vangloriava de ter visto todas as peças encenadas em Sydney. Sua obsessão era mais uma questão de preocupação do que de orgulho, pela mãe e por tia Ellie.[2]

A grande ambição de Lyndon era tornar-se uma atriz dramática no estilo de Kathlene MacDonell, que ela viu no Criterion Theatre, em 1917. Ela gostou dela em *Peter Pan*, mas adorou seu trabalho em *L'Aiglon*, de Edmond Rostand's, e decorou a peça. Dois anos depois, Lyndon gastou todo seu dinheiro no New Olympia Theatre, em Darlinghurst, para assistir repetidamente o ator Sir Johnston Forber-Robertson, na peça *Passing of the Third Floor Back*.

Ela invejava as alunas mais velhas da escola de dança de Minnie, que eram escaladas para as apresentações nos teatros da cidade, de propriedade dos excêntricos irmãos Ben e John Fuller (cujo lema era: "alegria sem vulgaridade"), no Grand Opera House (formalmente, o New Adelphi) e no Her Majesty. As apresentações faziam parte da programação teatral anual não apenas como atração de Natal, e eram todas exibidas em "balés maravilhosos". Elas tinham como base os contos de fadas europeus e havia poucas exceções às histórias adocicadas de Cinderela, Aladim, Dick Whittington, Robinson Crusoé, Chapeuzinho Vermelho e João e Maria. De vez em quando, o público da Grand Opera House podia assistir uma peça australiana, como aconteceu em dezembro de 1916, em *The Bunyip*, que apresentava a Wattle Blossom Fairy Princess (Princesa Encantada da Flor de Acácia).

Depois de meses de mau humor, com Margaret Goff e tia Ellie alternadamente se indignando ou desprezando a ideia de que ela poderia tornar-se uma atriz, elas finalmente permitiram que Lyndon se apresentasse em uma peça.[3] A estreia aconteceu em 1920, na espetacular *Bela Adormecida*, de J. C. Williamson, que iniciou em abril, numa temporada de seis meses no Criterion. É claro que ela conhecia o conto de fadas desde a infância, e sempre se identificou tanto com a princesa corajosa como com a 13ª fada, que se vingou por ter sido expulsa da festa do batismo. O envolvimento de Lyndon com este trabalho a ajudou a reforçar a importância da história como uma chave para a vida de uma mulher.

Lyndon participou com a companhia de balé de Minnie Everett, que recebeu algumas críticas negativas — como na revista *The Triad*, que achou a interpretação da companhia "patética". Mas a *Bela Adormecida* teve uma temporada de sucesso com a ajuda de atores da Inglaterra e de Nova York nos papéis principais.

Nesse período, Lyndon fez amizade com Peggy Doran, apresentada no elenco como "a notável comediante irlandesa". Lyndon pediu a Peggy para assisti-la no ensaio de um trecho de *L'Aiglon*. Ela já tinha praticado em um depósito sob o palco, entre cestas de objetos de cena e figurinos. Peggy espalhou a notícia de que havia uma verdadeira atriz entre as bailarinas. Minnie ficou surpresa e perguntou a Lyndon onde ela tinha aprendido a representar. Lyndon baixou a cabeça. "Eu nunca aprendi". "Não importa, você terá um pequeno papel na peça", disse Minnie. No melhor estilo do *showbiz*, Lyndon assumiu um papel com texto.[4] Antes atraída pelo teatro, agora ela estava completamente seduzida. O palco preenchia o desejo de aplausos de Lyndon. Agora, havia alguém, mesmo que fosse um auditório de pessoas totalmente estranhas, que prestava atenção na pequena Lyndon. Ela queria fazer isso o tempo todo.

O próximo passo veio com o ator shakespeariano Allan Wilkie, que Lyndon tinha como modelo quando era estudante. Se Lawrence Campbell foi seu primeiro Sr. Banks, Wilkie foi o segundo. Nascido em Liverpool, Wilke era um ator itinerante e agente, à moda de Henry Irving, que aprendeu o ofício atuando em melodramas e em peças de Shakespeare, em companhias dirigidas por Ben Greet, Frank Benson e Herbert Beerbohm Tree. Ele excursionou pelas províncias inglesas e viajou o mundo com uma companhia itinerante de atores. Preso na África do Sul no início da Primeira Guerra Mundial, Wilkie e sua esposa, a atriz Frediswyde Hunter-Watts, viajaram de navio para a Austrália, onde ela tinha familiares.[5]

Wilkie, um tradicionalista que evitava versões modernas de Shakespeare, era parecido com Oscar Wilde e se vangloriava de poder representar Shylock qualquer noite, sem preparação prévia, mas precisava ser avisado com 24 horas de antecedência para representar Otelo. Para uma geração de estudantes, ele transformou Shakespeare de uma confusão de palavras incompreensíveis, que o professor fazia recitar em voz alta, para a poesia, que repentinamente ganhava vida. O cenário de Wilkie consistia apenas em um pano de fundo preto, um trono de madeira, uma mesa ou um divã. O que importava era a paixão, o amor, o envolvimento, as lutas de espadas sangrentas e traições enunciadas nas vozes poderosas de Frediswyde e seus amigos.

Em 1915, Wilkie encontrou seu primeiro financiador australiano — outro empresário do norte da Inglaterra, George Marlow, que foi arrendatário do New Adelphi Theatre e do Princess Theatre, em Melbourne. Marlow sugeriu que Wilkie formasse uma nova companhia e em janeiro de 1916, a Grand Shakespearean Company de Marlow estreou em Melbourne, com *O Mercador de Veneza*. Marlow foi o produtor e Wilkie, a estrela e o diretor artístico. Lawrence Campbell levou a turma de classe de Lyndon, da Normanhurst, para assistir à temporada da companhia em Sydney.

Em julho de 1918, Wilkie emocionou Sydney novamente com uma longa temporada na Grand Opera House,[6] e, em 1920, finalmente formou sua própria companhia permanente. Desafiando a tradição do teatro, ele escolheu *Macbeth* para abrir a primeira temporada em Melbourne, em setembro daquele ano. Em fevereiro de 1921, a companhia foi a Sydney para uma temporada de seis semanas, na Grand Opera House. O repertório incluía: *Julius Caesar, Noite de Reis, Hamlet, As Alegres Comadres de Windsor, O Mercador de Veneza, Macbeth* e *Como você quiser*.

Lyndon conheceu Wilkie antes desta última temporada de verão. Ela deu diferentes versões de como se aproximou dele, mas é provável que tenha sido apresentada por Lawrence Campbell. Enquanto caminhava pelas ruas da cidade para ir ao encontro de Wilkie, que ela chamava de *Great*

Man, ou simplesmente GM, Lyndon fantasiava que seu corpo devia ser tão belo quanto o de Tarzan e seu rosto, como o retrato precioso de Sir Johnston Forbes-Robertson que ela tinha em casa. Como uma noiva, ele a conduziria para o palco pela escadaria acarpetada, e lhe diria: "Nós vamos ensaiar Antonio e Cleópatra, e você será a Cleópatra".

Mas, em vez disso, Allan Wilkie parecia um Lorenzo magricela declarando seu amor para uma Jessica robusta e idosa. Ele tinha um chapéu de feltro jogado sobre a cabeça, uma ponta de cigarro agarrada ao lábio inferior, que tremia quando ele falava, mas permanecia firme nesta posição perigosa. "É esta a garota?", perguntou Wilkie.

"É ela".

"Ah, bem, em todo caso, vamos ensaiá-la".

Wilkie olhou para baixo apontando seu nariz romano esculpido na direção de Lyndon, e pediu que ela corresse ao redor de um conjunto de cadeiras que simulavam uma fonte em um mercado de aldeia. "Você é uma moça da cidade sendo perseguida por um homem jovem — vá em frente!"

Lyndon obedeceu e correu. Um dos jovens atores a alcançou e a beijou nos lábios — violentamente, disse ela depois. Jovem e inocente, ela nunca tinha sido beijada daquela maneira. Lyndon o estapeou com força, deixando a marca vermelha de mão sobre o rosto do rapaz. Ele levou a mão ao rosto. Segundo Lyndon, ele reclamou com Wilkie, "Não a escolha, ela é dinamite", mas Wilkie simplesmente respondeu, "Ao contrário, é por isso que vou pegá-la. Precisamos de um pouco de dinamite por aqui. Bom, agora vamos fazer a cena novamente".

É difícil saber quem ficou mais impressionado com a perseguição, o beijo, e depois, a bochecha ardente — Wilkie, Lyndon ou o ator. Wilkie perguntou o que mais ela poderia fazer. Lyndon se vangloriou, citando Julieta, Rosalind, Miranda, Portia, Beatrice, a Senhora Ford e até Lady Macbeth. Wilkie sorriu para a última. Ela tinha medo de trabalho duro? Dificilmente. Ela queria tentar? "Ah, sim!"

E Lyndon foi contratada por duas libras por semana.[7]

DESTA VEZ, LYNDON TEVE MENOS problemas com a mãe e tia Ellie. Afinal, era Shakespeare! Ela começou a temporada como suplente, sentada na coxia todas as noites, angustiada por Ofélia, chorando alto por Julieta. A protagonista, Frediswyde, nunca adoecia. No final, por pena, ele deu a Lyndon o papel de Anne Page em *As Alegres Comadres de Windsor*.

A estreia foi em março de 1921. Tremendo de medo, ela mal conseguiu dizer sua primeira fala, "O jantar está na mesa; meu pai deseja a companhia de Vossa Senhoria". Ao término da temporada, Wilkie estava satisfeito com a recepção em Sydney apesar dos comentários rudes na *The Triad*, que acompanharam de perto o destino da companhia. O crítico, escondido no anonimato, achou o Marco Antonio de Wilkie "eminentemente suburbano... lamentavelmente deficiente em luz e fogo", enquanto os figurantes estavam "entre os mais estranhos do planeta".[8]

Os planos de Wilkie incluíam uma turnê na Austrália e depois, na Nova Zelândia. Lyndon estava desesperada para viajar. Não, disse tia Ellie, ela era muito jovem para sair de casa com aquela gente de teatro. "Espere mais um ano", disse a mãe. Lyndon soluçava quando acenou para o trem.

Naqueles poucos meses de palco, Helen Lyndon Goff começou a se transformar. Da pequena e acanhada Lyndon surgiu uma sofisticada Pamela. Ela decidiu mudar seu nome artístico. Não havia emoção no nome Lyndon, mas Goff era bom, áspero, harmonioso. No entanto, ela tinha uma afinidade com o nome de batismo de seu pai, Travers — soava artístico. Lyndon sabia da existência de uma Pamela na família Goff. Ela achava que era um nome bonito, cuja sonoridade combinava com Travers. Com o tempo, ela foi se identificando com o novo nome. O significado de Pamela, em grego, era "toda doce" ou "toda linda" e o nome estava muito na moda nos anos 1920 e 1930. A nova Pamela usava os cabelos crespos e aprendeu a inclinar sedutoramente a cabeça nas fotografias publicitárias, de modo que pudesse lançar um olhar lânguido para a câmera. Seus lábios eram carnudos e o queixo bem definido, mas seu rosto era muito comprido para ser uma verdadeira beldade.

Na primavera de 1921, ela foi convidada para uma turnê por Nova Gales do Sul com um repertório da companhia apresentando um punhado de peças, entre as quais, *Charlie's Aunt* e o melodrama *East Lynne*. Eles também poderiam encenar cenas de *Hamlet* e de *O Mercador de Veneza*, na qual ela faria um papel masculino, Lorenzo. "A família sentou comigo em conselho, e o resultado foi que, em uma noite estrelada, parti de Sydney com outros atores para seis meses de experiência no interior".[9] Pamela não revelou o nome da companhia, mas é provável que fosse um grupo reunido por Fullers. *East Lynne* e espetáculos comerciais, como *Her Road to Ruin*, eram os preferidos da companhia de Ben e John Fuller, e eram encenados frequentemente em Sydney, na Grand Opera House.

A trupe incluía os protagonistas, uma mulher e um homem; um jovem, cujo rosto lembrava o de um cavalo bem magro; um homem velho, que representava vários personagens e que, no palco, escondia suas rugas em um chapéu shakespeariano deteriorado; e Pamela, a jovem mulher. Eles viajavam em um caminhão cheio de figurinos, cortinas e cenários. Os seis homens viajavam na carroceria, enquanto as duas mulheres iam sentadas na cabine com o motorista.

Foram dias gloriosos, vistos em retrospectiva como em um cenário de musical dos anos 1920, talvez *Salad Days* ou *The Boyfriend*, ou como um capítulo de *The Good Companions*. A turnê foi a realização de Pamela, ou como ela disse uma vez, "esta pequena companhia foi uma experiência excelente para mim, não apenas como atriz, mas também como pessoa".[10] Uma noite, enquanto esperava na coxia, Pamela percebeu que o protagonista a observava com indisfarçável interesse. Ela sentiu uma onda de poder — sabia que estava no auge de seu magnetismo sexual.

"Wattle nos olhava com pequenos olhos dourados" e o caminhão acelerava através dos arcos de eucaliptos. "O grupo mambembe mais alegre do mundo" ensaiava novos papéis e cantava, contava histórias e comprava leite e laranjas nas casas das fazendas. Algumas vezes, eles viajavam sob um luar tão brilhante que deixava os riachos prateados. Nas montanhas de Dorrigo, no interior de Coffs Harbour, na costa norte de Nova Gales do Sul, o motorista ficou tão nervoso que pediu para Pamela e a protagonista que descessem e pegassem o próximo carro para a cidade. É claro que elas recusaram. Tolo! Com isso, as rodas deslizaram para a borda de um precipício. Todos empurraram para levar o caminhão para um lugar seguro. Uma vez, a carroceria do caminhão sacudiu tanto que um jovem ator caiu e ninguém ouviu seus gritos de socorro. Ele chegou ao teatro três horas mais tarde, todo empoeirado, depois de caminhar 20 quilômetros.

Muitas vezes, a trupe chegava à cidade em cima da hora da apresentação da noite. O espetáculo deveria começar às 8h45. Os moradores esperavam pacientemente sobre os bancos, com suas limonadas, laranjas e amendoins, enquanto os homens instalavam as cortinas e montavam o cenário. Pamela representava Joyce, uma empregada de Lady Isabel, em *East Lynne*, e Salarino, em *O Mercador de Veneza*. Mas "eu poderia ser qualquer coisa... esperava cada dia com paixão", escreveu ela mais tarde.

Wilkie escreveu convidando-a para reingressar na companhia. Pamela viajou para Melbourne, onde o encontrou ensaiando *Julius Caesar*. "Eu adorei as boas-vindas que a companhia — combatentes do teatro — deu a mim, uma principiante. Isso me deu um certo destaque entre os novatos, mas minha presunção desapareceu diante das expressões sarcásticas de GM durante o ensaio."

Às vezes, Wilkie acenava a cabeça em sinal de aprovação, mas o reconhecimento era raro e nunca vinha na hora certa, como quando ela percebia que era realmente muito doce como Titania. Naquela temporada, Pamela representou uma serva de Olivia, uma mulher de Portia, um menino da floresta em *Como Você Quiser*, uma criada de Lady Macbeth, depois passou a representar Jessica, Olivia, Viola, Julieta e Lady Macduff. Agora, Pamela estava ganhando quatro libras por semana e começava a conquistar suas primeiras notas na imprensa, que ela recortou e enviou para a família. "Eu não disse!" era a mensagem subentendida. Ela apresentou a dança de abertura de *Julius Caesar*, em "um traje verde sumário, flores no cabelo, címbalos nas mãos. Eu fiquei tremendo no meio de uma multidão de foliões e esperei pela primeira nota da minha dança..." 2, 3, 4, e lá estava! O som metálico dos címbalos, o clamor da multidão no palco, as flores atiradas para o ar e a cortina se abrindo! Não sei como acompanhei o tempo da música, pois meus ouvidos estavam entorpecidos com os bramidos vigorosos dos figurantes, todos determinados a ganhar o salário da noite", escreveu ela mais tarde. Pamela queria a aprovação de seu mentor, e uma noite ela conseguiu um aceno de Wilkie.[11]

De volta para a Grand Opera House de Sydney, em abril de 1922, Pamela foi escalada para fazer Titania, em uma produção de Wilkie de *Sonho de uma Noite de Verão*. O crítico da *The Triad* escreveu que a "Srta. Pamela Travers foi humana, muito humana como Titania. Mesmo assim, no mínimo, ela é puro fogo em êxtase. No todo, a produção tem uma composição bem feita, com muita alegria, mas pouca emoção".[12]

A CARREIRA DE ATRIZ DE Pamela terminou logo depois da turnê pela Nova Zelândia, onde, na pacata Christchurch, ela conheceu o homem que a conduziu para uma nova vida como escritora. Aconteceu por acaso, quando a trupe chegou à cidade sulina. Livres de toda responsabilidade e embalados pelo vinho, os atores dançavam descalços na praça da cidade, brincando e rindo, enquanto os moradores locais já estavam na cama,[13] mas os habitantes viam os atores mambembes com carinho. Um jornalista do *Christchurch Sun* ficou tão fascinado por Pamela que começou a segui-la de motocicleta, de cidade em cidade.

É óbvio que ela se apaixonou imediatamente por ele. Em "Surrender", um poema escrito em 1923, Pamela lembrou como seu coração tinha sido livre de "todo clamor da emoção"... até "a árvore tremer diante da tempestade... de amor ardente. Ah, queda feliz... Sinto seus beijos quentes sobre meus lábios".

"Surrender" apareceu em uma edição da *The Triad* na mesma página de seu poema "On a Circle of Trees in the Christchurch Gardens". Aqui nos jardins, ela acreditava que

> *a jovem Psiquê, trêmula com a dor do amor,*
> *conheceu o vinho da boca de Eros.*

Nos jardins, Diana teria feito uma pausa,

> *zombando dos amantes que seus olhos profundos*
> *levaram a conquistar seu coração da castidade ao prazer.*[14]

Pamela também escreveu uma versão em prosa de "Circle of Trees", que descreveu como "uma peça poética fictícia" ou "uma fantasia sobre jardins". Ela mostrou para o jornalista, que por sua vez mostrou para seu editor, que a publicou. "O editor me pediu para escrever artigos e poemas regularmente. Fiquei tão feliz ao ver meus escritos impressos que comecei a bombardear o jornal com trabalhos e o editor aceitou tudo".[15]

Quando a trupe voltou para Sydney, ela continuou a escrever todas as semanas para a seção "Women's World" do *Christchurch Sun*. Sua coluna era denominada "Pamela Passes: the Sun's Sydney Letter". A aceitação de seu trabalho sem esforço e a emoção de assinar significaram que "eu sabia que tinha encontrado a razão de minha vida, escrever".[16]

Sua produção na Austrália cresceu de um ensaio cômico ou verso romântico ocasional para uma série de contribuições independentes mais sérias. Entre os seus canais estavam o *Shakespearean Quartely*, associado a *Allan Wilkie*, *Vision* e *The Green Room*.

Pamela considerava a carreira de jornalista, embora um editor a tenha advertido do vício. "Você não é jornalista. Vá embora antes de perder sua alma". Ele tinha caído na armadilha de produzir notícias, mas disse que ela não precisava passar por isso.[17]

A voz do pai continuava a assombrá-la com os contos de Yeats e de Russell. Ela sabia que o verdadeiro escritor não é um jornalista, mas sim um poeta. O lugar principal para um aspirante ou para um poeta consagrado era a página sete do *The Bulletin*, intitulada "Various Verse", que apresentava trabalhos de David McKee Wright, Zora Cross, Roderic Quinn, Jack Lindsay e Mary Gilmore. Em 20 de março de 1923, Pamela foi incluída nessa lista com um poema chamado "Keening", no qual ela escrevia sobre Iosagan, o nome irlandês de Jesus, e que começa assim:

> *Quando eu era jovem na verdejante Athlone*
> *O jovem Iosa brincava comigo*

Durante o inverno de 1923, o *The Bulletin* publicou muitos de seus poemas, a maior parte sobre romance, estrelas, crianças dormindo, lábios e beijos. Em um deles, ela fala de seus "cabelos rebeldes" e "seios trêmulos"; em outro de sua "boca pagã escarlate". O mais erótico, denominado "Os Amores Perdidos", diz:

> *Agora que ele se foi e estou livre do êxtase*
> *Devo voltar para meus antigos amores,*
> *E buscar neles algum consolo para esta dor*
> *Que me suspende no alto de uma árvore triste.*
>
> *O cordão de beijos fere meu pescoço*
> *Amarrada com sonhos neste galho de sofrimento,*
> *Curvado pelo peso de minha tristeza, e cada folha*
> *Uma lágrima para chorar pela nota perdida de amor.*

Ele fala também das "mãos exploradoras" e da "cabeça sonhadora" de seu amante sobre seu peito. Em outro poema, "Glimpse", ela descreve a "boca sedutora" de um homem, com sua "cabeça macia sobre meu braço".

Em junho de 1923, Pamela escreveu o "Raggedy-taggedy Gipsy Man", que lembrava os ciganos de sua infância e os futuros personagens das histórias de *Mary Poppins*, Bert, o limpador de chaminés, e Robertson Ay, o criado bobo. Mas a referência mais marcante da futura *Mary Poppins* chegou ao *The Bulletin* em 5 de julho de 1923, com "The Nurse's Lullaby":

Silêncio, amorzinho, os pés do crepúsculo
Movem-se suavemente pelo ar.
E Maria vem para colocar
Uma estrela em seus cabelos

Durma, coração, porque a luz da vela
Na escuridão brilha,
E os lábios de Maria sobre os seus irão preencher
A noite inerte com sonhos

Outro poeta publicado pelo *The Bulletin* foi Frank Morton. Pamela sabia que ele era um dos responsáveis pela *The Triad*, que ela considerava "uma revista literária muito boa".

Apesar do foco literário da *The Triad*, editada por Charles Baeyertz, a revista alegava ter também uma "excelente cobertura de estilo de vida, pessoas e lugares". Os colaboradores incluíam os poetas Kenneth Slessor, Hugh McCrae e Mary Gilmore, e os escritores Hector Bolitho e Dulcie Deamer.

Mas, como tinha um orçamento muito apertado, o editor e seu sócio, Frank Morton, preenchiam a maior parte da revista. Morton, que escreveu sob inúmeros pseudônimos, tornou-se o terceiro Sr. Banks na vida de Pamela. Ele sentiu sua energia e ousadia e lhe ofereceu um trabalho regular na revista. Tia Ellie estava novamente mortificada. "Escrever! Por que você não deixa isso para os jornalistas!" Ellie pensou que Pamela provavelmente tinha herdado o dom da escrita de seu tio-avô Edward, que publicou um livro de sonetos religiosos, impresso a título particular. Mas Pamela pressentia que esse talento vinha de seu pai.[18]

Ao contrário de Lawrence Campbell e Allan Wilkie, ambos realizadores, Morton era um observador. Enquanto Campbell e Wilkie se propuseram a impressionar Pamela, Morton estava mais interessado em sua mente. Pelo menos, era o que dizia. Na verdade, ele era um sedutor. Mesmo seu memorial na *The Triad* não o poupou, admitindo que ele foi acusado por seus detratores de "hedonismo lascivo".[19]

Morton era casado há mais de trinta anos, mas se descrevia como "grande amante, um desiludido, mas ainda perigosamente devasso".[20] Como jornalista, trabalhou em Cingapura e Calcutá; foi correspondente especial na turnê indiana da teosofista Annie Besant e contribuiu para as páginas literárias do *The Bulletin*, então editado pelo rabugento A. G. Stephens, com quem ele disputou durante muito tempo o posto de melhor editor. Morton trabalhou para a imprensa diária na Nova Zelândia, onde fundou a *The Triad*, em 1915, e publicou livros de poesia, incluindo o poema erótico "The Secret Spring". Ele era uma combinação estranha e inebriante: poeta, Don Juan, gourmet e jornalista, tão experiente que poderia escrever sobre frutas de verão ou literatura francesa com igual destreza e facilidade.

O primeiro trabalho de Pamela publicado na *The Triad*, em março de 1922, foi um poema chamado "Mother Song". Ela escreveu sob o pseudônimo de Pamela Young Travers; mas foi a única vez que usou esse nome. "Mother Song" era uma peça de sentimentalismo ousado, notável por sua menção às estrelas — tema de vários de seus trabalhos posteriores —, pela frase "hora de dormir", uma das ordens preferidas de *Mary Poppins*, e pela ideia de um anjo voando, na forma de faxineiro.

> *Filhinho,*
> *Você logo estará dormindo*
> *As estrelinhas já começaram a nascer*
> *Uma a uma.*
>
> *"Hora de dormir!"...*
> *Ouvi o faxineiro gritando,*
> *Enquanto voava com*
> *Asas abertas...*

Morton e Baeyertz prometeram publicar sua poesia, mas o que eles queriam realmente era uma escritora esperta para a coluna feminina. Alguns artigos da *The Triad* eram assinados por mulheres, algumas eram pseudônimos do próprio Morton, especialmente a melancólica Susan Gloomish. Durante três anos, uma tal de Laline Seton Grey escreveu todos os meses na seção intitulada "Ponto de Vista Feminino".

Em maio de 1923, quando Pamela começou a trabalhar no escritório da *The Triad*, na Castlereagh Street, a imprensa de Sydney estava contratando mulheres e lançando novas seções femininas. O novo *Daily Guardian* tinha uma página feminina regular de coluna social, moda e prêmios para consumidoras. O *Daily Mail* dava cada vez mais espaço para as mulheres, enquanto o *Smith's Weekly* contratou a atriz Ethel Kelly para escrever a sua coluna social.

Morton e Baeyertz, que viram o grande sucesso do malicioso e espirituoso "Women's Letter", no *The Bulletin*, deram carta branca para Pamela preencher quatro páginas ou mais de uma edição, sob o novo título de "A Woman Hits Back". Ela poderia ir do verso à sátira, do jornalismo à fantasia. Pamela ficou ao mesmo tempo feliz e intimidada. Este parecia ser o emprego dos seus sonhos. E ela mergulhou com tudo. Morton e Baeyertz trabalhavam à distância. (Pamela escreveu uma vez que "não era fácil encontrar os editores no escritório, pois estavam sempre muito ocupados em busca de romance".)

Sem perceber, ela revelou muito de si mesma em seus parágrafos concisos, frases, histórias curtas, reportagens, comentários, versos, trechos de conversas, tentativas de escrever no estilo de famosos, observações sobre Sydney e seus habitantes, e reflexões sobre a Austrália. Ela escreveu sobre amores fracassados e sobre o que os homens queriam, sobre desejo, fantasia, feminismo e memórias da infância.

O estilo variou muito. Seus pontos fortes eram o jornalismo descritivo direto e o diálogo. Seus pontos fracos eram os voos ocasionais na prosa ou tentativas de contos ambientados em lugares que só ela conseguia imaginar, como Galway. Muito de seu trabalho era feito em poesia trêmula (palavra que ela adorava), no estilo Tennyson, com referências a Yeats.

Mas, talvez para agradar Morton, o verso erótico e a leviandade entremeavam fortemente seus trabalhos. Além deles, a *The Triad* divulgava os livros *soft porn* de Morton, como *Pan and the Young Spinster* e *Other Uncensored Stories*. Entre suas frases sobre desejo, Pamela escreveu sobre o desfalecimento "profundo no êxtase do amor" e, em outro poema, suspirou

> *Novamente sentir seus dedos em meus cabelos*
> *Dobrando minha vontade mais... e mais...*
> *Até que a fortaleza de minha condição feminina*
> *Se quebre no seu abraço forte e dominador*

Em um pequeno verso chamado "O-o-h, Shocking!", ela escreveu "indizíveis ardores... acorde, acorde! Segure-me em seus braços... me abrace e me aperte contra o seu coração... Estou com tanto medo!" Ela ainda falou do prazer íntimo de se despir: "O ruído das presilhas rindo deliciosamente quando voam para longe... e depois, a quietude macia das coisas íntimas, perfumadas com minha fragrância, caindo suavemente, relutantes em roubar o último segredo... mas ainda resta esta flor branca, flor rosa, tímida e radiante, trêmula. Sou eu, eu, eu!... Ah, querido Deus, que bom que eu existo! Meu riso soluçante está oculto no travesseiro de lavanda. A vida é tão doce... tão doce... Deus!" Pamela provocava, suspirando em um poema, "Você deve tomar o meu não por sim, minha boca será uma longa carícia..."

Mas, apesar de tanta insinuação, Pamela estava mais para o flerte; não era uma mulher mundana. E sabia das artimanhas do jornalismo, como simular honestidade para esconder a impostura. Na edição de julho de 1923, ela escreveu um poema intitulado "Friend (to HB)", no qual dizia que "...o vestido de paixão que algumas vezes uso tem menos magia do que esse manto calmo que você lança em minha vida".

HB provavelmente se referia ao seu colega Hector Bolitho, que também foi editor do *Shakespearean Quartely*. Na edição de maio de 1923, em uma série de observações sarcásticas sob o título de "So There Hector!" (Por isso não, Hector), ela declarou, "Os homens nunca estão interessados nas mulheres. Estão apenas interessados em mostrar para as mulheres como eles mesmos são interessantes". Ao estilo de Oscar Wilde, ele contou para os leitores que "uma mulher ama primeiro o homem, e depois, seu rosto. Um homem ama os tornozelos, e depois, a mulher". E, "se existe uma coisa mais irritante para uma mulher do que um homem que não a compreende, é um homem que a compreende".

Em outra coluna, os dois lados de Pamela se revelam em um artigo chamado "The Moon and Sausages" (A lua e as linguiças), no qual ela se pergunta como ganhar dinheiro. Talvez, enviando um poema para o *Herald*, que lhe pagaria cinco libras. "Acho que deveria ser sobre o amor, todos os sonetos sobre o amor... Aqui, à sombra deste pinheiro sussurrante. O que rima com lua (*moon*), vassoura (*broom*)? Não, desmaio (*swoon*)". As fantasias de Pamela foram interrompidas por sua mãe lhe pedindo para "sair e comprar meio quilo de linguiças, e não traga costeletas por engano...", mergulhada no êxtase do amor eu desfaleço... mamãe disse linguiças ou costeletas? Andando pela cidade, Pamela observava tudo com o interesse de um jornalista ou de um estrangeiro. Ela viu crianças maltrapilhas em uma loja de brinquedos, os foliões no Baile dos Artistas, as multidões nas corridas, com "suas sombrinhas alaranjadas disputando com chapéus vermelhos e sapatos, sapatos, sapatos de verniz negros, brilhantes e conscientes de sua negritude..." Ela observava os homens nas barracas de frutas, as estátuas do

Hyde Park, os oradores em Domain, a liquidação de sapatos na Pitt Street, e detectava as fofocas nos bondes da William Street, na plateia de *O Gato e o Canário*, na balsa para Manly (onde Morton morava), na State Orchestra e na exposição de gravuras. Ela admirou um vestido verde na vitrine e quis comprá-lo. No dia seguinte, ele tinha sido vendido para uma mulher gorda, que o usaria para ir às corridas.

Pamela demonstrou mais desprezo do que compaixão por seus compatriotas. Ela achava que os australianos "levavam a diversão muito a sério... e eram incapazes de se despir delicadamente, peça por peça, misteriosamente". Ela criticava o senso de humor "indigesto, pesado", reclamava que não eram pessoas alegres e que eram muito tímidos, impregnados de um sentimento avassalador de sua própria importância, que os paralisava. "Eles são boas pessoas, bons garfos, companheiros divertidos, mas carecem do prazer de dançar como pássaros, próprio das raças gaélicas".

Os australianos não tinham encontrado uma "filosofia de vida". Com a convicção de uma mulher de vinte e poucos anos, Pamela se queixava, "eles pecam, e depois, como bebês, se arrependem, sem saber como rir da sorte. Eles chocam sem saber sair da casca e dizer, acabou, o que vem agora?" Ela explicou que os australianos eram muito intolerantes com tradições para ter suas próprias tradições. Ela nunca mencionou o povo aborígene da Austrália, na época, invisível para os moradores da cidade. Mas Pamela não estava sozinha em sua ignorância. Todos os seus mitos tinham sua origem na Irlanda ou na Inglaterra. Ela exibiu seu conhecimento literário com citações de Rupert Brooke e John Keats, e com tentativas de escrever no estilo de Ethel Turner, Katherine Mansfield, Rudyard Kipling, Samuel Pepys, Henry Wadsworth Longfellow, e até mesmo como Shakespeare. Vislumbres de sua própria contadora de histórias, *Mary Poppins*, podiam ser vistos em alguns ensaios, um deles explicando que o homem na lua era, na verdade, uma mulher. Em outro, "Nocturne", ela escreveu que, à meia-noite, uma fenda se abre por todo o mundo. E dentro dela existe encantamento e magia.

E as estrelas também continuam a se mover lentamente. Algumas estrelas cantavam cadências pelas ruas de Pitt e George, mas sobre a Castlereagh Street, elas suspiravam e soçobravam canções de ninar e estrofes de músicas antigas já esquecidas. E depois, no bonde, uma menininha perguntava a sua mãe "quem colocou as estrelas no céu?", e sim, ela sabia que foi Deus, "mas onde Deus as conseguiu?".

A saudade estava por trás de todos os artigos, principalmente em "Woman". "Eu quero a lua... eu quero o mundo... sou uma mulher e o mundo adormece sobre meu peito." No entanto, apesar da idealização da mulher, Pamela desdenhava o feminismo. Em uma de suas últimas colunas escritas na Austrália, ela declarou que as feministas queriam "todos os direitos dos homens e nenhuma de suas desvantagens". Elas estavam "embriagadas pela novidade da liberdade" e se odiavam por serem mulheres.[21]

Apesar da aparente segurança de seu texto, Pamela confidenciou em uma entrevista que "sempre fui relutante em acreditar nos meus pequenos sucessos. Eles elogiam meus poemas e gostam da minha escrita, mas como posso acreditar neles? Temo que me senti assim na Austrália, onde não havia ninguém em quem pudesse confiar e, consequentemente, nunca tinha certeza. Decidi secretamente que reservaria minha escrita e meu trabalho de atriz para a Inglaterra".[22]

Na verdade, alguns editores literários experientes, entre os quais A. G. Stephens, podem ter considerado e examinado seu trabalho, mas é mais provável que ela temesse ser julgada. De qualquer modo, seguindo os preceitos de Travers Goff, não havia alternativa para ela, a não ser partir.

Durante aqueles anos todos, ela nunca teve um momento de dúvida sobre seu destino — "matar os inimigos da Irlanda. As mágoas daquele país entraram em mim muito cedo. Como evitar isso com a nostalgia do meu pai sempre presente, alimentando a imaginação?".[23] Naturalmente, tia Ellie se intrometeu. "Não seja idiota! Irlanda! Nada além de chuva, rebeldes e a tagalerice gaélica". E, mais tarde, "O que é isso que ouvi sobre você ir para a Inglaterra? Absurdo, ridículo. Você sempre foi uma tola. Bem, quanto custa a passagem? Vou lhe enviar um cheque".[24]

No final de setembro, o *The Bulletin* publicou seu poema "Song Before a Journey", que começa assim:

> *Antes de ir para Londres*
> *Onde as ruas são cobertas de ouro,*
> *Vou comprar sapatinhos vermelhos*
> *Para proteger meus pés do frio,*
> *E peles de coelho cinza*
> *carinhosamente me envolverão*
> *Quando eu for para Londres*
> *Que é dona do meu coração*

A *The Triad* estava repleta de anúncios e editoriais gratuitos de companhias marítimas e suas frotas luxuosas. Pamela estudou as opções. Assim como Hector Bolitho, que já tinha viajado anteriormente, ela gastava um bom tempo diante das vitrines das agências de viagem, decoradas com posters de navios flutuando no cenário azul.

Frank Morton morreu subitamente, de nefrite, em dezembro de 1923. Seu amigo, o editor Adam McCay, escreveu um tributo de página inteira para a *The Triad*: "Adeus Frank Morton, amante da beleza, artesão, satirista" (e escritor de "erotismo fantástico"). A revista continuou até 1927, mas Pamela estava pronta para buscar outro Sr. Banks.

Em janeiro de 1924, com o dinheiro de Ellie, ela comprou a passagem para a Inglaterra da agência Dalgety & Co., declarando-se como atriz na lista de passageiros do Medic. A empresa White Star a levaria para Southampton, com escalas na África do Sul e Ilhas Canárias. Alguns dias antes de viajar, a pena de um pássaro planou sobre seus pés, quando ela caminhava na Pitt Street. Pamela a recolheu. Branca e preta, macia, mas finamente modelada, parecia ser a pena da cauda de um pombo. Ela a guardou na bolsa. Esse presságio a acompanhou até Londres, na viagem de 50 dias.

Ela embarcou às 11h30 da manhã de sábado, 9 de fevereiro de 1924. "Não chorar, não chorar, é tão terrivelmente difícil não chorar", escreveu ela ao recordar o momento em que os fios que ligavam mãe e filha estavam prestes a romper. Para uma coluna no *Christchurch Sun*, Pamela descreveu a cena daquela manhã em Dalgety's Wharf, em Millers Point. Ela se viu como uma menina de cabelos rebeldes e coração selvagem. Segurando flores, um livro ou dois e alguns presentes, Pamela olhava para os olhos cinzas de sua delicada mãe e ouvia "Adeus, boa sorte, felicidades, força", enquanto continuava agarrada às suas mãos estendidas. "O ruído de muitas correntes, notas distantes de antigas canções de adeus e lágrimas escorrendo entre milhares de vozes". As flores tocavam em sua face. Ela olhava para acenos indistintos, enquanto o navio se afastava. De repente, não "existia mais terra, nem mar: apenas os azuis colorindo minhas lágrimas".[25]

Dois dias depois, a edição de fevereiro da *The Triad* anunciou: "Quando esta edição chegar às suas mãos, a Srta. Pamela Travers estará a caminho da Inglaterra, em busca de seu lugar em Londres. Os leitores da *The Triad* lembrarão da Srta. Travers principalmente por seu trabalho brilhante em "A Woman Hits Back", uma franca página feminina, que todos os meses nos deixava surpresos. Quando nossa jovem e impulsiva colaboradora chegar a Londres, seu livro de poemas, *Bitter Sweet*, terá passado pela Kirtley Press e será distribuído por todo o planeta, nas livrarias do Império.[26] Se a juventude, o entusiasmo e o incontestável talento são a combinação para o sucesso garantido, então a Srta. Travers tem pouco a temer em sua aventura. Que a boa sorte a acompanhe!"[27]

Notas

[1] *Maryborough Chronicle*, 18 de abril de 1945.
[2] P. L. Travers, *Shakespeare in the Antipodes*, manuscrito não publicado, Biblioteca Mitchell.
[3] Ibid.
[4] Shusha Guppy, *Looking Back: a panoramic view of a literary age by the grandes dames of european letters*. (Nova York: Simon & Schuster, 1993).
[5] *Australian Dictionary of Biography*, vol. 8 (Melbourne: Melbourne University Press; Londres/Nova York: Cambridge University Press, 1981).
[6] *All the World's My Stage: the reminiscences of a shakespearean actor manager in five continents*, manuscrito não publicado na Biblioteca La Trobe, Melbourne.
[7] Travers, *Shakespeare in the Antipodes*.
[8] *The Triad*, 11 de abril de 1921.
[9] Travers, *Shakespeare in the Antipodes*.
[10] *Maryborough Chronicle*, 18 de abril de 1945.
[11] Ibid.
[12] *The Triad*, 10 de maio de 1922.
[13] *The Triad*, 10 de julho de 1923.
[14] *The Triad*, 10 de novembro de 1923.
[15] Roy Newquist, *Conversations* (Nova York: Simon & Schuster, 1967) e Guppy, *Looking Back*.
[16] *Maryborough Chronicle*, 18 de abril de 1945.
[17] Nota manuscrita na Biblioteca Mitchell, Sydney.
[18] P. L. Travers, *Aunt Sass* (Nova York: Reynal & Hitchcock, 1941).
[19] *The Triad*, 11 de fevereiro de 1924.
[20] *Australian Dictionary of Biography*, vol. 10, B. G. Andrews e Martha Rutledge, 1986.
[21] *The Triad*, de maio de 1923 a dezembro de 1924.
[22] Newquist, *Conversations*.
[23] "Only Connect", discurso na Biblioteca do Congresso, 31 de outubro de 1966.
[24] Travers, *Aunt Sass*.
[25] "More Last Words: Pamela Passes London-ward", *Christchurch Sun*, 13 de março de 1924.
[26] Este livro nunca foi publicado.
[27] *The Triad*, 11 de fevereiro de 1924.

5

O ENCONTRO COM A IRLANDA

Pamela sofreu muito com náuseas durante a viagem. Mas enquanto o Medic seguia para Melbourne, e depois para a Cidade do Cabo, ela escrevia poemas, reportagens, contos e artigos sobre viagens, para enviar ao seu cliente mais fiel, o *Christchurch Sun*. Ela era orgulhosa demais para contar simplesmente com a generosidade de tia Ellie. Esta poderia ser necessária, mas ela estava determinada a pagar seu aluguel.

Quando se permitiu sonhar, a pragmática Pamela foi tomada pela fantasia de que tinha embarcado em uma viagem mítica. Ela acreditava que estava navegando para sua romântica terra natal, a Irlanda, um lugar de poetas e druidas, vivendo ainda no *Crepúsculo Celta*, o título de um livro de Yeats, escrito nos anos 1890. A Pamela que ela via era uma pequena galinha marrom, um brinquedo de seus ancestrais irlandeses, que a chamavam insistentemente para casa.[1]

Ela não podia imaginar que a Irlanda de hoje estava longe de ser romântica, deserdada por muitos de seus escritores desiludidos e brutalizada pela Revolta de Páscoa, de 1916. Em meados dos anos 1920, a romântica Irlanda estava enterrada sob a existência do movimento Sinn Fein e do Estado Livre Irlandês.

Nas sete semanas a caminho de Southampton, Pamela muitas vezes se sentiu oprimida pela saudade. Ela escreveu poemas para a mãe, de quem se lembrava vagando pelo jardim, com seus pés lentos e delicados, "sombras prateadas manchavam seus cabelos".[2] Mas seu consolo era saber que não havia outra saída. Pamela pensava que não tinha apenas deixado a

Austrália, mas tinha caído dela, como a maçã cai da árvore, como se tivesse sido chamada pelas badaladas de um sino.[3]

Na viagem ao redor do mundo, cada porto oferecia uma oportunidade para fazer contatos, essenciais para uma jornalista autônoma. Na Cidade do Cabo, ela procurou amigos de Allan Wilkie que lhe prometeram trabalhos eventuais com publicidade. Isso levou a uma indicação em Londres, onde ela escreveu *releases* para a International Variety & Theatrical Agency, que agendava shows na África do Sul. Pamela disse uma vez a um repórter, "Entrei na publicidade escrevendo para os teatros da África do Sul. Eu tinha que falar com todas as estrelas de teatro que iam para lá".[4]

A *The Triad* continuou a ser seu melhor canal, publicando os artigos sobre viagem, como aqueles sobre Tenerife, nas Ilhas Canárias. Pamela viu Tenerife pela primeira vez à noite, quando "a lua abria um caminho branco através do mar e pairava madura e altiva sobre a colina mais alta. Seu rastro prateado movia-se livremente pelos vales sombreados; ela deixou cair alguns fios de cabelo na beira do mar, que derramava milhares de encantos cintilantes e sutis sobre a cidadezinha dourada".[5] Pamela estava se esforçando muito, enterrando o estilo alegre de seus artigos de Sydney sob o peso morto de metáforas exageradas.

Ela tinha uma história padrão sobre sua chegada a Londres. Era sempre a mesma: "Eu tinha 10 libras no bolso,[5] as quais perdi imediatamente". Pamela revelou apenas uma vez que seu bolso não estava realmente tão vazio. A segurança financeira para sua aventura londrina foi garantida por parentes ricos. "Eu fui autorizada a deixar a Austrália sob a condição de que seria hospedada por membros específicos da família. Aconteceu como esperado. Fui recebida em uma grande casa com três carros, nos arredores de Londres".[6]

Estes parentes Morehead, sobrinhos e sobrinhas de tia Ellie, estavam prontos para passar as férias em Cannes. Eles insistiram que Pamela também fosse, voltasse para a temporada e desistisse de seus sonhos de arte e literatura. Ela dispensou Cannes. Quando eles voltaram, Pamela tinha circulado pelas editoras e encontrado um lugar para ficar. O número 10 da Mecklenburgh Square não era o sótão poético que ela imaginou, mas era um lugar pequeno e aceitável, não muito distante do coração de Bloomsbury, próximo ao centro editorial de Londres, a Fleet Street. "Finalmente, eu estava onde queria".[7]

Em pouco tempo, ela já tinha um cartão de visitas com seu endereço comercial em Londres, aos cuidados do Australian Cable Service, na 19-22 Bouverie Street, EC4. Ela se registrou como colaboradora do *Sydney Sun, Melbourne Sun, Newcastle Sun, Sydney Bulletin, Sydney Theatre Magazine, Green Room magazine, Sydney Triad, Christchurch Sun* e *Hobart Mercury*. Com o cartão, Pamela apresentou aos editores uma referência do *Theatre Magazine*: "Srta. Pamela Travers, uma de nossas mais estimadas colaboradoras, irá a Londres para relatar sobre assuntos relacionados a teatro e para entrevistar dramaturgos e produtores proeminentes".

Pelo menos, era esta a ideia. No entanto, ela pagava o aluguel escrevendo para o *Christchurch Sun*. Ela percorria Londres em busca de material, como tinha percorrido Sydney para alimentar suas colunas. Até o Natal de 1925, ela já tinha ido a Paris — "absurda e adorável" — três vezes. Tudo era fonte de encantamento, da Sacre Coeur ao metrô de Londres.

Todas as ideias românticas recolhidas dos livros de seus pais, e depois, de Allan Wilkie, Lawrence Campbell e Frank Morton, não a prepararam para a Inglaterra de 1924. O país que ela tinha imaginado era tão eduardiano como no filme *Mary Poppins* da Disney, benevolentemente regido por George V e documentado pelos autores heróis de sua juventude. Esta era a Inglaterra de Kipling, H. G. Wells, Galsworthy e Joseph Conrad. Agora, os heróis literários de seu pai eram velhos aos olhos de escritores como Ezra Pound, que via Yeats como "tio William, ainda arrastando algumas poesias pastoris dos anos noventa". Londres era governada por uma nova elite, os dândis, assim rotulados pelo historiador Martin Green. Os dândis amavam todas as coisas barrocas, a *commedia dell'arte* e a pintura bizantina. Entre seus líderes estavam Noël Coward, John Gielgud, Cecil Beaton e os Sitwells, todos, como dizia D. H. Lawrence, ensinaram a Inglaterra a ser jovem.

Eles eram os filhos sobreviventes da Grande Guerra, não eram os tios barbudos ou velhas figuras literárias, mas eram barbeados e tinham os cabelos lisos, penteados como um Pierrot. Tudo era divino, moderno e louco, e algumas vezes, como dizia Beaton, "terrivelmente sem graça, querido".[8]

Os dândis se identificavam com o balé russo de Serge Diaghilev, cuja companhia de bailarinos e artistas incluía ídolos dândis como Cocteau, Picasso, Stravinsky, Anton Dolin e Leonide Massine. A trupe de Diaghilev dominou a vida cultural londrina nos anos 1920, mas a cena teatral florescia com o teatro de revista Blackbird, *Saint Joan*, de George Bernard

Shaw e as comédias de Noël Coward, "o porta-voz da modernidade", cuja peça *Vortex*, sobre drogas e homossexuais, estreou em 1924.⁹ Pamela, uma estrangeira, sabia pouco sobre a trilha de cometa da turma de Bloomsbury, ou sobre Pound, James Joyce e T. S. Eliot. Enquanto suas ideias ficaram ilhadas nos anos 1890, Londres se movia na direção de *A Terra Desolada* de Eliot, *Ao Farol* de Woolf, e *Ulysses* de Joyce.

O novo governo trabalhista que estava no poder quando Pamela chegou era liderado por Ramsay MacDonald. O clima era de conciliação, progresso e pacificação, prejudicado pela greve geral de 1926.[10] "Ele queria fazer a coisa certa", suspirou o rei George V no dia em que MacDonald assumiu o poder. O rei representava o velho poder, e MacDonald, o progresso e o novo. (O filho do rei George era o herói real dos dândis, o príncipe de Gales, a figura de Pierrot que simbolizava a nova Inglaterra).

Em 1924, a Exposição do Império Britânico, em Wembley, resumia o sentimento vigente de orgulho britânico.[11] O *The Times* acreditava que "muitos jovens de nossas cidades terão dificuldade de passar pelos pavilhões estrangeiros — com suas propostas de aventura, espaço e vida feliz, sob o céu aberto da floresta, da pradaria e da savana — sem sentir aquele apelo ao coração que levou os pioneiros de outrora a cruzar oceanos e abrir caminho para os que viriam".

Pamela não ficou tão encantada com os pavilhões como ficou com a chegada do rei à exposição. Como relatou à *The Triad*, "Eu vi o rei pela primeira vez... ele chegou... e a multidão o recebia com gritos de boas-vindas... 'O rei! O rei!', de boca em boca, assim como em volta do gramado, os cavalos empinavam e abriam caminho para ele até a tribuna, bum, bum, bum, as armas espocavam a saudação real, enquanto o rei conduzia a rainha pela escadaria até um par de tronos dourados... e então, o rei falou... A voz firme e profunda falou para o Império, e o Império, na pessoa dos membros ali presentes que o escutavam, o aclamou. Eu vi o rei!".[12]

Durante o primeiro ano na Inglaterra, ela escreveu para a *The Triad* e para o *Christchurch Sun*, admitindo se sentir uma caipira, feliz diante da beleza da primavera inglesa, correndo para a Embaixada da Nova Zelândia para ler cópias de documentos, comprando carne de cordeiro Canterbury, e seduzindo seus leitores com vislumbres da vida na excêntrica Londres.

Ela também escrevia poemas, incluindo um soneto sentimental em memória a Frank Morton. Mas sua ambição era maior. Ela estava de olho no *Irish Statesman*, uma revista literária publicada em Dublin e editada por George William Russell. No início de 1925, Pamela enviou seus poemas para ele, acompanhados apenas de um envelope endereçado e selado para resposta. No dia 13 de março, Russel lhe escreveu uma carta breve:

> *Cara Srta. Travers,*
>
> *Gostei muito de alguns poemas que me enviou e espero usar um ou dois em breve no Irish Statesman. Não me recordo de ter visto seus poemas antes. Você publicou alguma coisa? Acho que um livro com alguns dos melhores poemas que me enviou encontraria leitores.*
> *Sinceramente,*
>
> *George Russell*

O anzol foi lançado, o peixe mordeu a isca. De agora em diante, Pamela Travers passaria boa parte da vida tentando viver as ideias de George Russell. Ela não somente o amava. Ela sentia que ele era o seu sol. Uma vez, escreveu que ele era Zeus e ela não passava de uma pajem em sua corte.[13]

DURANTE TODOS OS SEUS ANOS de jornalismo, Pamela era uma menina apaixonada pela ideia de ser poetisa, tão apaixonada que, em um ano, ela se tornou a pupila favorita não só de Russel, mas também do círculo de homens próximos a ele: Yeats, James Stephens, Padraic Colum, Oliver St. John Gogarty e Sean O'Faolain. Estas pessoas "me papariçavam alegremente, como as gatas fazem com os filhotes", o que foi "uma benção muito além do meu merecimento".[14]

Russell tinha quase 57 anos quando conheceu Pamela, na época com 25 anos. Ele ficou lisonjeado com a adoração da jovem, mas admitiu que não entendia as mulheres e, não obstante o casamento difícil, mantinha-as à distância. Ele perdeu muitas oportunidades. Simone Tery, uma de suas jovens amigas, lhe escreveu dizendo que "ele era um puritano sem saber disso".[15] Mas, mesmo diante dos obstáculos a essa amizade, Russel acabou sendo uma força benéfica na vida de Pamela. Ele era seu maior ídolo, seu guru, seu derradeiro Sr. Banks — generoso, liberal e altruísta.

Até então, o mundo de Pamela orbitava ao redor da poesia e do teatro, que percorriam sua vida como dois fios paralelos. Russel a apresentou ao significado dos contos de fadas, aos mitos, ao espírito do mundo e às religiões orientais. Agora, os dois fios se entrelaçaram a um terceiro, tecendo uma trança de interesses esotéricos interligados.

A alegria que Pamela sentiu ao ler a primeira carta de Russel foi profunda. Ela respondeu no dia seguinte, dizendo que tinha planos de ir à Irlanda para visitar amigos. Seria possível encontrá-lo?

"Claro", respondeu ele, "Eu ficaria encantado se você viesse me ver ao chegar em Dublin. Estou na Plunkett House, 84, Merrion Square, todas as tardes, exceto aos sábados e domingos, quando estou na 17 Rathgar Avenue. Mostrei alguns de seus poemas para W. B. Yeats, que achou que eles têm mérito poético, o que significa muito para ele".

Esta era sua resposta padrão, quase um modelo de carta para aspirantes a escritor. Como escreveu o biógrafo de Yeats, Roy Foster, Russel era "conhecido por adotar indiscriminadamente os jovens aspirantes".[16] Mas, para Pamela, o convite foi surpreendente.[17]

Nos anos 1920, Russel era considerado um colosso intelectual em Dublin. Sua reputação chegou a Washington e Nova York, passando de artista a visionário, de poeta a dramaturgo, de economista a editor, depois, tornou-se um professor carismático e, mais tarde, um conselheiro da administração de Franklin D. Roosevelt. Pamela pensava que os dons de Russell "giravam ao redor dele como um zodíaco". Eles não definiam Russell, que era, segundo ela, um espírito. "Você pode tentar prender um leão em uma rede de seda, assim como tentar colocá-lo em uma caixa-postal rotulado como economista, jornalista ou artista."

A apresentação de suas ocupações nunca explicou o impacto sobre seus contemporâneos. Russel era descrito pelo poeta e médico Oliver St. John Gogarty como um anjo anárquico, um professor que não ensinava nada em particular, mas que "comunicava o melhor de si mesmo, o que consiste em poesia, bondade e paixão pela beleza mais do que qualquer outra coisa".[18] Ele era mais um Platão, disse Gogarty, do que um Tolstoy ou Chekhov, com os quais ele se assemelhava.

Russell não subestimava o próprio carisma. Ele fazia entradas teatrais, seu corpanzil envolto em tweed, "com a gravata escondida sob a grande barba castanha".[19] Uma biografia escrita por seu amigo John Eglinton o descrevia aos cinquenta anos como corpulento, movendo-se pesadamente. As sobrancelhas ficavam "escondidas em um emaranhado de cabelos, que só ele aparava". Russel tinha um rosto largo, as bochechas altas, os olhos azuis por trás de pequenos óculos redondos e uma boca belicosa.[20] Ele fumava um cachimbo que deixava manchas em seus dentes grandes. Uma vez, o compositor e novelista Lord Berners descreveu Russell de modo peculiar: "parecia que o cachimbo havia chegado primeiro e o rosto cresceu ao redor dele". Ele fumava constantemente, enchendo o cachimbo com sua mistura de tabaco preferida; e se comportava como um artista distraído: guardava o cachimbo aceso no bolso, colocando fogo em si mesmo. Era descuidado com a alimentação e não gostava de perder tempo com refeições.[21]

Russell falava com o sotaque melodioso e suave de Ulster, sua terra natal. Começou a trabalhar em 1890, como balconista na loja de cortinas Pim Bros., em Dublin, mas seu talento era a arte. Ele conheceu Yeats, dois anos mais velho, na Metropolitan School of Art. Começou a pintar quadros visionários no estilo de Blake e meditava tão profundamente que passou a ver espíritos.

A ideia do pseudônimo de Russell, Æ (às vezes simplesmente AE ou ainda A.E.), surgiu em uma de suas viagens interiores. Ele evocou o pensamento mais primitivo que conseguiu e a palavra *aon* passou por sua cabeça. "Mais tarde, fiquei surpreso com a descoberta de que os gnósticos do cristianismo foram denominados como as primeiras criaturas *aons* e que a palavra indiana para o começo de todas as coisas é *aom*".[22] Seu biógrafo, Henry Summerfield, acha que ele baseou esta teoria em uma espécie de fórmula matemática das letras AEON:

A = Divindade
AE = a primeira emanação da divindade
O = manutenção estática durante algum tempo
N = mudança, que é o retorno do espírito para Deus

No final do século 19, isto não era tão lunático como parece. O sobrenatural, o espiritualismo, a filosofia oriental, os gurus e as experiências espirituais estavam em voga. Em 1888, Russell participou de encontros na Sociedade Teosófica de Dublin e começou a usar Æ, o primeiro fonema de AEON, como seu pseudônimo de escritor. A teosofia, a nova religião da moda, se baseava no budismo e nas ideias bramânicas, e girava em torno da figura sinistra de Madame Helena Blavatsky, uma russa que parecia a bruxa malvada dos contos de fadas. Blavatsky fundou a Sociedade Teosófica em 1875 e alegava ter recebido os ensinamentos da sabedoria esotérica de uma irmandade de mestres do Himalaia. Ela sustentava que "o universo estava permeado por um tipo de psiquismo também chamado de *akasha*, através do qual a clarividência e a telepatia poderiam operar e no qual estavam armazenados os registros de *akasha* de toda a história da humanidade". Estes registros poderiam ser acessados através da percepção espiritual.[23]

Blavatsky dizia que o mundo era uma luta entre opostos, que todas as almas se identificavam com a Alma Universal e cada uma passava pelo "ciclo de encarnação de acordo com a lei cíclica e cármica". O mágico número sete está presente em tudo. A alma tinha sete elementos e passava pelos sete planetas. Existem sete raças, sete ramos raciais e sete raízes raciais. Para variar a fórmula, a alma teria aproximadamente oitocentas encarnações.[24]

Dois anos depois de cair nesse atoleiro sobrenatural, Russell mergulhou mais fundo e se tornou um membro da chamada Seção Esotérica da Sociedade Teosófica. Agora, ele era um místico completo e em tempo integral, tendo adotado as premissas da sociedade de Dublin por sete anos. Æ era fascinado pelas religiões orientais e indianas e estava estudando os antigos textos hindus, os Upanishads e o Bhagavad Gita.

Ele estudou com James Pryse, um teosofista que cuidava das impressões de Blavatsky e tinha vivido com uma tribo indígena. Mesmo na velhice, Æ chamava Pryse de "guru" e acreditava que ele era o único autor que tinha escrito sobre misticismo com base em um conhecimento real desde a morte de Blavatsky.[25]

Russell já meditava nos chacras, os sete centros principais de poder espiritual que se estendem da base da coluna, passam pelo umbigo, plexo solar, coração, garganta, testa e chegam ao topo da cabeça. Pryse explicou que certas visões que ambos tiveram eram chacras sobre a face da terra. Os indianos, os índios americanos e os gregos também apareciam nestas visões.

Ele também era fascinado pelo folclore irlandês e acreditava que podia ver seres pequenos. Ele estava no oeste da Irlanda, deitado na areia, quando ouviu pela primeira vez "o som prateado dos sinos". A descrição de sua visão se parece com os delírios sinceros de um observador de OVNIs, "uma luz intensa diante dos olhos... Eu vi que a luz fluía do coração de uma figura brilhante. O corpo estava impregnado de luz, como se o fogo do sol percorresse seus membros, no lugar do sangue. O corpo emanava raios de luz. Ele se movia sobre mim com o vento, carregando uma harpa e um círculo de cabelos dourados atravessava as cordas. Os pássaros voavam em volta dele e em sua testa havia uma plumagem de fogo como asas abertas em chama... e havia outros, uma raça divina, e eles passavam no vento como se não reconhecessem a mim ou a terra onde eu vivia".[26]

Nessa época, seus poemas versavam sobre viagens espirituais e sobre as tentações reservadas para o místico. Æ gostava de se demorar observando o crepúsculo e o nascer do sol, e explicava que as cores que coloriam o céu nesses momentos do dia favoreciam a meditação. Desse modo, e com a ênfase das fantasias crepusculares de Yeats, os dois poetas consolidaram em Pamela o significado da magia do crepúsculo, que ela já tinha experimentado em Allora.

Em 1898, Æ se casou com Violet North, membro da Sociedade Teosófica, sucessora de Pryse na impressão do *Irish Theosophist*. Violet também tinha visões. Æ teria passado dos limites se o seu bom senso e o interesse pela literatura não tivessem funcionado como um contrapeso. Ele associou-se à Sociedade Literária Irlandesa, que promoveu uma nova escola irlandesa de literatura, e ajudou a fundar o Teatro Nacional da Irlanda, e depois o Abbey. A meia-idade de Russell coincidiu com as duas décadas entre 1890 e 1910, que presenciaram o desabrochar das artes e da literatura na Irlanda, inspiradas pelo passado celta. Os líderes do renascimento criaram suas versões dos salões europeus, orbitando em torno de Lady Augusta Gregory, George Moore e Yeats, todos anglo-irlandeses e patriotas protestantes.[27]

Antes da Primeira Guerra Mundial, esta rede cresceu, passando de um círculo irlandês para um grupo internacional. Através da divulgação feita por Sir Horace Plunkett, ex-político e reformista social, ele se tornou uma figura cultuada por muitos, incluindo Henry Wallace, um pastor e agrônomo americano, conselheiro do presidente americano Theodore Roosevelt. Wallace enviou à Irlanda seu neto, Henry Agard Wallace, para conhecer Æ e Horace Plunkett. Henry ficou muito impressionado, e compartilhou com Æ o interesse pela teosofia. Esta amizade foi útil para Æ quando Wallace se tornou vice-presidente na administração de Franklin D. Roosevelt.

Æ não era um mero vidente. Seus amigos adoravam suas reuniões nas noites de domingo, mais descontraídas do que as reuniões de Yeats nas noites de segunda-feira. Em 1906, quando ele se instalou na 17 Rathgar Avenue, o domingo com Æ era um acontecimento na vida social de Dublin. Ele ocupava o centro do palco, explicando e interpretando qualquer coisa, a pecuária leiteira, o Bhagavad Gita, o Teatro Abbey. Era evidente que ele amava o som da própria voz. Lendo livros ou apresentando seus monólogos melodiosos, ele enfatizava os pontos mais bonitos com um floreado do seu cachimbo.

Apesar de haver uma certa tensão incômoda entre Æ e Yeats, os dois eram amigos. Yeats recomendou para Horace Plunkett que Æ organizasse uma nova rede bancária para crédito agrícola dentro da Sociedade Irlandesa de Agricultura (IAOS), que Plunkett tinha fundado. Não era simplesmente um grupo de agricultores, mas a base de uma nova utopia, centrada em cooperativas de leite administradas por fazendeiros irlandeses de baixo poder aquisitivo. As aldeias cresceriam ao redor de cada cooperativa. O comércio local de ovos e manteiga levaria a outras formas de compartilhamento doméstico e pessoal. As escolas, bibliotecas e centros comerciais estariam a serviço do povo.[28]

Esses pontos de vista eram compartilhados por Henry Wallace Sr., e mais tarde, por John Collier, que se tornaria o delegado para assuntos indígenas nos Estados Unidos. Estes homens gostavam de falar da "vida cooperativa em tempos pré-capitalistas", e enalteciam os nobres selvagens, como os esquimós.[29] Todas essas ligações se revelaram importantes para Pamela.

Æ se apegou à nova tarefa como um "irmão Grimm" atual, não tratando apenas de solos e colheitas, mas coletando contos populares, de fazenda em fazenda. Em 1905, ele também foi editor da revista da IAOS, a *Irish Homestead*, que divulgou a mensagem do movimento cooperativista, impulsionou a arte irlandesa e publicou James Joyce.

Dois anos antes de conhecer Pamela, Æ se tornou o editor do *Irish Statesman*, que Plunkett publicava em 1923 e que incorporou a *Irish Homestead*. O periódico semanal foi lançado com o respaldo de um grupo de investidores americanos e irlandeses, incluindo o juiz Richard Campbell. O grupo investiu dinheiro suficiente para a publicação durar pelo menos cinco anos, mas sem impor suas posições políticas. Ela seguiu "o caminho do meio, editorialmente".[30] Contudo, apoiava o novo Estado Livre Irlandês e, obviamente, Æ simpatizava com o Partido Trabalhista. Suas colunas divulgavam a necessidade de escolas e universidades maiores, e administrações menos dispendiosas.

Æ escreveu muito sobre esses assuntos e, assim como Frank Morton criava pseudônimos "para simular que a publicação era escrita por muitas canetas",³¹ o periódico expressava seus pensamentos sobre a política local e internacional, arte e literatura, e apresentava contribuições de George Bernard Shaw, Gogarty, Padraic Colum e James Stephens. Mas o estresse financeiro estava sempre presente. O *Irish Statesman* perdia dinheiro toda semana³² e, em 1925, os impacientes avalistas americanos foram convocados a investir ainda mais.

A base editorial ficava na sede da IAOS, em Plunkett House, na 84 Merrion Square, próxima à casa de Yeats. A entrada, larga e extensa, ficava sob uma elegante janela semicircular situada em uma fachada georgiana. No segundo andar, Æ ficava atrás de uma pilha de papéis, em uma escrivaninha gigantesca. O papel de parede marrom era completamente coberto por seus painéis fantásticos, entre os quais, imagens heroicas e sobrenaturais, incluindo uma mulher segurando uma tocha flamejante e, sobre o vão da porta, um lobo.³³

Nesse escritório, Æ ofereceu chá para Pamela em uma xícara lascada. O chá era de alfazema. Ele a apresentou para Susan Mitchell, sua assistente, e para o vice-editor, Jimmy Good, que logo percebeu que o nome de Pamela não era legítimo e insistiu que ela deveria passar a se chamar Lady Pamela. Ela gostou da sonoridade, "Lady Pamela Travers". Æ disse que publicaria todos os poemas que ela tinha apresentado. É claro que ele tinha alguns comentários sobre seu trabalho,³⁴ e pediu que ela o procurasse novamente antes de voltar para a Inglaterra.³⁵

Radiante, ela foi visitar parentes da família Goff, em County Wexford, ávida para contar que tinha conhecido o grande Æ. Eles apenas ergueram as sobrancelhas. Os Goff não viam utilidade na poesia, preferiam os cavalos ao renascimento literário celta.³⁶ Eles trataram *Cathleen ni Houlihan*, de Yeats, como um tipo de aberração, viam o crepúsculo apenas como um fragmento de tempo entre a noite e o dia, e definitivamente não aprovavam a vida de Pamela em Londres como escritora. A Fleet Street era o lar destas "pessoas tão assustadoras".³⁷

Pamela voltou a Dublin. Ela foi mais uma vez até o escritório multicolorido da Merrion Square. Mas, ao chegar, ficou petrificada e não conseguiu tocar a campainha. Æ tinha apenas sido gentil, ela disse a si mesma. Ele era um homem importante e ocupado demais. E foi embora.³⁸

Três semanas depois, ao atender a porta em Londres, ela deu de cara com ele na entrada, com um grande pacote de livros debaixo do braço.

"Você é uma menina muito desleal", disse Æ. "Você falou que voltaria e nunca voltou. Eu tenho estes livros esperando por você". Era sua obra completa, todos os livros com dedicatória.

Desde então, Æ escreveu para ela pelo menos uma vez por mês, muitas vezes em resposta à saraivada de contribuições de Pamela para a revista. Ele sempre dizia que sua caixa de entrada estava cheia de material, mas que não conseguia resistir a mais um poema. Em maio de 1925, ele reunira "trabalhos suficientes para meses, mas eu gostava tanto dos versos que tinha que conservá-los". Em março do ano seguinte, "a caixa de entrada estava transbordando, mas eu não resisti à tentação de empurrar seu último poema para dentro dela".

Em 1925, ele publicou três dos poemas de Pamela no *Irish Statesman*. O primeiro, chamado "Christopher", apareceu em abril, "The Coming", em julho e "Te Deum of a Lark", em novembro. Dois poemas publicados em 1927, "The Dark Fortnight" e "Happy Sleeping", tinham referências fortes de Yeats. No último verso de "The Dark Fortnight", Pamela escreveu:

> *Eu irei e encontrarei uma lança*
> *forjada de uma pena de ganso selvagem*
> *e moldarei as orelhas de uma lebre*
> *em um pergaminho de seda*
> *e rezarei para as ovelhas do pensamento*
> *deixarem fluir o seu leite...*

A inspiração óbvia foi o poema de Yeats, "The Collarbone of a Hare", escrito em 1917, que termina:

> *Eu iria encontrar às margens daquela água*
> *A clavícula de uma lebre*
> *Desgastada pelo movimento da água,*
> *E perfurá-la com uma pua e olhar*
> *Para o amargo velho mundo onde se casam em igrejas*
> *E caçoar da água imperturbável*
> *De todos que se casam nas igrejas,*
> *Através do osso branco e fino de uma lebre.*

Em dezembro de 1925, Æ lhe deu o que ela considerou o melhor presente de Natal, a notícia de que seus poemas foram levados do "*Irish*

Statesman para o *Literary Digest*, publicação que tinha a maior circulação entre todos os periódicos literários dos Estados Unidos". No início daquele ano, ele disse "sinto muito pela caixa de poemas lotada, mas não pude resistir à tentação de conservar o delicioso poema lírico "Happy Sleeping", que tenho certeza estará entre *Os Melhores Poemas de 1926*, se tal categoria vier a existir".

Muitos dos poemas de Pamela no *Irish Statesman* eram pesados e melancólicos, incluindo o antiquado "Ghosts of Two Sad Lovers", publicado em outubro de 1926, que inicia dizendo "antes de conhecer a tristeza nós ansiávamos pela tristeza", e conclui, "não mais passaremos deixando pegadas quentes na grama fresca, e a doce história interrompida de nossos amores está perdida sob uma lufada de palavras vivas". Este poema apareceu pela primeira vez com um final diferente na *Christchurch Sun*, em junho de 1926.

Æ garantiu a Pamela que tinha realmente gostado de "Ghosts of Two Sad Lovers" e, para deixar bem claro, explicou em detalhes como dava as costas para os colaboradores indesejáveis. Suas cartas eram cheias de conselhos e dicas irônicas sobre a Irlanda, de alguém que tinha passado pelo crepúsculo celta e sobrevivido. Ele a advertiu que suas viagens para Dublin poderiam ser viciantes (e foram) e que "nós temos de tudo aqui, do mais idealista ao mais realista, mais do que em qualquer lugar da Europa. Acho que há 25 anos todos os poetas estavam tentando descobrir o apogeu no gênio irlandês, e agora todos os nossos escritores estão tentando descobrir a profundidade".

Os poemas de Pamela dos anos 1920 são aparentemente líricos e pastorais — nunca coloquiais — embora possam ser considerados fechados, em busca de experiência de vida. A autora, ainda uma donzela inocente, implorava a presença da inspiração. Um de seus poemas, "Oh Break Her Heart", publicado em junho de 1926, era um grito de socorro pedindo aos deuses que quebrassem seu coração — "de sua dor extraía o encanto que precisamos" — para que ela pudesse ser uma escritora melhor. Ela revelou pouco de si e evitava palavras simples e referências à vida cotidiana.

Æ não dissipou apenas as inseguranças de Pamela em relação à escrita, mas também a encorajou para a própria vida. Suas cartas revelam como ela se preocupava, não apenas com o trabalho, mas também com a saúde. Quase todas as cartas falavam sobre as enfermidades que Pamela começou a sofrer a partir dos anos 1920. Ele lamentava muito saber sobre os resfriados, gripes, febres e problemas pulmonares que sugeriam tuberculose.

Em junho de 1926, Pamela se mudou para a 14 Old Square, uma esquina da Lincoln's Inn, no centro do distrito judicial. Ela contou aos leitores do *Christchurch Sun* que era uma vida solitária, onde os porteiros tocavam seus quepes quando ela passava pelos portões, que fechavam à meia-noite. Esta coluna, denominada "Grey Towers: Pamela goes to Lincoln's Inn",[39] terminava com a descrição de sua visão noturna de um anjo esculpido. Ela falava com ele, confidenciando à figura de pedra que seu novo lar era um lugar adorável. Ela poderia desejar mais alguma coisa? O anjo respondeu, "Sim, muito mais".

Em setembro daquele ano, Æ visitou Pamela em Londres a caminho de suas férias em Paris, onde encontraria novamente seu amigo James Stephens e a escritora francesa Simone Tery. Ele escreveu para Pamela, "Você pode me sugerir alguma coisa para fazer ao chegar? Na verdade, eu não quero fazer nada além de conversar com você. Acho que gostaria de andar para lá e para cá na parte aberta de um ônibus de dois andares... e ouvi-la falar sobre Londres. Mas você poderia se resfriar, minha criança preciosa".

Ele caminhou com Pamela até a Regent Street. Ainda tímidos, ambos sentiam uma espécie de nervosismo. Ela disse como era estranho que tivessem se conhecido, "duas pessoas do fim do mundo". Æ parou no meio do passo. Pamela olhou para ele e viu seus olhos azuis ficarem ainda mais redondos. Æ explicou que esta não era a primeira vez que se encontravam. Eles já haviam se conhecido em outra encarnação. E falou sobre a lei da gravitação espiritual, que explica como "o que você deseja vem até você".[40]

Mesmo com toda a coragem, Pamela ainda se sentia isolada em Londres. Tudo bem desejar uma vida de poeta, mas os poetas não ganham dinheiro e ela sentia muita saudade da mãe. Pamela se distraía com revistas femininas, enquanto continuava a bombardear Æ com seus poemas. Ela pagava o aluguel com os proventos do jornalismo e, em 1926, elaborou uma maneira de ganhar o suficiente para pagar uma passagem e trazer a mãe para a Inglaterra.

"E assim", confidenciou em uma entrevista, "tendo escrito apenas para revistas eruditas, você sabe, as revistas literárias, eu colecionava revistas comuns, leves, que eu lia avidamente. Percebi que existiam essencialmente apenas duas histórias. Uma era "Como conquistar Seu Homem" e a outra era "Como Conservar Seu Homem". Então, eu me envolvi nisso, escrevendo uma história depois da outra, naturalmente, com outro nome, e no que você acha que deu? Eu as mandei para meu agente e ele disse, "Maravilhoso, certamente serão vendidas". E foram mesmo. Em pouco tempo eu consegui o dinheiro necessário para o maior empreendimento de minha vida. Ver minha mãe".[41]

Margaret Goff e Pamela se escreviam regularmente. Pamela enviava suas histórias e poemas publicados para a mãe e Margaret os passava para tia Ellie, que gostava mais da prosa do que da poesia. Margaret contava sobre os problemas financeiros e a tensão entre ela e Biddy, e o novo marido de Biddy, Boyd Moriaraty. Contudo, em novembro de 1926, ela ficou muito feliz em contar para Pamela que tinha reservado uma cabine em um navio que chegaria no outono de 1927.

Durante o ano de 1926, Pamela escreveu um tipo de história diferente, não sobre mulheres, mas sobre crianças e seus sonhos. Estas histórias foram a base para as aventuras de Mary Poppins, que Pamela sempre alegou ter chegado para ela espontaneamente, em 1934. Algumas aventuras começavam nas histórias que ela já tinha escrito em dezembro de 1924, quando a *The Triad* publicou "Story for Children Big and Small". Ela falava de um rei, seu camareiro e um bobo. Os três personagens, e a essência da fábula, serviram de base para o capítulo "A história de Robertson Ay", em *Mary Poppins Comes Back*, publicado mais de uma década depois.

Para o *Christchurch Sun*, ela escreveu a respeito de um encontro mágico em uma livraria de Paris com uma criatura que estava lendo *Just So Stories*, sobre como o elefante conseguiu sua tromba. Um velho comprou o livro, para a tristeza do menino. Pamela falou com ele; ele fugiu. Mais tarde, ela o encontrou junto a um pedestal de bronze em uma praça pública. A história foi publicada em 8 de março de 1926. Quase duas décadas depois, o conto foi o ponto de partida para um capítulo de *Mary Poppins Opens the Door*, publicado em 1944. Denominado "The Marble Boy", ele conta a história de uma estátua, Neleus, que lê a história sobre como o elefante conseguiu sua tromba por cima do ombro de um velho em um parque.

Em março de 1926, o *Christchurch Sun* publicou "The Strange Story of the Dancing Cow", noticiando que "a Srta. Pamela Travers, que escreveu esta história para o *Sun*, está ficando famosa em Londres. Poucos escritores hoje se igualam a ela no reino dos contos. Leia esta fantástica história da velha vaca vermelha, que ao acordar se viu encantada com a febre das estrelas". No primeiro livro de Mary Poppins, publicado em 1934, Mary contou a mesma história da vaca e um rei, no capítulo chamado "The Dancing Cow".

Em dezembro de 1926, novamente no *Christchurch Sun*, Pamela escreveu uma história chamada "Pamela Publishes — a Newspaper!", que pretendia ser um boletim especial com fofocas apresentadas pela empregada "Mary Smithers". Mas foi em 13 de novembro de 1926, em um conto chamado "Mary Poppins and the Match Man", que Pamela realmente deu à luz sua famosa babá.

A história falava do dia de folga de Mary Poppins. Pela primeira vez, ela escreveu sobre a casa dos Banks e Mary Poppins, a auxiliar de babá de 17 anos de idade. (Não havia uma babá "chefe", embora os Banks gostassem de fingir que havia.) Ela era responsável por Jane, Michael, Barbara e John Banks. Mary Poppins, pronta para aproveitar um dia de folga, veste as luvas e coloca uma sombrinha enfeitada com um papagaio debaixo do braço. Jane pergunta aonde ela estava indo, mas Mary se recusa a dizer. Na esquina, ela encontra Bert, um limpador de chaminés e pintor de calçadas. Ele a ama e fica claro que ela o ama também. Eles admiram as pinturas de Bert na calçada e pulam para dentro de uma delas, que representa uma cena campestre. De repente, Bert está vestido com um paletó listrado, chapéu de palha e calças de flanela. Mary, por sua vez, está usando uma capa de seda e um chapéu com uma longa pena encaracolada. Mary e Bert tomam o chá da tarde servido por um homem de paletó preto. Depois de comer uma torta de framboesa, eles montam nos cavalos de um carrossel e seguem a caminho de Margate. Quando volta para a casa dos Banks, Mary conta às crianças que esteve em uma terra encantada.

Assim como em "The Day Out", esta história, com muitas passagens idênticas, mas algumas diferenças, apareceu no primeiro livro de *Mary Poppins*, publicado oito anos depois. Ela também serviu de base para o número musical "It's a Jolly Holiday with Mary", do filme *Mary Poppins* de Walt Disney. A escolha de Disney desta história para a cena mais importante do filme sempre irritou Pamela. Anos depois, ela declarou que o capítulo "The Day Out" era falso e o mais fraco de todas as aventuras de Mary Poppins, mas nunca explicou o porquê. Durante sua vida, ninguém descobriu exatamente quando ela criou Mary Poppins, e ela certamente não revelou, embora tenha dito para sua jornalista preferida, Jonathan Cott:

"Quando eu era adolescente, escrevi uma pequena história sobre uma personagem chamada Mary Poppins, que colocava as crianças para dormir. Eu não me lembro em qual jornal a história apareceu, mas o nome foi crescendo ao longo do tempo, um longo tempo de existência."[42]

Ela sempre acreditou que os verdadeiros escritores não escrevem para crianças. E Pamela queria ser uma escritora de verdade, ou melhor, uma poetisa que poderia escrever sobre a Irlanda com a graça e a confiança de Yeats. Em dezembro de 1926, Pamela estava confiante o suficiente no seu relacionamento com Æ para lhe enviar uma foto deles juntos. Ele achou que a foto "não a favorece, minha querida, porque a faz parecer anos mais velha. Se eu fosse o fotógrafo, teria colocado seu cabelo para cima, até parecer com uma juba de leão em fúria".[43] Ele tinha acabado de publicar o sétimo poema de Pamela no *Irish Statesman*, "On Ben Bulben", mais um tributo a Yeats, referindo-se à montanha próxima de Drumcliff, perto de Sligo, terra onde ele passou bons tempos de sua infância.

Mais tarde, ela contou para estudantes que Yeats a influenciou muito,[44] mas que ela admirava o poeta, não o homem. Ela o admirava tanto que não adotou apenas seu estilo de escrita, mas também muitas de suas características. Assim como Yeats, ela sempre teve medo de contrair tuberculose, estudou as religiões orientais para ajudá-la a criar ordem na desordem, seguiu um guru indiano, usou os valores dos contos de fadas para sustentar sua filosofia de vida e embarcou para os Estados Unidos em um circuito de palestras. Além disso, ela adotou uma variedade de disfarces que não incluíam apenas pseudônimos, mas também certa personalidade falsa e áspera, alinhada com a máxima de Oscar Wilde, "o primeiro dever na vida é assumir uma pose; e ninguém descobriu ainda qual é o segundo".

O biógrafo de Yeats, Richard Ellmann, acreditava que a visão de Wilde estava reproduzida em *O Retrato de Dorian Gray*, *Dr. Jekyll e Mr. Hyde*, na poesia de Mallarmé, e nos pseudônimos e outras personalidades dos contemporâneos de Yeats, W. K. Magee, Wilde, William Sharp e Æ. Yeats fez parte da mudança de ideias sobre a individualidade do século 19, e "chegou à maturidade nesta atmosfera de desdobramento e divisão do self. Æ escreveu que em 1884, "Yeats já tinha desenvolvido uma teoria sobre a consciência dividida". Ele chegou a ver a si mesmo como o homem que tinha criado o outro eu — o Poeta". Essa descoberta foi significativa para Pamela, que já tinha adotado o pseudônimo Pamela Travers e, mais tarde, obscureceu ainda mais seu verdadeiro eu ao assinar como P. L. Travers, afirmando que gostaria de ser conhecida como Anon, uma variação de AEON.

No final do verão de 1926, Pamela visitou a Irlanda novamente, principalmente para desfrutar dias "cheios de poetas, cheios de poemas, cheios de conversas e discussões, lendas e prazer".[45] Ela pegou o trem para Athlone, nas Midlands, para encontrar velhos parentes da família Goff, e dirigiu-se para Galway, Clifden e Leenane. Ao voltar para Dublin, Pamela embarcou em uma aventura mítica, que poderia ser chamada de "Quando o tolo encontra o sábio e aprende uma lição".

Seu destino era Lough Gill, famoso graças a um poema de Yeats, de 1890, "The Lake Isle of Innisfree". Ela pediu a um barqueiro que a levasse à ilha, mas ele respondeu que não conhecia o lugar. Pamela, que sabia o verso de cor, insistiu que o lugar existia. "Eu levantarei e irei agora, e irei para Innisfree". "Ela é conhecida por estas bandas", zombou o barqueiro, "como Ilha dos Ratos". Eles se puseram a caminho sob as nuvens cinzentas, com Pamela na proa e um jovem padre sentado na popa. Ela não encontrou nenhuma colmeia, nem cabana, mas a ilha estava coberta de sorveiras. Pamela decidiu levar para Yeats alguns ramos carregados de bagas vermelhas, colhendo quantos pôde. Cambaleando com o peso, sob uma chuva forte, voltou ao barco. Ela podia ver o padre rezando o rosário.

De volta à terra firme, ela foi com seu fardo de sorveiras para a estação. No vagão abafado do trem para Dublim, suas roupas secavam lentamente, exalando vapor. Os outros passageiros se afastaram. Ela chegou à Merrion Square com os cabelos ainda pingando e os braços cheios de galhos sujos. Pamela tocou a campainha do número 82. O próprio Yeats abriu a porta.

Pamela estava parada, em pé, com o rosto erguido acima do feixe de galhos, ansiosa pela aprovação. Ele chamou a empregada Annie no corredor escuro, que levou Pamela para a cozinha do porão, a secou, lhe deu um chocolate quente e levou os ramos. A empregada do andar superior surgiu, alvoroçada: "O patrão vai recebê-la agora". Lá estava ele, na sala com cortinas azuis.

Yeats disse, "meu canário botou um ovo" e a levou até a gaiola. Dali, eles deram uma volta na sala, e Yeats indicou os livros de sua preferência. Ele explicou que quando tinha uma ideia para um poema, era inspirado por uma nova leitura de um de seus livros. Ela viu um vaso sobre a escrivaninha com apenas um ramo de sorveira. Será que ele estava tentando ensinar-lhe uma lição? Para que dar uma braçada se um ramo já bastaria? Mas, não, ela decidiu, ele nunca faria algo tão banal. Ela sabia que aquele único galho significava a arte da simplicidade.

No dia seguinte, Pamela almoçou com Æ, que lhe contou que Yeats ficou tocado com seu presente. Porém, ele esperava que quando Pamela o visitasse em Dunfanaghy, ela não cortasse os salgueiros. Afinal, disse solenemente, as dríades viviam nas árvores.[46]

Pamela e Æ conversaram durante meses sobre Dunfanaghy e Breaghy, em sua parte preferida da Irlanda, o condado de Donegal. Em janeiro de 1927, ela confiava nele o suficiente para sugerir que passaria o verão lá, depois da visita de sua mãe.

Durante vinte anos, Æ passou suas férias de verão no condado de Donegal. Ele achava que o lugar era o "mais selvagem, mais solitário e mais encantador que conhecia, um país de montanhas, vales, lagos e bosques, falésias, rios, enseadas marítimas, areias, castelos em ruínas e lembranças do começo do mundo. Do chalé onde fico posso ver os sete mares entre as montanhas".[47] Ele amava a "beleza sobrenatural da costa acidentada, suas enseadas rochosas e praias prateadas", e chegou a pensar sobre seu canto em Donegal como "seu próprio reino singular e especial". Para ele, lá era o centro espiritual da Irlanda, onde ele viu "o fogo prateado das fadas" e encontrou "seres mediúnicos das águas e das florestas".[48]

Todo verão, ele saía de trem de Dublin e passava parte das onze horas de viagem jogando pôquer em uma mesa improvisada com malas. Chegava à estação de Dunfanaghy Road ao cair da noite e viajava seis quilômetros de charrete até o vilarejo de Breaghy, que fica perto da praia de Killahoey Stran, em frente ao Cabo Horn, a mais bela das penínsulas de Donegal. Ali, Æ ficava em uma cabana na encosta, atrás de uma das muretas de pedra que cruzam a paisagem.

Junto à estrada cercada, as ovelhas de cara preta pareciam bezerros grandes e peludos, e Æ podia ver os cavalos enquanto contornava o caminho para a casa de campo. Ele alugava um quarto de Janey Stewart, uma solteirona que enchia a casa caiada com seus próprios trabalhos. Janey era uma boa cozinheira, produzia sua própria manteiga, assava bolos e cozinhava carne de cordeiro em um caldeirão de ferro pendurado em uma corrente sobre o fogo de turfa. Ele adorava comer o pão integral caseiro com manteiga. Dormia em um quarto no sótão, que ocupava toda a extensão da casa. À noite, podia ouvir o barulho das vacas no estábulo abaixo, e quando o tempo estava ruim, lia durante boa parte do dia. Ele tinha um fraco por novelinhas sobre o Velho Oeste e histórias de detetives. Ao entardecer, embrulhava seus crayons e o bloco de papel, colocava dentro das botas e caminhava pelas colinas.

A um quilômetro e meio da casa de Janey ficava a Marble Hill House, uma bela casa de pedras cinzentas de propriedade de Hugh Law, nacionalista e membro do parlamento por West Donegal, um dos melhores amigos de Æ, desde 1904. Quando se cansava da cabana de Janey, Hugh e sua esposa Lota o deixavam ficar na antiga casa de madeira das crianças, construída na área do terreno.

A casa encantada, como era chamada, passou a ser o seu estúdio. Æ dormia no sótão. Lota tentou adorná-la de uma forma pseudo-artística, bordando um tecido com peixes e ondas, jogado sobre o corrimão. Na grande sala do estúdio, sobre a lareira, Æ pendurou um de seus quadros com uma espada de luz.[50]

No começo, Æ levava sua esposa para Breaghy. Mas, nos anos 1920, Violet preferiu ficar em casa, em Dublin. Ele convidou outras pessoas para compartilhar aquela paz, entre elas algumas jovens, incluindo Simone Tery e Pamela. Seu amigo John Eglinton sabia que ele precisava de pelo menos uma pessoa a quem sussurrar "a solidão é doce".[51]

Ele gostava de levar convidados para jantar com os Law ou caminhar e conversar enquanto desenhava esboços do crepúsculo para os quadros que terminaria no dia seguinte. Dizia que algumas partes da floresta ou de Strand provocavam nele fortes vibrações psíquicas. Æ caminhava a passos largos pela praia de Strand com as mesmas roupas que usava em Bloomsbury: terno escuro e chapéu largo, com a calça enrolada e as botas penduradas no pescoço. E falava pausadamente enquanto passava com dificuldade entre os cardumes de camarões.[52]

Em junho de 1927, durante a primeira visita de Pamela, o clima estava atroz, escuro, chuvoso e ameaçador, todos os dias. Ela ficava sentada ao lado dele, devorando suas divagações tão vorazmente quanto os bolos e a carne de carneiro preparada por Janey. Ele caçoava do tanto que ela comia, "para uma garota que não estava com fome".[53] Uma vez, quanto se preparavam para um passeio, Pamela olhou para baixo através de uma abertura na névoa e viu o contorno gigante de uma pegada rodeada por flores incrustadas na grama. A forma era inconfundível, como se um monstro de outro planeta pisasse na terra, desse um passo e se erguesse novamente. Ela exclamou "alguém esteve aqui". Æ, é claro, não ficou surpreso. Isso sempre acontece, disse ele para sua pequena protegida.[54]

Para visitar os Law, Æ disse que ela não poderia caminhar um quilômetro e meio com aqueles frágeis sapatos londrinos. Embrenhou-se no sótão e desceu com o *Observer* e o *The Times*, barbante, uma pilha de meias e um par de botas. "Sente-se", ordenou. Ela deveria usar seis meias em cada pé. Ele enrolou o *Observer* em uma perna e o *The Times* na outra e amarrou com um barbante antes que ela calçasse as botas.

Pamela disse que suportou isso "em um silêncio contido", que provavelmente estava mais para pensamentos íntimos não verbalizados do que para hostilidade. Esta, possivelmente, foi a coisa mais íntima que Æ se atreveu a realizar: deslizar as meias de lã nos pés nus de Pamela, e amarrar o barbante em suas pernas.

Eles partiram para a casa dos Law, Æ como sempre na dianteira, em passos firmes, seguia entoando mantras orientais. Pamela, presa no pântano, gritou por ele, que se voltou e apenas riu. Disse para ela tirar as botas e seguir descalça — ele gostaria de levar uma dríade para almoçar. Ela ficou em silêncio. Naquele instante, Æ pareceu compreendê-la.

"Eu sou um tolo", gritou para ela. "Você não quer filosofia, você quer viver!" Ambos sabiam que Pamela já tinha ouvido sobre filosofia oriental o bastante para uma vida toda. Ela queria alguém para clarear as trevas e não para sobrecarregá-la com mais teorias. Um homem jovem a teria beijado, mas Æ deixou mais uma oportunidade passar. Ele conseguia ver, mas não podia reagir aos pequenos sinais que dizem "venha, não recue". Pamela queria que Æ lhe dissesse quem ela era. "Cúmplice, filha, aprendiz?", escreveu. "Eu nunca soube".

Naqueles dias, em Strand, Æ fez esboços e desenhou Pamela em cima de uma árvore, olhando para ele. Uma vez, ele tinha começado uma paisagem, quando olhou para ela de repente. "Você os vê?" "Não", respondeu ela, meio pesarosa, meio impressionada. Seja qual fosse a visão, Pamela sabia que ele queria que ela também visse. Ela o desapontou.

Æ sentia as antigas vibrações psíquicas novamente. Enquanto esboçava rapidamente uma série de fadas, Pamela viu uma fumaça saindo de seu bolso. "Æ, cuidado, você está pegando fogo!" Ao olhar para baixo, percebeu a fumaça que saía do cachimbo colocado no bolso da calça. Sem o menor alvoroço, apenas disse para Pamela que sua mulher teria que trocar aquele bolso, e lhe mostrou a tela de fadas. Ele também tinha feito um esboço de Pamela sobre um galho, a menina dos olhos selvagens. Logo passaria a chamá-la de Pixie.[55]

Æ escreveu para ela em 1º de julho, "Fiquei triste por você partir depois de tantos dias cinzentos em um país maravilhoso". Ele sentia não ter conseguido entretê-la. "Minha mente velha e infeliz perdeu seu manancial. Há dez anos, eu ainda tinha muita energia. Minha mente era jovem o bastante para fazê-la sentir que éramos contemporâneos. Mas você foi muito amável com seu velho amigo". No final da carta estava um esboço de Pamela com sua parafernália de caminhada e uma mensagem: "Você se lembra da forração de jornal nas botas?"

Ele a elogiou, dizendo, "com tanta vitalidade, tenho certeza de que aos 80 anos você será capaz de cuidar de seus netos, e poderá se lembrar, entre as névoas do tempo, de seu velho amigo que escrevia poesia sob o pseudônimo de Æ, e que queria afagar seus cabelos quando você parecia um patinho na tempestade, mas se conteve para que você não pensasse que não era tratada com dignidade. Você ainda sonha com a casinha no recanto fustigado pelo vento?"

Ele se lembrou de como ela sonhara em viver ali, na casa do Cabo Horn, e de como ele a chamaria para conversar sinalizando lá da casa de Janey. "Espero que se sinta melhor depois de sua visita, querida Pixie, eu ficaria aborrecido se você tivesse voltado de Donegal sem se sentir melhor do que quando chegou. Com amor, Æ."

Mais tarde, em 1927, Pamela confidenciou a ele que estava cansada de fazer planos e de ser responsável por si mesma. Ele garantiu a ela, "o meu lado vidente prevê um grande homem chegando em sua vida e se casando com você, em um futuro próximo. Espero que seja um homem tão bom quanto grande. Acho que você merece um marido gigante, poderoso como Aladim, para construir um palácio no qual você poderá escrever com calma e paz". É claro que não poderia ser ele. "Querida Pamela", escreveu ele em dezembro de 1927, "reze por mim... amaldiçoe-me por ter sido um idiota que foi embora". Æ estava prestes a deixar a Irlanda para seu primeiro ciclo de palestras nos Estados Unidos, e partiria de Liverpool em 14 de janeiro de 1928. Ele deixou Jimmy Good encarregado do *Irish Statesman*.

A revista continuava a perder dinheiro e os sócios americanos sugeriram um ciclo de palestras organizadas pelo juiz Campbell, a única maneira de recuperar rapidamente o capital investido.

Pamela perguntou se ele teria tempo de ir a Londres para vê-la antes da viagem de três meses. Não, "eu tenho muitas coisas para fazer aqui" antes de deixar Dublin de barco para Liverpool. "Foi gentileza sua sugerir que poderia vir aqui para se despedir, mas não faça esta despesa. Por que você esvaziaria os bolsos por um aperto de mãos?" Porém, mais tarde escreveu, "deixe-me pagar a conta do hotel ou a passagem de trem, o que for mais caro, eu posso arcar com isso".[56]

No dia 13 de janeiro, na véspera da partida do *Albertic* para Nova York, Pamela foi ao encontro de Æ em Liverpool. Eles foram ao cinema. Antes da exibição, um homem tocou violino, pessimamente. Æ continuou falando até ser silenciado pelos espectadores furiosos. Pamela foi ao porto no dia seguinte, na chuva. Ele segurou suas mãos e acariciou seus cabelos rebeldes e macios. "Meu anjo", disse ele, antes de se virar.[57]

Notas

[1] "Letter to a Learned Astrologer", *Parabola*, 1979.
[2] "Song of Joyous Garnering", *Christchurch Sun*, 21 de março de 1924.
[3] "Now Hail and Farewell", *Parabola*, 1985.
[4] *Australian Women's Weekly*, 28 de dezembro de 1966.
[5] *The Triad*, 11 de agosto de 1924.
[6] *McCall's*, maio de 1966.
[7] Ibid.
[8] Martin Green, *Children of the Sun: a narrative of decadence in England after 1918* (Londres: Constable, 1977).
[9] Ibid.
[10] David Thomson, *England in the Twentieth Century* (Baltimore: Penguin Books, 1965).
[11] Ibid.
[12] *The Triad*, 10 de julho de 1924.
[13] Nota autobiográfica, Shawfield Street, Chelsea; P. L. Travers, "The Death of Æ, Irish Hero and Mystic" em *The Celtic Consciousness*, ed. Robert O'Driscoll (Nova York: Braziller, 1981).
[14] "Only Connect," discurso na Biblioteca do Congresso, 31 de outubro de 1966.
[15] Carta de Simone Tery para Æ, 1933, da Denson Collection, Biblioteca Nacional da Irlanda.

[16] R. F. Foster, *W.B. Yeats: a life*, vol. 1, The Apprentice Mage (Oxford: Oxford University Press, 1997).
[17] "Only Connect".
[18] Oliver St John Gogarty, *As I Was Going Down Sackville Street* (Nova York: Reynal & Hitchcock, 1937).
[19] Ibid.
[20] John Eglinton, *A Memoir of Æ* (Londres: Macmillan, 1937).
[21] Ibid.
[22] Henry Summerfield, *That Myriad Minded Man: A Biography of George Russell "Æ", 1867–1935* (Gerrards Cross, Reino Unido: Colin Smythe Ltd, 1975).
[23] Anthony Storr, *Feet of Clay: a study of gurus* (Londres: HarperCollins, 1996).
[24] Richard Ellmann, *Yeats: the man and the masks* (Nova York: W. W. Norton, 1979).
[25] Summerfield, *That Myriad Minded Man*.
[26] Æ [George William Russell], *The Candle of Vision* (Londres: Macmillan, 1918).
[27] Hubert Butler, *Independent Spirit* (Nova York: Farrar, Straus & Giroux, 1996).
[28] Summerfield, *That Myriad Minded Man*.
[29] Kenneth R. Philp, *John Collier's Crusade for Indian Reform, 1920–1954* (Tucson: University of Arizona Press, 1977).
[30] Butler, *Independent Spirit*.
[31] Nota manuscrita de P. L. Travers, Biblioteca Mitchell, Sydney.
[32] Carta de Æ para P. L. Travers, 5 de outubro de 1927.
[33] Summerfield, *That Myriad Minded Man*.
[34] Carta para Staffan Bergsten, 19 de fevereiro de 1977.
[35] "The Death of Æ".
[36] "Only Connect".
[37] Ibid.
[38] "The Death of Æ".
[39] 7 de agosto de 1926.
[40] "The Death of Æ".
[41] *Australian Women's Weekly*, entrevista para Bill Wilson, 28 de dezembro de 1966.
[42] Jonathan Cott, *Pipers at the Gates of Dawn*: the wisdom of children's literature (Nova York: Random House, 1983).
[43] Carta de 22 de dezembro de 1926.
[44] Gravação de Travers falando para estudantes em Cambridge, Massachusetts, 15 de janeiro de 1966.
[45] *Christchurch Sun*, 23 de outubro de 1926.
[46] "Only Connect".
[47] Carta para Leah Rose Bernstein, 11 de junho de 1929, Denson Collection, Biblioteca Nacional da Irlanda.
[48] Carta de 11 de julho de 1932, Denson Collection; carta para John Quinn, 1904; carta para Leah Rose Bernstein; carta para Yeats, 11 de julho de 1932; Eglinton, *A Memoir of Æ*.
[49] Algumas descrições têm origem nas notas da Denson Collection.
[50] "The Death of Æ"; Eglinton, *A Memoir of Æ*.
[51] Eglinton, *A Memoir of Æ*.
[52] Carta de Ruth Pitter para Alan Denson, Biblioteca Nacional da Irlanda.
[53] Nota manuscrita, Biblioteca Mitchell, Sydney.
[54] "Only Connect".
[55] "The Death of Æ".
[56] Carta para P. L. Travers, 6 de janeiro de 1928.
[57] Nota manuscrita de P. L. Travers, Biblioteca Mitchell, Sydney.

Margaret Goff, mãe de Pamela Travers

Pamela Travers aos 20 meses de idade

Travers Goff, pai de Pamela Travers

Residência da família Goff, Allora, Queensland

Da esquerda para a direita: Lyndon, Moya e Biddy Goff em Bowral, 1915

A jovem Pamela Travers

Foto publicitária de Travers, nos anos 1920

Travers, fotografada em 1923

Travers, como atriz, numa produção de Allan Wilkie

Travers, em uma produção de *Julius Caesar*

Travers e GeorgeWilliam Russell (Æ) em Pound Cottage, Mayfield, 1934

Madge Burnand em Pound Cottage, nos anos 1930

Pound Cottage, Mayfield

A chegada de Mary Poppins à casa dos Banks

Jane e Michael Banks com Mary Poppins

Michael e Jane assistem Mary Poppins partindo

Ilustração dos balões em *Mary Poppins Comes Back*

Detalhe da ilustração dos balões: Travers e Mary Shephard segurando os balões com seus nomes

George Ivanovitch Gurdjieff

Travers, em 1941

Travers com Camillus, em 1941

6

AMANTES, GURUS
E A MENINA HESITANTE

A viagem de Æ para Nova York marcou o início da longa jornada de Pamela da Irlanda para os Estados Unidos. Ela o seguia aonde quer que ele fosse. Assim como em Dublin, acabou pegando carona em sua vácuo para Washington, para as universidades na Costa Oeste e para as montanhas rosadas do Novo México. Mas, como sempre, os aspectos práticos vieram antes.

Os honorários do *The Triad* proporcionavam à Pamela um orçamento apertado em Lincoln Square; a revista, assim como muitas outras com pretensões literárias, vivia precariamente. Ela precisava conseguir novas editoras. Antes da partida de Æ para os Estados Unidos, ela perguntou se poderia trabalhar no *Irish Statesman*. Em outubro de 1927, ele respondeu que gostaria muito de tê-la como colega, mas era impossível contratar outro jornalista em tempo integral além de Jimmy Good. "A maior parte da revista é escrita por professores, funcionários públicos e outros colaboradores, em seu tempo livre", escreveu ele. "Todas as publicações semanais irlandesas funcionam assim, principalmente para apoiar uma causa e, em muitas delas, não existe nenhum pagamento. Por isso nunca sugeri que você escrevesse artigos para mim, porque sei que você pode ganhar três vezes mais em Londres". E se os nossos amigos americanos, entre eles o senador Cullinan, não ajudarem, "o periódico vai acabar em meados deste ano ou, o mais tardar, no outono".[1] Æ terminou com uma nota irreverente, sugerindo que se a revista enriquecesse, ele pagaria a ela um salário tão alto que ela poderia "se permitir sustentar um marido".

Pamela precisava de alguém para dividir o aluguel. Æ sugeriu Madge Burnand, "uma moça extremamente gentil", que estudava pintura. "Você quer companhia", escreveu ele, "não é agradável viver sozinho". Madge era uma das seis filhas do recém-falecido Sir Francis Burnand, um dramaturgo prolífico, além de advogado com escritórios no Lincoln's Inn. Durante vinte anos, Burnand também editou a *Punch*, e ampliou a sua cobertura de arte e literatura.[2] A filha Madge — alta, esguia e esquelética — foi muito bem educada pelo pai. Ela adorava Blake, um dos ídolos de Pamela.

Madge mudou-se para o apartamento de Pamela na Lincoln Square. As duas ficaram juntas por mais de uma década e a amizade tornou-se cada vez mais intensa. No começo, Madge era principalmente um suporte financeiro — pagava metade do aluguel — mas o relacionamento sempre teve outros dois elementos vitais. O primeiro era prático: Madge, nascida na Irlanda, tinha ligações literárias importantes, e representava uma ponte para Pamela com o círculo irlandês que ela tanto amava. O segundo elemento era confuso e emocional. A praticidade de Madge muitas vezes era dominada por um sentimento inexplicável de frustração e raiva, que foi aumentando à medida que a amizade se estreitou.

No final dos anos 1920, Pamela sabia que para sobreviver como jornalista *freelancer* teria que permanecer em Londres, perto da Fleet Street. Mas seu lado sonhador desejava trabalhar na Irlanda como uma escritora de verdade. Uma carta de Æ, de outubro de 1927, dizia, "Você comentou sobre morar em uma pequena cabana em Wicklow Hills. É muito romântico e bem distante de Dublin. Minha experiência com amigos que se mudaram para as montanhas é que os vejo bem menos do que quando moravam em Londres". Ele achava que a Irlanda perderia o encanto para Pamela se ela fosse viver lá e fez questão de avisar que ela teria que preparar suas próprias refeições. "Seria o meu poema 'A Cottage on the Mountainside' o responsável por isso?"[3]

Sempre que estava em Dublin, Pamela frequentava os encontros da Rathgar Avenue, onde Æ reunia "muitos poetas, para aumentar o círculo de conhecidos e amigos".[4] Ela gostava do lugar onde, Æ contou a ela, Maud Gonne costumava se sentar à beira da lareira, trançando o cabelo e "lamentando os erros da Irlanda".[5] Uma tarde, Æ a levou no coquetel de Yeats na Merrion Square.[6] Yeats insistiu que ela ficasse com cópias de dois poemas seus, incluindo "The Song of Wandering Aengus", escrito em 1897, que fala de "uma menina hesitante com flores de maçã no cabelo, que me chamou pelo nome e correu e pelo ar desvaneceu".

Pamela disse que tinha musicado alguns poemas de Yeats. "Ele me pediu para cantá-los, o que eu fiz. 'Lindo', disse, 'lindo, eu não poderia ter imaginado nada mais parecido com eles'". Pamela ficou nas nuvens. No dia seguinte, ela contou para Æ. "Você precisa cantá-los para mim também", disse ele, e, quebrando o encanto, sussurrou, "Yeats é surdo".[7]

No meio da multidão das reuniões de Yeats e Æ, um homem se destacava por sua inteligência e charme. Era Oliver St. John Gogarty, que Yeats considerava um dos grandes poetas líricos da época — embora fosse mais conhecido como cirurgião. Gogarty dirigia um Rolls-Royce amarelo e realizava saraus às sextas-feiras, em sua própria casa, na 15 Ely Place. Quando conheceu Pamela, Gogarty tinha quase 50 anos e era casado. Ela pensava nele como "um homem velho... um dos velhos pais".[8] Mas, Gogarty teve outra impressão. No seu livro *A Gathering of Swans*, lê-se a dedicatória "Para Pamela, com admiração", e doze poemas cheios de emoção, como este, que começava assim:

> *Ela veio e se moveu e brilhou*
> *e se movendo sorriu*
> *uma mulher adorável surgiu*
> *tão querida quanto criança*
>
> *Estremecendo com velocidade sua fala*
> *sua aparência um tremor*
> *como o jeito que as mudas das árvores crescem*
> *ancoradas em um rio*

E continuou a elogiá-la, seus "claros olhos azuis", sua "adorável luz", sua "túnica de seda, seus gestos redondos". Em maio de 1930, ele escreveu "Para PT", poema no qual ele desfaleceu sobre o "invólucro de sua carne" e "sua presença doce, tão ágil e intensa". Pamela o guardou dentro de outro livro de Gogarty. Ela o ridicularizava, e ele por fim se afastou.

Anos depois, Pamela contou ao biógrafo de Gogarty como se sentia em relação ao admirador rejeitado. Ele era apenas "um sedutor, hilário e escritor de versos curtos muito bons". Era "maravilhoso conversar com ele... aprender com ele em uma escandalosa Dublin". Mas, quando os poemas chegaram às dúzias, "não me causaram nenhuma comoção".[9]

Se Gogarty era o convidado mais barulhento, a esposa de Æ, Violet, era a presença mais sombria nos encontros literários. Pamela a via se movendo entre eles, "enchendo os copos, timidamente, quase invisível, uma figura feminina frágil, de cabelos grisalhos", falando pouco e apenas com alguns, antes de desaparecer na cozinha. Pamela foi ao seu encontro e ofereceu ajuda. "Não", disse Violet. "As pessoas vêm aqui para ver o George, não a mim". Mas Pamela insistiu. Finalmente, Violet permitiu que ela cortasse o bolo. Pamela escreveu que Æ pode ter tirado sua força de Violet. Porém, ela também soube que nos anos 1930, Violet não tinha muita força para dar. Seus "nervos estavam péssimos e ela andava mal-humorada... nada que ele fez conseguiu ajudá-la".[10]

É possível que Violet estivesse aborrecida com a amizade de Æ com Simone Tery, e uma aluna, Leah Rose Bernstein. As duas jovens estavam sempre em seus pensamentos. Em 1928, a caminho de Nova York, a bordo do *Albertic*, ele escreveu para Pamela sobre Simone, uma "moça simpática... Você sabe que sou muito seletivo, eu conheci muitas garotas e sempre fiz amizade com as mais amáveis, como você".

Durante os meses que Æ passou nos Estados Unidos, proferindo palestras em cinco universidades, incluindo Harvard, ele escreveu frequentemente para Pamela, com entusiasmo e sem autocensura. Ele gostava de se vangloriar de suas aventuras, incluindo o dia em que conheceu Simone, em Nova York, quando eles alugaram um carro e dirigiram em volta do parque durante quatro horas, de mãos dadas. Quando ele voltou dos Estados Unidos, em junho de 1928, depois de receber um título honorário da Universidade de Yale, encontrou um grupo de vinte moças do Wellesley College, a caminho da Europa, e sucumbiu a uma delas, Leah Rose Bernstein, com 19 anos. Ela era de longe a mais bonita. Leah Rose, que dizia ter 21 anos, posou para Æ durante dias, enquanto ele desenhava seu retrato em tons pastéis. Ele não escondia Leah de Pamela, nem Pamela de Simone, ou Simone de Leah, mas se correspondia com todas, comentando de uma para as outras.

Æ confidenciou a Pamela que Leah Rose "não tinha nada a dizer, mas era linda. Eu ficava satisfeito por não ter que falar enquanto ela estava sentada ali; você conhece esse tipo de garota". Leah Rose é uma dessas moças que "você gosta de ter como um adorno, mas teme ter que conversar com ela. Eu prefiro garotas com quem posso conversar". Mas, ao mesmo tempo, ele escreveu para Leah Rose, "Acho que se eu pudesse pintá-la todos os dias durante seis meses, me tornaria um pintor muito bom, porque a boa arte nasce dos afetos. Você tornou a minha viagem para casa muito agradável. Há muitas coisas doces que eu gostaria de ter sussurrado aos seus ouvidos para despertar a psique, mas eu estou lento, velho e tímido". Um mês depois, ele explicou, "Você sabe, querida Leah Rose, sou um poeta e me apaixono por cada rosto bonito, mas não sou inconstante, porque me lembro de todos e nunca me afasto deles. Queria Leah, você é jovem e eu, infelizmente, tenho 62 anos, e só uma verdadeira amizade pode oferecer tanto de seu tempo para alguém que é quarenta anos mais velho, quando devem existir muitos rapazes bonitos esperando para dizer coisas adoráveis aos seus ouvidos. Sessenta e dois nunca poderá apreciar vinte e um como deve ser. Todo meu amor à minha bela modelo".[11]

Æ escreveu para Leah durante um ano, e a censurou por rasgar ao meio uma foto com o namorado, Bernard. Ele gostaria de vê-lo. Æ contou mais sobre sua encantadora amiga, Simone Tery, que era "jovem, muito bonita, muito inteligente. Nós ficamos amigos rapidamente, a despeito da nossa diferença de idade, de quase quarenta anos, e ela me conta sobre seu namorado, que também é muito digno, como o seu. Eles sempre são... Algumas garotas são estrelas fixas e outras, cometas errantes, e minha querida amiga Simone é um cometa errante".[12]

PAMELA SEMPRE FOI MAIS UM cometa errante do que uma estrela fixa. No final dos anos 1920, ela começou a viajar com frequência, primeiro para a Europa e Rússia, depois para os Estados Unidos e Japão. Nenhuma das viagens foi apenas por lazer, todas tinham um propósito — de pesquisa, missão ou em busca de cura. Desde quando adotou o hábito de viajar constantemente, ela começou a se sentir quase sempre indisposta.

No verão de 1928, Pamela e Madge visitaram a Espanha e a Itália. Æ escreveu para ela: "Gosto de imaginá-la caindo na água, seu cabelo parecendo cada vez mais uma juba. Tome cuidado para não se apaixonar por algum pequeno homem gentil pela mera atração de opostos e ter que cuidar dele o resto de sua vida. Apaixone-se por algum ditador, mas fuja se ele for muito tirano". Æ questionou se ela não estaria fisicamente mais forte se ele tivesse insistido "que ela caminhasse descalça pelo gramado quando estava em Donegal".[13]

Na Riviera Italiana, elas se hospedaram no Grande Hotel Paradiso, em Diano Marina, onde Pamela posou para uma foto em traje de banho, revelando quadris e pernas de menino. Ela abaixou a parte de cima para ser fotografada, mostrando seus seios firmes de mulher jovem.

A cura europeia não foi tão boa quanto ela esperava. "Como conseguiu voltar tão cansada?", Æ questionou, "...você estava tão bem na Itália, escalando as colinas". A viagem a Carrara para ver as pedreiras de mármore foi assunto de um artigo para o *Irish Statesman*.[14]

Até então, Pamela tinha escrito mais prosa que poesia e estabeleceu uma segunda linha de trabalho como crítica teatral. Seus comentários começaram a explorar ideias mais complexas do que simplesmente apresentar informes e sátiras para a seção feminina da *The Triad*. Na resenha de *The Apple Cart*, de George Bernard Shaw, para o *Irish Statesman*, ela ficou intrigada com as facetas do autor, assim como tinha acontecido com as outras personalidades de Yeats e Æ. Quem era Shaw exatamente, ela perguntou, "iconoclasta, comediante, filósofo, poeta?" Mal descobrimos um de seus disfarces e Ariel move-se rapidamente e adota outro... para que, nem por um momento, alguém possa dizer 'finalmente o conhecemos e o vemos claramente'".[15]

Pamela aprendeu com os mestres as vantagens de ser evasiva — de ser muitos em um, sem nada específico. Como toda mulher jovem, ela tinha algumas facetas, mas não tinha muito para disfarçar. Aos vinte e poucos anos, sua escrita mostrava naturalidade, a alegria de viver de uma mulher curiosa com a vida, uma jornalista nata. Mais velha, com muitos segredos para ocultar, ela começou a zombar do jornalismo e da biografia, expressando pensamentos mais profundos de forma cada vez mais alusiva.

Sua poesia, entretanto, nunca foi além do modelo romântico de Yeats, adotado ainda na adolescência, embora os traços de erotismo em seus versos tenham ficado mais fortes no final dos anos 1920. Em 1927, ela escrevia coisas como "esconder sua espada sob uma saia armada",[16] "Michael me puxou para o campo de cevada e me inclinou para trás", e sobre como ela ordenharia uma vaquinha e despejaria o leite na boca de seu amante.[17] Não há evidências de que ela realmente tivesse um amante nos anos 1920, embora sua relação com Madge fosse ambígua — a foto com os seios nus provavelmente foi feita por ela, mas isso não significa que as duas fossem íntimas sexualmente.[18]

A renda de Pamela vinha do jornalismo, principalmente de uma coluna mensal na revista de Sydney que atualmente se chama *The New Triad*, na qual ela se apresentava como a brilhante e alegre Pamela Travers, tentando descobrir como estar em cinco teatros na mesma hora, ridicularizando as novas peças de Noël Coward, observando o avião de Charles Lindbergh, enquanto toma sorvete no Hyde Park, achando a exibição anual da Royal Academy um pouco maçante, reparando nos chapéus, sapatos e bolsas vermelhas do ano, e inventando uma conversa com um policial que lhe falava sobre sua bebezinha gorda, chamada Ellen Rubina, uma variação do nome de sua amiga de Bowral.

Na busca desesperada por matérias, como quase todos os colunistas, sua vida era um turbilhão de noites de estreia e estímulo intelectual. Ela achou *Peter Pan* "uma peça tão extraordinariamente ingênua e envolvente que levaria um coração mais duro do que o meu a liberar os demônios da crítica"; ela comeu com os olhos o circo no Crystal Palace, assistiu à versão moderna de Macbeth, foi à ópera no Covent Garden, leu a nova biografia de Emily Brontë, dançou o *Heebie Jeebie*, ritmo da moda, bem mais elegante do que o *Black Bottom* e o *Yale Blues*, mas "foi para a cama com Platão".[19]

Depois da visita da mãe, Pamela passou a mandar dinheiro para ela em Sydney. Ficou claro que Margaret precisava de ajuda. Quando ela se mudou com Moya para Devonshire, na East Esplanade, em Manly, foi forçada a aceitar pensionistas. Nas suas últimas cartas para Pamela, Margaret se inquietava com sua saúde, seu trabalho e sua felicidade. No início de outubro de 1928, ela estava preocupada com o problema na coluna de Pamela, "Deus te abençoe e te deixe bem e forte".

Não chegaram mais cartas. Margaret Goff morreu no Crescent Private Hospital, em Manly, em 6 de novembro de 1928, vítima de um ataque cardíaco. Ela tinha 54 anos. Sua herança, assim como sua vida, era modesta. Ela deixou 4.836 libras. Na certidão de óbito, o nome da primeira de suas três filhas aparece como Lyndon. Para Margaret, a sua menina mais velha nunca se transformou em Pamela Travers.

Pamela sentiu a perda da mãe "como uma ferida sangrando constantemente". Os amigos se manifestaram com clichês, mas ninguém ofereceu conforto genuíno, exceto Gogarty, que escreveu, "É uma tristeza que nunca termina... mas a fonte da vida nunca é interrompida. Você tem que ser a fonte". Afinal, ela sentiu que alguém compreendia a profundidade de sua dor, seu significado e propósito. "Eu logo comecei a me recuperar", afirmou,[20] mas a sua busca constante por gurus sugere outra coisa.

Æ estava muito distraído para ajudar. Ele escreveu de Dublin em novembro de 1928 dizendo que "gostaria de estar com você para confortá-la", mas "este assunto abominável" durou dez dias e "ainda não acabou". (O *Irish Statesman* estava se defendendo de uma ação difamatória em um tribunal de Dublin). Pamela queria saber se ele poderia indicar nomes de editores americanos, mas Æ respondeu, "Não os conheço. Posso escrever uma recomendação de seu talento como escritora, que você poderia usar". E escreveu uma referência para Pamela: "Na esperança de que meu julgamento sincero dos talentos literários da Srta. Pamela Travers possa levar os editores que não conhecem o seu trabalho a ler com cuidado os manuscritos que ela poderá enviar, eu gostaria de dizer que os seus melhores poemas são tão belos como os escritos por qualquer um dos poetas que conheço, tanto nos Estados Unidos como na Grã-Bretanha, e meu amigo William Butler Yeats também expressou sua admiração pela poesia de Travers. Ela é uma jornalista admirável e envolvente, especialmente qualificada para escrever sobre teatro e literatura, bem como assuntos atuais e política... Acho que qualquer jornal americano que queira ter um texto bem escrito pode confiar isso a ela com segurança".

A essa altura, Pamela e Madge tinham se mudado para um apartamento mais barato na Woburn Square, próximo a Euston Station. Foi lá que Pamela concluiu um livro de poemas, dedicado a Æ. Ele pediu que ela começasse uma nova empreitada. Ela continuava com aquela ideia de escrever a "história de Keats? Se você não fizer, alguém fará". E disse como ela deveria começar a biografia: "engula tudo, as cartas, os poemas, a vida, e assimile por dois ou três meses".[21]

Os últimos anos de Æ foram marcados por uma inquietação física — enquanto fazia novos amigos, mudava de um lugar para outro, alugando uma sucessão de casas e não conseguia se dedicar a absolutamente nada. Ele se aproximou de Kingsley Porter, um arqueólogo que tinha lecionado História da Arte na Universidade de Yale, e passava grande parte de seu tempo na Irlanda. Porter alugou a antiga casa de Law, em Marble Hill, e depois se mudou para uma mansão às margens de um lago, o Glenveagh Castle, a 24 quilômetros de distância. O castelo ficava perto de Tory Island, uma ilha fustigada pelo vento e separada de Donegal por um trecho acidentado do mar. Na casa recém-restaurada, Porter, sua esposa Lucy e os convidados passaram a ser a nova plateia de Æ. Ele falava a noite inteira, para qualquer um que permanecesse acordado e, por fim, se recolhia ao quarto para ler *As Mil e uma Noites*, que gostava de analisar em voz alta durante o café da manhã.

Diarmuid Russell, filho de Æ, estava prestes a deixar seu emprego no *Irish Statesman* para se casar e viver em Chicago. A nova assistente editorial seria Irene Haugh, uma poetisa de 21 anos, outra ajudante para impressionar — Æ cozinhava para ela, desenhava esboços, e quando ela viajou, ele lhe escreveu cartas, imaginando se ela voltaria "com um novo tipo de penteado continental. Por que não deixa os cabelos caírem para trás como um meteoro ao vento?"[22]

Enquanto isso, a frágil saúde de Pamela ficava cada vez pior. Agora ela sofria crises de pleurite e tinha medo da teoria de Gogarty de que "cabelos loiros e olhos azuis são o lugar de descanso preferido da tuberculose".[23] No verão de 1929, Pamela viajou com Madge, em busca da cura para os seus males. Elas foram para Ilnacullin, perto de Glengariff, no distrito de Cork, onde vivia a irmã de Madge, Eileen. Æ comentou sobre a ilha, que tinha se transformado em uma loucura neoclássica, com jardins italianizados.

Mas, em janeiro de 1930, ele lamentou saber que ela tinha sofrido uma intoxicação por ptomaína (o que equivale a dizer que muito provavelmente ela tenha consumido algum alimento deteriorado) e "teve que se submeter a uma dieta de conhaque e leite". Ela enviou uma crítica brilhante de uma exposição de arte italiana para o *Irish Statesman*, mas reclamou que estava em um momento confuso e teria que passar por uma cirurgia de apêndice. Æ recomendou o "método Coué", uma ideia em voga nos anos 1920, baseada nas teorias de autossugestão positiva. "Imagine-se como uma mulher mais feliz e saudável. Isso vai lhe fazer muito bem".[24]

Æ contou para os amigos americanos remanescentes que gostaria de fechar o *Irish Statesman*, se aposentar e talvez voltar aos Estados Unidos. Para a última edição, em abril de 1930, Pamela escreveu um ensaio chamado "A Brand for the Critic", no qual repudiava a maioria dos críticos, chamando-os de superficiais e escorregadios. Ela dizia que a verdadeira crítica deveria amar e interpretar a expressão artística e perdoar as falhas dos artistas, no entanto, esta fórmula ideal nem sempre coincidiu com seus próprios apartes mordazes como crítica. Pamela tinha orgulho de sua experiência como atriz e acreditava veementemente ter sido esta a verdadeira escola para sua crítica. No entanto, seria constrangedor se os atores que ela criticava nos palcos londrinos soubessem a verdade sobre essa "experiência" — pequenos papéis shakesperianos, uma companhia de teatro itinerante andando pelas estradas da área rural de Nova Gales do Sul e da Nova Zelândia, e no corpo de dança das pantomimas.

Na edição final do *Irish Statesman*, Horace Plunkett insinuou que com o preço de capa estipulado em três pence, em vez de seis, a revista nunca poderia ter sustentado seu custo. Irene Haugh ajudou Æ a limpar o que havia acumulado em vinte e cinco anos. Enquanto trabalhava, o velho editor tirava o pó dos livros abandonados, parava, lia trechos em voz alta para ela, juntava pilhas de coisas para serem jogadas fora e mudava de ideia. "Este livro não pode ir. Nem este outro, e guarde este também!" Æ partiu para Donegal. Pamela e Madge decidiram se mudar para o 13 Theobald's Road, virando a esquina. Mas a nova casa logo foi substituída por Pound Cottage, em Mayfield, próximo a Tunbridge Wells. Æ escreveu que esperava que a mudança fosse para ela "o que Donegal é para mim: a fonte da juventude".[25]

No verão de 1930, Æ foi convidado a fazer outro ciclo de palestras nos Estados Unidos, pela filantropa e patronesse das artes, Mary Rumsey, irmã de Averell Harriman e amiga da futura administração Roosevelt. "Rums", como era conhecida, financiou o ciclo. Ele escreveu para Pamela. "Vou deixar Liverpool no dia 12 de setembro e ficarei fora por cinco ou seis meses. Estou me despedindo". Não queria ir, mas "Preciso conseguir dinheiro de alguma forma e este é o jeito mais rápido. Tenho uma mulher inválida. Por mim, viveria em uma cabana no campo."

Apesar de seus temores, Æ logo estava totalmente absorvido pelos Estados Unidos, onde ficou por oito meses, até maio de 1931. Encontrou seu antigo guru James Pryse, seu amigo Henry Wallace e passou um tempo com o filho, Diarmuid. Quando suas palestras foram transmitidas, ele foi tratado como um visionário, um gênio da agricultura e um poeta brilhante. As pessoas o paravam na rua para perguntar, "Você é Æ?" Elas o reconheciam dos documentários passados no cinema.[26] A fama era maravilhosa, mas ele estava mais atraído pelo "mágico Arizona, com suas montanhas rosadas", que achava parecidas com "as montanhas de um conto de fadas".[27] Pamela ficou impressionada com suas descrições do Arizona e do Novo México e com seu enorme entusiasmo pelo deserto coberto de cactos. "Se eu tivesse que deixar a Irlanda", disse ele, "seria para viver no deserto, sob a lei da cascavel e do coiote".²⁸

Æ continuou a ouvir a interminável lista de reclamações da amiga, referentes à saúde e às suas competências. Ele encorajou sua autoconfiança abatida com uma observação que ela nunca esqueceu — como poderia? —, dizendo que Pamela tinha "um brilho perigoso". E também a aconselhou a "satisfazer suas fantasias". É claro que ele se referia a fantasias literárias, que eram "o registro da experiência espiritual". Ela poderia se bronzear, já que "os médicos diziam que quando a pele se bronzeia o sangue muda e fica eletrizado". Só que não era apenas o corpo que preocupava Pamela, mas uma vaga sensação de ansiedade, que se revelaria medo. Em 1930, ela contou para Æ que estava considerando alguma forma de tratamento psicológico, que ele disse ser "bastante perigoso na prática".

Quando Æ voltou, eles se encontraram para um chá no Hotel Euston, próximo à estação. Nada curava Pamela. Ela tossia, tremia constantemente e reclamava de dores pelo corpo. O médico suspeitou que pudesse ser uma tuberculose, e no verão de 1931, sugeriu um sanatório — por via das dúvidas — e a persuadiu a deixar Londres. Pamela decidiu morar em Mayfield.

Enquanto esteve no sanatório, ela escreveu para Æ mencionando que sua cabeça estava cheia de histórias fantásticas, sobre uma bruxa cuja vassoura podia voar, tanto com magia branca como com magia negra. Æ era um ouvinte disposto e entusiasmado. Afinal, disse ele, Yeats "parecia insinuar que bruxas existem". Naquele verão, Æ induziu Pamela a "pensar em um conto que usaria todo o seu potencial de fantasiar". Ele achava que deveria chamar-se "As Aventuras de uma Bruxa", e poderia ser "uma forma de dizer tudo o que quisesse".²⁹ Pamela refletiu sobre a sugestão. Ela tinha tempo. A *The Triad* tinha acabado. O *Irish Stateman* também. A base para um livro estava nas histórias infantis que ela escrevera durante anos. E, além disso, estava prestes a ir para um retiro: a cabana em Sussex.

POUND COTTAGE, PRÓXIMO A MAYFIELD, deve ter sido a casa da bruxa malvada em *João e Maria*, ou do fazendeiro Hoggett e seu porquinho, Babe. O chalé mais parecia um cenário do que uma casa de verdade, e uma heroína romântica, como Giselle, poderia entrar por seu portão rústico e dançar entre as rosas do jardim. Contudo, a casa de Giselle ficava na Alemanha e o chalé estava no coração do sudeste da Inglaterra.

Pamela e Madge ouviram dos habitantes locais que constava no registro de Doomsday que a cabana seria de 1632, a data entalhada na viga de carvalho sobre a lareira. As paredes eram feitas de pau-a-pique e as duas tinham que se abaixar ao passar pela porta da frente e da cozinha. Da sala, uma portinhola dava passagem para a escada estreita que levava aos três quartos, no andar superior. O primeiro andar era limpo e compacto, como a casa da Cachinhos Dourados. Pamela se acomodou no quarto maior, próximo às escadas; Madge pegou o quarto do meio. O terceiro quarto, cheio de velharias, ficou à espera dos hóspedes que viriam de Londres. Madge, que cozinhava, não ficou muito impressionada com a cozinha. É claro que o lugar não tinha geladeira, tampouco eletricidade. Ela preparava a comida em aquecedores a óleo. Os pássaros faziam ninhos no telhado de palha, que caía sobre os beirais como as abas largas de um chapéu. Arqueólogos vinham observar o Pound Cottage e perguntavam se estava à venda. Um deles quis levá-lo para Detroit.[30]

O lugar, que já tinha sido a cabana do criador de um haras próximo, era uma das muitas propriedades arrendadas para fazendeiros pelo estamento de Glynn, que possuía quatro mil acres no sul da Inglaterra. Quando Pamela e Madge alugaram o chalé pela primeira vez, em 1930, ele era cercado por campos cobertos de ovelhas, que se estendiam ao longe. Era possível imaginar o Leitão e o Ursinho Pooh brincando a caminho da casa de Bisonho ou o castor descendo o rio. Era o lugar perfeito para uma escritora, isolado, sereno, exceto pelos rouxinóis que — Pamela reclamava — cantavam a noite inteira. Pound Cottage ficava a pelo menos quinze minutos de carro de Mayfield, ou mais, se a neve cobrisse a estrada estreita, onde um carro tinha que parar para o outro passar, mesmo se fosse o esportivo compacto de Pamela, com capota de lona e carroceria baixa.

Pamela e Madge passavam o dia em Hastings, cuidavam da horta e do pomar, posavam para fotos no jardim com flores nos braços. Pamela achava que elas deviam ter um cachorro para espantar os possíveis intrusos. Assim veio o buldogue branco, Cu, cujo nome significa cão, em gaélico. Ele vivia fungando, bufando e soltando pum em sua cesta de vime na cozinha.[31]

Pamela adorava estar ali, entre os agradáveis campos verdes. Ela observava a mudança de cor ao entardecer pelas pequenas vidraças do estúdio que acrescentou ao chalé. Era lá que Pamela guardava seus álbuns de recortes e, em um deles, ela colou o conto de Mary Poppins e o limpador de chaminés.

Æ SE APROXIMAVA DO FIM da vida. A morte de sua esposa, Violet, e do amigo, Kingsley Porter, sinalizou o caminho para a sua própria morte. Ele estava entristecido e deprimido com a doença de Violet, um tumor que "tomou muitos órgãos e tornou sua recuperação impossível". Ele contou para Pamela, "Os médicos dizem que nada pode ser feito".[32]

Apesar da depressão, ainda escreveu cartas longas e compassivas. Ele esperava que Pamela estivesse bebendo leite puro, comendo ovos frescos e dormindo com as janelas "abertas para o infinito".[33] Ela estava, mas também continuava muito ligada para simplesmente relaxar com a vida no campo. Ela enviou dois poemas que Æ achou "bem escritos, mas um pouco artificiais em comparação com os outros. Você diz que eles são simples. Sim, simples na expressão, mas sinto que no fundo são artificiais. Parece que você tem uma atração por simbolismo bíblico, que eu duvido que seja natural. A qualidade, minha querida, está na coisa em si, não na quantidade". Entretanto, ele achou que seu julgamento poderia estar afetado pelas dores de cabeça que agora sentia durante quase metade da semana. E, não, ele não conhecia ninguém "importante para uma entrevista".[34]

A mudança para o campo não fez diferença para a saúde de Pamela. Em janeiro de 1932, Æ lamentou saber que a amiga esteve tão doente, mas ficava feliz em saber que ela tinha Madge para cuidar dela. "Acho que a melhor coisa que fiz foi apresentá-las".[35]

Violet Russell morreu em 3 de fevereiro de 1932. Depois do funeral, Æ foi ao encontro de Pamela no Hotel Euston, em Londres, onde ficou hospedado durante uma semana. Mais uma vez, eles apenas conversaram, andaram de ônibus e caminharam pelas ruas de Londres de mãos dadas. De volta a Dublin, ele escreveu para Sean O'Faolain: "Eu gostaria de tê-lo encontrado quando estive em Londres... Pamela Travers voltou para Londres, mas seu médico ordenou que saísse da cidade, e ela logo partirá. Não sei o que ela vai fazer. Espero que se livre da tuberculose da qual os médicos suspeitam. Ela tem um toque de gênio, pode fazer coisas interessantes e levar uma vida rica, se a saúde permitir".[36]

Æ começou a se esquivar de suas ligações na Irlanda. Ele escreveu para Yeats dizendo que estava completamente desiludido com sua terra natal, que parecia "um palhaço que conheci na infância, que se tornou herói e, depois, voltou a ser palhaço novamente".[37] Confidenciou para O'Faolain que não estava mais interessado na Irlanda, "na verdade, eu não tenho mais interesse por nenhuma nação". O amigo, John Eglinton, achava que a única coisa que segurava Æ na Irlanda agora era Kingley Porter. Naquele verão, ele ficou mais uma vez com Porter em Glenveagh Castle.

Em março de 1932, Pamela voltou ao sanatório, onde soube por Æ que "Lady Gregory tinha morrido à meia-noite. Minha geração está sucumbindo rapidamente". Quando Pamela voltou a Pound Cottage, em julho, Æ a estimulou a continuar desfrutando do ar fresco, dia e noite, da luz do sol e a se alimentar bem, com leite e ovos frescos. Desta vez funcionou e, no outono, ela não apenas se sentia mais forte como também teve coragem suficiente para viajar à Rússia, um plano que Æ considerou "divertido". Ele perguntou, "Por que uma mariposa procura as chamas para nelas se atirar?"[38]

A ideia de uma mulher viajar sozinha para a União Soviética, em 1932, não surpreendeu apenas Æ, mas a todos os amigos de Pamela, que viam aquilo ou como uma oportunidade única na vida ou como uma total imprudência. Mas, na verdade, a viagem era uma experiência cuidadosamente planejada, com pouco risco. Pamela seguiu de barco e de trem com um grupo de turistas ingleses, visitando locais históricos e museus, conduzidos por um guia que seguia uma programação estrita. Ela havia conversado antes com outros escritores que fizeram a mesma viagem. Um deles, provavelmente, foi Hubert Butler, que trabalhou com Æ e com Sir Horace Plunkett. Em 1931, Butler viajou para Leningrado em um barco de turistas, o Alexei Rykov, acompanhado da esposa e de um amigo. Ele desceu o Volga, depois foi para Moscou e Rostov, e mais tarde escreveu um livro, *Russian Roudabout*, contando sobre a aventura.[39]

As cartas escritas por Pamela da Rússia se transformaram em uma série de artigos e foram reunidas em seu primeiro livro, *Moscow Excursion*, publicado em 1934 pelo editor Gerard Howe, da Soho. O livro omitia a identidade de quase todos os envolvidos, incluindo a autora, que assinou apenas as iniciais P.T. Os homens e mulheres que ela conheceu na Rússia foram identificados no estilo de um romance do século 19, como T, ou M, ou Z. Ainda mais misteriosa era a dedicatória para H.L.G., que pode ter sido uma brincadeira de Pamela, dedicando o livro a si mesma, Helen Lyndon Goff.

A viagem para a Rússia estalinista — chamada por Pamela de "Rússia Vermelha" — incluiu Leningrado, Moscou e Nizhny-Novgorod. Seus companheiros eram acadêmicos extremamente sérios, a quem ela se referia como o primeiro professor, o segundo professor e o professor primário (sendo os dois primeiros docentes universitários); e uma dupla de parasitas: o homem de negócios e o avicultor. Ela retratou a si mesma como uma jovem despreocupada, fumante, em meio a um grupo de velhos "tios".

É claro que ela sabia que não iria conhecer a verdade sobre a Rússia, que estava "cuidadosamente escondida do olhar comum do turista", e sim um pôster de propaganda da União Soviética, com suas fábricas, creches, museus e usinas de energia. O grupo viajou para Leningrado através do Mar Báltico. Eles foram levados ao teatro, ao Palácio de Inverno, ao Instituto Smolny, ao estúdio do último Czar, às catedrais, ao cemitério, ao terreno do monastério de Alexander Nevsky e aos Rembrandts, no Hermitage. Uma maratona turística desgastante, do café da manhã às quatro da tarde. Cada vez mais mal-humorados, eles tomaram o trem para Moscou, onde assistiram ao espetáculo Cisne Negro e viram Stalin de relance. Na visita a uma creche, Pamela ficou com o coração partido ao encontrar bebês que mal conseguiam ficar sentados, apoiados em uma mesa esperando para comer, segurando uma colher, mesmo sendo pequenos demais para usá-la.

Ela foi pegar um dos bebês no colo e o alimentou, mas "alguém entrou correndo, tomou a criança de seus braços e a colocou de volta na cadeira", apontando para o cartaz que dizia, "brincar não é apenas diversão, é uma preparação para o trabalho".[40] Pamela só revelou essa história — essa necessidade instintiva de alimentar um bebê na viagem para Rússia — muito mais tarde, bem depois da época em que ainda podia ter filhos, numa palestra em uma universidade americana.

Ao voltar para a Inglaterra, Pamela se dedicou à vida doméstica com Madge, em Pound Cottage. Elas fizeram bolos de Natal, embrulharam um para Æ, e beberam muito xerez em frente à grande lareira antiga. O inverno se arrastava e Pamela estava cada vez mais preocupada com seus pulmões. Em março de 1933, ela decidiu passar umas férias no sul da França com Madge. Desta vez, disse para Æ que esperava uma cura completa.

No mês seguinte, foi visitá-lo em Dublin, e lhe pediu ajuda novamente. Ela queria nomes e números de telefone de contatos para uma série de artigos sobre a política irlandesa, que planejava vender para revistas australianas. Insatisfeita com o resultado, Æ a consolou: "A política, você perceberá cada vez mais na vida, é muito complicada". Mas suas viagens à Irlanda estavam prestes a terminar para sempre. Como Æ mesmo disse, em maio de 1933, "A Irlanda morreu para mim, não a terra, é claro, mas a nação". Ao visitar Kingsley Porter, no castelo de Glenveagh, no começo do verão, eles conversaram sobre sua necessidade de deixar a Irlanda por um tempo.

Seu biógrafo, Henry Summerfield, acreditava que Æ estava se preparando para viver a terceira fase de sua vida (segundo a crença hindu de uma vida de quatro etapas, após as fases de estudante e de chefe de família, você deve distribuir os seus bens para se preparar para a etapa final da vida como um eremita religioso). Na primeira semana de julho, ele vendeu quase tudo, incluindo a casa na Rathgar Avenue, conservando apenas alguns livros e quadros. No dia 8 de julho, ele pegou o trem para Donegal. Naquela noite, o motorista de Porter o apanhou na estação e o levou a um local na costa, ele encontraria Kingsley e Lucy, que estavam visitando a pequena Inish Bofin, a ilha mais próxima da costa no arquipélago de Tory, onde eles construíram uma cabana. Quando o remador amarrou o barco, Æ avistou somente um passageiro. Lucy contou que o marido tinha se afogado naquele dia, mais cedo.

Summerfield não mencionou nenhuma ida à polícia, solicitação de ajuda para a guarda-costeira ou para qualquer pessoa, apenas disse que Æ e Lucy voltaram para o castelo de Glenveagh, onde ele passou alguns dias "confortando a viúva". Lucy ficava deitada no sofá enquanto Æ lia para ela o manuscrito de seu livro, *The Avatars*. Ele cuidou da papelada para o funeral e, depois de alguns dias, voltou para Londres. Não há indícios de um inquérito ou qualquer investigação, e o episódio parece emblemático. Este foi realmente o fim da Irlanda para Æ.

No início de agosto de 1933, ele se mudou para uma pousada na Sussex Gardens, em Londres. Era um verão tórrido e Pamela pediu que ele fosse vê-la em Pound Cottage. Æ concordou com uma visita de uma noite, em um sábado, no final de setembro. Pegou o trem em Charing Cross, vestindo terno, camisa e gravata. Em Mayfield, ainda usando o mesmo traje de Bloomsbury, ele posou no jardim com Pamela; passou o braço delicadamente sobre seu ombro, olhou solenemente para a lente da câmera e Madge disparou a foto. Elas insistiram em sair para lhe mostrar os arredores de Sussex, em suas cores de setembro, comprimidos no carro esportivo.

Naquela noite, Pamela se revelou preocupada em saber quem ela realmente era, disse que tinha tentado várias máscaras, mas sempre se sentia uma impostora. Æ a tranquilizou. "Por que se preocupar?" De volta a Londres, ele lhe contou por carta que tinha visto "um elfo quando ela saiu detrás das máscaras". Mas, o que importava? Todos temos "criaturas dentro de nós, arcanjos, anjos, devas, fadas, elfos e demônios, e por que se preocupar se um dos elfos dentro de você aparecer através da máscara?".[41]

Agora, Pamela tinha outro pedido: gostaria de conhecer seu amigo Alfred Richard Orage, editor do *New English Weekly*. Æ admirava Orage há algum tempo, apoiando entusiasticamente suas teorias sobre economia e crédito social. Os dois se encontravam regularmente, como bons amigos, no Kardomah Café, em Chancery Lane. Entre xícaras de chá, eles discutiam filosofia indiana, escrituras hindus e práticas de ioga, ou melhor, Orage escutava, enquanto Æ empreendia seus monólogos. Uma vez, Orage perguntou a Æ o que acontecia depois da morte. A questão o desafiou. Ele pensou por um minuto e disse, "Eu não sei".[42]

Æ disse para Pamela, "Se quiser conhecer Orage, posso levá-la para um chá em uma quarta-feira qualquer... nós vamos a um café e conversamos por uma ou duas horas... se você planejar sua visita a Londres de modo a ter um tempo na quarta-feira à tarde, posso levá-la ao escritório dele antes de sairmos para o chá".[43] Pamela foi a Londres para encontrar Orage — seu próximo Sr. Banks — na terceira quarta-feira de outubro de 1933.

Orage e Pamela se relacionaram apenas durante um ano — ele morreu em novembro de 1934 — mas, nesse tempo, Orage a influenciou profundamente. Mais do que um editor e outro contato útil, ele a levou para a órbita do mais peculiar e poderoso de todos os seus gurus, George Ivanovitch Gurdjieff. Se Æ foi seu "pai literário", como Pamela disse uma vez, Gurdjieff foi seu pai espiritual.

Ela não foi ao encontro de Gurdjieff antes de 1938. Até então, seu interesse foi estimulado apenas pelo que ouvia falar do mestre, por Orage e por outro de seus discípulos, Piotr Damien Ouspensky. Os dois homens, o inglês Orage e o russo Ouspensky, divulgavam a mensagem de Gurdjieff pelo mundo, atuando como seus intérpretes para um público crédulo e solícito de homens e mulheres que, como Pamela, tinham procurado em vão por respostas para suas inquietações sobre religião e filosofia.

Gurdjieff, Orage e Ouspensky eram descendentes espirituais de Madame Helena Blavatsky, cuja Sociedade Teosófica influenciou Yeats e

Æ. Desde que ouviu Æ falar sobre teosofia, Pamela sentiu-se atraída por essa mistura de orientalismo, filosofia hindu e ocultismo. Mas, a partir de Orage, ela se converteu totalmente. Cada Sr. Banks que surgiu na vida de Pamela a levou cada vez mais longe no caminho, de um para o outro, de Æ para Orage, de Ouspensky para Gurdjieff, e finalmente, para o místico da Nova Era, Krishnamurti. Orage era a ligação entre os teosofistas irlandeses do século 19 e os gurus asiáticos e russos do século 20.

Assim como Pamela precisou de um mentor e encontrou Æ, Orage também precisou de um guru. Quando se conheceram, ele tinha 60 anos, era um sobrevivente de uma vida turbulenta, mergulhada nas ideias de Nietzsche, Platão, Blavatsky, Fabianismo, Hinduismo, G. B. Shaw e H. G. Wells.[44] Orage tinha sido professor em Yorkshire e estudou o *Bhagavad Gita* e o *Mahabharata* antes de se mudar para Londres, em 1906. Com a ajuda financeira de Shaw, ele iniciou a revista *New Age* em um pequeno escritório caótico, em Chancery Lane. Divulgada como "uma resenha semanal de política, literatura e arte", a *New Age* era mais voltada à cultura do que à política. A revista foi um sucesso de crítica e publicou Shaw, Galsworthy, Havelock Ellis e Anatole France, além de notícias sobre o teatro na Europa e o dramaturgo russo, Chekhov. Havia pouco dinheiro para os colaboradores e praticamente nenhum para Orage, que apelidou a revista de *No Wage* ("Sem Salário").

Em 1921, Orage sucumbiu à influência de Gurdjieff ao assistir às palestras de Ouspensky, em Londres, proferidas no Theosophical Hall, em Warwick Gardens, acima da Kensington High Street. Ouspensky, também jornalista, conheceu Gurdjieff em Moscou, em 1915. Com seu olhar de repórter, ele reparou no "homem de feições orientais, não muito jovem, com um bigode preto e olhos penetrantes, que me surpreendeu porque parecia estar disfarçado... com o rosto de um raja indiano ou um *sheik* árabe".[45]

Embora tenha farejado a fraude, Ouspensky acreditou na verdade das filosofias de Gurdjieff. Ele se tornou seu discípulo e difundiu sua palavra para um novo público quando se mudou para Londres, em 1921. O apoio financeiro de Ouspensky vinha de Lady Rothermere, a visionária e distante esposa do barão da imprensa, Lord Rothermere.

Em Warwick Gardens, ele falou sobre sua teoria preferida, a do eterno retorno, dizendo para o público que todos já tinham vivido suas vidas antes e as viveriam novamente, repetidas vezes, sofrendo imensamente, até encontrar um caminho para fora do círculo. Ouspensky, ou simplesmente "O", como era chamado, escreveu uma história baseada na ideia de que a vida só passaria a ter sentido quando a pessoa descobrisse que não está indo para lugar nenhum. Ele acreditava no *déjà vu*, esperando compreender o fenômeno com o estudo da quarta dimensão. Ao lado de Gurdjieff, ele adotou o "quarto caminho". O primeiro, o segundo e o terceiro são os caminhos do faquir, do monge e do iogue, e envolviam a desistência de algo no início da viagem espiritual, mas o quarto caminho envolvia um trabalho interior concomitante com o cotidiano social.

No início de 1922, Gurdjieff foi a Londres e conversou com editores de jornais, incluindo Orage. Ele poderia ter se estabelecido na cidade com Ouspensky, não fosse pelo departamento de imigração, que desconfiou do comerciante de caviar e tapetes com um passaporte Nansen e recusou o visto permanente, apesar da intervenção de Lady Rothermere.

No Theosophical Hall, em Warwick Gardens, Gurdjieff e Ouspensky falaram para seus seguidores que homens e mulheres estavam mentalmente adormecidos, sem o conhecimento real de si mesmos. Esses pobres tolos ignorantes viviam em uma condição mecânica, como se estivessem sonhando, incapacitados de alcançar seu potencial. Eles poderiam acordar para a "lembrança de si" apenas através de um esforço sobre-humano. Parte da disciplina do caminho do guru se referia à união e ao equilíbrio dos três centros — intelectual, emocional e físico — em cada indivíduo. Até então, as pessoas não passavam de simples máquinas ou, nas palavras do próprio Gurdjieff, eram "idiotas". E como elas poderiam despertar? Seguindo o que ele chamava de O Trabalho, que era, na verdade, um difícil trabalho físico realizado em grupo. Gurdjieff também divulgou várias fórmulas, incluindo "a Lei do Três" (na qual "o mais alto se mistura com o mais baixo para atualizar o meio") e "a Lei da Oitava", baseada na escala musical. A teoria era que todo processo tinha sete fases, incluindo dois intervalos semitonais.

Assim como Madame Blavatsky, que afirmava ter estudado com mestres secretos do Himalaia, Gurdjieff sustentava que suas leis, seus *insights* e danças sagradas tinham origem em suas viagens a monastérios remotos na imensidão da Ásia Central. Naturalmente não existiam provas de que ele esteve em tais monastérios ou de que eles existissem de fato. Gurdjieff era, acima de tudo, um ator brilhante, representando o papel de um místico oriental com uma mistura devastadora de charme e rispidez.

Nascido na Armênia russa, por volta de 1866, Gurdjieff foi praticamente treinado para uma vida de vigarista. Ele foi espião e hipnotizador, além de vendedor de caviar e tapetes, antes de se estabelecer em Moscou, onde começou a atrair seguidores como guru, em 1912. No ano seguinte, ressurgiu em São Petersburgo como Príncipe Ozay, e começou a coreografar danças. Gurdjieff era contemporâneo de Serge Diaghilev, o astuto empresário do balé russo, e de muitas maneiras, suas vidas transcorreram em uma trajetória complementar. Ambos eram manipuladores, patrocinados pelos ricos de Paris e Londres. Gurdjieff não era apenas uma figura messiânica para sua leal trupe de dançarinos e discípulos, mas, assim como Diaghilev, ele cultivava um jeito excêntrico e uma aparência característica. Enquanto Diaghilev comissionava artistas brilhantes para colaborar com os balés clássicos, Gurdjieff trabalhava sozinho, inventando seu próprio vocabulário de dança, transmitido apenas para os seus partidários. Diferentemente de Diaghilev, ele quase nunca apresentava seu trabalho para o grande público. As peças ritualísticas dançadas com trajes brancos pareciam uma mistura de dança grega, a exemplo do estilo livre de Isadora Duncan e dos movimentos do suíço Emile Jaques-Dalcroze, professor de música que montou o Instituto de Ritmo Aplicado.

Gurdjieff emanava um poderoso magnetismo sexual, do qual tirou o máximo proveito. Ele gostava de chocar, revelando as fantasias eróticas e descrevendo graficamente os órgãos sexuais das pessoas, e nunca se preocupou em usar eufemismos para descrever o ato sexual. Seduziu muitas mulheres e gerou muitos filhos ilegítimos, ao mesmo tempo em que zombava da obsessão de seus seguidores com o sexo. Mas seu maior talento era a captação de dinheiro. Sempre que se via em dificuldades, usava seus poderes hipnóticos para convencer os recém-chegados, na maior parte americanos, a lhe entregar seus dólares e segui-lo. Ele chamava esse processo de "tosquia das ovelhas".

Por volta de 1921, Gurdjieff se estabeleceu em Berlim. No mesmo ano, com o apoio de sua "ovelha" Lady Rothermere, fundou o Instituto para o Desenvolvimento Harmonioso do Homem, em Prieure des Basses Loges, um grande parque de Avon, perto de Fontainebleau, a uns sessenta quilômetros de Paris. Lá, enquanto Lady Rothermere passeava pelo jardim e levava café para Gurdjieff, profissionais que tinham abandonado suas vidas trabalhavam até a exaustão. Eles tinham sido atraídos a Prieure com a promessa de terapias de todo tipo, de hidro a magneto, de eletro a psico.

Longe das glórias descritas em sedutores folhetos, a vida em Prieure equivalia à de um soldado raso sob as ordens de um sargento que exigia submissão absoluta. Através da dor, do jejum e de outras privações, Gurdjieff prometia o autoconhecimento a seus discípulos. Os internos, todos voluntários, tinham que realizar tarefas difíceis, que envolviam trabalho pesado — O Trabalho —, assim como aprender movimentos rítmicos e danças rituais. A exemplo da brincadeira infantil de "estátua", as danças incluíam a ordem de "Pare!". Quando ordenava, os dançarinos tinham que permanecer imóveis, como estátuas, por até dez minutos, até ele dizer "Continue".

Entretanto, Gurdjieff não impunha uma dieta de privação implacável a todos. Ele reservava parte de Prieure para os realmente ricos (estes alojamentos eram chamados de Ritz), enquanto se fartava com boa comida e Armagnac, em excesso. A higiene pessoal não era seu ponto forte. Segundo referências a seus hábitos em relatos de contemporâneos, ele não sabia sequer usar o banheiro. As condições em Prieure eram tão ruins que a cozinha ficava infestada de moscas.

Ao final de 1922, Orage decidiu experimentar a "cura". Em Prieure, Gurdjieff o colocou em uma cela no chamado Corredor dos Monges, onde ele chorava de cansaço à noite. Ele foi obrigado a parar de fumar — outro dispositivo de privação de Gurdjieff, que gostava de tirar de seus seguidores seus hábitos ou apegos mais fortes. (Alguns tinham permissão para comer apenas sopa, enquanto olhavam outros comerem refeições completas).[46]

Uma das colaboradoras da revista de Orage, Katherine Mansfield, também precisava de um guru. (Uma vez, Mansfield escreveu para Orage "você me ensinou a escrever, você me ensinou a pensar".) A despeito de seu próprio tratamento em Prieure, Orage recomendou que Mansfield também se mudasse para lá, como residente permanente. Ela concordou de boa vontade, acreditando, como Orage disse, "não é a escrita, como escrita, que precisa de crítica, correção e perfeição, mas também a mente, o caráter e a personalidade do escritor". Gurdjieff seria o mestre. Quando chegou ao Instituto, Mansfield estava gravemente doente, sofrendo de tuberculose. Seu corpo foi torturado por experimentos médicos, tinturas de estricnina, injeções de iodo e radiografias. Orage a via quase todos os dias em Prieure e, como escreveu, "nós conversamos longamente muitas vezes".[47] Ela sangrou até morrer de hemorragia, em janeiro de 1923. Na noite do funeral, Gurdjieff organizou uma grande festa, e a colocou em sua alcova pessoal, envolta em seda.

Um ano depois, Orage foi enviado por Gurdjieff para os Estados Unidos, principalmente para conseguir mais dinheiro, mas também para divulgar O Trabalho. Em Nova York, ele promoveu reuniões em uma livraria chamada Sunwise Turn, administrada por duas mulheres, uma delas Jessie Richards Dwight, que tinha metade de sua idade, com quem ele se casou. Mas Jessie não ficou nem um pouco impressionada com Gurdjieff, e os dois homens tiveram um sério desentendimento. No final de 1930, Gurdjieff ordenou que os alunos americanos de Orage o abandonassem. Ele os forçou a assinar uma declaração afirmando que não teriam mais nada com Orage. O próprio Orage assinou o documento. Segundo os biógrafos de Gurdjieff, "Orage prometeu banir Orage sem hesitação".[48]

EM 1932, ORAGE VOLTOU A Londres, para sua antiga vida de jornalista. Sua nova revista, a *New English Weekly*, publicaria os melhores escritores da época, assim como novatos promissores como Dylan Thomas, de 19 anos, e a nova amiga de Æ, a escritora Ruth Pitter. Orage, sempre atento a jovens talentos, mas com um orçamento apertado, ficou impressionado com o trabalho e a energia de outra amiga de Æ, Pamela. Logo depois do encontro arranjado por Æ, ele publicou a poesia de Pamela, e pouco tempo depois ela também se tornou crítica teatral do *New English Weekly*. Em dezembro de 1933, uma das cartas de Pamela, vinda de Moscou, agradou Orage, segundo Æ, e no mesmo mês ele publicou o primeiro dos poemas que ela escreveu para a revista. (Orage publicou mais quatro de seus poemas no início de 1934, mas, naquela época, a poesia já se tornara ocasional. Com o tempo, ela deve ter percebido que não seria uma grande poetisa.)

Æ continuou sensível às fantasias de Pamela sobre saúde e trabalho. Em janeiro de 1934, ele lamentou que "seu pulmão estivesse incomodando". Em fevereiro, soube por Orage que ela esteve acamada, e em abril, ele lamentou que ela tivesse ficado de cama novamente, mas a cumprimentou pelo primeiro livro, *Moscow Excursion*. "O prefácio é admirável. Você acrescenta um sabor literário delicioso ao nosso jornalismo e eu gosto de seu humor astuto", escreveu.

Ao mesmo tempo, continuou a tranquilizar Pamela: "Que bruxaria você faz para ficar de cama?". Ele aguardava por "seu livro de poemas líricos. Nunca se esqueça de que você é uma poetisa".[49] Mas ela nunca o escreveu. Com seu primeiro livro publicado em mãos, Pamela conheceu a paixão do autor de primeira viagem. Se alguns artigos sobre a Rússia puderam ser transformados em livro tão facilmente, por que não outros?

Ela se voltou para os álbuns de recortes guardados no estúdio. Ela sabia que as cartas de Londres eram péssimas, datadas e sem significado. Mas, entre elas, estavam os contos sobre a babá, o limpador de chaminés e a vaca dançarina. Æ tinha lhe dito para pensar nas aventuras de uma bruxa. E se a bruxa fosse... uma babá?

Pamela colocou a ideia à prova. Em algumas semanas ela tinha várias histórias para mandar para Æ. Ele respondeu, irritado, "Por que Mary Poppins e nenhuma palavra sobre você? Eu sei que Mary Poppins é a encarnação de alguns atributos de Pamela, mas eu acredito no todo, não em uma encarnação parcial, então, por favor, me diga como você é". Ele achou as aventuras "muito boas".[50] Mas, sempre um editor, sugeriu um final alternativo. Mary Poppins "não deveria subir ao céu, no final, sem alguma transfiguração. Por que retratá-la com aquele velho guarda-chuva, a bolsa de pano e o chapéu desastroso?" Ela deveria deixar a cidade em "ao menos um traje de época", mais parecido com a túnica transparente na ilustração do livro de Maia, uma das sete estrelas que formam a constelação das Plêiades. Æ e Pamela fantasiaram sobre as origens de Mary Poppins, cujo nome poderia ser uma derivação de Maia. Teria ela vindo dos céus? Seria realmente uma estrela perdida, que tinha sido colocada na constelação segundo o conto da mitologia antiga?

Æ insistiu que Mary Poppins tinha uma origem mitológica. E que se ela vivesse na antiguidade, a qual ela pertencia, teria longas tranças douradas. Em uma das mãos ela carregaria uma coroa de flores, e na outra, uma lança. Seus pés calçariam sandálias aladas. Mas, como se tratava da Idade do Ferro, ela veio em trajes mais adequados à época.

PAMELA E Æ JÁ SE conheciam há uma década. Durante todo esse tempo, ela precisou de um mentor e ele se propôs a esse papel. Não poderia interromper agora. Em agosto de 1934, ele escreveu, "Espero que você pense sobre minha sugestão de escrever um [novo] livro com coisas inanimadas que falam. Imagine uma pedra contando sua história para um menino, voltando milhões de anos, quando ela foi arremessada para fora de um vulcão, ou uma concha contando sua história em... alguma época em que as conchas se transformaram em pedras. Ou uma cadeira fofocando sobre as pessoas que se sentavam sobre ela, ou um relógio falando de uma menina que olhou para ele por um tempo, a cada dois ou três minutos, e então, sentou e chorou. Eu menciono apenas estas possibilidades, não que você tenha que usá-las, mas, porque elas podem inspirá-la a pensar em coisas cujas histórias podem ser contadas".[51]

Envolvida nas futuras aventuras de Poppins, Pamela escreveu sobre objetos inanimados ganhando vida em seus contos — desenhos em uma tigela Royal Doulton, um leão chinês, uma estátua de mármore, que contou para as crianças Banks e Mary Poppins como tinha vindo da Grécia.

Em outubro de 1934, Pamela ofereceu a Æ uma pequena parte do dinheiro de seu primeiro livro sobre Poppins. Ele aceitou prontamente, uma "parte de seu tesouro. Novamente, congratulações, querida Mary Poppins". Desde então, ele passou a chamá-las, tanto Pamela como Mary Poppins, de "Pop-kins". Pamela nunca soube se o erro era intencional ou não. "Espero que a nova Mary Poppins esteja se aventurando em sua mente, ou melhor ainda, que poemas estejam borbulhando", escreveu.[52]

No mês seguinte, Orage morreu subitamente de um ataque cardíaco. Com a perda de outra alma gêmea e ouvinte, Æ ficou ainda mais melancólico. Ele estava prestes a viajar pela última vez para os Estados Unidos, de onde voltaria gravemente enfermo.

Pamela logo completaria 35 anos. Estava velha demais para ser uma donzela, porém, ainda não era mãe. Então, decidiu dedicar Mary Poppins a sua falecida mãe, e começou a procurar o seu próximo Sr. Banks.

Notas

[1] Carta de 5 de outubro de 1927.
[2] Burnand foi editor de *Punch* de 1880 a 1906. Frank E. Huggett, *Victorian England as Seen by Punch* (Londres: Sidgwick and Jackson, 1978).
[3] Carta de 4 de outubro de 1927.
[4] Carta de 19 de agosto de 1927.
[5] P. L. Travers, "The Death of Æ, Irish Hero and Mystic" em *The Celtic Consciousness*, ed. Robert O'Driscoll (Nova York: Braziller, 1981).

6. Gravação feita no Smith College, Northampton, Massachusetts, em outubro de 1966.
7. Shusha Guppy, *Looking Back: a panoramic view of a literary age by the grandes dames of european letters*. (Nova York: Simon & Schuster, 1993)
8. Carta para o Professor Carens, 3 de agosto de 1978, Biblioteca Mitchell.
9. Carta de Travers para Mr. Hamilton, 19 de novembro de 1986.
10. Carta para P. L. Travers, Biblioteca Mitchell, o nome do remetente não é conhecido.
11. Carta para Leah Rose Bernstein, 28 de agosto de 1928.
12. Cartas da Denson Collection, Biblioteca Nacional da Irlanda. Leah Rose escreveu para Alan Denson, o compilador desta coleção de cartas de Æ: "Este foi um lindo romance. Æ e eu nos adotamos, eu como modelo, ele como minha inspiração. Ele pintava o dia inteiro e conversava a noite toda. Hoje eu sinto não ter ido à Irlanda com ele, mas eu era jovem e medrosa".
13. Carta de 16 de julho de 1928.
14. *The Irish Statesman*, 12 de outubro de 1929.
15. *The Irish Statesman*, 26 de outubro de 1929.
16. "The Plane Tree", 23 de abril de 1927.
17. "Prayer in a Field", 25 de fevereiro de 1928.
18. Patricia Demers, *P. L. Travers* (Boston: Twayne Publishers, 1991). A professora universitária Patricia Demers incluiu um capítulo sobre a poesia erótica de Travers. Demers supõe que Travers estava desapontada com vários relacionamentos, mas não tem evidências para provar que eles existiram. Ela discute os poemas de um ponto de vista feminista.
19. *The New Triad*, agosto de 1927 a julho de 1928.
20. Carta para o Professor Carens, agosto de 1978.
21. Carta de 29 de fevereiro de 1929.
22. Henry Summerfield, *That Myriad Minded Man: a biography of George Russell "Æ," 1867–1935* (Gerrards Cross, UK: Colin Smythe, 1975); carta da Denson Collection, Biblioteca Nacional da Irlanda.
23. Carta para o Professor Carens.
24. Carta de 13 de fevereiro de 1930.
25. Carta de 6 de maio de 1930.
26. Carta de 2 de dezembro de 1930.
27. Cartas para Joseph O'Neill e P. L. Travers, outubro e novembro de 1930.
28. Carta de 2 dezembro de 1930.
29. Carta de 1931.
30. "Some Friends of Mary Poppins", *McCall's*, maio de 1966.
31. Entrevistas com Doris Vockins, 1997 e 1998.
32. Carta de 15 de dezembro de 1931.
33. Carta do final de 1931.
34. Idem.
35. Carta de 20 de janeiro de 1931.
36. Carta de 18 de fevereiro de 1932.
37. Carta de 6 de março de 1932.
38. Carta de 11 de agosto de 1932.
39. Hubert Butler, *Independent Spirit* (Nova York: Farrar, Straus and Giroux, 1996).
40. Gravação em Harvard, 9 de novembro de 1965, Biblioteca Mitchell.
41. Carta de 7 de outubro de 1933.

[42] Nota manuscrita, Shawfield Street, Chelsea.
[43] Carta de 7 de outubro de 1933.
[44] Peter Washington, *Madame Blavatsky's Baboon* (Londres: Secker & Warburg, 1993).
[45] P. D. Ouspensky, *In Search of the Miraculous* (Nova York: Harcourt Brace, 1949).
[46] J. G. Bennett, *Witness* (Londres: Hodder and Stoughton, 1962); Anthony Storr, *Feet of Clay: A Study of Gurus* (Londres: HarperCollins, 1996).
[47] A. R. Orage, *Essays and Critical Writings of Orage*, ed. Herbert Read and Denis Saurat (Londres: S. Nott, 1935).
[48] James Moore, *Gurdjieff: The Anatomy of a Myth* (Shaftesbury, UK: Element Books, 1991).
[49] Cartas de 18 e 23 de abril de 1934.
[50] Cartas não datadas de 1934.
[51] Carta de agosto de 1934.
[52] Cartas de 10 de outubro e dezembro de 1934.

II

A MÃE
1934–1965

"Ela veio do céu, e para o céu voltou."[1]

Allora, maio de 1906

Enfiada na cama, Lyndon podia ouvir Tia Ellie reclamando para sua mãe.

"As crianças estão se comportando de maneira abominável. Lyndon é a mais velha, devia pelo menos tentar arrumar as coisas. Podia guardar seus brinquedos à noite. Minha cara, eu sei que é difícil conseguir dinheiro, mas você realmente precisa pensar em por um anúncio procurando uma babá."

Lyndon desejava que a mãe não estivesse tão ocupada o tempo todo, às voltas com Moya. Ela estava com dez meses agora, tentando andar, mas sempre caindo. Mamãe nunca parecia ter um momento para apenas sentar e conversar. Imagine se houvesse outra mãe em casa, alguém tão amável e doce, com o cheiro dela, mas engraçada também, que pudesse até tornar as compras divertidas e levá-la para passear no parque. Em vez disso, tinha que agir como adulta e ser uma mãe para Biddy e Moya, quando ela mesma não tinha sequer completado seus sete anos.

Lyndon sabia que parecia realmente feia e mal-humorada. Mamãe dizia, "é melhor ter cuidado ou o vento muda e você vai ficar com esta cara ranzinza para sempre".

Ela puxou os cobertores sobre o queixo. Podia ouvir o vento açoitando atrás da esquina, agitando a grama em volta do estábulo. Ela amava sua mãe, de verdade, mas como seria bom se também pudesse ter uma madrinha.

Nota

[1] P. L. Travers, *Mary Poppins Comes Back* (Londres: L. Dickson & Thompson, 1935).

7

POPPINS E PAMELA NO PAÍS DAS MARAVILHAS

Quem é Mary Poppins? Logo vem à nossa mente Julie Andrews, em seu vestido claro, no estilo eduardiano, com um sorriso tão iluminado quanto o de uma estrela de comercial de pasta de dentes, tão doce quanto "uma colher de açúcar que faz qualquer remédio descer, tão divertida quanto um dia feliz com Bert, tão alegre como Chim Chim, Cheree". Esse é o poder de Walt Disney. Mas a Mary Poppins original não era nem um pouco animada. Era azeda e rude, simples e vaidosa. E era justamente isso que a fazia ser tão encantadora — isso e todo o mistério que a cercava, é claro.

Mary Poppins está congelada nos anos 1930, é uma babá de sua época, e não uma daquelas garotas enviadas por uma agência para cuidar da prole de pais que trabalham fora — e ficam sempre imaginando se não estão com uma psicopata dentro da casa. Mary Poppins é uma babá do País das Maravilhas ou da Terra do Nunca, que caminha ao longo das margens de *O Vento nos Salgueiros* ou através do bosque de cem acres do *Ursinho Pooh*. Em meados do século 20, tipos como ela ainda podiam ser vistos no Hyde Park ou nos jardins de Kensington, trajando um casaco acinturado e abotoado, usando um chapéu esquisito, e empurrando um carrinho de bebê de rodas grandes em estilo vitoriano.

Aquele era um dia comum, quando Mary Poppins chegou com o vento à residência dos Banks, no número 17 da Alameda das Cerejeiras. Mas, de onde veio e para onde foi ao final de cada livro, levada para o céu por seu guarda-chuva enfeitado com um papagaio ou por um carrossel desgovernado? Por que teve que partir? Crianças, acadêmicos, jornalistas e leitores de toda parte, de 1930 até a década de 1980, todos queriam saber. Mas Pamela Travers os menosprezou, sempre. Desde a publicação do primeiro livro de Mary Poppins, em 1934, ela optou pelo silêncio ou a alusão.

As muitas aventuras da babá mágica tiveram sua gênese na infância de Pamela — na sua solidão quando pequena, sonhando em Allora, nas tias-avós dominadoras e suas regras para viver —, no seu amor por Æ e nos mistérios da criação, que ela ouvira dele e lera nos poemas de Yeats e Blake.

Cada uma das personagens femininas em *Mary Poppins* contém uma pequena fatia de Pamela. Ela aparece sob a figura de Jane, a filha mais velha da família Banks; sua mãe, a Sra. Banks; a Srta. Lark, a Srta. Andrew e a Sra. Corry; um saco de penduricalhos estranhos e mágicos e, claro, como a própria Mary Poppins.

Poppins representava uma das crenças mais preciosas de Pamela: a de que a mulher passa por três fases da vida — donzela, mãe e anciã. E por anciã, ela não entendia uma velha senhora caminhando trêmula com sua bengala, mas sim uma mulher que "reuniu todos os fios da vida, todas as coisas que encontrou e conheceu, e conservou tudo em forma de sabedoria".[1]

A babá tem a conduta superficial de uma donzela que permanece à espera do admirador certo. A camada seguinte é a de uma mãe nutriz, não uma distraída, como a Sra. Banks, mas uma mãe sensível às necessidades emocionais e físicas das crianças. É por isso que todas as crianças a adoram tanto, por isso seu desaparecimento é como uma morte, não como a morte de uma mãe qualquer, mas a morte de uma mãe cujos filhos adultos cresceram sábios graças aos seus cuidados carinhosos. Mas, se tirarmos outra camada, Poppins se revela uma anciã ou avó, capaz de transmitir a sabedoria das eras, como uma feiticeira ou mulher sábia. Pamela encontrou e amou todas essas qualidades femininas nos contos de fadas, as "maravilhosas heroínas, as vilãs — todas as mulheres. Penso que os contos de fadas têm muito a nos dizer sobre a vida de uma mulher. Penso que todas são, na verdade, uma pessoa em um papel, nos dizendo o que devemos ser."[2]

Ela dizia que toda mulher poderia encontrar nos contos de fadas, ou dos irmãos Grimm, o modelo para o seu papel na vida. Aparentemente, elas poderiam ser heroínas passivas, como a Cinderela, uma simples donzela como a filha do moleiro, uma heroína como a irmã em *Os Sete Corvos*, que precisou ir até o fim do mundo — "até o sol e a lua e as estrelas e de volta" —

para salvar seus irmãos, ou as doze princesas dançarinas que exploraram os mistérios do mundo no centro da terra. Ou as bruxas de "Rapunzel" e "João e Maria " ou as diversas rainhas, mulheres sábias e sacerdotisas.

Mary Poppins foi chamada de "Deusa Mãe", feiticeira, fada madrinha, mulher sábia, a "Mãe Encantada" de Artemis e Sophia,[3] Maria Madalena ou Virgem Maria. Dizem que guarda segredos Zen ou que os personifica. Professores escreveram livros analisando sua personalidade. Alunos ansiosos e leitores comuns escreveram para Pamela sugerindo quem Poppins poderia realmente ser. "Diga-me *você*", ela gostava de responder, encolhendo os ombros em espanto simulado: "Os leitores me dizem coisas com as quais nunca sonhei."

Embora compartilhasse qualidades com Peter Pan e com os amigos surrealistas de Alice no País das Maravilhas — a Rainha, o Coelho Branco e o Chapeleiro Maluco —, Mary Poppins é única: adorada por sua mistura de magia e austeridade, suas habilidades fantásticas encobertas pela fachada de uma mulher extremamente comum.

Walt Disney percebeu o fascínio de Mary Poppins e, embora o filme não contenha nada da mística e do simbolismo dos livros originais de *Mary Poppins*, possuía magia suficiente para se tornar um clássico reverenciado. Julie Andrews não se parecia em nada com a babá criada por Pamela e sua ilustradora, Mary Shepard. Andrews tinha um rosto doce e exalava charme. A Mary Poppins original nunca foi charmosa. Sua aparência foi baseada em uma boneca que Pamela disse ter tido quando criança. Os cabelos eram brilhantes, pintados de preto, da cor do carvão, e o nariz era arrebitado — atributos que Pamela deu a Mary, que também viu o mundo claramente através de seus olhos azuis brilhantes, um tanto pequenos. Suas bochechas eram rosadas, sua estrutura óssea era grande, assim como as mãos e os pés. Usava casacos e *tailleurs* sem forma, cortados em um comprimento deselegante, até a metade da perna, cachecóis, luvas, sapatos *mary jane* e carregava uma valise.

As histórias de Poppins foram escritas durante um período de cinquenta e quatro anos, mas nelas ninguém nunca envelhece e as aventuras têm o frescor dos contos atuais. O leitor é conduzido suavemente para a possibilidade de que o número 17 da Alameda das Cerejeiras ainda possa existir. Pamela sempre provocava, dizendo "será difícil você encontrar ao certo a Alameda das Cerejeiras". Uma vez, ela escreveu que era um desses caminhos sem importância suficiente para aparecer em um mapa.[4]

A Alameda das Cerejeiras parece localizar-se em Kensington ou Chelsea, não em um bairro mais nobre. Há uma farmácia em uma esquina e uma tabacaria na outra. De um lado da rua fica a entrada para um parque tão grande quanto a imaginação de uma criança, onde há um carrossel, um lago e estátuas clássicas. Uma fileira de cerejeiras se agita no meio da rua. Do outro lado ficam algumas casas. A mais excêntrica, em uma das extremidades, é a do Almirante Boom, uma alma alegre. A casa, construída como um navio, é coroada com um cata-vento dourado que se assemelha a um telescópio. O jardim é dominado por um mastro.

Ao lado dos Banks vivem a Srta. Lucinda Emily Lark, uma solteirona, e Andrew, seu cão mimado. A casa da Srta. Lark é a maior da rua, com duas entradas, uma para amigos e parentes, e outra para atender vendedores do sexo masculino (afinal, é a década de 1930). O número 17 está bastante desgastado e é a menor casa na Alameda das Cerejeiras, mas, de alguma forma, grande suficiente para acomodar cinco crianças — Jane e Michael Banks, os gêmeos John e Barbara e a bebê Annabel —, além do Sr. George Banks e da Sra. Banks (cujo primeiro nome é um mistério), uma babá que nunca fica por muito tempo, a cozinheira, Sra. Clara Brill, a empregada, Ellen e Robertson Ay, o funcionário "faz-tudo".

O Sr. Banks é capaz de sustentar todas aquelas crianças ou ter uma casa mais ajeitada, mas não ambos. Como banqueiro, ele está bem consciente das contas e muitas vezes reclama, como o pai de Pamela reclamava em Allora, que "hoje não tinha dinheiro para trazer para casa", porque "o banco está quebrado". George Banks, já com o cabelo ficando escasso, não é bonito, mas parece não carecer de atrativos. Veste um traje adequado para um banqueiro, chapéu-coco, terno, casaco. É irritadiço e sempre espera o pior. Certa vez ameaçou sair de casa para sempre. Ele é meticuloso e até obsessivo. Tudo tem um lugar e tudo deve ficar em seu lugar. Ainda assim, ele possui algo melancólico e infantil. Durante o ano, há um dia — um único dia — em que ele canta durante o seu banho. Gosta de cheirar as tulipas no jardim e tem o desejo secreto de ser astrônomo. No verão passado, contou para os filhos sobre a constelação de Plêiades, as sete irmãs. Está sempre esperançoso de que uma nova estrela possa iluminar o céu.

A senhora Banks parece vaidosa e orgulhosa, mas na realidade é muito insegura e sucumbe facilmente quando Mary Poppins diz a ela que não possui referências porque ir atrás de referências hoje em dia é algo *terrivel-*

mente fora de moda. Além disso, as pessoas inteligentes não dão folga para seus criados toda terceira quinta-feira de cada mês. Para ser realmente chique, Mary diz à Sra. Banks, elas devem conceder-lhes folga toda segunda quinta-feira. A Sra. Banks parece ser um pouco boba, ansiosa e fraca.

Jane Banks é uma garota correta, quieta e pensativa, de vez em quando faz alguma travessura, e gostaria muito de não ser a mais velha. Ela às vezes finge ser uma galinha choca prestes a botar ovos brancos. Em 1964, Pamela falou a uma estudante universitária sobre a história de Jane, dizendo que botar ovos imaginários foi "um fato marcante" em sua própria infância.[5] Michael, o irmão mais novo, é como todos os irmãos mais novos em histórias infantis: travesso, rápido para falar o que pensa e depois se arrepender.

Nenhum dos criados é competente o bastante para suas funções. Eles até se empenham, mas quando uma babá mal-sucedida vai embora, o resto desmorona. Não que Robertson Ay precise executar suas tarefas com sucesso. Dorminhoco, ainda um rapazote, ele é responsável por engraxar os sapatos e manter o gramado em ordem. Mas, em vez disso, passa o dia todo cochilando no armário das vassouras ou no jardim. Mais tarde, descobrimos que Ay não é como os outros criados, mas um dos elementos da gangue misteriosa de Mary Poppins, um dos Antigos, uma das criaturas sobrenaturais dos mitos e contos de fadas. Ele é o bobo da corte de Mary Poppins.

Não sabemos, mas, no início, Mary é tudo menos uma criada com um jeito estranho de chegar. A casa dos Banks está desarrumada, para não dizer um caos, já que a babá anterior, Katie Nanna, simplesmente desapareceu. Enquanto a Sra. Banks redige anúncios para contratar uma nova babá, o vento do leste subitamente arremessa Mary Poppins contra a porta da frente, toda paramentada, segurando uma bolsa e um guarda-chuva, com um chapéu de palha de abas curtas, xale longo e uma atitude antipática.

Ela passa uma forte impressão de que está fazendo um favor para os Banks, aceitando a oferta para ser babá. As crianças se espantam ao ver que ela desliza corrimão acima e que tira de sua bolsa um avental branco engomado, um pedaço grande de sabão Sunlight, uma escova de dentes, uma caixa de grampos de cabelo, um frasco de perfume, uma pequena poltrona dobrável, um pacote de pastilhas para a garganta e uma garrafa grande de um remédio vermelho escuro, tão mágico quanto a garrafa de "Beba-me" em *Alice no País das Maravilhas*. A bagagem de Mary se parece um pouco com a lista de viagem da Tia Ellie e da Tia Jane Morehead, especialmente quando se trata dos outros conteúdos: sete camisolas de flanela, quatro camisolas de algodão, um par de botas, um jogo de dominós, duas capas de banho, um álbum de cartões postais, uma maca de acampamento dobrável, cobertores e um edredom.

Ela se instala no quarto das crianças para passar a noite. Quando Michael pergunta se vai ficar para sempre, Mary apresenta seu desagradável hábito de responder com um insulto sutil ou uma ameaça. Se ele insistir com o interrogatório, ela chamará um "Policial" com a letra P maiúscula.

Mary Poppins se assemelha a uma personificação da governanta punitiva, a tirana que tem um ditado pronto para cada ocasião, e que subjuga as crianças à moda vitoriana — quando elas eram observadas, mas não ouvidas. "Direto para a cama" é a sua regra mais famosa, mas Poppins é um compêndio absoluto de instruções, clichês, declamações e provérbios, tais como: Macacos me mordam; Deus ajuda quem cedo madruga; A curiosidade matou o gato e Não coloque a carroça na frente dos bois. Ela esconde cuidadosamente a sua compaixão, sendo quase sádica às vezes. Mary nunca chega a ser realmente desagradável, mas é ríspida muitas vezes. É uma força controladora, trazendo ordem à desordem, usando a magia sem nunca admitir tê-la feito.

Mary tem uma grande fraqueza: a sua vaidade. Está constantemente ajeitando seu chapéu e verificando as roupas, sempre satisfeita com sua imagem. Ela acredita plenamente na terapia do banho de loja, e fica entusiasmada com roupas novas. Mary ama seu casaco azul com botões prateados, a blusa branca com bolinhas cor-de-rosa, o chapéu com rosas, o chapéu com margaridas, os sapatos marrons com dois botões, as luvas brancas, as luvas com acabamento de pele e, é claro, o guarda-chuva enfeitado com a cabeça de papagaio, que também é seu meio de transporte para as estrelas.

Mary Poppins é ameaçadora até um certo ponto, que somente ela controla. Ela diz para os seus patrões que ficará com eles até que o vento mude ou até que o colar se quebre. Nunca diz de onde veio, onde pretende ir ou quem realmente é. Mas deixa muitas pistas. Como Francisco de Assis, ela é muito próxima dos animais e das aves, com quem pode conversar. Como Jesus, ajuda os pobres e fracos. Ela entende o universo e parece fazer parte de sua criação e renovação. Ela é conhecida como a Grande Exceção, a Única, a Desajustada.

Comerciantes e vizinhos tratam-na com respeito, agindo ruidosamente e de maneira desajeitada quando ela está por perto. Mary leva os filhos dos Banks em muitas aventuras para visitar seus amigos e conhecidos mais excêntricos. É o que contrasta com as aventuras no Mundo das Fadas, ou no País das Maravilhas, ou na Terra do Nunca — a realidade da vida na Alameda das Cerejeiras e seus arredores dá às histórias de Mary Poppins o seu encanto especial. O mundo real é o da hora do chá, dos sapatos confortáveis, de ir para a cama, do vendedor de sorvete, do açougueiro, do peixeiro, do homem da mercearia e, acima de tudo, da comida que as crianças mais gostam — biscoitos de gengibre, geleia de framboesa, torradas com manteiga, muffins, bolos de ameixa com cobertura, leite quente, pudim, maçã do amor, costeletas de cordeiro, pãezinhos integrais, mingau, bolo de coco e nozes, pudim de arroz com mel, macaroons, tapioca, pirulitos, gotas de chocolate, sorvete e alcaçuz.

No mundo real vivem figuras desamparadas e solitárias: o Sr. e a Sra. Banks; a Srta. Lark, com seus broches, pulseiras e brincos, cuidada por duas criadas e papariando o Andrew — bobo, amável, fofo, com suas botas de couro e terrivelmente mimado; o administrador do parque, Frederick Smith, enlouquecido pelo poder, cujo distintivo de autoridade mal disfarça o menino que no fundo ele é, tentando impor a ordem — nada de lixo aqui, obedeçam às regras, isto não pode, é contra o regulamento!

No mundo irreal vivem criaturas fantásticas, que flutuam de cabeça para baixo, riem tanto que voam para o teto ou constroem o universo pintando a primavera ou colando estrelas no céu. Essas pessoas fantásticas são, muitas vezes, conhecidas de Mary Poppins. O careca Sr. Alfred Wigg, seu tio, é redondo e gordo. No dia de seu aniversário (se cair na sexta-feira) ele flutua no ar. Arthur Turvy, seu primo, conserta coisas quebradas, até mesmo corações, mas toda segunda segunda-feira do mês ele é compelido por forças sobrenaturais a fazer o oposto de tudo o que deseja fazer.

Sua prima, quando tira a roupa, é uma cobra assustadora, Hamadríade, conhecida como "a senhora da selva". Mary Poppins também é amiga da Sra. Corry, que administra a loja de doces e, quem sabe, de Guy Fawkes, Cristovão Colombo e Guilherme, o Conquistador. A Sra. Corry gosta de colar estrelas no céu, quebra seus dedos (feitos de açúcar de cevada) e tem uma voz suave e terrível. Ela é a rainha das anciãs e Mary Poppins a trata com o maior respeito. A mulher dos pássaros pertence aos Antigos, assim como a velha senhora no capítulo "Baloons and Baloons". Todas as pessoas idosas nos livros de Mary Poppins parecem ser felizes — velhinhos que descobriram o sentido da vida.

Os animais e pássaros nas histórias também são membros do fantástico mundo de Mary. Ela conversa com o cão Andrew e com o estorninho, um pássaro que sabe como falar com os bebês. Os animais no zoológico se comportam como seres humanos, trancando os humanos em jaulas e sorrindo para os bebês.

A maioria das aventuras nos primeiros livros, *Mary Poppins*, de 1934, e *Mary Poppins Comes Back*, de 1935, tem relação com o poder de voar ou simplesmente com o ar. O primeiro livro começa com Mary sendo soprada pelo vento leste e termina com ela sendo levada pelo vento oeste. Homens, mulheres, crianças e animais, tudo flutua ou voa no espaço — com o gás do riso, sobre a lua, ao redor do mundo com o giro de uma bússola, sobre St. Paul, até o céu. Um estorninho travesso voa para a janela para conversar com os bebês e Maia, uma estrela, desce do céu para fazer compras.

No segundo livro, Mary chega na rabiola de uma pipa, um bebê conta como ela voou através do mundo, todos voam em balões e Mary desaparece no ar em um carrossel. As crianças dos Banks compreendem apenas isso: do céu ela veio, para o céu ela deve voltar.

O tema das estrelas é recorrente nos livros de *Mary Poppins*, cujas primeiras edições são decoradas com estrelas. A Sra. Corry cola estrelas, a Vaca salta sobre as estrelas, Maia é uma estrela visitante e as estrelas cadentes mostram o caminho para o circo do zodíaco.

Pamela voltava constantemente para a ideia da unidade ou dualidade das coisas. Ela realmente acreditava, assim como Hamadríade, a serpente celeste do capítulo "Full Moon" de *Mary Poppins*, que pássaros, bestas, pedras e estrelas são um só.[6]

Os livros podem ser vistos como uma ode à "unidade" e à natureza dual de toda criatura e do próprio mundo. Além de existirem dois lados distintos em Mary — a bondade e a rudeza, a realidade e a irrealidade —, e também em George Banks — a brandura e a irritação —, existem os filhos gêmeos, o dia e a noite, o sol e a lua, o vento leste e o vento oeste, as estações do ano e os pontos opostos da bússola.

O quarto livro, *Mary Poppins in the Park*, publicado em 1952, foi o mais místico, composto de capítulos discretos, que poderiam ter acontecido em qualquer momento. Os três primeiros livros, culminando em *Mary Poppins Opens the Door*, publicado em 1944, têm um tipo diferente de simetria: em cada um, oito a doze aventuras se encaixam entre capítulos que anunciam a chegada e a partida de Poppins. As aventuras variam entre as visitas aos amigos excêntricos de Mary — que muitas vezes são salvos por ela de problemas bizarros —, os encontros com os vizinhos, durante os quais Mary coloca as coisas no lugar, as desventuras das crianças Banks quando estão mal-humoradas e, às vezes, uma história dentro da história. O clímax emocional dos livros é o fantástico ou surreal final da viagem um uma apoteose. No fim das aventuras que envolvem outra dimensão, alguém sempre deixa um sinal ou uma lembrança da visita com Mary ou com as crianças — mas se elas comentam sobre isso com Mary, ela nega veementemente o acontecido.

Os dois primeiros livros espelham um ao outro, até mesmo nos títulos dos capítulos — "Bad Tuesday" e "Bad Wednesday", "Miss Lark's Andrew" e "Miss Andrew's Lark", "The Day Out" e "The Evening Out". A Sra. Corry e a mulher dos pássaros do primeiro livro estão relacionadas com a mulher balão do segundo, e a história da vaca dançarina no primeiro livro e de Robertson Ay no segundo, se referem a contos infantis que misturam rimas e provérbios.

Em *Mary Poppins*, a história mais estranha e fantástica fala da Sra. Corry e suas duas filhas, Annie e Fannie. Em *Mary Poppins Comes Back*, uma aventura igualmente assustadora, "Bad Wednesday" é uma advertência. Jane, em um raro momento de desobediência, fica presa no tempo, na história dos meninos que vivem em uma tigela Royal Doulton. Ela poderia ficar ali para sempre se Mary não a tivesse arrastado para casa. A aventura mais charmosa em *Mary Poppins* é "John and Barbara's Story", o conto dos gêmeos Banks, que conhecem a língua do universo, mas somente durante mais ou menos um ano, até se tornarem plenamente humanos. A aventura mais melancólica fala da visita de Maia, a segunda estrela mais velha das Plêiades, que veio à terra para fazer compras de Natal para suas seis irmãs.

Tanto *Mary Poppins* quanto *Mary Poppins Comes Back* incluem os capítulos nos quais Mary guia as crianças para os segredos do universo. Em "The Evening Out" (*Mary Poppins Comes Back*), Mary é a convidada de honra em um grande circo no céu. O Sol é o diretor de picadeiro, enquanto Pégaso, Orion, Pólux e Castor, Saturno e Vênus estão entre os artistas, cujo final é a dança do céu.

Esta grande dança cósmica, com suas conexões literárias e mitológicas, toca na teoria das rotações de Yeats, explicada em seu livro *A Vision*, e na dança das esferas do *Paraíso* de Dante.⁷ O capítulo "The Evening Out" revela a crença que Pamela tem na astrologia e a Grande Dança Circular dos animais está em "Full Moon". Na noite do aniversário de Mary Poppins a lua está cheia. As crianças e Mary visitam um jardim zoológico onde os animais passeiam do lado de fora das jaulas, rindo e apontando para as atitudes grotescas dos humanos dentro das jaulas.

Em "Full Moon" e "The Evening Out" parece que as crianças encontram Deus representado na Hamadríade e no Sol. Em "The Evening Out", Mary Poppins dança com o Sol, que dá um beijo em sua bochecha. No dia seguinte, na Alameda das Cerejeiras, a marca dos lábios do Sol podia ser claramente percebida pelas crianças, estampada em seu rosto.

Mary Poppins Comes Back tem um capítulo que leva o leitor para além do fantástico, para o Reino do Mito, do simbolismo religioso e da poesia: "The New One", inspirado por Wordsworth e pelo poeta favorito de Æ, William Blake, também reverenciado por Pamela. A "novidade" é Annabel, a bebê dos Banks, que fez uma longa jornada através do universo para chegar à casa dos Banks. Ela não é apenas uma viajante do tempo, mas parte do próprio universo, cada parte, desde o mar até o céu, as estrelas e o sol. No fim ela esquece suas origens, assim como seus irmãos John e Barbara, que esqueceram de sua jornada e de como podiam falar com o sol e o vento. Pamela escreveu "The New One" sem viver a experiência de olhar e admirar o seu próprio bebê recém-nascido, com aquele sentimento instintivo de que uma criança era um ser vindo de Deus.

Mas ela realmente teve o exemplo da visão de Blake sobre as crianças, em *Songs of Innocence*, especialmente em um poema naquela série, "A Cradle Song", que expressa a admiração dos pais diante do bebê e a sensação de que a criança deve ter vindo com a bênção de "toda a criação". Em sua "Immortality Ode", Wordsworth expõe a mesma ideia de que "nosso nascimento é apenas um sono e um esquecimento... trilhando nuvens de glória viemos de Deus, que é a nossa morada...". Staffan Bergsten, o acadêmico sueco que escreveu *Mary Poppins and Mith*, em 1978, apontou que o poema de Blake, *Songs of Innocence*, é um dos que Pamela aplicou a si mesma, em "The Little Black Boy".

A busca por um significado mais profundo nos livros descobrirá que Mary Poppins vive em uma terra que combina religião, contos de fadas e mitologia. Apesar de seu conhecimento ela não dá lições de moral, mas simplesmente permite que as crianças Banks experimentem outros mundos misteriosos. Ela repete provérbios e alegorias. As lições podem ser aprendidas. A grama é sempre mais verde do outro lado da cerca, mas não deseje sempre aquilo que não tem. As coisas não são o que parecem; Não julgue um livro pela capa. Tenha fé.

Mary Poppins é descendente direta das heroínas que Pamela amava desde os quatro anos. Sua parente literária mais próxima é Alice no País das Maravilhas. Em 1928, Pamela escreveu na coluna "London Letter", da *New Triad*, que todos amavam Alice, que "encantou as nossas mães... O mundo mudou com a chegada de Alice. E de como ela pôde ajudar a mudar um mundo que estava preocupado com histórias de crianças pequenas morrendo de uma forma bonita e que, no último suspiro, pediam a seus pais que não sofressem... Antes de Alice chegar... a literatura para os jovens era sentimental e irreal. Foi necessário o pensamento filosófico frio de Alice para corrigir as coisas."[8]

Mary Poppins tem muito em comum com a garota que adormeceu numa tarde de verão. Mary viaja para o Mundo das Fadas. Alice vai para o País das Maravilhas. Mary encontra criaturas estranhas flutuantes, voa pelo céu ou mergulha no fundo do oceano. Alice entrava em um buraco no chão. Mary fala com os animais que respondem imediatamente; assim como Alice. Mary Poppins pode ser apenas uma fantasia, apenas uma babá comum, cujas aventuras acontecem nos sonhos das crianças Banks. Afinal, Alice sonhou a sua aventura inteira.

Mary brota da mesma árvore genealógica que Peter Pan, outra criatura voadora que numa noite chega a Londres, em um respeitável lar de classe média, como o dos Banks. O chefe da família, o Sr. Darling, ama seus filhos, mas está sempre preocupado com dinheiro. As crianças, Wendy, John e Michael, estão sob os cuidados da babá, que na verdade é uma sheepdog chamada Nana. (John e Michael também são nomes de dois meninos cuidados por Mary Poppins). Peter Pan, o menino que nunca cresce, chega uma noite e os ensina a voar para a Terra do Nunca, a sua ilha mágica. Mary Poppins, que aparenta ter vinte e sete anos, mas na verdade não tem idade, também escolta as crianças em aventuras de voo noturno.

Tanto Alice quanto Peter Pan fizeram parte da infância de Pamela e de muitas crianças de classe média na Austrália e na Grã-Bretanha. *Alice no País das Maravilhas* foi escrito por Lewis Carroll em 1866. *Peter Pan*, de James Barrie, apareceu pela primeira vez em uma peça, em 1904, e sua história foi publicada em 1911. Ambos ajudaram a criar um novo estilo de literatura infantil fantástico, que reconhece a criança como um leitor com interesses próprios e, ao mesmo tempo, é atraente para os adultos.

Os vitorianos romantizaram a infância e criaram os livros infantis, mas foram os eduardianos que transformaram isso em uma mania. Jackie Wullschlager, que estudou Carroll, Barrie, A. A. Milne, Kenneth Grahame e Edward Lear, para sua análise da literatura eduardiana infantil, *Inventing Wonderland*, escreveu que eles eram "fixados em atividades infantis".[9] Desde os anos de 1860 até os de 1920, a Inglaterra foi inundada por livros infantis, entre eles os contos chamados *Riverbank Tales*, de Kenneth Grahame, publicado em 1908 e as histórias dos Bastable, de Edith Nesbit, iniciadas em 1898. Tanto Nesbit quanto Frances Hodgson Burnett, com *O Jardim Secreto*, em 1911, trouxeram a ideia da magia para a vida das crianças, enquanto *O Ursinho Pooh*, de A. A. Milne, na década de 1920, era a lembrança de um idílio pré-guerra, onde Leitão, Bisonho, Pooh, Corujão, Tigrão, Dona Can e Guru viviam tão confortavelmente no Bosque dos Cem Acres, como Mary Poppins, Jane, Michael e os gêmeos no parque ao lado da Alameda das Cerejeiras.

Mary Poppins absorveu a tradição nonsense e anárquica dos livros infantis da era vitoriana, e o romance, a excentricidade e a ambientação na classe média dos livros eduardianos. Assim como os personagens de A. A. Milne, a família Banks e a própria Mary seriam perfeitamente felizes em Harrods, brincando em um jardim de Sussex ou aconchegados no quarto das crianças em Chelsea ou Kensington. Wullschlager escreveu a respeito dos livros d'*O Ursinho Pooh* que "o que atrai tanto adultos quanto crianças é o tom irônico e mordaz, misturado a uma ambientação segura". *Mary Poppins* adota o mesmo tom afiado, não sentimental, mas com a segurança dos momentos mais reconfortantes da infância.

Parte do apelo de Poppins está nos traços de rebeldia, qualidade que ela compartilha com o travesso Peter Pan, com Peter Rabbit, criado por Beatrix Potter, com Toad de *O Vento nos Salgueiros*, e com os animais excêntricos de *Alice no País das Maravilhas*. Todas essas criaturas influenciaram Pamela, que reconheceu sua dívida com os autores. Mas Pamela se irritava quando Mary Poppins era descrita como descendente direta de Peter Pan. "Você precisa mesmo dizer isso?", resmungou com um estudioso de seu trabalho.¹⁰ A heroína literária de Pamela era Beatrix Potter. "Para mim, ela era um dos arcanjos". Ela amava "seu eufemismo, seu despojamento, seu surrealismo, seu estilo não explicativo".¹¹

Potter disse, "Pintei a maioria das ilustrações [de Peter Rabbit, dos Coelhinhos Flopsy, do Sr. McGregor e outros] principalmente para agradar a mim mesma". Pamela amava essa frase e a repetia incansavelmente, tomando-a para si: "Escrevo para agradar a mim mesma". Os encantadores contos de animais, publicados a partir de 1902, estavam nas estantes da família Goff em Allora. E Pamela os devorava.

Ela adotou algumas das características de Potter. Pamela gostava de dizer que tinha sido educada por uma governanta (a exemplo de Potter), assumiu a jardinagem como paixão (Potter adorava jardinagem), mudou-se para uma casa de campo semelhante às casas de fazenda de Potter e iniciou uma análise dos contos de fadas. Potter ilustrou diversos contos de fadas e gostava tanto de *Cinderela* que chegou a escrever uma longa e detalhada versão da história.¹²

Pamela viu que os contos de Potter eram edificados sobre acontecimentos cotidianos, sem sentimentalismo, mas sugerindo magia. Todos tinham algum elemento de ironia, tenacidade, perigo, suspense, e até mesmo terror. Ela ficava impressionada com a inconsequência repentina e selvagem que de vez em quando levava Potter para um "sonho louco e lindo, quase surrealista, em que cada coisa é desconexa, um *non sequitur*". E ela adorava a doce feminilidade da Sra. Tiggy-Winkle, de Jemima Puddle-Duck, da Sra. Tabitha Twitchit e da Sra. Tittlemouse, quatro criaturas que pareciam resumir a capacidade das mulheres para nutrir e colocar as coisas no lugar.¹³

Mas a essência de Beatrix Potter que mais atraía Pamela era o "não explicar." Mary Poppins nunca dava explicações, nem Pamela. O leitor tinha que descobrir sozinho por onde andava Mary entre as suas estadas com a família Banks. Em uma entrevista, Pamela acrescentou, com malícia e irritação, que se soubesse onde Poppins tinha ido, ela teria dito. "Ela nunca explica, esta é sua principal característica, e acho que deve ser a minha". Em seguida, ela fez uma observação nonsense à moda de *Alice no País das Maravilhas*: "Eu não explico porque sou muito orgulhosa para explicar, mas porque se eu explicasse, onde estaríamos?¹⁴

"Mary Poppins nunca é explícita. Talvez ela tenha sangue oriental. Você sabia que existe um símbolo chinês chamado *pai*? Tem dois significados: um é explicar, o outro, em vão. Se o livro fosse traduzido publicamente [ele foi traduzido secretamente para o chinês], acho que teria que ser chamado *Pai*."[15] O tipo de escrita que ela gostava era feito nas entrelinhas. "Gosto de meias-verdades, dicas".[16] Todas as histórias de Poppins giravam em torno de questões.

Pamela sustentava que em sua vida nunca existiu alguém nem remotamente parecido com Mary Poppins. "Talvez quando criança eu possa ter desejado que existisse. Eu sequer a visualizava. Ela apenas apareceu, completamente armada com o guarda-chuva e a bolsa, como Palas Atena surgiu da cabeça de Zeus."[17] Mas, ainda que Poppins não se referisse a ela, "suponho que deva existir algum elemento em mim no qual ela se encaixa".[18]

Um elemento é a aparente severidade de Pamela. Ela disse que em Mary Poppins o rigor era apenas superficial — o rigor da mulher sábia. Ela negou que o autoritarismo de Poppins fosse uma característica masculina e apontou "como todos os homens se dirigem a ela", justamente como o conjunto literário irlandês inteiro se dirigia à Pamela. O Sr. Banks, o prefeito, o açougueiro, o padeiro, Bert, e mesmo Frederick, o administrador do parque, todos tinham um sentimento especial por ela.[19] "Os homens se apaixonavam por ela."[20]

O IMPACTO DE MARY POPPINS sobre os homens e o apreço do Sr. Banks expressam os próprios desejos de Pamela. A cena de Poppins desaparecendo no céu — no final dos dois primeiros livros — relembra a morte de Travers Goff, um desaparecimento que Lyndon conhecia misteriosamente como "Papai indo para Deus". Anos mais tarde, ela sentiu o verdadeiro impacto dessa perda quando olhava fixamente para o céu à noite. Pamela visualizou o pai se transformando em uma estrela, assim como o Sr. Banks acreditou que a ascensão de Mary Poppins em um carrossel era uma nova estrela. Quando adulta, ela pôde fazer outra correlação — em muitos mitos gregos os heróis se transformam em estrelas e constelações.

Desde o primeiro livro de Mary Poppins, fica claro que o Sr. Banks adotou muitas das características de Travers Goff. Ele abriga a mesma mistura de melancolia e alegria. Como Goff, sua rudeza é suavizada em momentos únicos quando ele procura suas estrelas favoritas no céu. Pamela sabia que o Sr. Banks tinha "um forte desejo de ser astrônomo".

Ela dizia que o Sr. Banks era o complemento de Mary Poppins porque ele "quase sabe".[21] Sem entender nada conscientemente, ele se envolvia nas suas aventuras e, em algum lugar de sua natureza masculina, compreendia o seu lado feminino.[22] Era o Sr. Banks, e não Bert, a contrapartida de Mary Poppins, e quem, às vezes, inconscientemente, compreendia quem ela era.

Outros personagens da infância de Pamela aparecem nos livros, Nellie Rubina e tio Dodger, de Bowral, aparecem em *Mary Poppins Comes Back*, como o casal que vive em uma arca e prepara o mundo para a primavera. A empregada dos Goff, Kate, aparece como a antiga babá dos Banks. Miss Quigley, a mulher triste que possui uma caixinha de música em Bowral, está representada como a governanta pianista, que chega e vai embora rapidamente após o primeiro desaparecimento de Mary Poppins.

Pamela também emprestou coisas de sua vida adulta, como o pégaso que ganhou no parque de diversões em Tunbridge Wells, e a mulher que ela chamou de "Duquesa de Mayfield", aparentemente uma esnobe da vila local. No capítulo "Balloons", em *Mary Poppins Comes Back*, a ilustradora Mary Shepard desenhou a si mesma, Pamela e seu cão de estimação, todos segurando balões com seus nomes ao lado.

As aventuras são repletas de detalhes autobiográficos casuais. Pamela escreveu que "todas as histórias de Mary Poppins têm algo de minha própria experiência... várias registram o meu triste castigo na infância de ter que sair para uma caminhada. Mas, a contrapartida se dava no momento feliz do perdão, na hora de ir para a cama, quando, subitamente, eu me sentia tão bem. O vislumbre do quarto das crianças refletido no jardim, quando o fogo era aceso e a lâmpada brilhava".[23]

Pamela sempre insistia que ela e Mary Poppins eram "servas" que atendiam a um propósito. Pamela tornou-se servil a uma sucessão de gurus, enquanto Poppins era tanto guru como criada. Ela afirmou que Mary tinha vivido séculos, que era "a protetora da beleza, da verdade e do amor" (uma ideia elaborada no quarto livro de Mary Poppins, publicado em 1952) e que "ela sabe muita coisa sobre as estrelas",[24] insinuando que ela poderia fazer parte das Plêiades ou de outra constelação.

Entretanto, assim como Mary Poppins, Pamela nunca deu muita ênfase a tudo isso. Ela sempre salientou que sua babá representava o enredo cotidiano, e dizia, "Não podemos ter o extraordinário sem o comum. Assim como o sobrenatural está oculto no natural. Para voar, é necessário algo sólido para decolar. Não é o céu que me interessa, mas o chão... Quando eu estava em Hollywood, os roteiristas disseram que Mary Poppins simbolizava a magia que há por trás da vida cotidiana. Eu disse não, claro que não, ela é a própria vida cotidiana, composta de concreto e de magia".[25]

PAMELA ALEGOU QUE RASCUNHAVA AS histórias de Mary Poppins em qualquer pedaço de papel que surgisse na sua frente em Pound Cottage, nas contas velhas, nos envelopes e até no imposto de renda.[26] Porém, é mais provável que ela tenha mostrado para Madge Burnand as antigas histórias coladas nos álbuns de recortes.

Madge tinha contato com várias editoras em Londres, e pode ter incentivado Pamela a transformar seus escritos em um livro de contos, dizendo que ela mesma tentaria vendê-lo. Pamela, por sua vez, dizia que tinha recebido as histórias de um "amigo" ao mostrá-las para os editores. E quando Madge finalmente encontrou um comprador, Gerald Howe, dono de uma pequena editora no Soho, ele pediu para conhecer o autor.

Pamela insistiu em ditar as regras desde o início. Disse a Howe que queria ter uma participação ativa na publicação, sugeriu que encontraria um ilustrador e que daria sua opinião na escolha do tipo de letra que seria usada na impressão.[27] Não foi um começo feliz. Howe seria lembrado para sempre como um inimigo. Ela dizia que ele não passava de um "editorzinho", e que fora uma "ingênua" em negociar sem um agente. Reclamou que fez um "péssimo" contrato, mas que, de qualquer modo, isso não importava porque o manuscrito tinha sido enviado para os Estados Unidos, onde mais de dez editoras se interessaram em publicá-lo.[28] Ela se decidiu pela editora Eugene Reynal da Reynal & Hitchcock (mais tarde adquirida pela Harcourt Brace e seu agente, Diarmuid Russell, filho de Æ, em Chicago).

Pamela queria lançar o livro com o pseudônimo de "Anon", mas "a editora fez um escândalo e usou o meu nome. Originalmente, assinei P. L. Travers, porque na época achava que todos os livros infantis eram escritos por mulheres, e eu não queria dar a impressão de que havia uma mulher ou um homem por trás do meu livro, mas sim um ser humano".[29]

Definitivamente, Pamela não queria ser apenas "mais uma mulher tola escrevendo livros tolos. Era essa a ideia que os editores tinham a respeito: 'Ah, sim, essas mulheres de cabeças encaracoladas, elas fazem isso muito bem'. O trabalho nunca é respeitado como literatura, nunca ocupa uma boa posição nesse sentido".[30]

Mary Poppins foi dedicado à sua mãe, falecida há seis anos. Um ano mais tarde, a sequência foi publicada pela Lovat Dickson & Thompson.

Os livros encantaram não apenas por suas histórias, mas também pelos delicados desenhos de Mary Shepard, filha de Ernest Shepard, famoso por criar o Ursinho Pooh, e da pintora Florence Shepard, uma velha amiga de Madge, falecida em 1927.

A princípio, Pamela queria que o próprio Ernest ilustrasse *Mary Poppins*. Ela viu seus desenhos nos poemas de A. A. Milne, publicados em 1923, na *Punch* — leitura obrigatória em Pound Cottage, em parte porque o pai da Madge tinha sido o editor. Pamela nunca admitiu isso, mas em notas autobiográficas não publicadas, Mary Shepard escreveu: "Pamela Travers procurou meu pai com o primeiro livro da série Mary Poppins, mas ele teve que recusar a oferta, com muito pesar, porque estava ocupado demais com outros trabalhos".

Pamela descobriu o trabalho da filha de Shepard por puro acaso. No Natal de 1932, Mary enviou a Madge um cartão que ela mesma tinha feito. Era o desenho de um cavalo triste, parecido com um cavalo de balanço, montado por um pequeno cavaleiro, segurando um estandarte. Ele voava pelo céu, exatamente como Mary Poppins. No chão, era possível ver as pegadas de seus cascos marcadas na neve.

Ali estava ele, entre tantos outros cartões de Natal, sobre a velha lareira em Pound Cottage. "Claro que não era um Leonardo, mas eu não precisava de um Leonardo", disse Pamela em uma entrevista posterior. "Eu estava atrás da ausência de perfeição, da inocência sem a ingenuidade e, também, da sensação de espanto. O cavalo voador parecia deprimido, como se tivesse acabado de receber más notícias. Mas o cavaleiro acenava seu estandarte com alegria, a luz do sol por trás, o reflexo da neve na frente, um paradigma para a condição humana, e, o melhor de tudo, ao decolar o cavalo deixou suas pegadas na neve do pátio do castelo!"[31]

Ela achou que o desenho tinha algo feliz, mesmo sendo imperfeito, e pediu para Madge apresentá-la a Mary Shepard.[32] Shepard, na época com 24 anos, tinha acabado de sair da Slade School of Art, e desde o dia em que aceitou ilustrar os livros de Mary Poppins, a relação de mestre e aluna ficou estabelecida. Shepard sentia que tinha que fazer tudo que Pamela pedisse. Na intimidade, ela se apelidou de Bisonho — em homenagem ao desanimado burrinho do *Ursinho Pooh*.[33]

Nas entrevistas, Pamela contou que Mary Shepard "trabalhou muito sobre o texto".[34] Ela achou seus primeiros desenhos inviáveis. Quando

Pamela os mostrou para Æ e Orage, eles sugeriram buscar outro ilustrador. Mas ela persistiu, e caminhou com Shepard pelo Hyde Park, indicando as crianças que considerava modelos adequados.

"Caminhávamos como exploradoras... 'Ali', eu dizia, e novamente 'Olha, ali!' Ainda não tínhamos sequer um esboço de Mary Poppins. Apenas de outras jovens, mas não ela."[35] Finalmente, elas descobriram a aparência certa quando Pamela encontrou uma boneca holandesa — igual à que ela tinha quando criança — e a deu para Mary. "De repente, parecia que ela... tinha ganhado vida, hesitante, imperfeita, mas transparecendo alguma coisa da atmosfera do livro". Em vários momentos, Pamela declarou ter se deparado com a boneca em "uma loja de antiguidades", em outros ela dizia que a boneca tinha sido encontrada em um sótão. Mas Shepard acabou contando que foi ela quem comprou a boneca holandesa, e só então conseguiu a aparência adequada para Mary Poppins.

Muitas sugestões de "Bisonho" foram rejeitadas. Ela queria colocar Mary Poppins com os pés virados para fora, o calcanhar de um pé alinhado com os dedos do outro, como uma bailarina na quinta posição. Mary realmente costumava aparecer com os pés virados para fora, mas na primeira ou quarta posições, ou em meia ponta. Isso era até pertinente, uma vez que as histórias são cheias de movimento: Mary dança e todos os objetos inanimados também dançam, das árvores às estrelas. Entretanto, na sua função de babá não havia nada de teatral ou de bailarina. Pamela insistia com Mary Shepard, dizendo que Poppins "não deve ter uma imagem".[36]

Depois, os desenhos de Poppins tendenciaram para o lado cômico, como nos quadrinhos da *Punch*. Pamela acreditava que Shepard estava muito influenciada pela *Punch* e pela revista *Strand*. Gerald Howe, cético a respeito de Shepard, questionou, "mas ela tem alguma experiência?" "Bem, não, não realmente", respondeu Pamela, "mas eu também não tenho". Diante disso, ele apenas murmurou. E, quando viu os primeiros esboços de Shepard, murmurou novamente.

Mary Shepard ilustrou todos os livros de Mary Poppins — os dois primeiros foram feitos enquanto ainda morava na casa de seu pai, em Surrey. Em 1937, ela se casou com o editor da *Punch*, Edmund Valpy Knox, que conheceu através de seu pai. Depois da guerra, quando os Knox viviam em Hampstead, "Evoe" Knox, como era conhecido, posou como modelo do Sr. Banks no quarto livro, *Mary Poppins in the Park*.

Apesar do óbvio apelo infantil dos seus livros, Pamela sempre negou tê-los escrito com a intenção de cativar esse tipo de público. "Eu não diria que *Mary Poppins* é um livro infantil, em nenhum momento. Certamente não foi escrito para crianças."[37] "Não sei dizer por que *Mary Poppins* é visto como um livro infantil", resmungou para uma plateia de estudantes no Radcliffe College, em Harvard, em meados dos anos 1960.[38] "Na verdade, não acho que exista esse tipo de coisa. Simplesmente existem livros, e alguns deles são lidos por crianças. Não penso que haja algo como um livro infantil... Realmente não gosto dessa distinção. As pessoas me perguntam, 'Conte-nos o segredo, como você consegue escrever para crianças?' Eu tenho que dizer que não sei, porque não escrevo para crianças."

Ela sabia que seria mais prontamente aceita como uma escritora séria se não fosse rotulada como autora infantil, mas havia outra razão particular para essa insistência. Pamela estava escrevendo para impressionar ao homem por quem estava apaixonada — Francis Macnamara, descrito por ela durante anos como "um poeta irlandês," "um grande crítico irlandês", "um grande amigo", "muito bonito, justo, altamente intelectual, amado pelas mulheres e muito apreciado e invejado pelos homens".

Francis tinha prevenido Pamela para que ela não esperasse que ele lesse *Mary Poppins*, já que odiava livros infantis. Ela o enviou mesmo assim, e ele leu, com relutância. Sua reação surtiu um profundo efeito sobre ela. Ele escreveu, "Por que não me contou? Mary Poppins, com sua alma jovem, indiferente e sensual, me encantou para sempre".[39] Pamela acreditava que Francis Macnamara compreendeu Mary Poppins mais do que ninguém, até mais do que ela mesma.

O problema era que Pamela não compreendia Francis de forma alguma, embora ele compreendesse as mulheres perfeitamente. Ele sabia o que elas queriam ouvir, e dizia o quanto as admirava — tão engraçadas, inteligentes, espirituosas —, e observava como suas pupilas ficavam dilatadas quando se sentiam seguras de seu charme e sagacidade, até que, de repente, estavam rindo a caminho da cama. Porém, algumas ele reservava como virgens vestais, fantasiando como se realmente *fossem* virgens, as "intocáveis".

Em sua incansável busca pelo Sr. Banks, Pamela não poderia ter escolhido um candidato pior do que Francis Macnamara, mas era fácil ver por que ela se apaixonou. Alto, de cabelos dourados e olhos azuis, Francis era sagaz, um dândi, pensador, poeta, às vezes desenfreado e divertido, mas, na maior parte do tempo, mergulhado em um estado sentimental. Seria natural que ele fizesse fortuna ou escrevesse uma obra-prima, mas não fez nada disso. Como a maioria de seus contemporâneos, ele se contentava em ficar bêbado, feliz em qualquer bar de Chelsea, na baía de Galway. Sua filha, Nicolette Devas, contava que era ali que ele flertava à moda de Tom Jones, de Fielding.[40] Dizia a quem quisesse ouvir que acreditava no "amor livre", e que "as mulheres eram uma folha em branco para um homem escrever".

Ele não precisava lutar para sobreviver. Francis era filho do xerife do condado de Clare, Henry Macnamara, proprietário de terras e do mercado da cidade de Ennistymon. Sua mãe era uma australiana, Edith Elizabeth Cooper, filha de Sir Daniel Cooper, de Woollahra, que fez fortuna com a destilação de gim. Para dar à luz, ela foi instalada em uma suíte no Hotel Shelbourne, em Dublin, reservada especialmente para a ocasião.

Francis foi enviado para Harrow e Oxford, mas as tentações de uma vida boêmia eram muitas. Ele desistiu dos estudos para se juntar aos grupos de Bloomsbury e da Slade School of Art, que orbitavam em torno de Augustus John. Publicou um livro de poemas, *Marionettes*, em 1909, e tornou-se íntimo de Augustus, que descreveu Francis como "muito dado à meditação solitária e sombria", até que, "aquecido com o que chamava de coisa forte, tornava-se cordial, popular e, quem sabe, perigoso".[41]

Em 1907, Francis casou-se com uma bela francesa, Yvonne Majolier, cuja irmã era ainda mais bonita, segundo Oliver St John Gogarty, que espalhou que "ele dormiu com a cunhada e a esposa no mesmo quarto para economizar nas despesas do hotel".[42] Porém, em 1914, Francis abandonou Yvonne e os quatro filhos, por outra mulher. Na década de 1920, ele se casou com Edie McNeil, irmã de Dorelia, a esposa de Augustus John, a quem gostava de chamar de "Deusa virgem".

Francis oscilava entre sua casa, em Dublin, seu iate Mary Anne, a propriedade da família — Ennistymon House, uma mansão georgiana com vista para o vale —, ou seu apartamento na Regent's Square, em Londres. Como muitos de seus lares, o apartamento de Londres foi decorado de modo compacto e com a eficiência de um navio. Em Ennistymon e na aldeia de pescadores vizinha, Doolin, ele era tratado como um nobre herdeiro. Sua filha, Nicolette, ouviu rumores de que Francis era pai de muitos filhos ilegítimos, "na tentativa de produzir um filho digno de si".[43]

Ele conheceu Pamela através da rede literária irlandesa. Francis foi hóspede de Yeats e Lady Gregory, em Coole Park, durante a lua de mel. Yeats se ofereceu para ajudá-lo com a escrita, mas Macnamara não aceitou a oferta, apesar de idolatrá-lo. Anos mais tarde, Yeats disse, "Francis Macnamara tinha algum talento poético, mas o perdeu por não obedecer à técnica do verso".[44]

Quando Pamela enviou para Francis as aventuras de Mary Poppins, em 1933, ele já estava preocupado com seu próximo romance, desta vez com uma mulher jovem e sensual, Iris O'Callaghan. Ela vivia em seu iate, atracado em Dover Harbor, e perseguiu Francis como uma caçadora implacável. Sua grande arma era a juventude. Aos 22 anos — menos da metade da idade dele —, ela o confundiu inteiramente. Era quase analfabeta, com uma mente caótica e um gosto por escândalos, nos quais quebrava relógios e retalhava roupas. Mas Iris, com seus lábios carnudos, era letal. Enquanto Pamela sonhava em viver com Francis na Regent's Square, Iris já havia se mudado para lá.

Notas

[1] Discurso proferido para os alunos do Smith College, em 7 de outubro de 1966.
[2] Ibid.
[3] Jonathan Cott, *Pipers at Gates of Dawn: the wisdom of children's literature* (Nova York: Random House, 1983); Patricia Demers, *P. L. Travers* (Boston: Twayne Publishers, 1991).
[4] Nota manuscrita, Shawfield Street, Chelsea.
[5] Carta para Joyce Madden, outubro de 1964, Illinois State University.
[6] Carta para Staffan Bergsten, 20 de fevereiro de 1978.
[7] Staffan Bergsten, *Mary Poppins and Myth* (Estocolmo: Almqvist & Wiksell International, 1978).
[8] 1º de junho de 1928.
[9] Jackie Wullschläger, *Inventing Wonderland* (Londres: Methuen, 1995).
[10] Carta para Staffan Bergsten, 19 de fevereiro de 1977.
[11] Discurso proferido no Radcliffe College, janeiro de 1966.
[12] *The Art of Beatrix Potter* (Londres: Frederick Warne, 1955).
[13] Milo Reeve [P. L. Travers], "The Hidden Child", *New English Weekly*, 10 de abril de 1947.

[14] *New Age Journal*, agosto de 1984.
[15] Discurso proferido no Radcliffe College, janeiro de 1966.
[16] Ibid.
[17] Carta para Joyce Madden, outubro de 1964.
[18] Ibid.
[19] Carta para Staffan Bergsten, 19 de fevereiro de 1977.
[20] Shusha Guppy, *Looking Back: a panoramic view of a literary age by the grandes dames of european letters*. (Nova York: Simon & Schuster, 1993).
[21] Carta para Staffan Bergsten, 19 de fevereiro de 1977.
[22] Carta para Joyce Madden, outubro de 1964.
[23] "Where Did She Come From?" *Saturday Evening Post*, 7 de novembro de 1964.
[24] Entrevista para Melinda Green, em manuscrito, Biblioteca Mitchell.
[25] *Sun Herald*, 4 de agosto de 1963.
[26] "The Pen and the Hand", *Christian Science Monitor*, 15 de outubro de 1960.
[27] Carta para Mary Shepard, 3 de março de 1962.
[28] Discurso proferido no Radcliffe College, janeiro de 1966.
[29] Guppy, *Looking Back*.
[30] Ian Woodward, "Meet the Creator of Mary Poppins", *Women's Weekly*, 1975; entrevista para uma rádio de Boston em 1965.
[31] *Christian Science Monitor*, 15 de outubro de 1980.
[32] Nota manuscrita na Biblioteca Mitchell.
[33] "The Pooh Poppins Connection", *Hampstead and Highgate Express*, 21 de maio de 1982.
[34] Guppy, *Looking Back*.
[35] *Christian Science Monitor*, 15 de outubro de 1980.
[36] Notas autobiográficas não publicadas de Shepard.
[37] Discurso proferido no Radcliffe College, 15 de janeiro de 1966.
[38] Radcliffe College, 8 de janeiro de 1966.
[39] Guppy, *Looking Back*.
[40] Nicolette Devas, *Two Flamboyant Fathers* (Londres: Collins, 1966).
[41] Augustus John, "Chiaroscuro", citado em *Two Flamboyant Fathers de Devas*.
[42] Oliver St John Gogarty, *It Isn't This Time of the Year at All! An Unpremeditated Autobiography* (Londres: MacGibbon and Kee, 1954).
[43] Devas, *Two Flamboyant Fathers*.
[44] Ibid.

8

UMA BELA NOITE PARA MORRER

Há um momento na vida de uma mulher em que uma encruzilhada se forma, e ela se sente como uma deusa hindu de muitos braços, fazendo malabarismos para equilibrar os papéis de mãe e amante, filha e esposa, criança e avó — a fêmea para todos os fins —, tudo em uma só pessoa. Ela é como a enfermeira da noite, que percorre silenciosamente as alas, acalmando os pacientes ansiosos, se perguntando quem amenizará os golpes quando eles recaírem sobre ela. Entre 1934 e 1939, Pamela se transformou nesta mulher. E tudo começou com a morte de Æ.

No final de 1934, Æ estava sofrendo com um câncer no intestino. Ele não suspeitava, nem os médicos. Andava cansado, mas não o suficiente para rejeitar uma oferta que chegou com um bombardeio de telegramas de Mary Rumsey, convidando-o para visitar os Estados Unidos em dezembro. Ela o queria em Washington, D.C., para realizar uma palestra sobre as comunidades rurais americanas, e sugeriu também que ele falasse sobre a repatriação dos índios mexicanos.

Æ era fascinado com a espiritualidade dos índios americanos. Sempre dizia aos seus adjuntos irlandeses que os americanos nativos possuíam religiões de "caráter panteísta bastante profundo. Para eles, a natureza, suas atividades, as árvores, a terra, os lagos e as nuvens, são seres como todos os outros". Mas ele queria advertir seus amigos na América que estava quatro anos mais velho do que a última vez em que se viram, ainda não estava senil, mas já se encontrava "fora do prumo". Depois da chegada de alguns telegramas, Æ pediu conselhos a Pamela. "Vá de uma vez", disse ela. E ele partiu no *Aurania* em 13 de dezembro de 1934.[1]

Duas semanas depois, ao desembarcar em Nova York, ele soube que a Sra. Rumsey tinha morrido. Æ se sentiu velho, cansado, acabado. Entretanto, os americanos o receberam com honras, mais uma vez. Ele almoçou com o presidente, Franklin D. Roosevelt e o secretário de agricultura, Henry Wallace, que era "meu amigo especial, um grande homem", contou ele para Pamela. John Collier, que fora comissário de assuntos indígenas por dois anos, ficou muito feliz ao vê-lo nos Estados Unidos. No início de janeiro, Collier o convidou para "ir ao sul para visitar as reservas indígenas".[2]

Collier via a cidade do Taos como uma "Atlântida Vermelha", que guardava segredos necessários para o mundo branco.[3] Isso impressionou Æ, que o considerava um místico que "amava os índios e pensa que eu, um panteísta e visionário, tenho o poder de entrar nas mentes dos chefes das tribos e expor-lhes a política de cooperação que, segundo ele, irá fortalecer a organização dos índios". Ele achava engraçado que Collier, depois de ler seus poemas e seu livro *Candle of Vision*, "teria me escolhido como uma espécie de possível embaixador para as tribos". Collier queria convencê-lo a seduzir os índios, "para salvaguardar a sua antiga cultura e produção com os métodos cooperativos. Eu adoraria vê-los... porém, me sinto velho demais para uma aventura dessas, com tantos mil quilômetros". E acabou recusando a aventura do Novo México.[4]

Æ tinha ótimas notícias para Pamela. Durante uma viagem a Chicago para ver seu filho, Diarmuid, e conhecer sua nora, Rose, ele almoçou com a compradora do departamento de livros da grande loja Marshall Field's. Como Æ disse para Pamela, "ela é a pessoa cujo entusiasmo por *Mary Poppins* incentivou as vendas do livro. O vendedor lhe deu uma cópia. Ela leu e fez um pedido de 500 exemplares, para espanto do vendedor. Até agora, ela já vendeu mais de 1.100! Para minha satisfação, ouvi comentários positivos sobre o livro. Eu, todo orgulhoso, disse que a conhecia, e eles quiseram saber tudo sobre você". Foi colocado um anúncio especial nos jornais de Chicago para promover o livro, que é "um *best-seller*, Pamela querida. A fome e o frio vão desaparecer do seu horizonte".

Na carta, dizia também que a compradora da Marshall Field's pediu que, se Pamela fosse a Chicago, fosse visitá-la. Ela iria "lhe mostrar o lugar e levá-la para dar palestras, o que significa dólares".

Pamela sentia um certo desânimo nas cartas que Æ enviava dos Estados Unidos, mas ela não tinha ideia do quanto ele estava exausto em fevereiro, quando percebeu a extensão de sua doença. O principal problema era a frequente e urgente necessidade de aliviar as entranhas. Ele voltou para casa, novamente no *Aurania*, chegando em meados de março de 1935, e foi morar em Tavistock Place, perto da estação de Euston.

Ela não recebeu mais notícias até o final de março, quando Æ escreveu contando que tinha "uma inflamação interna, e que estavam realizando exames". Seu médico e amigo, Hector Munro, diagnosticou uma disenteria e prescreveu uma dieta de leite, água de cevada e coalhada. Pamela não confiava em Munro. Ela mandou açúcar de cevada e doces caseiros para Æ, e ficou bastante preocupada, embora as cartas recebidas em abril garantissem que ele estava "melhorando rapidamente".

Os instintos de Pamela a levaram até Londres. Obviamente, era muito grave. Æ ia ao banheiro a todo minuto. Por fim, em desespero, ela lhe trouxe todos os medicamentos para enterite que encontrara no armário de remédios. Eles não funcionaram, mas Æ ficou animado ao ouvi-la contar quanto tempo ela já tinha sofrido de enterite, sem que piorasse. Pamela achou seu semblante acinzentado e pediu que ele procurasse um especialista.[5]

O próprio médico recomendou um. Æ prometeu que se ele não melhorasse em uma semana, iria consultá-lo. Nesse meio-tempo, o próprio Munro decidiu chamar um especialista. Æ consultou um cirurgião na Cavendish Square, que realizou sete radiografias e diagnosticou diarreia no intestino grosso e constipação no intestino delgado. Ele divertiu o médico dizendo que isso estaria relacionado aos sete chacras, os sete centros espirituais do corpo, ao que ele respondeu, "Ah, claro que não, Sr. Russell".[6]

Pamela pediu para Æ ficar em Pound Cottage, para que ela pudesse cuidar dele com tranquilidade, entre plantas e flores, mas ele achou que devia "adiar todos os planos de mudança para o interior até o médico dar uma posição".[7]

Mesmo morando em Pound Cottage com Madge, Pamela viajava diversas vezes para Londres para visitar o escritório do *New English Weekly*, então editado por Philip Mairet e dirigido por um conselho que incluía Jessie Orage, a viúva americana de seu fundador, A. R. Orage. Ao longo de 1935, Pamela se tornou amiga íntima de Jessie, uma mulher alta e bonita, descendente de gerações de clérigos e acadêmicos de Connecticut.[8]

Durante aquele ano, Pamela ficou hospedada algumas vezes no apartamento de Jessie, em Londres. Por muito tempo, Jessie manteve um diário cujas páginas revelam muito da vida de Pamela durante a década seguinte, ora em detalhes, ora em frases misteriosamente alusivas. Em 26 de abril de 1935, o diário dizia, "conversamos a noite toda", assim como na noite seguinte. Quando Pamela ficava em um hotel, elas tomavam o café da manhã juntas, e Pamela sempre convidava Jessie e seus filhos, Dick e Anne, para ficar em Pound Cottage. No final de maio, Jessie escreveu em seu diário, "Gosto tanto dela!"

As duas ligavam constantemente para Æ em Londres, que, a essa altura, se encontrava muito doente. Em 14 de junho, ele assinou um novo testamento. Uma semana depois, viajou de trem para Bournemouth com o dr. Munro e Charles Weekes, um amigo de Londres que tinha sido seu editor e agente. Æ decidiu ficar em Havenhurst, na casa de repouso de uma tal srta. Phoebe Myers. Ele desistiu de seu apartamento em Tavistock Place — o especialista acreditava que seria melhor sair de Londres. Em Havenhurst, Æ ficava boa parte do tempo deitado em uma espreguiçadeira sob as árvores, olhando para o mar.

Em 4 de julho, ele enviou um cartão para Pamela, cuja escrita ela estranhou:[9] "Não sei quanto tempo vou ficar aqui. Este é um lugar adorável, mas me pergunto se vou melhorar. Acho que não tenho futuro apesar do sol, da brisa do mar, da bondade; muitas vezes sinto que meu descanso neste lugar está quase no fim. Obrigado, cara P pelo convite [para ir a Mayfield] mas mal posso me levantar de uma cadeira".[10]

Æ começou a escrever cartas de despedida para os amigos, e todos os dias perguntava se havia notícias de Yeats. Nunca houve. Ele pediu para Munro que escrevesse para Pamela, contando a ela que teria que fazer "uma cirurgia de obstrução". Os médicos descobriram tumores secundários. Pamela telefonou para o dr. Munro e soube que a expectativa de vida de Æ era de apenas um mês. Munro lhe disse que os médicos nunca haviam examinado o reto de Æ até ele chegar em Bournemouth. Um novo médico foi consultado, e depois de examiná-lo, recomendou que ele procurasse um cirurgião. Foi o cirurgião quem deu a notícia e, comovido com a maneira como Æ a recebeu, deixou o quarto, arrasado.[11]

A notícia chegou em 9 de julho. No dia seguinte, Æ foi submetido a uma colostomia no Stagden Nursing Home. Pamela já não aguentava mais tanta aflição. No sábado, ela dirigiu de Londres a Bournemouth, onde reservou um quarto em Havenhurst. Foi recebida por William Magee, um escritor amigo de Æ (que assinava com o nome de John Eglinton). "Estou feliz que você veio", disse Magee. "Ele fica perguntando de você e não consigo compensar sua ausência".[12]

Pela manhã, ela foi visitá-lo. Sentou-se na cadeira ao lado da cama e encostou no travesseiro. Ele levantou a mão e a colocou sobre sua cabeça, dizendo, "Você tem um bom coração, querida". Ela o encontrou muito diferente. Achou que ele parecia um príncipe, sua barba grisalha estava dourada, "o rosto tão fino e querido, os olhos tão profundos e azuis. Ah... não pude conter as lágrimas". Ela conseguiu dizer que tinha vindo para ficar perto dele, que não o deixaria. Æ perguntou sobre o próximo livro, *Mary Poppins Comes Back*. Ela respondeu que iria trabalhar nele. Pamela beijou sua mão novamente, depois saiu, perguntando se ele gostaria que ela cuidasse de sua correspondência, e ele disse que "sim".

No dia seguinte, ela ficou ao lado da cama dele, escrevendo a lápis muitas cartas de despedida, incluindo esta, para Henry Wallace:

> *Meu caro Henry,*
>
> *Esta carta é uma despedida. Minha doença não pode ser curada por meios médicos ou cirúrgicos. Não sei quanto tempo tenho, possivelmente menos de seis meses, a morte não tem muita importância, nós entendemos um ao outro.*[13]

Ela não chorou. O médico perguntou se havia alguma coisa que pudesse fazer. Æ respondeu, "Talvez possa me trazer um pouco de chá chinês".

Na terça-feira, de volta a Stagden, Æ perguntou se ela tinha nadado. Falaram das correntes. Ele tinha piorado muito, não conseguia sequer assinar as cartas e pediu a Pamela que assinasse em seu nome. Antes da despedida, ele falou que desejava poder viver o suficiente para ver os poemas de Pamela publicados. Ela prometeu que seriam dedicados a ele. O médico preveniu Pamela de que a morte era iminente. Æ perguntou novamente se havia alguma mensagem de Yeats. Nada. Pamela enviou um telegrama para o poeta: "Æ morrendo e diariamente procura por uma palavra sua".

Ela ficou aliviada quando Con Curran, um dos amigos irlandeses de Æ, chegou trazendo a notícia de que a Academia Irlandesa tinha a intenção de recomendar Æ para o Prêmio Nobel. Até então, seu único apoio em

Bournemouth era William Magee. Ela ligava todos os dias para Charles Weekes, em Londres.

À noite ela quase não dormia, esperando por um telefonema da clínica. Ele estava morrendo aos poucos e ela se pegava pensando, "Ah, meu querido, vá embora, não espere mais. Vá embora!" Uma enfermeira de Stagden ligou na terça-feira à noite, mas foi apenas um alarme falso. Oliver St John Gogarty enviou um telegrama, desesperado: "Por favor, me diga se chegarei a tempo de ver meu amigo Russell se sair esta noite de Dublin". Ela telegrafou de volta, "Venha depressa".

Na quarta-feira, Æ recebeu morfina e estava quase inconsciente. Jessie soube que Pamela poderia precisar de ajuda e foi encontrá-la. Madge também. Naquela manhã, ela finalmente recebeu um telegrama de Yeats: "Dê o meu amor para o velho amigo". Æ estava dormindo quando Gogarty chegou. Ele acordou às quatro.

Gogarty beijou as mãos de Pamela, dizendo, "Abençoada seja!". Em seguida, ele se endireitou e "já chorando", entrou no quarto. Ao fechar a porta, ela viu Gogarty de joelhos ao lado da cama, com o rosto na mão de Æ.[14]

Os amigos estavam sentados no jardim ensolarado, conversando, à espera. Pamela olhou para uma varanda e viu um pássaro batendo as asas descontroladamente.[15]

Æ caiu em um sono profundo. Todos sabiam que ele morreria naquela noite. As enfermeiras sugeriram que eles ficassem em uma sala de espera no andar de baixo — Pamela, Madge, Jessie, Con Curran, Charles Weekes, que tinha retornado para Bournemouth, Gogarty, Magee e Hector Munro. Pamela implorou para vê-lo mais uma vez, mas os médicos disseram que seria melhor se ela não entrasse em seu quarto.

Por volta das 10 horas, Munro disse que a respiração de Æ era "apenas automática, ele mesmo já voou". Uma hora depois, Munro disse que Æ estava "no estertor da morte". Pamela estava certa de que isso não era verdade e pediu para Munro voltar lá. O médico desceu novamente e avisou que Æ tinha partido em um sono tranquilo. Ele morreu às 11h25.

Como se estivesse em uma igreja, Con Curran levantou-se e falou, "Louvemos agora os homens célebres". Eles se ergueram e formaram um círculo. Era lua cheia. Pamela imaginou que tudo era brilhante, magnífico, e lindo em seu apogeu. Júpiter e Vênus estavam altos no céu e a luz da lua se derramava sobre o mar.

Seu corpo ainda estava na cama na manhã seguinte. Pamela subiu para o quarto. Nunca tinha visto um homem morto antes. Ele parecia nobre, quase majestoso. Em suas mãos, segurava os dois ramos de alecrim que ela trouxe de Pound Cottage. Ela perguntou à enfermeira se ele poderia ser enterrado com eles. Simone Tery chegou da França e pediu para que o caixão fosse aberto, queria fotografá-lo. Pamela gostou que a funerária não permitiu. Naquela noite, Pamela seguiu o carro fúnebre até o necrotério. A enorme coroa de flores de Charles Weekes estava no banco de trás de seu carro. Ela viu a lua dourada e cheia sobre o mar. E sentiu o cheiro da morte.

Na sexta-feira, Pamela e Con Curran viajaram de trem para acompanhar o caixão até a estação de Euston. Pamela pensou, "Nunca mais vou viajar com o meu anjo da guarda". Em Londres, eles foram recebidos pelo alto-comissário da Irlanda e Helen Waddell, uma amiga de Æ. Eles foram tomar um drinque no hotel Euston Station, onde tantas vezes Pamela e Æ se encontraram. Brian Russell, o filho mais velho de Æ, que não se relacionava com o pai e se manteve distante até o fim, juntou-se a eles mais tarde, na balsa para a Irlanda. Æ tinha manifestado o desejo se ser enterrado lá.

O corpo foi levado para Plunkett House, o antigo escritório do *Irish Statesman*, onde ele trabalhou por tanto tempo. O caixão ficou no saguão; os amigos trouxeram flores. Em 20 de julho, Æ foi enterrado no cemitério de St. Jerome. Yeats e de Valera estavam no longo cortejo do funeral. Frank O'Connor fez uma prece, citando uma poetisa árabe: "Ele viu o relâmpago no leste e desejou o leste, ele viu o relâmpago no oeste e desejou o oeste, mas eu, vendo somente o relâmpago e a sua glória, não desejo os cantos da terra". Pamela tinha pedido que fossem ditas algumas palavras do Eclesiástico, o Livro dos Apócrifos: "Vamos elogiar os homens ilustres, nossos antepassados, através das gerações... Proclamem os povos a sua sabedoria, e cante a assembleia os seus louvores!" Pamela achou que a noite do sepultamento foi tão bela quanto a de sua morte. "Tudo nele foi elevado à plenitude e isso é um triunfo para um homem".[16]

NOS DIAS, MESES E ANOS após a morte de Æ, Pamela peneirou suas lembranças, revolvendo-as como um jardim zen, criando padrões e buscando sentido. Ela queria deixar bem claro que "não era uma admiradora de Æ. Não fiz nada por ele. O que faz uma flor para o sol? Nada, só vive e cresce por ele".[17]

Ela disse aos amigos que assim como Orage elevou o intelecto nos homens, Æ elevou o espírito. Embora tivessem se tornado próximos nos últimos anos, ele não falava de seus sentimentos com ela. Pamela achava que ele via sua constante falta de dinheiro e sua saúde ruim como "parte do karma", mas descobriu por outras pessoas que isso o deixava ansioso. Ela tinha dado "tudo" a ele, e dele recebeu o que havia de melhor, material e imaterial. Ele sabia que ela o amava. Ela tentou lhe dizer, mas era muito difícil.

Pamela se apoiou em Diarmuid Russell, que não chegou a tempo de ver o pai vivo, e em agosto foi passar seis semanas com Lota Law, em Donegal. Ela sentia a presença de Æ por toda parte em Breaghy e Dunfanaghy. Aquela sensação de uma alma pairando, que ainda não estava disposta a voar para longe. Lota Law cuidou dela como uma mãe.

Como dizia C. S. Lewis sobre o luto, a emoção que tanto choca aqueles que ficam é o nervosismo. Ela não se sentia bem desde a morte de Æ e temia por seu sentimento de solidão. Os piores momentos, como toda criança, marido ou esposa em luto sabe, vêm quando as gavetas e armários precisam ser esvaziados, quando as lembranças do cotidiano se espalham à sua frente, a escova de cabelo, ainda com fios entrelaçados, poemas em papéis amarelados, alfinetes cuidadosamente guardados em uma lata, um lenço que ainda tem o cheiro daquele que você amava.

Quando Pamela separava suas roupas e pertences, encontrou um carretel de linha preta com uma agulha e percebeu quantas vezes ele deve ter reparado suas próprias roupas. "Foi simplesmente de partir o coração. Ele nunca deixou que as pessoas fizessem essas coisas para ele. Era muito fechado e distante... Eu me pego pensando frequentemente, "Devo contar para Æ" ou "Preciso perguntar para Æ" e, então, eu me dou conta!".[18]

Ela já não sentia medo da própria morte, a menos que pudesse ser desastrosa e repentina, sem tempo para preparar o coração ou a mente. Depois que Æ morreu, Pamela tinha pesadelos terríveis com ele, assim como foi com sua mãe. Nos pesadelos, ele estava sempre doente e triste. Mas uma noite, ela sonhou que ele lhe fez um pequeno avental. E quando viu que ela estava com frio, ele lhe fez uma capa quente, verde, bordada com linhas azuis. Ela pensou que isso era exatamente o que ele fazia em vida. Æ envolvia calorosamente os amigos, mas também tinha o dom de ser frio e severo, do tipo que dizia, "É a sua batalha, você deve enfrentá-la sem armas, você pode perder, mas não posso ajudá-la".

Ela reuniu poemas de Æ para dar às enfermeiras de Stagden — aquelas que ela achava sensíveis. Pamela esperava conseguir fazer uma seleção de ensaios para revistas, mas um amigo de Æ, o escritor Monk Gibbon, já tinha começado algo semelhante, enquanto ele ainda estava vivo. Embora não fosse uma escolha do pai, seu filho Diarmuid achou que Gibbon deveria ter a primeira oportunidade de compilar o livro de memórias. Yeats sugeriu a Pamela que ela preparasse uma seleção especial de seus contos irlandeses, mas ela achava que isso poderia invadir os direitos de Gibbon. Diarmuid lhe pediu para escrever a biografia de Æ, mas ela não se sentia segura o bastante. Como é possível contar a "história de uma alma", de como ela via sua vida?

Em sua primeira visita a Dublin após a morte de Æ, ela levou alfazema do jardim de Pound Cottage e planejava espalhá-la sobre o túmulo, mas não sabia qual era. Ainda não havia uma lápide.[19] Finalmente, foi erguida uma pedra, gravada com os dizeres: "Eu transitava entre homens e lugares, e em vida conheci a verdade. Enfim, sei que sou um espírito, e fui adiante no tempo antigo do eu ancestral para tarefas ainda não cumpridas".

NO FINAL DE OUTUBRO DE 1935, após longos dias e noites em frente da máquina de escrever, Pamela finalizou *Mary Poppins Comes Back*, em três semanas emocionantes. O livro foi publicado nos Estados Unidos e na Inglaterra em novembro, a tempo para as vendas de Natal. Madge considerava este ainda melhor do que o primeiro.

Eugene Reynal, o editor americano, esteve na Inglaterra em outubro e foi "amável e generoso comigo". Ele perguntou quanto ela precisava para viver e assegurou que tentaria impulsionar as vendas de *Mary Poppins* na América. "E não se tratava de blefe ou de uma negociação difícil, mas algo real e rápido, humano e generoso."

Agora, aos 36 anos, Pamela realmente se sentia órfã, pois não havia "ninguém para compartilhar as coisas profundas da vida e do ser". Ela escreveu para amigos dizendo que "Æ esperava que agora cada um fizesse por si mesmo o que ele fez por nós. E vou tentar fazer isso".[20]

Notas

1. Carta para Lesley, uma amiga australiana, 23 de outubro de 1935.
2. Carta de 2 de janeiro de 1935.
3. Kenneth R. Philp, *John Collier's Crusade for Indian Reform, 1920-1954* (Tucson: University of Arizona Press, 1977).
4. Cartas para Joseph O'Neill, 26 de janeiro de 1935 e para P. L. Travers, 9 e 18 de fevereiro de 1935.
5. Carta para Lesley.
6. Nota escrita por P. L. Travers, 1942, Biblioteca Mitchell.
7. Carta de 22 de maio de 1935.
8. James Moore, *Gurdjieff: The Anatomy of a Myth* (Shaftesbury, UK: Element, 1991).
9. Carta para Lesley.
10. Carta de 4 de julho de 1935.
11. Carta para Lesley.
12. Henry Summerfield, *That Myriad Minded Man: A Biography of George Russell "Æ," 1867-1935* (Gerrards Cross, UK: Colin Smythe, 1975).
13. Esboço de carta escrita por P. L. Travers, ditada por Æ, Biblioteca Mitchell.
14. Carta de P. L. Travers para o Professor Carens, 1978.
15. Anotações de P. L. Travers, 1942; "The Death of Æ, Irish Hero and Mystic" in *The Celtic Consciousness*, ed. Robert O'Driscoll (Nova York: Braziller, 1981).
16. Carta para Lesley e notas datilografadas de P. L. Travers.
17. Palestra proferida no Smith College, 7 de outubro de 1966.
18. Carta para Lesley.
19. Ibid.
20. Ibid.

9

A TRAJETÓRIA DE CAMILLUS

Somente uma mulher forte e valente como Ellie Morehead embarcaria em uma viagem por mar da Austrália para a Inglaterra, aos noventa anos. Tia Ellie estava determinada a assistir ao casamento de sua sobrinha-neta, em 1936. Ela parecia uma pequena anciã, encolhida nos braços de Pamela, quando as duas se cumprimentaram em Londres.

Pamela mostrou para a tia-avó o primeiro livro de Mary Poppins, datilografado na máquina de escrever que a própria Ellie tinha lhe dado. Ela acariciou a capa, abriu e leu a dedicatória "Para Minha Mãe". E virou-se para que Pamela não pudesse ver seu rosto. Seus olhos estavam vermelhos e sua voz excepcionalmente baixa quando ela olhou novamente para Pamela. "Meg teria ficado feliz", disse. Ellie gostou da capa. E com seu jeito rabugento, perguntou se o interior também era tão bom.

Ellie Morehead voltou para a Austrália no dia seguinte. A última carta que ela escreveu de sua casa em Darling Point, Sydney, foi para sua irmã Jane, que vivia na Inglaterra. A data era 24 de setembro de 1937. E terminava dizendo: "Amo todos vocês. Tive uma vida longa e feliz. Deus os abençoe. Boa noite". Os últimos traços vacilantes da caneta pareciam esvair-se como uma nuvem de fumaça. Ellie morreu assim que a sua mão deixou o papel.[1]

No testamento, a tia foi generosa com Pamela. Além dos fundos das empresas Colonial Sugar Refining e Commercial Banking, Ellie deixou para Pamela parte de seus bens imóveis e pessoais. Agora Pamela tinha três fontes seguras de rendimento: o dinheiro da Tia Ellie, os direitos autorais de seus livros e os pagamentos dos artigos que ela escrevia para o *New English Weekly*.

Ela tinha sido uma colaboradora ocasional do jornal desde 1934, mas em 1936 Pamela aumentou a sua contribuição para três ou quatro artigos por mês. Assinando "P. T." e "Milo Reeve", ela revisou muitas peças teatrais e filmes, desde o *Sonho de Uma Noite de Verão* até *Peter Pan*, de *Branca de Neve* até *O Rei Lear*. Era uma época de grandes estrelas nos palcos de Londres. Ela assistiu Ralph Richardson como Otelo, Leslie Howard, como Romeo, e Alec Guinness, como Hamlet. Pamela não tinha consideração por Chekhov, Eugene O'Neill, Noël Coward, os filmes de Walt Disney e muitos escritores infantis, incluindo A. A. Milne, mas elogiava a maioria das peças de Ibsen, exceto *Peer Gynt*, que ela qualificou como "confusa". Suas críticas afiadas revelam uma falta de maturaridade — uma necessidade de parecer segura e autoritária em detrimento de comentários genuinamente úteis ou perspicazes. Os únicos escritores que ela elogiou foram G. B. Shaw e T. S. Eliot. Na época, Eliot era consultor e colaborador do *New English Weekly*.[2] Seus ensaios raros deixavam entrever lances da vida cotidiana e pessoal. Ela escreveu sobre exposições de carros e de cães, sobre um piquenique no inverno, e sobre seu carro BSA esporte, com um buraco no tapete e um parafuso torto na porta.

Com sua nova fonte de renda, Pamela tinha o suficiente para comprar de Glynne a propriedade de Pound Cottage. Agora, ela não somente tinha sua própria casa, mas, assim como a Sra. Banks, decidiu contratar uma ajudante. Pamela sabia que a pequena Doris Vockins, que vivia com sua numerosa família a dez minutos de caminhada, estava prestes a sair da escola. Pamela foi conversar com a mãe da garota. Doris, que estava com quatorze anos, deixou a escola na sexta-feira e começou a trabalhar para Pamela na segunda-feira seguinte.

Doris estava impressionada com a Srta. Travers e a Srta. Burnand, como ela as chamava. Elas pareciam sempre tão felizes, e a Srta. Travers era tão bonita de batom, com seu cabelo encaracolado e suas calças elegantes. Doris tinha uma longa lista de deveres. Ela começava às 9 horas. Primeiro havia o trabalho geral da casa e, no inverno, as lareiras deveriam ser acesas. As lâmpadas e aquecedores a óleo tinham que ser limpos todos os dias. Não havia eletricidade. Ela bombeava água do gêiser para o banheiro para que tivessem água quente. Varria ao redor das poltronas perto da lareira, e, em seguida, limpava a mesa de tábuas de carvalho. O cachorro ficava com ela, correndo ao seu redor, com suas pequenas pernas tortas.

O correio e os jornais eram entregues todos os dias; o telefone de manivela tocava com frequência, com notícias de Londres. A cozinha era território de Madge. Doris ficava encantada com a quantidade de macarrão que a Srta. Travers e a Srta. Burnand comiam. O leite vinha da fazenda do Sr. Firrell, nas proximidades. A Srta. Travers começava a escrever cedo. Doris acendia a lareira do novo estúdio, acrescentado à casa em 1936. "Traga-me o café às onze", ela ordenava a Doris. Na hora do almoço, ela gostava de um uísque. Todas as manhãs ela pedia para Doris ligar o seu carro.

Pamela sempre falava dos Estados Unidos. Doris nunca sabia ao certo para onde a patroa ia, ou por que ela estava indo, só o que parecia era que ela estava sempre viajando. Quando Madge e Pamela estavam fora, Doris inspecionava o chalé, verificava se as trancas estavam seguras e passava o espanador pela mobília.[3]

Em janeiro de 1936, Pamela se juntou à Jessie e seus filhos em uma viagem para esquiar na Suíça. Os diários de Jessie da época revelam uma nova intensidade na sua relação com Pamela. Os diários não são uma prova de intimidade, mas há muitas alusões a uma relação amorosa. Em 1936, elas não são tão específicas e podem estar se referindo apenas a uma amizade. Mais tarde, na década de 1940, as referências são bem específicas, mas ainda assim, não são uma prova conclusiva.

Na primavera e no verão de 1936, em Londres, Pamela e Jessie participaram de reuniões conduzidas por Jane Heap, uma discípula de Gurdjieff, que confidenciou para os amigos sua homossexualidade, dizendo, "Não sou realmente uma mulher". Heap, que usava batom escarlate e ternos masculinos, e parecia um pouco como Oscar Wilde, foi uma americana que editou com a amante, Margaret Anderson, a revista de artes radicais *Little Review*, em Chicago. Ambas tinham estudado com Gurdjieff em Paris, mas Heap havia se mudado recentemente para Londres, seguindo as instruções do guru.

Heap e Anderson, juntamente com um grupo de amigas, também lésbicas, ficaram fascinadas com Gurdjieff desde que o conheceram em Nova York, na década de 1920. Ele, por sua vez, também era fascinado por elas, e em janeiro de 1936, formou um grupo especial de lésbicas em Paris chamado Rope ["corda", em inglês], cujos membros incluíam Margaret Anderson, Georgette Leblanc e Elizabeth Gordon. (Mais tarde, Gurdjieff disse que as mantinha metaforicamente amarradas. Kathryn Hulme, integrante do grupo, disse "nós sabíamos... desde o primeiro dia, o que aquele vínculo invisível pressagiava. Era uma corda pela qual, com a ajuda da mão do mestre, seríamos capazes de nos mover lentamente da caverna da existência ilusória em que vivíamos. Ou era uma corda com a qual poderíamos muito bem nos enforcar, por inércia e hipocrisia.)[4]

Diferentemente dos membros da Rope, Pamela e Jessie amavam homens, mas seus relacionamentos eram sempre frustrantes, sob vários aspectos. Quando se aproximaram, ambas estavam passando pela perda de homens importantes em suas vidas: Jessie, com a morte de Orage, e Pamela, com a morte de Æ, um ano depois.

Os diários de Jessie Orage mostram que ela passou muitos dias com Pamela em 1936, indo ao teatro e ao cinema, saindo para jantar ou apenas conversando, muitas vezes durante toda a noite. Em maio, ela procurava um presente para Pamela, que queria um coral. Jessie escreveu: "Ela quer usá-lo para sua melancolia". Alguns dias depois, quando encontrou a peça certa, comprada em Chancery Lane, Jessie foi para Pound Cottage para uma "noite deliciosamente louca com Pamela". No dia seguinte, elas caminharam na floresta, na chuva. E no outro dia, "Pamela e eu acordamos tarde".

No meio do ano, a editora americana de Pamela, Eugene Reynal, sugeriu uma visita a Nova York, Detroit e Chicago para promover *Mary Poppins*.[5] Jessie acompanhou Pamela até Southampton, onde ela embarcou no *Queen Mary*. Jessie escreveu em seu diário: "Sentirei uma falta terrível de P". Pamela ligou para Jessie do navio, e depois, dos Estados Unidos, muitas vezes, sentindo uma "grande emoção" a cada chamada. Pamela retornou em dezembro, com pleurite, tão doente que mal conseguia sair do navio. Em sua bagagem, havia um presente extravagante para Jessie: uma luxuosa capa de noite. Naquela véspera de Ano-Novo, Jessie e Pamela foram para o Hotel King's, em Brighton. O diário de Jessie registra: "P. e eu temos um quarto com vista para o mar. Ao meio-dia, P. ligou para Madge e cantou 'Auld Lang Syne' pelo telefone".

Madge não era uma parte desinteressada nesse relacionamento. Em 1937, cresceram as tensões entre as três.

As anotações de Jessie naquele ano revelam uma complexa teia de emoções e referências a outros relacionamentos tumultuados na vida de Pamela. Em maio, Jessie foi até Pound Cottage para encontrar "P. não muito bem depois de uma semana emocionalmente pesada. Maldita Madge. Sempre desconfiei de seu temperamento e da crueldade de suas narinas."

Jessie registrou em junho que Pamela tinha sofrido com "tonturas". Em 29 de junho, "P. e eu dirigimos de volta para Londres. P. parecia feliz, mas tornou-se cada vez mais silenciosa, não completamente, "até depois de telefonar para Madge". Ao término das férias de verão em uma praia na Irlanda, durante as quais Jessie discutia ruidosamente com Pamela, elas encontraram Madge em Dublin, onde Jessie também brigou, desta vez com Madge. No mês seguinte, Jessie escreveu, "P. me contou muitas coisas que nunca havia me dito antes. Isso me agradou muito... conversamos na frente da lareira. Agora entendo muitas coisas".

Muitas dessas coisas continuam ocultas, mas pode ser que Pamela tenha contado sobre sua paixão por Francis Macnamara que, em 1937, sucumbiu ao casamento pela terceira vez. Ele e a nova esposa, Iris O'Callaghan, foram viver na Irlanda. Francis era um "casanova" que ignorava o rastro de corações partidos deixado ao longo de seu caminho de conquistas, adotando a posição de que cada caso não passava de uma brincadeira, e que as mulheres deveriam levar-se tão a sério quanto ele fazia. Os seus relacionamentos terminavam de maneira confusa, e Pamela se preocupou com ele muito mais do que ele jamais soube. Ela arrastou uma asa por Francis Macnamara pelo resto da vida, perdoando-o, preservando-o em sua mente como "o homem perfeito", embora soubesse o tempo todo que ele era um Don Juan.[6]

APESAR DE SUA RELAÇÃO COM Jessie, a perda de Macnamara representou um golpe para Pamela e deixou um grande vazio em seu espírito. O lugar foi preenchido até certo ponto por Gurdjieff, que Pamela conheceu primeiramente com Jessie, em março de 1936, quando elas foram para a França visitar o Prieure, em Fontainebleau, e depois seguiram de carro para Paris para encontrar Gurdjieff no Café de la Paix.

Jessie escreveu em seu diário que, "Gurdjieff não me reconheceu no início. Fomos para o apartamento dele... Margaret, Georgette e Elizabeth Gordon estavam lá. O mesmo velho ritual, bebidas para idiotas etc., muito boa comida preparada por G.... Pam e eu nos encarregamos da conversa. Achei que ele era indiferente para mim".

Pamela, porém, estava extasiada. No trabalho de Gurdjieff, que ela já tinha estudado com Heap, existia uma filosofia que atraía tanto seu intelecto quanto seus sentidos, por diferentes razões. Era satisfatória em muitos aspectos, desde a necessidade de se diferenciar dos outros até a necessidade de encontrar alívio para sua terrível ansiedade. Mas o caminho de Gurdjieff, definitivamente, não servia para trabalhadores. Primeiro, porque ele exigia dinheiro, e segundo, insistia em uma absorção e dedicação de tempo muito maior do que os trabalhadores poderiam despender. Gurdjieff atraía os emocionalmente carentes e, acima de tudo, era um ímã para artistas de todos os tipos, entre eles, Georgia O'Keeffe, T. S. Eliot, Frank Lloyd Wright e Lincoln Kirstein, sócio e financiador do coreógrafo George Balanchine.

Pamela era esnobe. A exclusividade do trabalho de Gurdjieff para afortunados era tentadora. E havia outros atrativos: a ênfase que Gurdjieff dava ao estudo de si mesmo e sua promessa de paz através da dança. A primeira regra do seu trabalho era "conheça a ti mesmo", a prática da observação profunda de si. O aluno deveria se perguntar, "Eu realmente me conheço no aqui e agora, me conheço objetivamente?" Os adeptos de Gurdjieff praticavam constantemente o retorno a si memo. Emoções negativas deveriam ser banidas na medida em que trabalhavam diariamente a sua saúde interior para se tornarem "conscientes" e transformados. Os alunos criavam imagens mentais de si mesmos, observavam suas sensações, humores, emoções, pensamentos. A ideia era experimentar o não-desejo sobre o desejo. Tal introspecção era perfeita para Pamela.

Todo esse autoconhecimento estava sincronizado com danças ritualísticas e movimentos de Gurdjieff. Ele tinha cerca de cem movimentos, derivados de fontes na Turquia, Tibete e Afeganistão. As danças representavam uma espécie de meditação em ação ou sinalização corporal. Entre elas existiam seis exercícios obrigatórios, bem como as danças dervixe para homens e preces em movimento. Durante toda sua vida, Gurdjieff simulou a persona humilde de "um antigo professor de dança", uma simulação bem próxima da realidade.

Em sua alma, Pamela também era uma dançarina, não treinada, mas instintiva. Ela encontrou a tranquilidade que precisava nas danças sagradas de Gurdjieff em vários salões de Londres. Através da dança, ela conheceu e se tornou amiga íntima de professores, alunos de Gurdjieff, entre eles, Rosemary Nott, que também era pianista, e Jessmin Howarth. Pamela chamava Nott de sua mentora; ela adorava ouvi-la tocar para os movimentos, principalmente para os exercícios obrigatórios.

Sem dúvida, o trabalho de Gurdjieff ajudou a acalmar sua mente até certo ponto, mas os diários de Jessie mostram que Pamela permaneceu em um estado de alta tensão no decorrer dos próximos anos. Ela mantinha uma relação de amor e ódio com Madge Burnand. Ambas precisavam uma da outra, no entanto, machucavam-se mutuamente repetidas vezes. No final de 1937, Madge partiu no *Queen Mary* para um longo período nos Estados Unidos, mas em maio de 1938 as anotações de Jessie diziam que "Pam está muito deprimida. Teme o retorno de M...". Uma semana mais tarde, "M. a está fazendo passar por momentos terríveis". Em outubro, Pamela visitou Jessie em Londres e depois do jantar, "chorou e chorou." Jessie pensou que ela estava chorando porque Madge havia arranjado um trabalho e teria que deixar Pound Cottage, embora não tenha especificado o lugar onde Madge iria trabalhar.

Em casa, Doris não sabia nada sobre toda essa situação angustiante. Mas um dia ficou surpresa ao descobrir que a Srta. Burnand tinha feito as malas e ido embora. Ela não contou para Doris para onde estava indo, e Pamela nunca mais mencionou o nome de Madge.[7] Agora, era Doris quem estava prestes a ser arrastada para a infelicidade e a insegurança de Pamela. Durante anos, Pamela tinha observado como Jessie ficava à vontade com os filhos, como uma mãe e seu filho podem ficar ainda mais próximos do que amantes, aconchegando-se um ao outro, rindo, se abraçando, sem compartilhar nada específico, e ainda assim, compartilhando tudo.

Sem mencionar nada, Pamela providenciou a construção de um novo quarto na casa de campo, ao lado do estúdio. E pediu que os pais de Doris viessem até sua casa. Pamela reuniu todo o seu talento de atriz, e, de forma persuasiva e encantadora, sugeriu que, já que o Sr. e a Sra. Vockins tinham sete filhos, e Doris estava trabalhando em Pound Cottage todos os dias, não seria uma excelente ideia se ela adotasse Doris em definitivo?

O plano falhou catastroficamente. Os Vockin não aceitaram de modo algum. E a própria Doris disse que não queria morar em Pound Cottage. Quanto à oferta de Pamela para lhe mostrar o mundo, Doris respondeu: "Eu não quero ver o mundo!"

Em 13 de janeiro de 1939, o diário de Jessie dizia: "Dia tempestuoso. P. demitiu Doris. P. e eu brigamos novamente, ela é tão falsa e rude com meus filhos, explodindo com eles".[8]

Pamela sentia uma necessidade desesperada de ter alguém para amar e controlar. Não tinha os pais, não tinha um amante permanente, não tinha um filho, e até mesmo Madge havia partido. Havia suas irmãs na Austrália, mas não significavam quase nada para ela. A fantasia da adoção estava firme em sua mente. Ela contou para Jessie, que escreveu em seu diário, em fevereiro de 1939: "P. está desapontada porque não apoio incondicionalmente a ideia da adoção".

Elas conversaram sobre o assunto durante toda a primavera. Jessie tentava não dizer para Pamela que achava aquilo tudo um absurdo. A obsessão de que ela precisava ter um bebê coincidiu com as tensões externas — a certeza de uma guerra envolvendo toda a Europa. Os registros no diário de Jessie começaram a alternar entre as datas fatídicas do avanço de Hitler e as minúcias da vida em Pound Cottage e na casa de Jessie, em Londres. As crescentes tensões antes da declaração de guerra também foram registradas de forma poética e sonhadora por Pamela, em uma série de artigos que escreveu para o *New English Weekly*. Desde 1937, quando relatou a comemoração da coroação de Edward VII em sua vila, Pamela narrou os feitos de Mayfield para o *New English Weekly*. Ela se referia a Mayfield como "uma vila de Sussex" ou como "M—". Na série, intitulada "Our Village", ela transformou o que era pessoal em universal, zombando dos exageros de Mayfield, e pintou um retrato de uma cidade rural inglesa tão romântica quanto uma paisagem de Constable. Só uma estrangeira, uma australiana que tinha sonhado tanto com a "terra-mãe", poderia captar tão bem a essência de uma vila de Sussex.

No dia em que a guerra foi declarada, Pamela entrou em seu conversível e foi até Mayfield "para ver como a vila estava reagindo". O lugar estava tumultuado, "pior do que em um dia de feira". O garoto do açougueiro passou correndo por ela, gritando que um ataque aéreo estava em andamento. Ela olhava, alarmada, assim como o homem da tabacaria, um guarda que corria pela rua com uma capa de chuva, tocando um sino. Mas era apenas um aviso de incêndio em Frogling Farm. O garoto John Eldridge, parado no portão, foi alertado por dois transeuntes: "é melhor você entrar, a guerra foi declarada!"

O frenesi naqueles dias teve um paralelo na degradação da amizade entre Pamela, Jessie e Madge, que surgiria no diário de Jessie naquele outono. No fim de setembro, Jessie e Pamela brigavam constantemente em Pound

Cottage, sempre que Jessie a visitava. O diário dizia: "Preciso ser independente, mesmo que isso signifique ter minha própria casa".

No mês seguinte, quando as três se encontraram para um drinque em um hotel, Madge estava muito reservada e silenciosa. Então, numa terrível explosão de raiva, Pamela começou a gritar: "Madge, você é uma puta maldita!". O desabafo teve cenas horríveis, e Jessie registrou que Madge realmente bateu nas duas.

Pamela estava determinada a adotar um bebê, apesar de Jessie lhe dizer repetidamente que essa ideia era "uma loucura". Em 23 de outubro, Pamela recebeu uma carta de Dublin dizendo que havia uma criança disponível para adoção. Ela escreveu sobre a viagem no *New English Weekly*, sem revelar o motivo de sua saída de Londres — com "sacos de areia, janelas escurecidas e uma atmosfera humilhante cuidadosamente encenada de Segurança em Primeiro Lugar" — para uma Dublin silenciosa, diurna e "confortavelmente real" com sua "luz radiante e suave". Em um lugar como esse era "impossível não derreter no que quer que seja o verdadeiro eu".[9]

Pamela foi pela primeira vez para a Irlanda em 1924, acreditando que aquela era sua pátria espiritual, então não era surpreendente que ela voltasse quinze anos depois para pegar um pedaço da Irlanda para si. Seu bebê não seria uma criança irlandesa qualquer, mas o neto de um grande amigo de Yeats, editor das obras de Æ e primo de Francis Macnamara.

O sobrenome do bebê era Hone. Seu avô, Joseph Maunsell Hone era uma figura importante na rede literária anglo-irlandesa e o biógrafo literário mais ilustre da Irlanda. Ele fundou a Maunsell and Company, em 1905, que publicou obras de Yeats, Synge e Æ, e conhecia todos os escritores importantes, entre eles Gogarty e Hubert Butler. Em 1939, quando estava chegando aos sessenta anos, Hone tinha escrito *The Life of George Moore*, e estava para escrever a primeira biografia de Yeats. Francis Macnamara vinha muitas vezes para ficar com Hone em sua velha mansão em South Hill, Killiney, na costa sul de Dublin. A casa, herdada de seu pai abastado, estava aberta para todo o clã literário. Com cinco quartos e três salas de estar, havia espaço mais do que suficiente para Hone, sua esposa americana Vera, seus três filhos e todos os seus amigos. Madge Burnand, que conheceu Hone através de seu pai, ficou em South Hill na década de 1920, e a filha de Joseph e Vera Hone, Sally, lembrou que Pamela tinha se hospedado ali no final dos anos 1920. Joseph gostava muito dela, Vera nem tanto.

O bebê que Pamela estava para adotar tinha uma personalidade mais parecida com a de Vera do que com a de Joseph, que era tão cauteloso e prudente com dinheiro quanto Vera era extravagante. Por muitos anos, os Hone passaram seus invernos no Grand Hotel, em Gardone, perto de Gênova. Vera tinha contas nas melhores lojas de Dublin. Quando os pacotes e as caixas chegavam em casa, Joseph reclamava, "Você está gastando muito dinheiro!" Embora fosse sociável e divertido, Hone abrigava um traço pessimista, conservador. Ele batizou seus dois filhos com nomes que tinham sido da família Hone durante séculos. O mais velho foi chamado Nathaniel, em homenagem ao mais famoso dos Hone, um pintor do século XVIII.

Nat, como era conhecido, viveu de forma despreocupada, com certo estilo e muito charme. Foi para New College, Oxford, e, em 1933, quando estava com vinte e um anos, herdou cerca de 10 mil libras. Desde então, se comportou como um jovem rico.[10] Ele ingressou na Força Aérea Real, planejando levar um grupo de republicanos irlandeses para lutar por Franco na Guerra Civil Espanhola. Ou, pelo menos, foi o que disse. Seu avião não voou além de Biarritz. O filho escreveu sobre a aventura: "Em vez disso, ele e o resto da brigada irlandesa de beberrões passaram uma semana no Palácio Imperial, emboscando garrafas de champanhe, antes de voar de volta para Dublin".

Nat era o pesadelo dos donos de bares, com um péssimo hábito adquirido na década de 1930, de transitar entre os bares de Dublin com uma 45 carregada sob o casaco, atirando em garrafas de conhaque e de Beneditine.[11]

Um dia, no King's Head and Eight Bells, em Chelsea, Nat conheceu a enfermeira Bridget Anthony, uma garota do condado de Kilkenny, vinda de uma família pobre e com doze irmãos. Assim como seu pai, a bela Bridget, carinhosamente apelidada de Biddy, gostava muito de beber. Ela já estava grávida quando se casou com Nat, em agosto de 1936.

Quando o pequeno Joe nasceu, seis meses depois, Nat e Biddy viviam confortavelmente em Surrey. Parecia que a herança duraria para sempre. No ano seguinte, Nat e Biddy tiveram outro bebê, Geraldine. Logo depois, Biddy ficou grávida novamente, desta vez de gêmeos. Ela decidiu ir para a Irlanda, para dar à luz em Dublin. Anthony Marlow Hone e John Camillus Hone nasceram em 15 de agosto de 1939. Agora, com o dinheiro cada vez mais escasso, o esforço para criar quatro filhos começava a pesar. No verão de 1939, com a guerra entre a Alemanha e a Grã-Bretanha tão perto, os

Hone decidiram que a família iria se espalhar. O pequeno Joe Hone, com apenas dois anos e meio, foi enviado para os avós, em Killiney. A própria avó Vera Hone queria trazê-lo, mas o velho Joseph, ainda irritado com a situação financeira, disse que não permitiria.[12] Em vez disso, a criança foi adotada não oficialmente por um casal amigo de Joseph, Hubert Butler e sua esposa Peggy, e foi viver em Kilkenny, no sudeste da Irlanda.[13]

Biddy tinha levado os gêmeos diretamente do hospital de Dublin para a casa dos sogros. A essa altura, e não era de surpreender, Joseph estava farto de todas aquelas crianças.[14] Eles murmuravam, "Biddy, pobre Biddy", não aguentou, emocionalmente ou financeiramente. E Nat disse para todos, sem rodeios, que já não tinha mais recursos para manter todas as crianças.[15] A pequena Geraldine foi enviada para os pais de Biddy. Mas, quem aceitaria os gêmeos? Joseph Hone conhecia alguém que podia tirá-los de lá — Pamela Travers, a amiga de Æ que Macnamara havia rejeitado.

A irmã de Nat, Sally Hone, na época com vinte e cinco anos, recorda a cena da chegada de Pamela. Os bebês estavam deitados em camas separadas, em um quarto de hóspedes. Camillus era muito mais bonito. Pamela olhou para eles. Joseph disse: "Leve os dois, eles são pequenos". Biddy também tentou manipular a escolha". Você quer ficar com Anthony? Ele é um garoto lindo". Camillus estava chorando. Anthony, não.[16]

Em 28 de outubro, Jessie escreveu em seu diário, "P. ligou de Dublin às 12 horas. Ela volta terça-feira, sem o bebê. Não gostou dele o suficiente". Duas semanas depois, Pamela confidenciou para Jessie. Ela gostou de Camillus muito mais do que de seu irmão, o bebê que deveria levar. Só para ter certeza, Pamela encomendou o "horóscopo dos dois bebês para um astrólogo", um tal de Edward Johndro, de Fresno, na Califórnia. O mapa astral de Camillus concluiu: "Apesar de tudo, seria uma coisa rara encontrar uma combinação melhor entre uma criança e a PRÓPRIA mãe. Então, eu diria, ADOTE-O."

O pequeno Anthony foi, então, enviado para a mãe de Biddy e Camillus foi para a Inglaterra com Pamela, em dezembro de 1939. A partir de então, Pamela passou a usar uma aliança — provavelmente um sinal para ser respeitada. Cinco dias antes do Natal, "P. teve uma noite ruim com Camillus, que gritou o tempo todo". O médico veio, mas "ela agora fala em mandá-lo para uma clínica pediátrica em Tunbridge Wells". Jessie disse a Pamela que seria um erro levar Camillus embora, porque ele logo se acostumaria. No dia seguinte ao Natal, ele gritou o tempo todo. Jessie registrou em seu diário: "Pobre Pam, pediu meu conselho sobre mandá-lo para TW, para obter uma alimentação correta e ter a erupção no rosto medicada. P. fazendo as malas de Camillus".

ALGUNS MESES ANTES DE CAMILLUS se mudar para Pound Cottage, jovens refugiados de Londres começaram a chegar em Mayfield, munidos de pequenos kits de alimentos, com carne enlatada e leite condensado. Pamela os ouvia reclamar da terrível quietude. O leite condensado ficou fechado nas prateleiras da despensa, pois no final do ano a impressão era de que a guerra não chegaria. No Natal, Mayfield continuou a comer as habituais galinhas vindas de Norfolk e os queijos Stilton.

A semana da "falsa guerra" passou. Enquanto os moradores sopravam a espuma de seus canecos de cerveja nos bares declarando que não haveria guerra nenhuma, a rua principal, à noite, tinha suas luzes apagadas. Mas estava tudo bem. De qualquer forma, os moradores sempre iam para casa no escuro. Novas espingardas de caça podiam ser vistas na vitrine da selaria. O rapaz do posto de gasolina estava de uniforme e todos experimentavam o seu capacete de aço. Ele também tinha máscaras de gás.

Em meados de 1940, um major aposentado de Mayfield, uma alma gentil que tinha corrido a vila em busca do voto conservador, foi nomeado administrador-chefe. Ostentando calças novas, ele ordenou que os moradores fechassem "aquelas malditas janelas", imediatamente. A cada dia, os jovens desapareciam das ruas, lojas e casas. Pamela viu que o ferreiro e o rapaz que dirigia o caminhão de leite tinham sumido, "como folhas que caem de uma árvore".

A cor cáqui tomou conta dos bares, inclinando-se com suas "moedas de bronze sobre o balcão, afastando os clientes habituais às cotoveladas". O antigo jardineiro de Pamela tinha retornado da França após uma série de desventuras e mancou por três milhas até Pound Cottage apenas para visitá-la. Eles passearam pelo jardim, e Pamela se desculpou pelas margaridas e trevos no gramado. "Uns teimosos, isso é o que são" disse ele, "Deixe-os ficar". E, assim, Mayfield permanecia "serena sob a grande marquise do céu".[17] A sua imagem romântica apenas se desgastou devido ao enorme número de refugiados e o acúmulo de tropas na área. Sem um passe especial, era difícil chegar a qualquer lugar mais próximo do litoral da Inglaterra do que Mayfield.[18]

Durante o inverno e no início da primavera, Camillus permaneceu inquieto, entre idas e vindas do hospital em Tunbridge Wells. Em 18 de abril, quando completou oito meses, ele voltou para Pound Cottage, ainda pequeno para sua idade, incapaz de sentar-se ou de se virar. Dois dias depois, ele estava de volta ao hospital.

Jessie e os filhos passaram muito tempo em Pound Cottage, mas em março Jessie disse para Pamela que seria impossível continuar ali. Elas passavam a maior parte do tempo brigando e Jessie sentia saudade de sua terra.

Em maio, as tropas foram alojadas em torno de Mayfield, e patrulhavam as ruas. Aviões alemães voavam sobre as cabeças dos moradores, e bombas foram lançadas na vizinha Ticehurst. Em junho, poucos dias depois dos alemães invadirem Paris, Jessie contou para Pamela que planejava deixar a Inglaterra. Ela e seus filhos partiriam, em breve, para Nova York. Jessie escreveu em seu diário que Pamela ficou "muito triste". Alguns dias depois, ela tinha esperanças de que Pamela também fosse, mas em 7 de julho, quando o *S.S. Washington* partiu com Jessie e seus filhos, Ann e Dick, e mais 150 outras mães e filhos, Pamela não estava a bordo. Jessie mais uma vez escreveu: "Querida Pam, tão destruída e triste". Pamela achou que deveria ficar, embora quisesse ir com Jessie.

Nas docas, em Nova York, Jessie foi recebida por um grupo de adeptos de Gurdjieff, incluindo Rosemary Nott e Jessmin Howarth. No final de julho, ela abriu a primeira carta de Pamela, "muito angustiada, se eu pudesse trazê-la para cá". Em 3 de agosto, seguiu outra carta. Desta vez, Pamela estava a caminho, vindo pelo Canadá. Naquele momento, Mayfield estava na linha de frente, com aviões entrando da Europa e batalhas rugindo no céu. Algumas aeronaves caíram nos arredores da vila. Pamela pediu que um corretor local alugasse Pound Cottage por tempo indeterminado.

Notas

[1] P. L. Travers, *Aunt Sass* (Nova York: Reynal & Hitchcock, 1941).
[2] Patricia Demers, *P. L. Travers* (Boston: Twayne Publishers, 1991).
[3] Entrevista com Doris Vockins aos 76 anos, outubro de 1997.
[4] William Patrick Patterson, *The Ladies of the Rope: Gurdjieff's Special Left Bank Women's Group* (Fairfax, CA: Arete Communications, 1999).
[5] *Maryborough Chronicle*, 18 de abril de 1945.
[6] Carta para Staffan Bergsten, 20 de março de 1977.
[7] Entrevista com Doris Vockins.
[8] Doris diz que saiu porque seus pais se mudaram para Dunstan's Cross, perto do centro de Mayfield. Pamela não ofereceu carona para Doris ir e voltar do trabalho e a distância de três milhas, até sua casa, era muito grande para caminhar. Ela saiu sem nenhuma amargura.
[9] *New English Weekly*, 16 de novembro de 1939.
[10] Entrevista com Joseph Hone, outubro de 1997.
[11] Joseph Hone, *Children of the Country: Coast to Coast Across Africa* (Londres: Hamish Hamilton, 1986).
[12] Entrevista com Sally Cooke-Smith, outubro de 1997.
[13] Entrevistas com Joseph Hone e Camillus Travers.
[14] Entrevista com Joseph Hone.
[15] Entrevista com Sally Cooke-Smith.
[16] Entrevista com Camillus Travers.
[17] *New English Weekly*, 11 de janeiro e 15 de agosto de 1940.
[18] Entrevista com Andrew Firrell, outubro de 1997.

10

A PORTA PARA MABELTOWN

O navio que trazia Pamela e Camillus para o Canadá zarpou com trezentas crianças a bordo, quase todas refugiadas de East End, em Londres. A travessia do Atlântico seria feita em comboio com outros sete navios de passageiros, três destroieres e um navio de guerra. No cais de Liverpool, antes de embarcarem, Pamela acariciou o solo. "Preciso senti-lo mais uma vez," disse, "só mais uma vez".[1] O navio ficou ancorado em Liverpool dois dias, pois submarinos tinham sido avistados nas proximidades. Várias mulheres, aflitas com a visão da terra firme, imploravam para deixar o navio. As crianças choravam agarrando-se aos pais na despedida. Mas, no segundo dia, diante da novidade do ambiente, as lágrimas cessaram. Meninos e meninas se aglomeravam nas grades como um enxame de abelhas, e corriam pelo convés. Alguns tentavam escalar o cordame. Eles não tinham a mínima ideia do perigo da viagem.

Em agosto de 1940, cerca de 3500 crianças britânicas tinham sido levadas para a Austrália, Nova Zelândia e Canadá. Escapar pelo sudeste da Inglaterra parecia o mais sensato, mas muitos estariam mais seguros se tivessem ficado em casa. No início de julho de 1940, um dos primeiros navios de refugiados, o *Arandora Star*, foi atacado por submarinos no Atlântico. Não houve vítimas entre as crianças a bordo, mas a partir daí a Marinha Britânica decidiu que todos os navios que transportavam refugiados deveriam navegar lentamente, em comboio. No final de julho, um navio levando crianças para o Canadá foi atacado por submarinos. Em agosto, depois que o navio de Pamela zarpou, outro navio de refugiados, o *Volendam*, deixou Clyde e foi torpedeado a 215 milhas mar afora. Mais de trezentas crianças estavam a bordo, mas ninguém morreu. Em 17 de setembro, o *City of Benares* zarpou de Liverpool para o Canadá, mas foi torpedeado no Atlântico e 260 vidas se perderam, entre elas, cem crianças.[2]

Em uma série de artigos, denominada Cartas do Outro Mundo, Pamela escreveu sobre sua jornada para o *New English Weekly*. No primeiro, ela comparou os comboios — com sua carga tão frágil —, às viagens de muitos *Mayflowers*, com cada indivíduo partindo de um mundo conhecido para uma nova vida sobre a qual nada se sabia, exceto que era "uma promessa de esperança".

Ela sentia-se oprimida por tanta responsabilidade; além de Camillus, Pamela escoltava outras crianças de Mayfield e Tunbridge Wells para o Canadá. Os passageiros adultos tinham pouco a dizer, pouco a oferecer. No entanto, ela encontrou alguém com quem podia conversar, uma mulher de voz suave, que passava muito tempo debruçada sobre um bloco de desenho. Gertrude Hermes era uma artista, e muito boa. "pode me chamar de Gert", disse para Pamela. Às vezes, elas se juntavam para conversar com os dois oficiais do navio.[3]

O primeiro oficial gostava da poesia de T. S. Eliot, em que "Burnt Norton" parecia falar de tempos de guerra. Um dia, quando mencionou "o ponto imóvel do mundo em evolução", Gert pegou o lápis e começou a desenhar. Ela contou para uma criança curiosa que estava só desenhando "o centro em silêncio". "O que era o centro em silêncio?". Gert apenas sorriu.[4]

Toda noite, o pequeno grupo de viajantes tentava decifrar as transmissões truncadas em ondas curtas da rádio BBC, relatando bombardeios sobre a Inglaterra. De dia, eles escutavam os sinais de alerta que significavam treinamento de segurança a bordo — seis apitos para inspeção; sete em caso de submarinos serem avistados. Pamela se sentia terrivelmente culpada por não ter ficado e encarado a Guerra na Inglaterra. Salvando as crianças, percebeu que sentia falta de sua própria vida. Ela contou para Gert que parecia que seu corpo era feito de bosques e rios da Inglaterra. Quanto piores eram as notícias da Guerra, pior ela se sentia.[5]

O navio atracou em Halifax, que cheirava a pinho — um doce alívio depois de todo aquele ar salgado. Pamela e Camillus tomaram o trem para Montreal, passaram uma semana no Hotel Windsor, e em 30 de agosto seguiram para o aeroporto de LaGuardia, em Nova York. Pamela discutiu durante todo o voo com uma jornalista de finanças sobre o conceito de crédito social, o que pelo menos a distraiu da terrível tempestade, que estendeu a viagem de duas para cinco horas.[6]

O LaGuardia era um depósito de lixo quando Pamela o viu pela última vez, em 1936. Agora, as formas selvagens da exposição World's Fair estavam espalhadas por todo o aeroporto e do outro lado da ponte de Triborough, tão familiares como um sonho recorrente, alinhavam-se as "delicadas torres e aquelas línguas de fogo transformadas em pedra, que formam Manhattan". Pamela escreveu no *New English Weekly* que amava o rugido e o zumbido de Manhattan, adorava se sentir parte de um grupo de poetas e artistas em Nova York "em uma missão, que tem o poder efetivo de se dar as mãos através do oceano".[7]

Isso era o que ela propagava, mas, na verdade, Pamela estava infeliz, apesar de sua recente amizade com Gert, que se tornava cada vez mais íntima. O encontro com Jessie Orage não correu bem. As duas estavam agitadas, inquietas e sentiam falta da Inglaterra. Pamela alugou um apartamento antigo na 142 East 52nd Street e contratou uma empregada finlandesa, Pauline.

Quando Pamela apresentou Gert a Jessie, era impossível não perceber que as regras tinham mudado completamente. Elas passaram a formar um triângulo desconfortável. Em outubro de 1940, Jessie achou que contou coisas demais em seu diário e arrancou as páginas escritas durante mais de dez dias, mas deixou intactas as palavras "Sou livre de alguma forma, graças a Deus". Ela segredou que Gert era a causa de sua liberdade. Algumas semanas depois, as três se reuniram para uma bebida, "uma situação muito engraçada", escreveu Jessie.

Jessie nunca pensou em ficar na Costa Leste, mas planejou viajar com os filhos para o Novo México e se unir a uma comunidade de seguidores de Orage e Gurdjieff, entre eles, Jessmin Howarth. Ela também estava à procura do arquiteto Frank Lloyd Wright, um discípulo de Gurdjieff que tinha recebido Rosemary Nott e seu marido em sua casa, primeiro em Wisconsin, depois em Phoenix, no Arizona. Ele recebia as pessoas que estavam trabalhando no caminho de Gurdjieff. Pamela disse para Jessie que um dia iria visitá-la no Novo México.

Durante o primeiro ano nos Estados Unidos, Pamela se sentiu como uma criança perdida, abandonada e solitária, uma prisioneira da Guerra, cuja fúria cruzava o Atlântico.[8] Às vezes, a vida era "tão ruim que ela pensava que não iria aguentar".[9] Pamela até consultou uma analista junguiana que lhe disse, "Você realmente não precisa de minha ajuda. O que você deve fazer é ler seus próprios livros".[10] No pequeno apartamento, Pauline a ajudava a cuidar de Camillus. Ela escovava seus cabelos castanhos macios e lavava as roupas do bebê. Como sempre, havia somente um consolo verdadeiro — escrever.

Em 1940, ela escreveu uma história curta, "*Happy Ever After*", em que Mary Poppins lê poemas da *Mamãe Gansa* para as crianças Bank.

Eugene Reynal disse que publicaria uma edição especial, só por diversão, e mil exemplares foram impressos por Reynal e Hitchcock, com capas salpicadas de estrelas de prata. Ela enviou alguns como presente de Natal para seus amigos.

Reynal sugeriu que Pamela escrevesse um relato de sua viagem para Nova York. O resultado, *I Go By Sea, I Go By Land*, foi publicado em 1941, por W. W. Norton. Escrito em forma de diário pela personagem fictícia Sabrina Lind, de onze anos de idade, o livro conta a história de "Pel", de Thornfield, Sussex, que acompanhou os filhos de amigos para os Estados Unidos e fez amizade com a "Sra. Mercury". Dentre os oito protegidos de Pel estavam Sabrina, seu irmão de oito anos de idade, James Lind, e o bebê de Pel, "Romulus".

A decisão da família Lind de mandar os filhos para os Estados Unidos se deu após a chegada repentina de um avião alemão a Thornfield. À uma hora da madrugada, ele jogou cinco bombas. Uma explodiu no milharal de Gadd, matando dois cavalos — que podiam ser vistos, ensanguentados e sem vida —, no fundo de uma cratera. O fazendeiro, que estava acordado cuidando de uma vaca prenha, foi levado ao hospital de Tunbridge Wells com estilhaços nas pernas.

Assim como Mayfield é chamada de Thornfield, muitos personagens locais surgem mal disfarçados no livro, incluindo o "Sr. Oliphant, o pároco de Thornfield" (que se referia ao Reverendo Theodore Oliver). A Sra. Lind é "Meg", em homenagem à mãe de Pamela, e as crianças Lind são recebidas em Londres por sua Tia Christina, uma mulher rude (outra encarnação da Tia Ellie).

Pamela se referia ao livro *I Go By Sea, I Go By Land*, como "um mero bibelô... escrito a pedido do meu editor... todos nós assumimos atribuições que não estavam em nossos planos".[11]

O livro era baseado em fatos e, como ela disse certa vez: "as sensações lembravam muito as minhas". Pamela descreveu a si mesma no livro como uma babá preocupada, mas brincalhona, que cuidava das crianças refugiadas, especialmente da menina Sabrina Lind. Pel, a escritora e guardiã das crianças, conta para Sabrina, "você tem um copo cheio e o que deve fazer é aprender a carregá-lo sem derramar nada. Ninguém pode ajudá-la, você tem que fazer isso sozinha. E isso leva tempo, estou aprendendo isso só agora". Mais tarde, Pamela disse, "Sabrina Lind é uma expressão de mim mesma... meu copo estava sempre cheio".[12]

Pamela escreveu outro livro, bem mais curto, em 1941. Sua mente se voltou para Tia Ellie, em Woollahra, para a morte de seu pai, em Allora, com a tia-avó chegando para resgatar Meg e suas meninas, e para os contos de fadas em que ela se refugiou. Pamela chamou Ellie de "Christina Saraset", ou Sass. *Aunt Sass* foi o segundo livro lançado especialmente no Natal. Ele foi dedicado a Reynal, que imprimiu 500 cópias. As capas amarelas eram decoradas com um medalhão rodeado de estrelas. (Dois anos depois de *Aunt Sass*, surgiu outro livro de Natal, *Ah Wong*, sobre um empregado da família, um chinês que foi, em grande parte, produto da imaginação de Pamela. Ela dedicou este livro a Camillus e aos filhos dos seus amigos, incluindo os de Jessie Orage, Diarmuid Russell e Eugene Reynal. Pamela enviou um exemplar de *Ah Wong* para Madge, com a dedicatória "Para Madge Burnand, com amor verdadeiro, Pamela".)

Como sempre, as palavras saltavam de sua máquina de escrever, apropriadas porém maçantes, para os artigos do *New English Weekly*. Neles ela alegava, com falsa autoridade, que entendia o estado de espírito americano. Alguns estavam relacionados aos antigos jornalistas, e ao ponto de vista dos *barmen* e dos motoristas de táxi. Um desses artigos foi escrito durante uma visita a Washington, D.C., quando os japoneses bombardearam Pearl Harbor. Com a entrada dos Estados Unidos na Segunda Guerra Mundial, o governo Roosevelt lançou uma campanha de propaganda nacional e internacional, coordenada pela agência de informações sobre a Guerra – *Office of War Information* (OWI), e Pamela foi atraída pela causa.

Ela conhecia dois ministros no governo Roosevelt, Henry Wallace e John Collier. Ambos eram velhos amigos de Æ. O OWI e o Ministério da

Informação da Grã-Bretanha desenvolveram redes de colaboradores nas comunidades literárias e jornalísticas. O poeta Archibald MacLeish e o dramaturgo Robert Sherwood desempenharam papéis importantes na formação da agência. MacLeish, um antifascista engajado, trabalhou principalmente no lado doméstico da operação, alegando que o principal campo de batalha da guerra era a opinião pública americana — ele tornou-se o primeiro diretor do OWI.

Sherwood, que vinha escrevendo os discursos de Roosevelt antes da Guerra, encabeçou a agência no exterior. Reuniu centenas de jornalistas, escritores e emissoras que compartilhavam de seus pontos de vista. Antes da Guerra, ele passou alguns verões em Surrey e conhecia muitos escritores ingleses, embora não haja nenhuma evidência de que conhecesse Pamela na época. Para Sherwood, a parte principal era a divisão de radiodifusão e recursos. Ele pediu a Pamela "para fazer algumas transmissões para os países ocupados". Pamela pensou, "Bom Deus, por que eu? O máximo que se pode fazer é divulgar as notícias do dia ou algo de interessante". Mas eles disseram, "Não, nós queremos que você faça alguma coisa". Mas que tipo de coisa? "Não sabemos, mas achamos que você pode propor algo".[13]

Ela não poderia cantar, nem atuar, nem tocar um instrumento. Mas teve uma ideia. "Como eu poderia falar com as pessoas senão com seus filhos? E, assim, fiz transmissões para cada país falando sobre seus contos de fadas, suas lendas, seu folclore. Se eu não sabia, aprendia e descobria a respeito, o que mais tarde foi muito útil para mim". E existam as poesias infantis. "Eu as recitava e depois transmitia as canções, dizia de onde vinham, e lembrava aos ouvintes que haveria um tempo em que elas poderiam ser cantadas novamente". Para a França, ela tocou as gravações de *Frère Jacques* e *Sur le Pont d'Avignon*, contou a história das canções e tranquilizou os ouvintes. "Tudo o que tinham feito na França ainda estava lá e um dia estariam livres novamente. E, depois, fomos para a Grécia. Eu pude lhes falar de seus grandes heróis".[14]

Após as transmissões, a divisão recebeu mensagens de toda parte pedindo, "deixe-a continuar, deixe-a continuar nos contando as histórias". "Percebam", disse Pamela mais tarde, "em parte foi minha voz e em parte alguém traduzindo para cada idioma, mas a mensagem foi bem recebida. Alguém era capaz de falar para as crianças e até hoje encontro pessoas que descobrem que fui eu a responsável por essas transmissões. E relembram que foi um momento importante em suas vidas. Então vejam o quanto devo aos mitos e contos de fadas. Eles abriram muitas portas para mim".[15]

No apartamento, ela abria os velhos livros de contos e debruçava-se sobre eles noite adentro; sentia uma satisfação em estudar aquele emaranhado de nomes e conexões, o que a ajudava a colocar ordem na própria vida. À noite, quando Camillus ia para a cama, ela lia para ele os contos de fadas que a tranquilizaram em Maryborough, Allora e Bowral, as histórias das rainhas vingativas, de príncipes e sapos, e de abóboras que se transformavam em carruagens.

Ela afirmava que os contos de fadas tinham "grandes coisas para nos ensinar". Eles eram "portadores de um ensinamento muito antigo, de religião, de modo de vida, como um mapa para a jornada do homem".[16] Para o *New York Times*, ela escreveu sobre seu amor pelos irmãos Grimm, descrevendo carinhosamente Jakob e Wilhelm. Contava para os leitores sobre a universalidade dos contos de fadas, como ela os tinha ouvido na Irlanda e na Austrália, contados por uma aborígine em uma plantação de açúcar. Ela dizia que os contos de fadas "vivem em nós, crescendo infinitamente, repetindo seus temas, repicando como grandes sinos. Se os esquecermos, mesmo assim não estarão perdidos. Eles se infiltram sob o solo, como rios secretos, e emergem ainda mais brilhantes para a sua jornada obscura".[17]

QUANDO ESTAVA COM TRÊS ANOS, Camillus — o gêmeo infante separado do irmão —, já demonstrava uma habilidade semelhante à existente nos contos de fadas: o poder de ser duas pessoas em uma só. Um dia, ele declarou: "Sou dois meninos, Goodly e Badly". Pamela quis saber qual deles ele era agora. Com um sorriso angelical, Camillus respondeu "Goodly" e, em seguida, fechou a porta atrás de si. Imediatamente, escancarou-a novamente. Ele agora parecia um demônio. "Este é Badly!" declarou, e então, com um olhar cheio de dúvida, ansioso, perguntou a Pamela de quem ela gostava mais. "Dos dois!", respondeu, prontamente. Camillus atirou-se feliz sobre ela.[18]

Ele não era uma criança calma e tampouco era fácil compreendê-lo. Camillus ficava assustado com as rachaduras no teto, e tomou uma súbita aversão pelo aquecedor do apartamento, que chiava toda noite quando ele ia para a cama. Pamela parava ao lado do aquecedor e sussurrava algo cada vez que ele assobiava e ria alto quanto ele buzinava. Camillus implorava para que ela o incluísse na conversa, mas logo tornou-se ele mesmo confidente do aquecedor, sussurrando-lhe coisas todas as noites até cair no sono. Pamela lembrou de seu próprio medo do capitão que ficava atrás da parede de seu quarto, em Queensland.[19]

O garoto mostrou-se determinado a saber a verdade, ainda que terrível, repreendendo Pamela quando ela contornou os detalhes da morte da égua Ginger no abatedouro, em *Beleza Negra*. Mas ela estava orgulhosa com a imaginação vívida do filho. Ele contou a ela que "Uma vez, estava andando e cheguei em uma casa com três velhas senhoras. Bati na porta e elas perguntaram, quem é?, e eu falei, Camillus John. Então elas me bateram e eu as espanquei". Pamela sentiu que isso continha todos os elementos de uma lenda.[20]

Ela passou quase todo o verão de 1941 em férias no Maine, mas no outono seu humor ainda permanecia o mesmo. Um dia, ela ligou para Jessie em Santa Fé, e parecia "muito pessimista". O diário de Jessie contém a única evidência da causa do mau humor de Pamela, insinuando problemas no relacionamento dela com Gert. Durante 1941, Gert ficou com parentes no Canadá, mas escreveu para Pamela contando que planejava voltar para Nova York. Pamela pediu que ficasse com ela, no apartamento. Enquanto Pamela trabalhava, Gert decidiu fazer um busto de bronze de Camillus e, depois, uma escultura em madeira mostrando um mar selvagem após o naufrágio de um submarino.

No final do ano, elas alugaram uma casa em Nova York, em Mt. Kisco, onde Jessie esteve no início de janeiro de 1942, durante uma visita à Costa Leste. Depois de visitar Pamela e Gert em seu "lindo lar", Jessie anotou em seu diário que ficou aliviada por estar "finalmente em paz com Pamela".

Em julho, Pamela escreveu para Jessie contando que estava "doente de corpo e alma". Jessie não registrou o motivo, mas é provável que fosse por causa de Gert. O diário de Jessie e as notas de viagem de Pamela indicam que, em 1942, Gert e Pamela ficaram separadas por algum tempo.

Foi Camillus quem, finalmente, tirou Pamela da depressão. Quando completou quatro anos, em 1943, o menino precisava ter mais o que fazer do que viver preso em um apartamento em Nova York. Escola maternal, passeios, a loja da esquina, os novos eventos que chegavam à cidade, onde ela descobriu que "Eu tinha, na verdade, uma família muito grande". Planejava discorrer sobre o assunto, rabiscando notas para um artigo intitulado "A grande família".[21] Dali em diante, escreveu, "Eu realmente senti que pertencia a este lugar, tanto quanto à Inglaterra".[22]

Pamela viu Nova York "sob a ótica de sua história. Pedi a seus dois rios que deixassem fluir suas águas sobre minha mente aflita, para que se tornasse pacífica e maleável o suficiente para escrever novamente um livro. Talvez eu tenha encontrado meu terceiro livro sobre Mary Poppins naquelas mesmas águas". O verão, com seu calor, atraiu amizades. Pamela sentia uma ligação entre ela e todas as pessoas anônimas que via na rua, nos mercados, nas farmácias. Janelas e portas, interiores e exteriores, de repente, se abriam. O zelador do condomínio, Sam Gloriano, tornou-se seu amigo. Sam era o "homem do gelo e do arroz". Ele levava o gelo até o seu apartamento e, um dia, jogou fora o arroz que estava queimando no fogão e colocou uma nova panela com água no fogo, para fazer outro.[23]

Ela levou Camillus para ver o realejo no parquinho em East River. A macaca, Rosine, enfiou a mão na caneca e entregou um níquel a Camillus. Isso exigiu muitas outras visitas. Os funcionários do supermercado eram outros que faziam parte da grande família. Um deles lhe entregou cinco barras de chocolate Hershey, que pegou sob o balcão, quando Pamela pediu timidamente pelos doces — naquela época, o chocolate valia seu peso em diamantes. O entregador, um homem negro chamado Charlie, levou Camillus para a escola uma manhã quando Pamela estava doente, na cama.

Uma vez, Camillus trouxe um estranho para o apartamento depois da escola. "Este é meu amigo Solomon — eu o conheci na farmácia." Ela descobriu que o menino era neto de Charlie. Sua mãe tinha morrido. Solomon era três anos mais velho que Camillus, mas tinha séculos a mais em questão de maturidade. Ao anoitecer, ele ficou rindo às gargalhadas da historinha de dormir de Camillus. "Esse Peter Rabbit! Ele sim, era um bom companheiro. Acho que minha mãe teria rido dele". Pamela tirou uma foto dos meninos do lado de fora da farmácia, na frente dos letreiros de publicidade da Coca-Cola e da Chesterfields. Eles se abraçaram. Camillus sorriu olhando para cima, Solomon sorriu olhando para baixo. Pamela disse que aprendeu com Solomon "como superar a dor. Penso que só uma criança poderia ter me ensinado isso. Solomon, sem querer e sem usar as palavras, me disse: seja feliz, todas as coisas passam".[24]

PAMELA FOCOU NAQUILO QUE EUGENE Reynal mais desejava: o terceiro livro da coleção de aventuras de Mary Poppins. Ela pretendia chamá-lo de *Good-bye Mary Poppins*, "porque pensei que talvez fosse o último... parecia que eu já tinha dito tudo o que desejava dizer sobre ela". Mas Reynal disse, "Ah, você não deve fazer isso. Por favor, não! Nunca se sabe o que vai acontecer. Como ela vai embora desta vez?" Pamela lhe disse que ela apenas abriu a porta e desapareceu. Reynal, então, sugeriu, "Vamos chamá-lo de *Mary Poppins Opens the Door*".[25]

O livro ficou pronto no verão de 1943, quando Pamela estava assombrada com os terríveis bombardeios de Coventry e de Ruhr.[26] A imagem que ela descreve da Inglaterra neste livro é mais nostálgica e sentimental do que nos dois anteriores. Ele começa com um dia nublado de inverno em Londres e imagina os rouxinóis cantando na cidade, recordando a emoção da balada do tempo de guerra "A Nightingale Sang em Berkeley Square".

Mary Poppins Opens the Door conta oito histórias, que começam com Mary chegando de guarda-chuva na Noite de Guy Fawkes. O Sr. Banks está irado porque não tem uma babá para pôr ordem na casa. Ele está tão furioso que chuta a mobília. Em algum lugar no céu, Mary sabe que é hora de voltar para a Alameda das Cerejeiras. Ela chega voando, como um resto de fagulha vinda dos fogos de artifício soltos no parque, entra no quarto das crianças, desfaz a mala, avalia cada uma com a fita métrica, e descobre que elas estão "ainda piores", "teimosas, preguiçosas e egoístas". A fita métrica mostra que Mary está "melhor do que nunca" e "praticamente perfeita".

Mary diz para Jane e Michael que ficará até que a porta se abra. As crianças se acomodam na cama e assistem, espantadas, como a cabeça do papagaio na ponta do guarda-chuva afunda, e arranca as estrelas coloridas das dobras de seda, depois sacode as estrelas no chão, onde elas brilham em prata e ouro, antes de desaparecer.

No estilo dos dois livros anteriores, Mary visita um parente estranho, Fred Twigley. Fred, como Miss Quigley, de Bowral, coleciona caixinhas de música, grandes e complexas. Em uma história dentro da história, Mary Poppins narra o conto de um gato de porcelana que ganha vida para trazer sabedoria para Old King Cole. Seu fascínio por contos de fadas é evidente tanto no capítulo, "The Cat That Looked at a King", como em "Happy Ever After" (publicado no Natal, em 1940), no qual todos os personagens brincam na fenda que se abre entre a véspera e o dia de Ano-Novo. "Dentro da fenda", ela escreveu, "todas as coisas são uma só. Os opostos eternos se encontram e se beijam". As pessoas dos contos de fadas dançam e, ao contrário de Pamela, "todo mundo tem um parceiro e ninguém está solitário ou é deixado de lado".

Mary também leva as crianças para o fundo do mar em um conto que serve de inspiração para a cena da *Pequena Sereia* de Walt Disney, em que a lagosta Sebastian e seus companheiros crustáceos dançam um ritmo caribenho. Na aventura do mar de Mary Poppins, o peixe corneta toca cornetas de prata, o linguado sopra uma concha e o robalo toca tambor. O grande deus do mundo submarino, Terrapin, saúda Mary como uma dos antigos, mas nem tanto. Terrapin a chama de sua "jovem parente".

"The Marble Boy", a quarta aventura do livro, se inspira na fantasia publicada no *Christchurch Sun*, em 1920. O menino de mármore do título, uma estátua do deus grego Neleu, ganha vida e conta para as crianças Banks sobre seu irmão Pélias e seu pai Poseidon, que ainda estão na Grécia. Afinal, Mary Poppins é uma velha amiga de Poseidon. O livro termina com Mary desaparecendo em um dia de primavera, através da miragem de uma porta. As crianças veem o quarto inteiro refletido na janela. Mary escapa para dentro do reflexo e abre seu caminho para o céu, através da porta refletida. Quando Mary se vai, o Sr. Banks se apaixona novamente por sua esposa. Ele a chama de "meu doce amor" e, juntos, eles dançam extasiados ao som de "O Danúbio Azul". A melodia vinda do parque ressoa pela casa da Alameda das Cerejeiras. Miss Quigley, em Bowral, uma vez tinha valsado com Pamela ao som dessa melodia. Paz e felicidade cobrem com seu manto a casa dos Banks. Mary fez tudo certo. Agora ela pode ir novamente — pelo menos por enquanto.

Este livro, dedicado a Camillus, foi publicado nos Estados Unidos por Reynal e Hitchcock, em novembro de 1943, e na Inglaterra por Peter Davies, em 1944. Ambos tinham ilustrações de Mary Shepard. Pamela tinha enviado muitas cartas de Nova York para Shepard em Londres, todas com instruções detalhadas sobre a aparência de cada personagem. Ela lhe disse que a Sra. Clump deveria ser enorme e horrível, com um coque atrás da cabeça. Mary Poppins precisava ter um chapéu novo, com um grande laço recatado, dando-lhe uma aparência leve e confiante. Mary Shepard seguiu rigorosamente as instruções e usou o próprio marido como modelo para fazer o Sr. Banks.

Pamela disse para Shepard que estava muito feliz por terminar o livro. Ela esperava fazer outro, algum dia, "mas não um Mary Poppins. Agora ela partiu para sempre e eu tenho muitas outras ideias".[27] Pamela estava com saudades de Pound Cottage e dos campos de Mayfield, que logo estariam marcados por bombas lançadas da costa da França em direção a Londres. Em 12 de junho de 1944, Mayfield olhou para cima para ver a primeira das bombas voadoras de Hitler. Pound Cottage foi salva, mas nos quatro meses seguintes, pelo menos dezessete bombas caíram ao redor da vila, deixando enormes crateras no solo.[28]

Mas a saudade de casa desapareceu quando John Collier, ministro para assuntos indígenas, sugeriu que Pamela deveria passar um verão ou dois no sudoeste, em uma das reservas. Ela escreveu que a oferta "parecia um antídoto improvável", mas, no final, a considerou um processo de cicatrização.[29]

Mais tarde, ela sentiu que a oferta de Collier chegou como uma espécie de magia. Nos dois verões seguintes, ela viveria algumas das melhores experiências de sua vida. Pamela saiu da realidade cinza de Nova York para a fantasia brilhante e colorida do sudoeste, tal como Poppins sai da terra para o céu, passando através da miragem de uma porta na Alameda das Cerejeiras. Lá, Pamela encontrou o que muitos artistas e escritores já tinham encontrado: paz espiritual e um sentido para tudo, em meio a uma paisagem bela e sensível, em tons de vermelho e cinza esverdeado. Até o ar era diferente, rarefeito, seco, uma mistura de zimbro e pinho.

Assim como Æ, Pamela se apaixonou pela bela paisagem do Novo México, com suas chapadas, no topo das montanhas, pintadas de rosa, branco ou amarelo, brilhando em relevo contra o azul do horizonte. As montanhas caíam preguedas sobre o solo, como túnicas gregas. Fósseis de dinossauros foram encontrados no arenito vermelho das chapadas. Pamela adorou a arquitetura delicada e feminina, as casas arredondadas como pão caseiro. O único perigo vinha das cobras.

Ela escreveu que "a secura, os arbustos de sálvia e o deserto do sudoeste lembravam a extrema beleza de várias partes da Austrália". Pamela achava "o lugar maravilhoso para um artista... a natureza está em sua forma mais pura, e você não pode respirar sem encontrar uma nova verdade. Minha escrita ficou mais profunda e madura na América, especialmente durante os meses que passei no Arizona e Novo México".[30]

Sua primeira visita ao sudoeste foi em setembro de 1943, quando pegou o trem de Chicago para Santa Fé. Era a melhor época do ano para ver a cidade — em setembro eles celebravam o assentamento dos conquistadores espanhóis do Novo México, ocorrido no final do século 17. Jessie, que estava morando em Santa Fé, achou que Pamela "parecia bem, mas muito presunçosa". Ela a levou para a *fiesta* e escutou pacientemente enquanto Pamela lia um capítulo de seu novo livro de Mary Poppins. Mais tarde, conversaram, outra vez durante a noite toda. Em 29 de setembro, Jessie escreveu em seu diário: "Ela me contou sobre Gert e sua infelicidade. Uma grande revelação para mim, muito angustiante". Nos muitos documentos pessoais de Pamela, alguns deixados para a posteridade, outros em sua casa em Londres, não há nenhuma evidência de seu relacionamento com Gertrude Hermes, e praticamente nenhuma palavra sobre sua amizade com Jessie Orage, outra relação que acabaria mal.

Um ano se passou antes que ela visse Jessie novamente, no verão de 1944. Desta vez, Pamela ficou no sudoeste por cinco meses. Tinha aceitado a sugestão de John Collier, de viver por algumas semanas em Window Rock, um minúsculo assentamento Navajo no Arizona, perto da fronteira do Novo México. Parecia uma parada de trem no fim do mundo. O nome do local se devia a uma grande rocha com um buraco que parecia ter sido esculpido. Window Rock era a sede do conselho tribal Navajo. O conselho foi formado pelo governo dos Estados Unidos depois da descoberta de minério e petróleo nas reservas indígenas, em 1920. Estradas empoeiradas passavam entre uma dúzia de construções atarracadas, com telhados planos, parecidas com blocos de montar. As edificações foram erguidas entre erupções de rochas e montanhas, e pareciam crescer sobre o terreno plano como corcovas de camelo.

John Collier, pessoalmente, passava pouco tempo ali. Ele deixava a supervisão dos Navajos para o superintendente James M. Stewart, que trabalhava para o Departamento do Interior dos Estados Unidos. Stewart morava em um assentamento estatal na encosta da montanha, construído em pedra nativa, ao sul da cidade, juntamente com algumas centenas de anglos que trabalhavam em programas federais. Os Navajos viviam na reserva instalada na base das montanhas, na terra fértil da área de Fort Defiance, a oeste da cidade.[31]

Pamela gostava de dizer que passava o verão em uma reserva, mas as fotografias em seu álbum mostram que ela e Camillus ficavam em um edifício de estilo ocidental, ao qual Pamela se referiu em uma entrevista como "uma pensão". No jardim da frente, Camillus, com um sorriso forçado para a câmera, estava montado nas costas de Silver, um cavalo branco.

Ela era levada de um lugar para outro em um velho jipe ou um caminhão, e esperava todos os dias em um lugar determinado, para saber quem seria o seu guia. Sobre as reservas, ela tentou "falar pouco, mas ouvir muito", retraindo-se, para não interferir enquanto ouvia as histórias dos Navajos. Ela queria compartilhar as danças, as canções e o silêncio.[32]

Numa fase maternal de sua vida, Pamela compreendeu e apreciou a sociedade matriarcal dos Navajos, a forma como as meninas na puberdade eram especialmente homenageadas em uma cerimônia pública. Todos os amigos e parentes se reuniam para celebrar a *kanaalda*: a menina que tinha acabado de ter sua primeira menstruação corria na direção do sol ao amanhecer, cada dia um pouco mais longe. Pamela tomava nota sobre a vida Navajo, a religião, a hierarquia e os líderes espirituais: primeiro os "sagrados", que podiam viajar em um raio de sol ou com o vento; a "mulher mutável", a mãe-terra que ensina as pessoas a viver em harmonia com a natureza e seus filhos; e os "gêmeos heróis", que mantinham os inimigos afastados.

Pamela sentia que estava aprendendo a respeito dos mitos indígenas "de forma direta e não adaptados para uma audiência. Aos poucos, fui capaz de ouvir algumas de suas histórias, elementos de seus mitos e religiões, e ver que estavam relacionados, como parentes distantes, mas ainda relacionados, com as histórias do resto do mundo. Eu amei... a terra espalhada e quente, o povo silencioso".[33]

Ela comeu com os índios em suas casas octogonais, as *hogans*, sentou-se ao redor das fogueiras que queimavam galhos de sálvia, "ouviu entre as montanhas a voz forte e penetrante da rocha". Camillus foi "levado pela mão por homens vermelhos sérios, que brincaram com ele seriamente, e como uma grande honra, lhe deram um nome indígena. Suas sílabas lindas e estranhas significam "Filho de Aspen". Eu não pediria algo melhor para ele conhecer na vida, protegido por aquela árvore forte e sensível, que brota com tanta dificuldade de sua pedra nativa, exibe suas folhas verdes e redondas no verão, e no outono as deixa cair, como se fossem moedas de ouro".[34] Pamela recebeu um nome indígena secreto. "Eu jamais o revelarei, nunca o direi a nenhuma alma." Seu nome secreto, disse ela, a uniu com a mãe-terra — sua terra natal estava muito longe.[35]

A experiência mais mística ocorreu em uma noite, no meio do deserto, quando ela cavalgava em "um longo caminho, era noite de lua cheia e houve uma cerimônia de dança. Cerca de dois mil Navajos estavam reunidos e não se ouvia nada entre os índios, nenhum som, exceto uma rédea tinindo". Eles tinham acendido uma fogueira para aquecer a água. Tudo que Pamela podia ouvir era o crepitar dos galhos de sálvia sobre o fogo ou um bebê chorando. Nada mais, nenhum ruído sequer. "Estavam lá, sentados, meditando; um homem se levantou e começou a cantar, e os outros passaram a acompanhar seu canto. Então, ficaram em silêncio novamente, por um longo tempo, depois se levantaram e dançaram, e ficaram em silêncio de novo". Essa capacidade maravilhosa de ficar em silêncio a encantou.[36]

Um dia depois de receber seu nome secreto, Pamela cavalgou no crepúsculo através do Canyon de Chelly, acreditando que seu nome estava sendo carregado pelo vento à sua frente.[37] Para Pamela, o canyon, às vezes chamado de "Baby Grand", era "maravilhoso, tão sutil e solitário. E você sabe que lá não existe nenhum turista a centenas de milhas". (Pamela poderia ter vivido essa mesma sensação em Uluru, na Austrália Central, não fosse uma estrangeira em sua terra natal.) Mesmo o viajante mais cético se deixaria levar pelo imenso feitiço do Canyon de Chelly; pronuncia-se "chey", cujo nome deriva da palavra navajo *tsegi*, que significa canyon rochoso. Ali, as tribos Anasazi viveram por quatro mil anos e, depois, os povos Hopi e Navajo. Pamela já tinha atravessado a região a cavalo. No início, ela vestia o mesmo que todas as mulheres inglesas: jeans, botas altas, camisas de cowboy. "Então, de repente, vi as mulheres Navajo usando aquelas saias, seis metros de pano... com jaquetas de veludo".[38] E teve que ter uma também. Desde então, ela adotou também esse estilo, que vestiu até a idade avançada: saias florais com babados e joias indígenas, feitas de turquesa e prata, com braceletes enfiados nos braços um após o outro, como luvas.

Ao anoitecer, ela achou o canyon ainda "mais misterioso, porque... você sabe e parece que existe uma parede em branco, os dois lados se fecham e você realmente não sabe, mas tem a sensação de que existe um desvio. Como se subisse de uma porta para outra, indo de uma abertura a outra. É muito escuro e, de repente, ocorre o oposto, você passa a enxergar e as portas pareciam se fechar atrás de mim". Ali, ela foi detida por um grupo de Navajos que a convidaram para compartilhar sua refeição, e contaram como na noite anterior eles tinham dançado um pesadelo de uma mulher que tinha sido chamada pelo nome errado. Eles dançaram o pesadelo para a borda do canyon, de modo que ele terminou, foi expulso para longe.[39] Pamela pensou como seria se ela pudesse dançar seus pesadelos, expulsando-os — não sentiria mais dor, nem precisaria de psiquiatra.

Pamela escreveu para Jessie para contar que estava retornando a Santa Fé. "Bem", Jessie bufou para seu diário, "não estou muito satisfeita com isso.

Por que ela não vai para outro lugar?" Mas a velha amizade prevaleceu. Em 19 de julho, Jessie encontrou Pamela doente numa cama de hotel em Santa Fé. Quando Pamela se recuperou, Jessie cumpriu seu dever social, fazendo o papel de anfitriã e levando a amiga para passear por Santa Fé. Ela a levou setenta quilômetros ao norte de Taos, na colônia cultural administrada pelos amigos de Jessie, Mabel Luhan, seu marido Tony Luhan, a pintora Dorothy Brett e a viúva de D. H. Lawrence, Frieda Lawrence.

Mabel Ganon Evans Dodge Sterne Luhan era o espírito que presidia Taos. Escritora, patronesse das artes e anfitriã incansável, ela era uma figura divertida. Mabel via Taos como um jardim do Éden, onde os inocentes viviam. O Pueblo do Taos, há séculos o lar dos índios Tiwa, se assemelhava a uma escultura orgânica, composta por apartamentos de tijolos de argila crua, cada um com acesso por uma escada. O lugar atraía artistas, assim como cientistas sociais e junguianos, incluindo o próprio Carl Jung, que, após uma visita em 1925, viu os índios do Pueblo de Taos como "a manifestação dos arquétipos pré-históricos".[40]

Mabel vivia no Novo México desde 1917, quando seguiu seu terceiro marido, Maurice Sterne, para a capital Santa Fé, onde ele montou um estúdio para artistas. Eles se mudaram para Taos, onde ela presidiu um famoso salão para artistas e escritores que tinham por ela sentimentos de amor e ódio. Sentavam-se a seus pés, ou escarneciam dela, assim como faziam em seus salões igualmente famosos em Florença e Greenwich Village. Em Taos, ela encontrou seu Shangri-lá, um lugar onde "o mundo inteiro cantava em um novo tom".[41] Mabel e Maurice compraram doze hectares de pomar e pradaria ao lado do Pueblo e passaram a convidar grupos de índios para visitar sua casa — Los Gallos —, que recebeu esse nome devido aos galos de cerâmica instalados em seus muros e telhados. Em Los Gallos, os índios Tiwa tocavam tambores, cantavam e dançavam. Mabel, que tinha levado uma vida dionisíaca até então, os considerou apolíneos. Ela cortou os cabelos, colocou um poncho, livrou-se de Maurice e casou-se com Tony Luhan, um *pueblo* puro-sangue.[42]

Diziam que Mabel tinha "garras afiadas para o talento",[43] e depois de ser enfeitiçada por Taos, ela ficou desesperada para ter o lugar documentado por escritores, poetas e músicos. Era um desejo seu que viessem. E, com Mabel, o que era dito era feito. Como disse certa vez um amigo, Mabel era como "um avião carregado de explosivos".

A primeira convocação importante para o estilo de vida de Taos foi John Collier, que ela conheceu em Nova York, quando ele trabalhava com o serviço social. Em seguida, Mabel atraiu D. H. Lawrence. Ela leu *Sea and Sardinia* e decidiu que ele deveria escrever sobre Taos. Mabel o chamou na Austrália, e conseguiu trazê-lo em 1922. No começo, ele foi atraído pela "essência secreta e o mistério do continente americano". Profundamente tocado pelos *pueblos*, pelo deserto, pelas montanhas e pelos índios, Lawrence descobriu que "no momento em que vi o sol da manhã brilhando sobre os desertos de Santa Fé, algo se aquietou na minha alma e comecei a prestar atenção". Ele descreveu o Novo México como "a maior experiência do mundo exterior que já tive". Mas Mabel o deixava estarrecido. Ele se mudou com Frieda para um rancho nos arredores de Taos e, mais tarde, descreveu maldosamente sua protetora como uma "promotora cultural que odeia o mundo branco e é apaixonada pelo não-ódio dos índios". Taos, zombou ele, na verdade era a "cidade de Mabel", e deveria se chamar "Mabeltown".[44]

Mabel também tentou fisgar George Gurdjieff. Em 1924, ela ouviu suas palestras em Nova York e ofereceu a Gurdjieff 15 mil dólares e o direito de usar o seu rancho como uma filial do instituto francês. Não deu em nada. Ele não estava interessado e Orage também recomendou que não aceitasse. Porém, em 1934, Gurdjieff decidiu aceitar a oferta. Desta vez, foi Mabel que o rejeitou.[45] Em 1930, Mabel chamou para Taos a artista Georgia O'Keeffe, o fotógrafo Ansel Adams, e os escritores Edna Ferber e Thornton Wilder.

Jessie Orage tinha se misturado com o círculo de Mabel desde seu primeiro ano no Novo México, e em julho de 1944, ela levou Pamela para visitá-los, registrando em seu diário uma rodada de compromissos sociais com Mabel, Tony e Dorothy Brett. Mas, a essa altura, a paciência de Jessie estava no fim. Pamela, por sua vez, continuava absorvida em si mesma. Jessie indagou aos amigos se era só ela que se sentia assim. "Não, claro que não". Um disse que Pamela era "grudenta, cansativa demais e aborrecia as pessoas", outro a definiu como "muito egoísta com as palavras". No final de outubro de 1944, Jessie decidiu: "Acho melhor não encontrar Pamela novamente".

Um mês antes, Jessie tinha ajudado Pamela a procurar uma casa para alugar em Santa Fé. Ela escolheu a casa mais estranha da cidade. Conhecida como a casa redonda, era a única diferente de todas as outras, quadradas. El Torreón ficava na El Caminito, 808, perto de Canyon Road, uma rua longa e sinuosa, que mais tarde se tornou uma rua de artistas. A casa foi projetada para se parecer com um *torreon* colonial espanhol, e Pamela deve ter se lembrado das torres de Martello, ao longo da costa de Killiney, na Irlanda, onde ela buscou Camillus quando bebê.

Dentro de sua torre, Pamela sentia saudade de casa. Em novembro de 1944 ela estava obcecada pela guerra na Europa, lendo as notícias no *Santa Fe New Mexican*, que relatou naquele verão: "bombas voadoras alemãs mataram 2.752 pessoas e feriram outras 8.000 desde o início dos ataques a Londres há três semanas". Nuvens carregadas trovejavam sobre Santa Fé. Para Camillus não chorar, ela dizia que eram apenas os anjos movimentando a mobília no céu. Às vezes, após as tempestades, ela sentia que as montanhas vagueavam ao redor da casa, em duas linhas opostas, como uma grande corrente. Um dia, depois de uma grande tempestade, ela foi caminhar, como de costume, pela estrada de El Torreon. Ao voltar para casa, ela escreveu que as montanhas a perseguiram, mas, quando Pamela se virou para encará-las, todas ficaram paradas, e pareciam dizer "Bem, estamos aqui". Ela imaginou que os pinheiros estavam passando por uma experiência secreta. Quem sabe a chuva se infiltrava em suas raízes, que estavam paradas, "como às vezes ficamos parados, para sentir o amor penetrar nas fibras dos nossos corações. O mundo quieto e limpo, e eu, no meu íntimo, de joelhos, adorando tudo, as montanhas, o sol e o fio de estrada azul indo em direção a Tesuque, e sinto uma paixão por tudo o que me trouxe aqui, mesmo que para sofrer".[46]

Camillus adorava sair com a mãe para "caçar tesouros". Ela lhe disse que os pedaços de mica que apanhavam na estrada eram diamantes, rubis, safiras.[47] O que existe debaixo de todos os brilhos? Perguntou ele, e arregalou os olhos quando ela respondeu: "Uma grande bola de fogo ardente". Uma noite, ele olhava através das janelas altas de El Torreón e veio correndo até ela. "A lua está quebrada, a lua está quebrada!" As lágrimas escorriam em seu rosto. Ela foi lá fora e, realmente, havia apenas uma fatia de lua no céu. Tudo o que ela podia fazer era assistir com ele, noite após noite, como a lua remendava a si mesma, crescendo e crescendo.[48]

Naquele outono, Pamela preparou seu quarto livro para o Natal. Ela o chamou *Johnny Delaney*, em homenagem a outra figura significativa de seu passado mítico. Supostamente, Delaney foi um cavalariço na fazenda de seu pai. O livro foi dedicado à "Frieda Heidecke Stern, por me mostrar o caminho até o canyon". A menção se refere ao Canyon de Chelly e ao canyon metafórico que uma mulher de quarenta e cinco anos deve atravessar, da fase de donzela para a meia-idade, da esperança para a aceitação.

Mas quem era Frieda Heidecke Stern? Uma busca intensiva no Novo México foi infrutífera. Talvez fosse uma amálgama de Frieda Lawrence e Mabel Dodge Sterne (porém, com uma escrita incorreta do sobrenome Sterne). "Frieda Heidecke Stern" era obviamente alemã, como Frieda Lawrence, cujo nome de solteira era Frieda von Richthofen. Em Johnny Delaney, as palavras em alemão incorreto são de autoria de "Frieda Heidecke Stern": "Wenn ein Tuer zue geht an anders Tuerle geht uff", que significam "Se uma porta se fecha, outra se abre".

Algumas vezes, os fragmentos que Pamela deixou de sua vida são insuficientes para descobrir o que ela esperava esconder, e esta é uma dessas lacunas. A dor que sentiu, seja por Francis, Jessie ou Gertrude, ou por todos os três, continua um segredo.

EM FEVEREIRO DE 1945, QUANDO Pamela estava em Nova York, Jessie escreveu para contar que planejava retornar para a Grã-Bretanha. Agora, o Atlântico estava relativamente seguro. Pamela disse que a seguiria, em breve. Em seu último dia em Nova York, o homem do gelo, Sam Gloriano, veio se despedir. Ele colocou uma medalha de São Cristóvão na mão de Pamela.[49] "O Atlântico é um mar muito grande", observou, "mas o garoto estará seguro com isso". O amigo de Camillus, Solomon, ficou parado na porta do edifício, olhando enquanto eles entravam no táxi. Ele não acenou. Simplesmente ergueu a mão acima da cabeça e ficou assim até o carro virar a esquina. No último momento, Pamela pensou que ele tivesse se inclinado, mas talvez "eu o tenha visto através das lágrimas".[50]

Eles partiram em março. No navio, enquanto as últimas bombas voavam sobre Mayfield, ela escreveu para o *New English Weekly* "que um grupo de lobos solitários estava voltando para casa". Ela já tinha visualizado o Atlântico como um "espaço de mar separando dois países queridos para mim". Agora, ele era a ligação, o lugar onde as águas do Tâmisa e do East River, finalmente, se encontravam.[51] A porta para os dois países agora permaneceria sempre aberta.

Durante a viagem, Pamela contraiu caxumba. Ela foi recebida em Liverpool por profissionais do Conselho de Saúde e levada de ambulância para um hospital de isolamento, sem direito à visita dos amigos e proibida até mesmo de usar o telefone. Pamela começou a achar que estava louca e que tinha sido "habilmente isolada".

Madge pegou Camillus e o levou para sua nova casa, em Devon. Para surpresa de todos, Madge tinha se casado durante a Guerra. O marido era um diplomata, Don Gregory. Camillus, perdido, triste e desconsolado, vagava por entre as árvores do espaçoso jardim dos Gregory. Quando a febre se foi, Pamela estava livre. Ela viajou de trem para Sussex, sentindo-se invadida pelo verde dos gramados. Os outros passageiros apontavam os cordeirinhos da primavera, mas Pamela só conseguia ver "a extensão e a consistência" dos campos.[52]

O sexto aniversário de Camillus foi em 15 de agosto de 1945, o Dia da Vitória. O rádio da cozinha transmitiu a notícia da paz para o jardim de Pound Cottage, onde Pamela estava sentada com Camillus. Naquela noite, Mayfield marchou em uma procissão com tochas acesas para a High Street. A Mayfield Silver Band ia na frente. Uma viúva colocou flores no Memorial da Guerra. Os aldeões marcharam pela rua Fletching até a Dunstan's Croft, onde acenderam uma fogueira. Após os fogos de artifício, cantaram suas canções favoritas. E repetiram, muitas vezes, *"Bring back, bring back, oh bring back my Bonnie to me, to me…"*. Alguém leu um poema sobre a guerra, "A Saga of a Village's War Effort", escrito pelo major Morris de Little Twitts, Five Ashes. Pamela sentiu uma pontada de culpa. Ela não fez parte de nada daquilo.[53] Mas depois ela escreveu no *New English Weekly* que a paz — aquele "momento frio" — era cheia de possibilidades, e para Pamela, "a porta está aberta".[54]

Notas

[1] P. L. Travers, *I Go By Sea, I Go By Land* (Londres: Peter Davies, 1941).
[2] Carlton Jackson, *Who Will Take Our Children?* (Londres: Methuen, 1985).
[3] Carta de Travers para Mr. Hamilton, 19 de novembro de 1986.
[4] *I Go by Sea, I Go by Land*.

5. Ibid.
6. "Letters from Another World", *New English Weekly*, 2 de janeiro de 1941.
7. Ibid.
8. "The Big Family", Biblioteca Mitchell, escrito por volta de 1950.
9. Entrevista para Melinda Green, 1976, datilografada, Biblioteca Mitchell.
10. Carta para Staffan Bergsten, 20 de fevereiro de 1978.
11. Carta para Mr. Hamilton.
12. "A Remarkable Conversation About Sorrow", entrevista em 23 de junho de 1965, para Janet Graham, *Ladies' Home Journal*.
13. Palestra proferida no Radcliffe College, 1965.
14. Radcliffe Graduate Center, fevereiro de 1996.
15. Travers em conversa informal com estudantes em Cambridge, 15 de janeiro de 1966.
16. Transcrito de uma conversa informal, Radcliffe.
17. *The New York Times Book Review*, 19 de dezembro de 1943.
18. Palestra sobre mitos proferida na casa dos Welches, em 11 de fevereiro de 1972.
19. P. L. Travers, "The Bear Under the Bed", *Harper's Bazaar*, junho de 1943.
20. Anotações de uma palestra, 1946/47, em manuscrito, Biblioteca Mitchell.
21. "The Big Family".
22. Entrevista de Melinda Green.
23. "The Big Family".
24. Ibid.
25. Shusha Guppy, *Looking Back: a panoramic view of a literary age by the grandes dames of european letters*. (Nova York: Simon & Schuster, 1993); notas autobiográficas em Shawfield Street.
26. Nota manuscrita na Biblioteca Mitchell.
27. Carta, 15 de agosto de 1943.
28. John Eldridge, *Growing Up in Wartime Mayfield, 1939–45* (Books for Dillons Only, 1997).
29. Notas autobiográficas em Shawfield Street, Chelsea.
30. Maryborough *Chronicle*, 18 de abril de 1945.
31. Entrevista do Professor Robert Young, University of New Mexico, e Grace Gorman, Ganado, Arizona, em janeiro de 1997.
32. Notas autobiográficas, Biblioteca Mitchell.
33. Conversa informal em Radcliffe, 1965.
34. "The Big Family".
35. Jonathan Cott, *Pipers at Gates of Dawn: the wisdom of children's literature* (Nova York: Random House, 1983).
36. Conversa informal em Radcliffe, 1965.
37. "Name and No Name," *Parabola*, 1982.
38. Entrevista de Miss Arledge em manuscrito, Biblioteca Mitchell, Sydney.
39. "Name and No Name".
40. Lois Palken Rudnick, *Mabel Dodge Luhan: New Woman, New Worlds* (Albuquerque: University of New Mexico Press, 1984).
41. Ibid.
42. Patricia Leigh Brown, "Parnassus in Taos", *The New York Times*, 16 de janeiro de 1997.

43 Comentário do fotógrafo Ansel Adams.
44 Harry T. Moore, *The Priest of Love: A Life of D. H. Lawrence* (Londres: William Heinemann, 1974).
45 James Moore, *Gurdjieff: the anatomy of a myth* (Shaftesbury, UK: Element, 1991).
46 Notas escritas por Travers em 7 de novembro de 1944.
47 Radcliffe College Graduate Center, em fevereiro de 1966.
48 Conferência no Radcliffe College, em 9 de novembro de 1965.
49 "The Big Family."
50 Ibid.
51 Ibid.
52 *New English Weekly*, 27 de setembro de 1945.
53 *I Go by Sea, I Go by Land* e Eldridge, *Growing Up in Wartime Mayfield*.
54 *New English Weekly*, 27 de setembro de 1945.

11

A DESPEDIDA DE MONSIEUR BON BON

Ela posou para uma fotografia à porta da casa em Pound Cottage com uma saia de franjas no estilo Navajo. Pamela parecia representar a personificação da felicidade maternal, uma jovem matrona saída das páginas de uma revista de moda. Em seu colo, Camillus mantinha os braços entrelaçados atrás do pescoço dela. Ela o chamava de "meu tesouro", o fazia tomar todo o leite na hora do almoço, lia para ele as histórias do esquilinho Nutkin e de Peter Rabbit, e se preocupava muito com sua educação — decidiu que deveria ser apropriada. Ela havia frequentado a escola pública em Allora e um colégio para moças, em Sydney. Ele frequentaria a escola francesa em South Kensington e depois a escola preparatória Dane Court, em Surrey.

Às vezes, Pamela sentia o chamado do oeste, da América. Lá era revigorante. Em um artigo para a *New English Weekly*, ela mostrou o contraste entre a América vibrante e elétrica e a sonolenta Inglaterra. A América tinha iniciativa, questionava tudo, não esperava ninguém. A Inglaterra, depois da guerra, não exigia nada, não questionava nada, não tinha nenhuma curiosidade. A Inglaterra era "Forte e intimista, suave, mas firme no centro, lenta, sempre à espera, quase dormindo em pé na encruzilhada". Pamela se sentia uma estranha nessa terra rígida em que não se podia reclamar.[1]

Ela chegou à redação da *New English Weekly* um dia antes de Jessie. Do hospital de quarentena, em Liverpool, Pamela havia escrito ao editor da *Weekly*, Philip Mairet, dizendo que queria se demitir. Ela descreveu a tensão que existia entre ela e Jessie — em qualquer disputa, ela seria a parte mais fraca, afinal, Jessie era a dona da revista, conforme indicava claramente o seu editorial, "Jessie R. Orage (única proprietária), Maurice B. Reckitt, Pamela Travers, T. S. Eliot, W. T. Symons e T. M. Heron".

"Chegar primeiro era típico de Pam", escreveu Jessie em seu diário. "Quando ela o encontrou, disse que havia pensado melhor e decidido esperar um pouco mais. Philip quis saber se eu me incomodava com a presença dela. É claro que eu disse que não, e que não via nenhuma razão para que ela se demitisse ou parasse de escrever". Em outubro, o encontro do Conselho Editorial foi "um tanto sombrio para mim, por causa de Pamela. Fui a primeira a sair, apesar da expectativa de Philip e Symons de jantarmos juntos depois. Mas a simples ideia de passar uma noite inteira na presença de Pamela era difícil de suportar. Eu preferi não me desgastar emocionalmente. Quando ela chegou, toda esfuziante, e eu ouvi 'Querido Philip!', 'Querida Travers!', quase caí na gargalhada".

Pamela nunca deixou o cargo no conselho nem o seu papel como colaboradora. De 1945 até 1949, quando a revista fechou, ela escreveu em quase todas as edições, assinando P. L. Travers, PLT ou Milo Reeve. Em todos os seus artigos, em suas análises sobre filmes e livros e, principalmente, sobre teatro, o tom de Pamela sempre foi confiante e elevado. Jessie ocasionalmente discordava de suas observações em suas críticas, e Mairet sempre desempenhou o papel de diplomata.

Pouco antes do Natal de 1945, Jessie e os filhos foram morar em uma casa de dois pavimentos na Rua Oakley, em Chelsea. No andar de cima viviam Stanley e Rosemary Nott. O diário de Jessie termina em fevereiro de 1946, e sua relação com Pamela ainda parecia em suspenso, mas as notas do diário incompleto de Pamela revelam que as duas mantiveram uma razoável amizade até Jessie sair de sua vida, ao mudar-se de Londres para Kent, na década de 1950. Pamela deve ter mantido um diário por muitos anos, mas na época de sua morte as únicas anotações encontradas se referiam ao período de 1948 a 1949. Em razão da lacuna nos diários, não existe nenhum registro sobre um evento significativo na vida de Pamela a respeito de Jessie.

No início de 1946, o homem que ela havia amado estava morrendo. A doença de Francis Macnamara era um mistério tanto para seus amigos como para os médicos. Ele parecia enrugado, e dava para ver claramente a forma de seu crânio através da pele, fina como papel. Ele havia decidido se mudar para Dalkey, no subúrbio de Dublin. Sua última residência ficava em um penhasco, com um jardim que se estendia até o litoral. Macnamara encomendou algumas reformas, mas não as viu concluídas. Aos sessenta anos de idade, ele morreu em seu quarto, no andar de cima. Os construtores deixaram a maior parte do trabalho inacabado e a casa ficou em completa desordem. Macnamara parecia ter desaparecido no meio de uma jornada insatisfatória. Um de seus amigos alemães, um velho professor, comparou sua morte com a de Tolstoi em uma estação de trem. Pouco antes de morrer, no dia 8 de março de 1946, Macnamara disse a seu mordomo: "Ponderei e achei insuficiente".

Ele havia pedido para que todos os seus documentos, inclusive um armário cheio de cartas antigas, fossem queimados. Joseph Hone achava que os seus melhores textos poderiam ser encontrados em "suas cartas pessoais impetuosas e intensas", todas escritas à mão. Hone escreveu o obituário de Macnamara para o *Irish Times:* "Ele quebrou uma grande quantidade de louças ao longo da vida, tanto suas como de outros, mas eu nunca ouvi que tenha feito um inimigo. Talvez somente a Irlanda pudesse ter produzido um Francis Macnamara e somente a Irlanda poderia ter falhado em oferecer orientação aos seus notáveis talentos".

No seu exemplar de *Two Flamboyant Fathers,* um livro de memórias sobre Macnamara escrito por sua filha, Nicolette Devas, Pamela marcou as margens de duas páginas com um lápis de olho. A primeira destaca o lugar em que Devas escreveu "não muito antes de sua morte Macnamara disse 'Eu descobri que o carinho e a ternura são importantes'". Devas seguia escrevendo: "Essas palavras, essa confissão, representam para mim o resumo do fracasso de todos os seus relacionamentos íntimos". Na segunda marcação, Pamela indica "os papéis ao lado de sua cama nunca foram arquivados, foram queimados, respeitando suas ordens. E também foram queimados os documentos e outros papéis encontrados em seu armário".

Décadas mais tarde, quando sismou que estava à beira da morte, Pamela começou a ter sonhos nítidos com Francis Macnamara. Em uma noite, sonhou que estavam os dois, sozinhos, e ela dizia a ele o quanto o amava... ela nunca pôde declarar o seu amor enquanto ele estava vivo, mas em seu sonho ela estava livre para declarar. Macnamara ouviu, assentiu com a cabeça, e murmurou dizendo que a compreendia completamente.[2]

Em abril de 1946, Joseph Hone escreveu para Pamela perguntando se ela sabia da morte de Macnamara. Ele não sentia a sua falta, escreveu Hone, mas sentia como se o mundo estivesse diferente desde sua partida.³ Hone estava em Enniskerry, nas Montanhas Wicklow, enquanto seu filho, Nat, vivia em um apartamento decadente em Battersea. Pamela havia se mudado para uma casa não muito longe de Nat, em um subúrbio mais saudável de Chelsea, onde ela comprou uma casa de três andares, em estilo georgiano, na esquina da Smith Street com a Kings Road.

O lugar era razoavelmente perto de onde Camillus estudava, a escola francesa em South Kensington. Quando ele tinha nove anos, Pamela decidiu que estava na hora de iniciar sua educação formal em Dane Court, em West Byford, Surrey. No começo de setembro de 1948, depois de passar as férias na Suíça, ela o levou para a escola preparatória. Ele disse: "Ah, você vai sentir minha falta!", sem pensar no quanto sentiria a falta dela.⁴ A casa ficava "tão vazia" sem Camillus, escreveu em seu diário. Naquele mês, ela decidiu vender Pound Cottage. Pamela dirigiu até Mayfield, limpou a casa e pediu à Nightingales, a corretora local, para anunciá-la.

Agora, novamente, Pamela se via perseguida pelas doenças, nada grave aparentemente, mas o mesmo tipo de constipações, gripes e distúrbios estomacais que a importunaram no final da década de 1920, quando suas cartas para Æ revelaram o mesmo rastro de problemas. Ao final de setembro, ela se sentia indisposta, cansada, com saudades de Camillus e muito incomodada com as dores de estômago. Ela se arrastou para um encontro com os colaboradores da *New English Weekly*, no dia 28 de setembro. A revista estava no fim, mas os diretores resolveram partir para um novo começo, acreditando que poderiam pagar seus credores.⁵

A revista sairia de circulação em um ano, mas os livros de Pamela já haviam alcançado um sucesso moderado e continuavam sendo impressos. Ela tinha esperanças de ganhar o suficiente com os direitos autorais de Mary Poppins para garantir a manutenção da nova casa e o salário da primeira de uma longa lista de governantas, a Sra. Ritchie, com quem teve uma relação tempestuosa ou, no mínimo, muito mais difícil do que a tensão que havia entre a Sra. Banks e Mary Poppins. No final do ano, a Sra. Ritchie disse que estava doente e ameaçou se demitir (mas não se demitiu). Pamela estava insegura sobre a educação de Camillus, em parte com remorso por ter se separado dele e em parte incomodada com o fato de ele não estar se desenvolvendo da maneira que ela havia planejado. No outono, ele escreveu dizendo que "estava adorando" a escola. Mesmo assim, ela se sentia deprimida e sozinha.

Quando foi visitá-lo em Dane Court, Pamela descobriu que Camillus estava tenso e com saudade de casa. E ele tinha alguns motivos para reclamar. Dane Court estava desorganizada, e sua estrutura muito desgastada. Para acompanhar o chá os garotos recebiam somente pão e manteiga. Camillus sentia muito frio na cama, seu colchão era ruim e pequeno. Todos os garotos dormiam com meias e roupões. Quando chegava a hora de se despedir, ele a abraçava com força, mas não chorava. Pamela se sentia orgulhosa com essa demonstração.

No Natal de 1948, ela ficou satisfeita com a apresentação de fim de ano em Dane Court. Camillus estava na primeira fila enquanto todos os garotos cantavam "Away in a manger". Pamela sentiu suas próprias lágrimas correrem com as inocentes palavras. Ele parecia tão doce em seu traje cinza.

Camillus voltou para casa no dia 21 de dezembro. Pamela registrou em seu diário que este foi um dos dias mais felizes, senão o mais feliz, de sua vida. Eles fizeram compras e foram com a Sra. Ritchie ver a decoração de Natal na Trafalgar Square. Ela leu para ele dois capítulos de *Dr. Dolittle* na cama e, ao sair de seu quarto, pensou: "Ah, Deus o abençoe sempre".

Mas em janeiro, quando ela o levou de volta a Dane Court, ele não se adaptou bem ao novo período e ficou gripado. O diretor decidiu que seria melhor se ela não o visse com tanta frequência. A Sra. Ritchie se demitiu em fevereiro, o que refletiu negativamente no que ela chamava de "distúrbio digestivo". Com a ajuda da nova empregada ela conseguiu melhorar, mas ainda não se sentia bem.

Na primavera, Camillus chegou na Smith Street, e gritou: "Em casa, finalmente!". Eles jogaram pingue-pongue, compraram guloseimas para o almoço — cogumelos e morangos —, foram a Harrods para cortar o cabelo e à Selfridges para comprar um arco e flecha. À noite, ela leu para ele, mais uma vez, a história do esquilo Nutkin. Durante todo o tempo, ela sentia ondas de ansiedade, o mesmo sentimento de inquietação que a perseguiu por anos.

O ÚNICO CONSOLO DE PAMELA era fazer parte da família Gurdjieff, apesar de sua desagregação no final da década de 1940, quando cada grupo de seguidores mantinha uma arrogante distância dos outros. Depois da Guerra, Gurdjieff tentou reconciliar todas as facções rivais que haviam se formado ao redor dele na França, Inglaterra e nos Estados Unidos. Um trabalho árduo, porque era comum o líder de um grupo não conversar com outro, exceto, talvez, através de seus advogados. O grupo mais influente estava na França, liderado por Jeanne de Salzmann, uma das fundadoras de Prieure. O instituto havia entrado em colapso com a quebra de Wall Street, que o deixou com um déficit de fundos americanos. Mas agora, precisando de dinheiro para pagar as despesas da Guerra, Gurdjieff conclamou o seu rebanho dizendo, "vocês são ovelhas sem pastor, venham a mim".

Apesar de pertencer ao grupo de Jane Heap, Pamela também tinha ligações com outro grupo fora de Londres, liderado por um dos protegidos de Ouspensky, John Gondolphin Bennett. Um indivíduo obsessivo, que tinha recitado a "oração do senhor" mil vezes por dia durante nove anos, Bennett jejuou, submeteu-se a provações e vigílias, e ofereceu a Gurdjieff o favor de muitas pessoas influentes, entre elas o dr. Bernard Courtenay Mayers, um franco-canadense que desempenhou um papel heroico no movimento de resistência francesa. Mais tarde, Courtenay Mayers se tornaria conselheiro e médico vitalício de Pamela.

Pamela era uma das várias pessoas do pós-guerra que passaram a frequentar o apartamento de Gurdjieff. O lugar vivia lotado de "espiritualmente necessitados" — incluindo os sessenta discípulos de Bennett, vindos da Inglaterra.[6] Pamela sentia tanta falta de seu guru que embarcou em um dos primeiros trens para Paris depois da Guerra. No luxuoso *Golden Arrow*, a viagem do centro de Londres ao apartamento de Gurdjieff, localizado na Rue des Colonels Rénard, não era muito demorada.

Gurdjieff tinha sobrevivido à Guerra em uma caverna de Aladim muito bem guarnecida. Um acumulador por natureza, seu apartamento espelhado era repleto de bibelôs e estatuetas de cavaleiros húngaros, bailarinas, xeiques árabes galopando e núbios em camelos. Ele havia abarrotado as prateleiras da despensa do chão ao teto com açúcar, sal, farinha, frutas secas, lentilhas e condimentos. Do Hediard, o empório atrás da Madeleine, ele comprou caviar Beluga, halvah, figos secos, chocolates, balas de hortelã, amêndoas açucaradas, frutas cristalizadas, caixas de cigarro Gauloise Bleu, garrafas de vodka, calvados e Armagnac Larresingle. Do campo, ele encomendou presunto, bacon e queijo de cabra. Gurdjieff comprou tudo fiado, prometendo saldar a dívida depois da Guerra, quando recebesse o lucro de seu poço de petróleo no Texas. O "poço de petróleo", na verdade, eram seus amigos americanos que, de fato, pagaram suas contas. O apartamento 6 exalava o aroma de um extravagante bazar oriental. O teto era adornado com guirlandas de ramos de hortelã e alecrim, cebola, pimentão vermelho, enguias secas, esturjão defumado e linguiças feitas de carne de camelo. Gurdjieff era viciado em café, constantemente renovado em uma velha garrafa térmica. Em suas prateleiras e bolsos nunca faltavam doces ou balas de açúcar. As crianças o chamavam de *Monsieur Bon Bon*.

Apesar das aparências, o apartamento estava sujo, os móveis desgastados, o tapete da sala de jantar furado e remendado. Depois da Guerra, o próprio Gurdjieff parecia mais velho, mais cansado. A barriga — que apelidou de "sua valise" — havia crescido, mas seus olhos permaneciam tão hipnóticos como sempre, vigiando tudo à sua volta. O seu silêncio também continuava eloquente, e sua fúria ainda era eficiente. Ele falava com um sotaque asiático abafado, usando um dialeto composto de palavras inglesas e chinesas, utilizado no comércio em portos chineses no passado, e soava estranho. A letra h, no meio de uma palavra em inglês, saía com o som de g.

Em 1946, Pamela o via como um herói, um anfitrião patriarcal. Sua presença marcante irradiava um tipo de poder que era tão terrível quanto consolador, como um velho carvalho com muitos galhos. Mas ele era sempre imprevisível, falando comumente em parábolas. Gurdjieff possuía uma grande habilidade de retirar as máscaras de seus pupilos. Sob o seu olhar, todo mundo estava nu.

Durante a visita, ele envolveu Pamela em uma de suas peças típicas de atenção e dominação. "Vocês ingleses", acusou ele, "mesmo quando têm manteiga, preferem margarina". Não, disse ela. Sim, retrucou ele. Não. Sim. Não. Sim. Como uma brincadeira de criança, o não e o sim foram se alternando, até ela ficar à beira das lágrimas. No dia seguinte, ela tentou se esconder, mas no jantar ele a encontrou e perguntou: "Se eu disser sim, você ainda dirá não?" Ela assentiu com a cabeça. "Bom", disse ele, com um sorriso radiante. Esse era um jogo clássico de Gurdjieff. Primeiro seus discípulos eram reduzidos a um estado infantil e, quando menos esperavam, ele relaxava sua aparente fúria, sorria e oferecia para a vítima um doce.[7]

Pamela e todos os peregrinos em Paris receberam o seu "remédio" com felicidade. "Agora", pensaram, "é a colheita de nossas vidas". Gurdjieff via a necessidade de cada um. Ele era capaz de interpretar Pamela de um modo que Æ, muito envolvido consigo mesmo, não podia. Gurdjieff percebia sua solidão, sua sede de sabedoria esotérica, e o potencial financeiro de seus poderosos amigos americanos. Ela foi vê-lo em seus aposentos particulares. Ele nunca a mandou embora, e respondia a todas as suas perguntas.[8]

No apartamento, todos os seus seguidores aguardavam suas palavras de louvor e sabedoria. Primeiro ficavam assistindo enquanto ele comia, com um pé dobrado embaixo de si, sentado no divã. Gurdjieff tocava em sua comida como tocava nas mulheres. Ele gostava de montar sua própria salada, brincava com os molhos, colocava um vidro inteiro de chutney, cortava o pepino com os dedos, acrescentava uma colher de creme, pedaços de carne de cordeiro, de queijo de cabra e folhas de estragão fresco. Só então se recostava, satisfeito, e resmungava, "Qual novato veio da Inglaterra?".[9]

Antes do jantar, os alunos normalmente liam os manuscritos de seu livro *Relatos de Belzebu a seu neto*. Depois, ele oferecia o benefício de suas ideias. "A matemática é inútil", poderia dizer em uma noite, "você não pode aprender as leis da criação do mundo e da existência do mundo através da matemática". Ou, em outra noite, "O estudo de Freud ou Jung é inútil. Isso não passa de masturbação". Ele recomendava que seus alunos lessem os textos de Mesmer sobre hipnotismo e os aconselhava a fazer uma lavagem intestinal todos os dias.[10]

No final da tarde, ele gostava de ir a um café, na Avenue des Acacias. Lá ele trocou o seu chapéu *fez* por um panamá. No jantar, vestia um pijama turquesa claro, ou, mais formalmente, um terno folgado de caxemira, uma camisa aberta na altura do pescoço e uma pantufa macia. No meio do jantar ele gostava de colocar o seu *fez* magenta com franjas no estilo dos turcos otomanos.

Um dia, depois do jantar, ele colocou seu acordeão no joelho e tocou uma música triste em um tom menor. "Esta é uma música sagrada", disse, "muito antiga". Pamela comentou com ele o quanto ela amou a música. Ele se sentou, fumou, e falou para a plateia reunida, "Veem agora como minha vida são rosas, rosas, e eu, apenas um pobre velho professor de dança!".

A essa altura, a maioria dos convidados estava relaxada, ou quase apagada depois de tantos brindes "aos idiotas". (A interpretação de Pamela era a de que ele usava a palavra "idiota" com o seu sentido grego original, de "pessoa privada, metida apenas com seus próprios assuntos".) Gurdjieff havia inventado uma graduação de vinte e um idiotas, até Deus, que era "O Idiota Original", mas os brindes eram normalmente oferecidos para a primeira camada de doze idiotas, que eram: normal, excelente, astuto, desanimado, misericordioso, contorcido, quadrado, redondo, sinuoso, esclarecido, desconfiado e arrogante. Somente Jeanne de Salzmann era considerada brilhante o bastante para estar "saindo da idiotice". Algumas vezes, o jantar não terminava antes das três horas da madrugada. E os convidados continuavam a conversar nos cafés, relembrando o que o mestre havia dito.

Em outubro de 1948, depois de ter esvaziado várias contas bancárias inglesas, Gurdjieff partiu em uma visita de tosquia aos Estados Unidos. Ele voltou a Paris na primavera de 1949, trazendo duas jovens, conhecidas como "as bezerras", que não eram seguidoras ricas, mas eram meninas que formariam a sua próxima geração de dançarinas, incluindo a filha de Jessmin Howarth, Dushka. Ele enviou Jeanne de Salzmann à Inglaterra para inspecionar os alunos de um dos grupos em Londres. Lá, ela ministrou aulas de dança das quais Pamela participou, e depois se sentiu tão cansada quanto fortalecida.[11]

Pamela viu Gurdjieff pela última vez em setembro de 1949. Acompanhada de Camillus, ela pegou o *Golden Arrow* para Paris e se dirigiu a Rue des Colonels Rénard. O charmoso *Monsieur Bon Bon*, é claro, ofereceu doces para Camillus. O garoto não tinha consciência de nada, tão desarmado quanto o guru. Camillus contou para Gurdjieff que não tinha pai. Mamãe contou que o papai sofreu algum tipo de acidente e morreu nos trópicos. Gurdjieff garantiu ao garoto que seria o seu pai. Camillus disse à Pamela que o amava. Gurdjieff pegou os dois nos braços e os beijou.

Dentro de uma semana, estavam de volta, Camillus na escola e Pamela agitada, novamente indisposta com o velho problema: intestinos inquietos e diarreias constantes. Um especialista não encontrou nada, mas recomendou um exame de raios X. Ela lembrou das últimas semanas de Æ e do temido Dr. Munro.[12]

Em outubro, Jeanne de Salzmann foi a Londres para outra visita e deu aulas de dança para quase duzentos alunos em um estúdio no oeste de Londres. Lá, envolvida pela paz, dançando como se o seu corpo e a música estivessem em sintonia e se transformassem em uma única coisa, Pamela estava intensamente feliz e convencida de que deveria ir a Paris para ver Gurdjieff. Ela queria que ele lhe desse uma "tarefa", um exercício especial para sua alma. Era seu corpo que precisava de ajuda. Mas ela estava muito doente para sair da cama.

No dia 24 de outubro, Jeanne de Salzmann sabia que Gurdjieff estava gravemente doente. Ela tinha esperanças de que Bill Welch, um discípulo de Gurdjieff, pudesse administrar a ele um tratamento hepático radical e pediu ao médico para vir imediatamente de Nova York. Welch embarcou no primeiro avião e levou dezenove horas para chegar a Paris. Exausto, foi direto a Rue des Colonels Rénard para encontrar, o que ele pensava que fosse, a marca da morte no rosto de Gurdjieff. O médico o encaminhou para o American Hospital, em Neuilly. Vestido com um pijama de seda, fumando um Gauloise Bleu, ele foi levado para a ambulância, dando "Adeus, a todo mundo". Em um quarto particular, no primeiro andar do hospital, ele continuava com sua tagarelice despreocupada enquanto Welch fazia uma punção no seu abdome. Gurdjieff já não comia mais, mas continuava a beber o seu café e a fumar, usando uma piteira preta.

Na tarde do dia 29 de outubro, Rosemary Nott ligou para Pamela para contar que o pior havia acontecido. Gurdjieff havia morrido às dez e meia da manhã. Pamela foi até a estação Victoria para comprar um bilhete de embarque e telefonou para Camillus avisando que não poderia visitá-lo no dia seguinte como planejado. Muitos discípulos de Gurdjieff, entre eles Jane Heap, seguiram com ela no *Golden Arrow*, no dia seguinte.

O corpo embalsamado de Gurdjieff deveria ficar exposto na capela do American Hospital por uma semana, mas Pamela o viu naquele primeiro dia em seu quarto. Ela tremia antes de entrar, e então, para sua surpresa, não ficou chocada. Por um longo período, ela ficou sentada, apenas olhando. Outros amigos também vieram e ficaram em vigília, orando.[13]

Na capela, Pamela sentia uma intensa calma e contrição. Por uma semana, o lugar se transformou em seu refúgio. Cadeiras foram colocadas ao redor do caixão. As pessoas se sentavam, quietas, por um longo tempo. Quando uma saía, outra ocupava o seu lugar. Todas as tardes, um padre russo de barba negra recitava as orações, enquanto um cantor entoava as respostas com uma potente voz grave, levemente prejudicada por um forte resfriado.[14] Em seguida, Pamela se ajoelhava aos pés de Gurdjieff e fazia suas preces. A cada dia ele parecia mais distante. Ela pensou em Æ outra vez.[15]

No dia 2 de novembro, ela foi sozinha ao hospital para vê-lo pela última vez. Ele parecia muito longe agora. Os agentes funerários chegaram para levá-lo, e de repente, descobriram que o corpo de Gurdjieff era muito grande para o caixão — um fato inusitado, que combinava perfeitamente com sua vida inusitada. Um novo caixão foi encomendado. Na Catedral Alexander Nevski, a congregação ficou intrigada pelo atraso. As pessoas ficaram esperando, cada uma segurando uma vela apagada, das quatro às seis da tarde. O corpo de Gurdjieff finalmente foi trazido.

Na chegada, Pamela ouviu as vozes de um coral escondido que parecia ao mesmo tempo um grito de lamento e de boas-vindas. O som foi tão repentino que as lágrimas involuntariamente escorreram dos seus olhos, mas ela se controlou, dizendo a si mesma que o funeral era grandioso demais para isso. A cerimônia religiosa foi cantada, as flores se empilhavam e, de repente, todas as luzes da catedral foram apagadas. Os presentes ficaram na escuridão, iluminados somente pelas velas das carpideiras. Alguém perguntou ao sacristão se eles poderiam fazer uma vigília durante a noite, mas ele disse que não, que os sacerdotes iriam assumir agora.

Muitos seguidores foram até Jeanne de Salzmann. Ela ofereceu chá, os acalmou e aconselhou a continuarem fazendo os exercícios prescritos por Gurdjieff e a praticar os seus movimentos.

O dia do funeral estava claro e frio. Pamela retornou à Catedral para a missa solene. Desta vez, os sacerdotes usavam hábitos cerimoniais, em dourado, branco e azul, e mitras, que Pamela observou com olhar de crítica teatral. Ao final, quando os sacerdotes já haviam partido, as pessoas presentes foram até o caixão pela última vez; uma a uma, se ajoelhavam e beijavam a haste de uma cruz que estava ao lado. Pamela sentiu que todos estavam fazendo a melhor promessa que podiam.[16]

Quatro ônibus lotados seguiram o carro fúnebre até o local do enterro. Eles passaram perto do apartamento na Rue des Colonels Rénard, e pela L'Etoile, com o sol brilhando friamente através das folhas marrons nas avenidas. Pamela achou que o carro fúnebre, com tantas flores, parecia desfilar quase alegremente lá na frente. Através da janela, ela viu um parque de diversões com um carrossel girando. As carpideiras passaram pelos bairros pobres, lojas e trabalhadores que cumpriam seus afazeres diários. Deve ter parecido uma tela de Brueghel, aquelas mulheres velhas com xales pretos andando ombro a ombro ao sol, e uma mãe segurando seu bebê.

O cortejo passou por campos com o trigo novo do inverno e grandes bois brancos voltavam do arado da lavoura para casa. Pamela tinha esperança de que ela também tivesse um funeral feliz. Eles chegaram a Avon, perto de Fontainebleau. A claridade do dia havia desaparecido, o céu ficou cinza, e estava muito frio. Cada carpideira jogou um pouco de terra sobre a cova. Pamela viu o túmulo de Katherine Mansfield por perto, e na lápide estava escrito: "Destas urtigas, o perigo, colhemos esta flor, a segurança". Ela pegou uma pequena folha de outro túmulo e depositou na sepultura de Mansfield. Alguém ofereceu a cada carpideira uma colherada de trigo cozido com mel e passas. Pamela observou os rostos, viu como estavam modificados pela tristeza.

Todos ficaram em silêncio ao lado do túmulo, sem querer partir, mas a noite estava chegando. Assim que escureceu, eles seguiram para o apartamento de Gurdjieff — tão cheio que mal dava para andar. Pamela olhou pela última vez para o quarto onde eles haviam se sentado para ler, "vendo muitas coisas", e disse adeus. Ela saiu de Paris nessa noite, partindo da estação Gare du Nord, com um pedaço de bolo e uma banana da última ceia, guardados em sua bolsa para Camillus.[17]

CAMILLUS CHEGOU DA ESCOLA NO dia seguinte. Pamela o abraçou e o segurou por um instante. No sofrimento e na dor, pensou, uma criança oferece o conforto mais aconchegante. De sua bolsa, ela retirou uma foto de Gurdjieff em seu caixão. Camillus quase não falou. Eles passaram o feriado de Guy Fawkes[18] à toa, brincaram com um jogo de cartas e fizeram uma máscara para o boneco que seria malhado como Fawkes, mas decidiram chamá-lo de Sir Stafford Cripps. Naquela noite, com seus amigos, Camillus viu a cabeça do boneco estourar com uma pancada. Ele tinha colocado bombinhas dentro dele. Camillus disse a sua mãe que a amava e, solenemente, afirmou que não havia outra casa melhor nem uma mãe mais gentil.

No dia seguinte, Pamela decidiu que ele deveria voltar para a escola de trem. Ele chorou dizendo que, se ao menos os garotos gostassem mais dele, talvez não achasse tão ruim ter que voltar para a escola. Pamela inventou um jogo de palavras para distrair Camillus no caminho para a estação Waterloo. Ele acenou, se despedindo, animado o bastante. No caminho de volta para a casa, ela pensou em como eles eram parecidos, o bebê adotado e a mãe de última hora que havia sido uma garota cujos pais foram muito gentis, sensatos e distantes. Ele levava tudo a sério, como ela. O seu orgulho afastava as pessoas. Mesmo assim, ele parecia mais feliz do que nunca na escola. Sim, ela tinha certeza de que ele estava bem.[19]

Mas, na verdade, ela não tinha certeza de nada. A partida de Camillus deixou o final de ano bem desconfortável. O que havia sobrado agora? Ela não tinha mais o seu guru, e a revista *New English Weekly* não existia mais. Havia consolo, claro, no círculo de amigos gurdjieffianos e, acima de tudo, na sala dos *movimentos*, com a música relaxante de Rosemary Nott.

Às vezes, quando tristes, as mulheres gostam de limpar a casa, varrer o chão e arrastar os móveis. A Sra. Ritchie ajudou Pamela a fazer uma faxina completa na Smith Street. Elas guardaram roupas, móveis que não serviam mais, brinquedos, coisas de quando Camillus ainda era bebê e livros — tudo no sótão. Pamela pensou em alugar alguns quartos. A Inglaterra não tinha sido o repouso tranquilo que ela esperava. Se fosse a Sra. Banks, poderia acreditar que a reconfortante babá retornaria. Mary Poppins a teria ajudado a encontrar conforto nas coisas do dia a dia: xícaras e pires, estrelas e cavalos de balanço. Ela teria sido alguém para se apoiar e levantar, e colocar tudo no lugar.

A dor no estômago e nas entranhas havia voltado, pior do que antes.

Notas

[1] *New English Weekly,* 27 de setembro de 1945.
[2] Notas datilografadas, Shawfield Street, Chelsea.
[3] Carta de Joseph Hone para Travers, de 11 de abril de 1946.
[4] Carta de Travers para Dushka Howarth, 1981.
[5] Diário mantido por Travers, 1948.
[6] Comentários sobre retrato em pintura, na Westminster Nursing Home, 1990.
[7] Ibid.
[8] Ibid.
[9] J. G. Bennett e Elizabeth Bennett, *Idiots in Paris: the diaries of J. G. Bennett and Elizabeth Bennett,* 1949. (York Beach, ME: Samuel Weiser, Inc., 1991)
[10] Ibid.
[11] Diário.
[12] Ibid.
[13] Ibid.
[14] Carta de Travers para Louise Welch, 1949.
[15] Diário, 1º de novembro de 1949.
[16] Carta para Louise Welch.
[17] Diário e carta para Louise Welch.
[18] "O Dia de Guy Fawkes" refere-se ao episódio em que um soldado inglês católico, membro da chamada "Conspiração da Pólvora", tentou explodir o Parlamento Inglês e matar o rei da Inglaterra, James I, na

noite de 5 de novembro de 1605. A data foi transformada em feriado nacional, para comemorar a sobrevivência do rei com a chamada "Bonfire Night", normalmente com fogos de artifício e uma grande fogueira. Entretanto, com o passar do tempo, a festa se concentrou na humilhação do traidor, com máscaras e bonecos representando Guy Fawkes sendo malhados e queimados em fogueiras. N. T.

[19] Diário.

Pamela Travers com Camillus em Gstaad, 1947

Camillus aos 19 anos

Julie Andrews com Tony Walton

Julie Andrews como Mary Poppins na cena da chuva

Julie Andrews e Walt Disney

Julie Andrews como Mary Poppins
na cena do limpador de chaminés

Julie Andrews, Walt Disney e Pamela Travers
na estreia do filme, 1964

Passe policial para a estreia do filme

O coreógrafo Marc Breaux ensaiando
Julie Andrews e Dick Van Dyke

Walt Disney's Mary Poppins

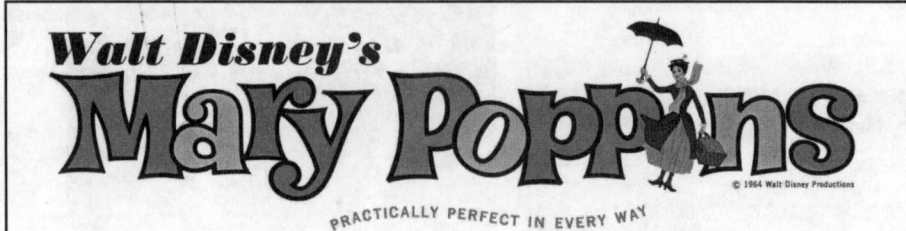

PRACTICALLY PERFECT IN EVERY WAY

September 4, 1964

Mrs. P. L. Travers
c/o Mrs. M. W. Coward
R. F. D. 2
Box 271
Mount Kisco, New York

Dear Pamela:

I received your very nice letter and note with care its contents, and understand it very clearly. I am enclosing three copies of the program bearing Walt's autograph, which you requested.

I am also enclosing another comment by George Todt of the Los Angeles Herald-Examiner. He is not a motion picture critic, and very rarely, if ever, refers to anything pertaining to the entertainment industry. He confines his writing to politics, international affairs, etc., etc., and it is quite unusual for him to give his whole space to our film.

Rather than compile a scrap book, I thought it best to continue to send on the reviews as I receive them here. I am going to ask Charlie Levy in New York to forward to you directly the reviews that are published in the New York press following the picture's opening. Likewise, Arthur Allighan will be happy to give you a collection of the reviews from the British press as he receives them. It would be quite difficult for me to attempt to get a complete collection from this point.

You will also be happy to know that MARY POPPINS, as of the conclusion of business Thursday night, smashed the house record, grossing the largest amount of money and the largest paid attendance since the Grauman's Chinese Theatre first opened its doors. The previous house record was $53,000 for a week's business. MARY POPPINS grossed slightly more than $60,000. If this is any indication of what can be expected, I feel that this picture will make history.

Best regards.

Sincerely,

Bill

William B. Dover

Carta de William Dover para Pamela Travers

Walt Disney's MARY POPPINS

PRACTICALLY PERFECT IN EVERY WAY

September 28, 1964

Mrs. P. L. Travers
c/o Harcourt Brace Inc.
757 Third Avenue
New York, New York

Dear Pamela:

Thanks very much for your note bringing me up to date as to your contemplated plans. I have been away for a week on holiday, and just returned. I saw a collection of the New York reviews, and they are extremely gratifying. The New York reviewers are by and large pretty sophisticated people, and it was difficult to anticipate how they would react to a picture of the nature of MARY POPPINS.

I know by now that you have seen most of them, but inasmuch as some may be missing, I am sending you this collection, and will forward others that come in directly to your London address.

I have every conviction that the London premiere will be a source of great satisfaction to you, and that as time goes on you will be more and more pleased with what emerged out of that first meeting we had in Cyril James' office when it appeared that there was a chance for MARY POPPINS to reach the cinema screens of the world.

I certainly appreciate your attitude, and trust, and will certainly keep in touch and post you on all that comes my way.

Warm regards,

Bill

William B. Dover

WBD:ks
Enclosures

Carta de William Dover para Pamela Travers

SAMUEL GOLDWYN

September 11, 1964

Dear Walt:

Once in a lifetime -- and only once -- a picture comes along which cannot be compared to any other and to which no other can be compared. A picture which writes a new page in motion picture history. A picture which has such universal appeal that it is a pure delight to father, mother, children, grandparents and grandchildren -- it makes no difference who.

You have made it -- MARY POPPINS.

You have made a great many pictures, Walt, that have touched the hearts of the world, that have spread your name and your fame to every corner of the globe, and you have deserved every bit of acclaim that has come to you. But you have never made one so wonderful, so magical, so joyous, so completely the fulfillment of everything a great motion picture should be as MARY POPPINS.

I hope everyone in the world will see it -- that is the nicest thing I can possibly wish them.

Sincerely,

Sam

Mr. Walt Disney
Walt Disney Productions
500 South Buena Vista Avenue
Burbank, California

Carta de Samuel Goldwyn
para Walt Disney

Travers em Smith College, 1966

"Livros se escrevem sozinhos",
disse Travers sobre *Mary Poppins*.

Mary Poppins: de heroína dos livros à estrela de cinema e ícone publicitário

Coleção de lembranças de Travers doadas à Biblioteca Pública de Nova York, incluindo a boneca holandesa que serviu de modelo para as ilustrações do livro

Travers em 1966

Travers em sua residência na Shawfield Street, Chelsea, 1995

12

JOGO DE SOMBRAS

Depois de três livros, Pamela decidiu deixar sua babá mágica voar para o céu e nunca mais voltar. Ela se sentia extremamente ligada à sua própria criação, como se nunca mais fosse produzir outro personagem tão fascinante. Assim que o primeiro livro foi publicado, em 1930, os executivos do cinema e da TV, incluindo Walt Disney, se acotovelavam pelos direitos da história. Ela se recusava a vender, a oferta nunca era a apropriada. Pamela queria abandonar a ficção infantil, mas sabia que Poppins era tudo o que eles queriam.

No início dos anos 1950, T. S. Eliot, que estava na Faber and Faber, perguntou se Pamela estaria interessada em publicar seus livros pela editora.

Ela recusou, permanecendo fiel a Eugene Reynal. A proposta de Eliot foi seguida por outra tentadora oferta; Reynal contou a Pamela que a rede americana de televisão CBS estava interessada em comprar os direitos para uma produção de TV, possivelmente com uma trilha musical. Reynal estava interessado na proposta. Ele lembrou a Pamela que seu contrato original previa quatro livros de Mary Poppins, todos publicados nos Estados Unidos. E, apesar de sua antiga editora Reynald & Hitchcock ter sido adquirida pela Harcourt, Brace & World, ele se manteve na nova empresa. Reynal queria o quarto livro, que ele pessoalmente se encarregaria de publicar.

Pamela concordou, mas avisou que depois disso a babá teria que partir para não mais voltar. No prefácio do novo livro, *Mary Poppins in the Park*, ela escreveu que a babá não poderia ficar indo e vindo indefinidamente. A autora queria deixar claro que as seis aventuras deste livro, publicado em 1952, poderiam ter acontecido em qualquer uma das visitas de Mary à família Banks.

As novas histórias vieram rapidamente e sem esforço, aparecendo na máquina de escrever como se fosse mágica. Mary Poppins era agora muito mais do que uma empregada com uma vida secreta. Pamela incorporou nela toda sorte de poderes e sabedoria, dizendo à Reynal que agora ela conseguia "compreender mais profundamente" Mary Poppins. Ela descobriu que George Banks possuía um entendimento instintivo sobre a babá e que Poppins tinha uma razão para visitar os Banks — ela precisava encontrar algo para si mesma. E, assim que encontrou, ficou livre para partir. Mary estava feliz com o papel que desempenhou. Através dela, as pessoas encontravam o equilíbrio e descobriam o seu próprio valor.[1]

Pamela, agora com cinquenta e um anos de idade, havia absorvido todas as teorias filosóficas e religiosas sobre o verdadeiro significado de Mary Poppins. Ela começou a misturar as ideias de Gurdjieff nas aventuras e na personalidade de Poppins; a babá era, mais do que nunca, uma guru, uma vidente e uma buscadora das verdades espirituais. Pamela achava que *Mary Poppins in the Park* oferecia "algumas pistas", diferentemente dos outros livros. Era o seu favorito da série porque carregava algumas das ideias que ela mais amava. Entre elas, a verdadeira natureza da identidade, do nosso eu, e do eu dos outros. Pamela tinha fixação por sombras, sósias e dualidade, em parte por sua própria identidade complexa, mas também porque a verdade sobre o seu filho e seu irmão gêmeo estava trancada no fundo de sua consciência. *Mary Poppins in the Park* traz várias referências a gêmeos, trigêmeos e sombras, e todo tipo de outros "eus".

A própria Pamela aparecia nas histórias. Assim como a pequena Lyndon Goff, Jane Banks faz um pedido a uma estrela e constrói parques em miniatura para as pessoas pobres que nunca discutem. A Sra. Lark, a vizinha dos Banks, agora aparece mais sonhadora e nostálgica, relembrando seus dias de menina, quando usava babador e botas de botões e seus cachos eram loiros; quando ela criava jogos imaginários com seres de contos de fadas e não se atrevia a pisar em uma formiga. Esta era a pequena garota que "deveria se casar com um rei". A Sra. Lark é Pamela, com seus cinquenta anos de idade.

O livro começa com a história em que Jane Banks diz que ela é simplesmente Jane do lado de fora, mas uma pessoa completamente diferente por dentro. Ela é recheada de personagens que desejam ser pessoas diferentes, entre elas, uma jovem gansa que diz que é, na verdade, uma princesa disfarçada. A própria Jane finge ser a filha de um chefe indígena. Um homem sábio disfarçado de mendigo avisa que cada vida alternativa que parece ser tão tentadora, na realidade, é difícil e decepcionante. A moral da história é tão simples que chega a ser um clichê: seja você mesmo. Pamela, mais tarde, disse em uma entrevista que o eu interior de cada um não está apenas escondido, mas perdido. Os adultos perdem o seu eu interior quando crianças. E cada pessoa anseia por seu eu interior pelo resto da vida.[2]

Na segunda história, um policial diz para as crianças que é trigêmeo. Seus irmãos o deixaram para ir a uma terra distante. Um voltou, mas se acidentou. O outro escreveu um bilhete, dizendo que não precisavam se preocupar com ele. E os irmãos nunca mais souberam notícias suas. Pamela teve muita dificuldade com essa história, e contou como, a princípio, ela havia achado que o policial tivesse um irmão gêmeo, mas depois de uma caminhada ao seu local favorito para pensar, o Battersea Park, ela disse em voz alta para si mesma, "É claro, o policial não é gêmeo, é trigêmeo!".[3]

Em outra aventura, Pamela pergunta novamente quem é real e quem não é: três princesas de um livro de contos de fadas ou as crianças Banks. Tanto as princesas quanto os Banks leram sobre si mesmos nos livros, e cada grupo de irmãos está ansioso para encontrar o outro. Eles possuem em comum a babá voadora, Mary Poppins, que deve abandonar as princesas — Florimund, Veritan e Amor — a qualquer momento, do mesmo modo que ela voa para longe de Jane e Michael Banks.

Na quinta aventura, Jane quer saber se tudo no mundo não é exatamente como parece. Ela visualiza uma cadeia interminável de mundos dentro de mundos onde um parque, por exemplo, está dentro de outro parque, que está dentro de outro. Jane descobre que ela mesma pode estar em dois lugares ao mesmo tempo. Nesta história, uma ilustração de Mary Shepard mostra a Sra. Hickory, a mãe dos gêmeos, segurando seus dois meninos, Dickory e Dock. O rosto da Sra. Hickory é o de Pamela.

A última e mais lírica história no livro é sobre o Halloween, quando as crianças Banks são convidadas para uma festa no parque. Somente suas sombras comparecem para se misturar com as sombras dos outros convidados — sombras de personagens de contos de fadas, de crianças e de amigos de Mary Poppins, entre elas a Sra. Corry e a mulher dos pássaros.

Todas as pessoas solitárias no parque estão procurando por suas sombras. A mulher dos pássaros adverte que nossas sombras são a outra parte de nós mesmos, a parte exterior de nosso interior. O zelador do parque fica impressionado com a luz que vem do quarto das crianças dos Banks, o quanto é parecida com a de uma estrela, tanto que ele mal conseguia distinguir as duas. Sobre isso, a mulher dos pássaros explica que uma é a sombra da outra. À meia-noite as sombras reivindicam os seus donos. A história antecipa o que Pamela já deveria saber: que um dia o seu filho encontraria a sua outra parte.

CAMILLUS PASSOU O ENSINO SECUNDÁRIO como um estudante interno em Bryanstan, uma escola pública em Dorset. Durante os períodos escolares, Pamela dividiu o tempo entre sua casa na Smith Street e Nova York, onde alugou um apartamento junto com o dr. Bill Welch e sua esposa Louise, que administravam um grupo de Gurdjieff em Manhattan. Em setembro de 1956, ela levou Camillus para Trinidad nas férias de primavera. Seriam as últimas semanas juntos antes do filho descobrir a verdade sobre sua adoção. De volta à escola para os meses finais, ele escreveu para a sua "querida mamãe", dizendo que havia ido mal em francês, mas estava otimista sobre seus exames de inglês. Depois da formatura, ele planejava passar alguns meses estudando na França, na University d'Aix, em Marselha.

Camillus, agora com dezessete anos de idade, esperou pelo começo do ano acadêmico em casa, na Smith Street. Pamela dava a ele uma mesada semanal, deixada em parte nos bares das redondezas da Kings Road. Um dia, em um dos bares, Camillus começou a beber com um jovem irlandês. Seu nome era Anthony Marlowe Hone. Os dois jovens se pareciam, mas não eram idênticos. Anthony era mais baixo e mais moreno. Assim como as sombras no Halloween, Anthony estava procurando por alguém. Ele sabia que tinha pelo menos três irmãos, mas havia rumores de que fossem mais, talvez até um irmão gêmeo. Anthony queria saber por que seus pais, Nat e Bridget, haviam abandonado os filhos há tantos anos. Um drinque levou a outro, e mais outro e, finalmente, até a verdade. Eles descobriram a sequência dos eventos.

Quando Pamela levou Camillus da casa do avô irlandês, Hone, em 1939, seu irmão gêmeo foi enviado para a casa de sua avó materna, em Piltown, County Kilkenny. Esta avó, chamada por engano de Sra. Anthony, o criou como um católico irlandês. Ele sempre soube quem eram seus pais, e o seu sentimento familiar e de identidade foi ampliado pela generosidade de parentes ricos. A irmã de seu avô, Olive Symes, pagou os seus estudos secundários, em Dublin.[4]

Aos dezessete anos — não poderia haver momento pior para Camillus descobrir a verdade. Pamela ficou ainda mais devastada do que o filho quando ele contou a ela que sabia de tudo. Durante meses, ela mal conseguia trabalhar, tamanha a sua revolta, que estava no mais elevado grau. Na primavera de 1958, Pamela escreveu para Mary Shepard dizendo que ela só poderia voltar a trabalhar quando se sentisse melhor e quando as "tribulações domésticas" passassem. Camillus iria para Oxford no começo de outubro e, então, finalmente, ela seria capaz de se concentrar. Quando ele estava em casa, as paredes tremiam. Camillus ficava muito tempo à toa, "mas todos os adolescentes são assim".[5]

Depois de dois períodos, Camillus deixou Oxford. As tentações de dirigir até Londres em alta velocidade foram demais. Em março de 1959, ele estava de volta a Smith Street e Pamela pediu que seu advogado encontrasse um emprego para ele. Não poderia haver ninguém melhor para resolver isso do que Arnold Abraham Goodman, um dos homens mais bem relacionados na cidade. Conhecido como "o facilitador universal", o solteiro Goodman era o centro de uma extensa rede de contatos na política, nas artes e editoras, e se tornaria Lord Goodman no início dos anos 1960. Alto, corpulento, de olhos negros sob indomáveis sobrancelhas, Goodman havia trabalhado no Rubinstein Nash, um escritório de advocacia conhecido por sua prática difamatória, antes de abrir seu próprio escritório, Goodman Derrick, na década de 1930. Um perfil da revista *Times* o descreveu como "o homem mais influente da Inglaterra que... provavelmente conhece mais segredos do que qualquer pessoa no país". O contato de Goodman apareceu, mas não imediatamente. Enquanto esperava, Camillus arranjou um trabalho em uma marcenaria. Pamela tinha expectativas mais elevadas.

As mulheres, ela acreditava, absorviam a tensão em seu cólon e no estômago e, desta vez, a dor era tão persistente que ela mesma se internou no Mundi Hospital Salvadore, em Roma, procurando uma cura. O Salvadore Mundi era um dos melhores e mais caros hospitais da Europa, composto por uma equipe de médicos americanos e de outras nacionalidades. Pamela provavelmente ouviu sobre o lugar de seu amigo médico, Bill Welch. O hospital propôs como tratamento uma dieta exclusiva à base de batatas, desenvolvida pelo dr. Simeon, na Índia, para curar a disenteria e os espasmos no cólon. Enquanto Pamela comia batatas em Roma, Madge Burnand, agora viúva, escrevia para ela cartas gentis e resignadas de outro hospital, em Chichester, onde estava morrendo. As taxas do hospital e os honorários médicos seriam pagos por Pamela.

Madge perguntou ao médico se ela estava morrendo. Ele respondeu: "Isso está nas mãos de Deus". Ela sorriu dizendo que sabia o que isso significava e pediu que buscassem o seu advogado para que ela fizesse o seu testamento. Camillus compareceu ao funeral e enviou à Pamela um punhado de pequenas flores do cemitério da igreja. Ele contou que o trabalho com móveis não pagava uma fortuna, mas o mantinha longe de dívidas e de problemas. Goodman ainda não havia recebido nenhuma notícia sobre um emprego, mas ela não precisava se preocupar com isso e nem com o acúmulo de contas que ele estava enviando para Roma.

Goodman arranjou um emprego para Camillus como corretor de ações, mas isso não era suficiente para distraí-lo. Pamela achava que alguém da mesma idade e do mesmo sexo poderia ajudar a acalmá-lo. Ela perguntou à Peggy Butler se Joe Hone, então com vinte e dois anos, poderia viajar da Irlanda para conhecer Camillus. Talvez até pudesse ficar na Smith Street. No final do verão de 1959, Joe se mudou para a casa dela, em Chelsea, instalando-se no pequeno estúdio de Pamela que ficava no jardim. Mas era tudo muito estranho. Camillus trabalhava na cidade no período da tarde, apostava em festas particulares à noite e dormia a manhã toda.

No final da tarde, Joe e Pamela se sentavam na sala de estar, com vista para a Smith Street. Ela retirava do armário de bebidas uma garrafa vermelha de Martini e preparava o seu coquetel favorito. Eles bebiam apenas uma taça cada um, conversavam educadamente, e esperavam. Camillus permanecia fora de casa.[6]

Antes de terminar o ano, Nat Hone, o pai de Camillus, morreu em Dublin — os seus pobres pulmões adoentados eram incapazes de mantê-lo por mais um dia. Ele havia feito as pazes com um Deus católico. Em um último suspiro de conversão, Hone tinha abraçado a Igreja Católica, ficando mais próximo de John MacQuaid, o arcebispo da Irlanda.

AS MORTES DE NAT E Madge, e os constantes problemas com Camillus poderiam significar que o ano de 1959 havia sido o mais negro da vida de

Pamela, não fosse a maravilhosa notícia que chegou em uma longa carta enviada pelo escritório de Goodman Derrick, em 3 de julho. Por vários meses, os advogados nova-iorquinos de Pamela estavam negociando a possível venda dos direitos de Mary Poppins aos estúdios de Walt Disney. Arnold Goodman havia se encontrado com William B. Dover, editor executivo da Disney, e seu assistente, o Sr. Swan, que tinham apresentado o que ele acreditava ser uma boa oferta para transformar Mary Poppins em um filme. Este momento iria transformar a vida de Pamela. A oferta a levaria para uma década de fama e garantiria a ela uma segurança financeira de milhões de libras em sua idade avançada. Mas Disney não comprou simplesmente a história de Mary Poppins, ele abocanhou o pacote inteiro, como um tubarão que pega um peixinho. Ela se transformou, oficialmente, na "Mary Poppins de Walt Disney". E. P. L. Travers se tornou uma mera consultora que via a maioria de suas solicitações elegantemente — e firmemente — recusadas. Ela caiu nos braços de Walt como uma tola apaixonada, mas a fortuna que isso lhe rendeu quase compensou a traição.

A carta de Goodman para Pamela era um documento conciso e bem elaborado por uma mente jurídica organizada. Ele apresentou a proposta da Disney em três partes. Em primeiro lugar, Pamela deveria preparar o esboço de uma história que deveria ser submetido à apreciação de Disney, o mais cedo possível. Os assistentes da Disney disseram para Goodman que isso não impedia o estúdio de contratar os serviços de outros escritores para serem acrescentados ao trabalho. Depois, Disney apresentaria à Pamela o trabalho finalizado para sua aprovação. Ela seria chamada para "dar a sua bênção". Deveria ficar claro que este trabalho prévio não seria o roteiro final. Haveria muita liberdade para modificações durante a filmagem.

Em segundo lugar, ela seria *consultada* (destaque de Goodman) sobre a montagem do elenco e outras questões artísticas sempre que possível. E, por último, a questão do pagamento. Cem mil dólares seriam pagos como adiantamento em relação ao percentual que ela receberia a partir das receitas do filme — 5% da receita bruta da produção (após o desconto dos custos de impressão, publicidade e distribuição). Eles não iriam pagar pelo esboço, considerando que o acordo incluía o uso deste texto, mas iriam pagar pelo seu tempo: mil libras. Goodman achou que esse era um bom pagamento por um pequeno trabalho. Ele disse a ela que o texto não seria nenhum tipo de roteiro, mas sim uma sugestão de como a história de Mary Poppins poderia ser explorada.

Goodman aconselhou Pamela a não pensar somente no adiantamento de cem mil dólares; ela deveria considerar seriamente os 5% ofertados. Como ela sabia, os filmes da Disney eram atemporais, com muito poucos "aspectos contemporâneos", o que significava que eram lançados e relançados com frequência. Isso significava, para ela, uma forma de renda para o resto da vida. Por outro lado, é claro, ela poderia ficar somente com os cem mil dólares.

Se ela concordasse com a proposta, significava que teria que conceder todos os direitos da história, exceto os da palavra escrita, ou seja, o controle sobre qualquer produção teatral, musical, televisiva ou radiofônica seria decidido pela Disney.

Arnold Goodman, o facilitador universal, sugeria que eles se encontrassem urgentemente para discutir o acordo.

Notas

[1] Carta a Eugene Reynal, por volta de 1950.
[2] Entrevista para Melinda Green, 1976.
[3] "Some Friends of Mary Poppins", *McCall's*, maio de 1966.
[4] Entrevista com Joseph Hone, 1977.
[5] Carta para Mary Shepard, 18 de setembro de 1958.
[6] Entrevista com Joseph Hone.

# 13

A AMERICANIZAÇÃO DE MARY

Ela chamava aquilo de "casamento desconfortável". Walt Disney e Pamela Travers dançaram juntos — ele o grande sedutor, ela a noiva relutante — então, depois de um longo namoro, aconteceu a rápida consumação e o arrefecimento duradouro da relação. O resultado destes cinco anos de estranha união foi o maior filme da Disney da década de 1960, uma história sobre os valores americanos e a reconciliação familiar. Produzido em 1963, Mary Poppins de Walt Disney foi lançado no ano seguinte, quando Lyndon Baines Johnson prometeu curar uma nação partida com o seu conceito de "Grande Sociedade".

Criado por Disney, um homem de família e entusiasta anticomunista, o filme *Mary Poppins* era vagamente baseado nos livros originais de Pamela sobre as aventuras de Mary Poppins. Disney aproveitou o mundo fantástico dos livros, mas eliminou o mistério. Ele fez um filme sem ambivalência ou profundidade e com muito pouca tristeza. Mas seu objetivo não era mistificar ou desafiar e sim mostrar a paz restaurada em uma família com dificuldades. Sua família feliz e as alegres canções ajudaram a animar a América.

Poucos espectadores reconheciam o nome P. L. Travers, que aparecia em letras miúdas nos créditos iniciais. E certamente ninguém queria saber como Mary Poppins havia sido criada. Mais tarde, muitos jornalistas quiseram entrevistar a desconhecida P. L. Travers, tentando descobrir o que havia inspirado a criação da babá. Somente algumas pessoas suspeitavam que ela houvesse nascido das carências de Pamela, que tivera uma infância incomum e agora vivia com sua própria família desordenada. Enquanto o filme estava em fase de produção, com Julie Andrews e Dick Van Dyke saltitando com pinguins nos estúdios Burbank da Disney, Pamela estava sentada em um tatame, em Quioto, tentando meditar para controlar a ansiedade.

O grande sucesso do filme, de crítica e público, ajudaria a amenizar a dor pelo resto de sua vida. *Mary Poppins* de Walt Disney custou cinco milhões de dólares para ser produzido e arrecadou mais de setenta e cinco milhões, lançou Julie Andrews na carreira cinematográfica, deu a ela um Oscar e produziu um punhado de músicas de sucesso que ficaram alojadas no subconsciente de três gerações. Trinta e cinco anos depois da estreia do filme no Grauman's Chinese Theatre em Los Angeles, as mães e avós ainda assistem ao DVD sabendo de cor, como se tivessem aprendido em uma sala de aula empoeirada, "Chim Chim Cheree", "A Spoonful of Sugar" e "Supercalifragilisticexpialidocious". Para essas gerações, Julie Andrews é Mary Poppins e Mary Poppins é Julie Andrews, um amálgama de todos os seus papéis de sucesso, de Eliza Dolittle à Maria, a freira cantante de *A Noviça Rebelde*. A Mary Poppins de Julie não era a babá cheia de força e simplicidade criada por Pamela e Mary Shepard, mas uma cintilante, esguia e doce empregada, com vogais arredondadas e uma voz que a revista *Time* descreveu como "cristal polido".

Disney havia cobiçado as histórias de Poppins por quase vinte anos, desde a noite da véspera do Natal de 1944, quando caminhava pelo quarto de sua filha, Diane. Ele ouviu a menina de onze anos rindo alto. O que era tão engraçado? Ela mostrou o livro — *Mary Poppins*. O livro permaneceu na cabeceira durante a maior parte de sua infância. Sua mãe, Lilian, também gostava, e sempre lia um capítulo para a filha na hora de dormir. Por vários anos, Lilian e Diane perguntaram para Walt se ele transformaria o livro em um filme. Em 1945, quando soube que a Srta. P. L. Travers estava em Nova York, Disney enviou seu irmão, Roy, para se encontrar com ela. Roy — maçante, diligente e sem o carisma do irmão mais novo — não conseguiu convencer Pamela a assinar o contrato de cessão de direitos.

Disney, um mestre da perseverança, não desistiu. Ele havia sobrevivido bravamente aos anos da Grande Depressão, com o doce Mickey Mouse e o ranzinza Pato Donald. Na década de 1941, Disney já havia ganhado 13 estatuetas do Oscar e, enquanto a América se preparava para ir à Guerra, podia se gabar de possuir três filmes de sucesso: *Os Três Porquinhos, Branca de Neve e os Sete Anões* e *Pinóquio*. Ele logo lançaria *Dumbo*, sobre o filhote de elefante que podia voar, e estava planejando *Bambi*, uma bela história sobre a infância. Disney havia apostado em *Fantasia*, um sucesso entre os críticos de cinema mas não entre os eruditos do mundo da música. A sua habilidade em manipular o mercado consumidor americano, até então, era insuperável. Mas, mesmo com o volume de negócios com a marca Disney tendo atingido cerca de 100 milhões de dólares por ano, ele queria mais. Ao longo da década de 1940, Disney procurou por novos patrimônios e continuou a fazer o que Pamela chamava de "investidas na selva" pelos direitos de *Mary Poppins*. Ela recusava sistematicamente.[2]

Disney queria sair da comédia pastelão de seus antigos desenhos animados para uma nova e ambiciosa fase. Na década de 1950, ele começou a adaptar os mais adorados contos de fadas e clássicos da literatura infantil, transformando-os em desenhos de longa metragem. A mudança de foco provavelmente influenciou a mudança da opinião que Pamela tinha a respeito de Disney e sua repugnância ao que ela chamava de "a arte vulgar" da produção cinematográfica. Em 1950, Disney lançou a encantadora *Cinderela*, campeã de bilheteria, com sua cativante canção "Bibbidi Bobbidi Boo". O filme foi seguido por *Alice no País das Maravilhas*, em 1951, *Peter Pan*, em 1953, *A Dama e o Vagabundo*, em 1955 e *A Bela Adormecida*, em 1959, com uma trilha sonora adaptada da partitura de Tchaikovsky.

No início de 1959, Disney havia feito uma nova proposta por *Mary Poppins* através dos advogados de Pamela em Nova York, e depois enviou seus executivos, Dover e Swan, com uma oferta específica para Goodman Derrick, em Londres. Desta vez ela sucumbiu, dizendo aos amigos que era um contrato tão generoso que não haveria como recusar, apesar de achar que Disney não tinha sensibilidade e que empobrecia todos os personagens que tocava, trocando a verdade pelo falso sentimentalismo.[3] Mas Goodman estava certo. Teria sido tolice recusar cem mil dólares e uma possível renda para o resto da vida num momento em que as vendas de seu quarto livro da série Mary Poppins estavam decaindo e ela não tinha nenhuma renda fixa, exceto o aluguel semanal de alguns inquilinos.

Disney estava tão determinado agora que já havia pedido a Bill Walsh, um de seus melhores roteiristas, para preparar um esboço da história. Walsh foi um "faz-tudo" para Disney por duas décadas, mas nos últimos anos passou a receber a valiosa colaboração do roteirista Don Da Gradi, do diretor Robert Stevenson e dos compositores Robert B. Sherman e Richard

R. Sherman para produzir muitos filmes de sucesso. Walsh sabia o que a audiência queria e sabia como explorar um livro.

Para esse esboço, ele investigou o primeiro livro de Pamela, de 1934, visualizando a chegada e a partida da babá nas nuvens.[4]

Diante da insistência sedutora dos dois batedores de Disney em Londres, Pamela redefiniu sua posição. Sim, ela iria concordar, mas queria garantir que o filme não seria um desenho animado e fazia questão de aprovar o roteiro final. A Walt Disney e a empresa de Pamela, a John Lyndon Ltd., assinaram um acordo preliminar em abril de 1960. Em seguida, no dia 3 de junho, eles assinaram um "contrato de serviços" que deveria durar seis anos. De acordo com os termos do contrato, Pamela manteria os direitos autorais de qualquer material que ela havia escrito antes do acordo e também manteria os direitos autorais do material que ela iria escrever enquanto pertencesse a John Lyndon Ltd. O acordo era vago a respeito de quaisquer direitos subsequentes sobre apresentações ao vivo de *Mary Poppins* no palco, mas Disney insistiu em seu direito de impor uma proibição sobre qualquer produção radiofônica ou televisiva.

Apesar de Goodman assegurar que o esboço seria somente uma preparação, Pamela recrutou Donald Bull, um roteirista de TV, para ajudá-la. Disney havia dado a Pamela apenas seis dias para apresentar o esboço. Ela cumpriu o prazo, apesar da dificuldade em encontrar as melhores palavras.

DURANTE TODA A NEGOCIAÇÃO, PAMELA tinha em mente algo muito mais importante. No início de 1960, ela havia requisitado a ajuda de um dos seus amigos gurdjieffianos, o cirurgião Kenneth Walker. O problema era urgente: como tratar o alcoolismo de Camillus e seu comportamento cada vez mais estranho. Durante aquele ano, ele perdeu sua carteira de motorista mas continuava a dirigir e, uma noite, em uma rua de Middlesex, foi parado pela polícia e multado por dirigir bêbado e sem habilitação. Ele foi condenado a ficar seis meses em Stafford, uma prisão de segurança máxima, onde passou o seu aniversário de vinte e um anos, em agosto de 1960.

Pamela ansiava por alguma boa notícia. Disney não deu nenhuma resposta sobre seu roteiro. Será que ele havia desistido do projeto? No dia 20 de dezembro, um telegrama da Western Union quebrou o silêncio com a informação de que Disney ainda estava muito entusiasmado com a produção de *Mary Poppins*. Ele marcaria a data para uma apresentação no começo do ano seguinte. Mas nenhuma palavra chegou até 13 de fevereiro, quando Disney garantiu que o esboço final estava próximo. Quanto mais ele pensava mais achava que ela deveria ir até Los Angeles para passar ao menos uma semana nos estúdios e conhecer todos os que trabalhariam no filme até sua finalização. Eles mostrariam a ela os *storyboards* que indicavam a natureza da apresentação visual, "especialmente os truques de fotografia que queremos incorporar para apresentar a história corretamente nas telas".

Disney sugeriu que ela viajasse para a Costa Oeste no começo de abril. Naturalmente, os custos com passagem aérea e hospedagem seriam por conta dele. Sua carta terminava com um pequeno aviso. Apesar de Disney "respeitar muito" os desejos de Pamela, havia certos assuntos que seriam melhor discutidos pessoalmente. No final de março, ela deu entrada no luxuoso Beverly Hills Hotel. Nos estúdios da South Buena Vista Street, ela se encontrou com Walt Disney, então com sessenta anos, cercado por vinte e cinco estatuetas do Oscar em seu escritório, e voando alto com os recentes sucessos *Pollyana* e *O Fantástico Super-Homem*. No final da década de 1950, Disney sabia o que o público americano mais queria — ver uma família feliz. Agora, outra vez, ele tinha em mãos o modo perfeito para mostrar isso com *Mary Poppins*. Ele achava Mary, como a chamava, assertiva e sexy, calma e intensa, tão bonita e bem modelada como Cinderela e Sininho, as garotas dos sonhos de toda menina, que seus animadores haviam desenhado. Este novo anjo iria livrar a casa dos Banks do caos, assim como *O Grande Amor de Nossas Vidas,* de 1961, havia transformado uma família divorciada e desajustada em um lar feliz.[5]

Pamela, na meia-idade, rabugenta e perspicaz, e Walt Disney, elegante e distinto, com seu bigode fino, eram surpreendentemente parecidos. Os dois seguiam um impulso até a exaustão física, ambos eram condicionados pela mesma ética no trabalho, os mesmos valores conservadores. Pamela, dois anos mais velha que Disney, no fundo era uma garota do interior, apesar de preferir esconder isso, enquanto ele se gabava de sua infância em uma cidade pequena do Meio-Oeste, utilizando suas origens como se fossem figurinos de desenho animado. Os dois evitavam falar sobre sexo, mostrando-se chocados com qualquer obscenidade na arte, e, curiosamente, ambos passavam muito tempo preocupados com o mesmo assunto: defecação. Pamela era obcecada com seus problemas intestinais enquanto Disney fazia piadas frequentes sobre seus excrementos.[6]

Disney estava casado há décadas. Ele e Lilian viviam confortavelmente, afastados do mundo, em Holmby Hills, bairro nobre de Los Angeles, e passavam os fins de semana em sua propriedade de mil acres, Smoke Tree Ranch, perto de Palm Springs. Ele amava trens e havia construído um modelo de ferrovia em volta de sua casa em Holmby Hills. Mas, além de seu casamento estável, havia outra grande diferença entre ele e Pamela: o objetivo na vida de Disney era entreter as pessoas... levar aos outros o prazer, especialmente o riso, em vez de se preocupar com coisas como "se expressar" ou com "obscuras impressões criativas". E Pamela era especializada em obscuras impressões criativas.[7]

Walt Disney era "muito convincente", na opinião de seu diretor de marketing, Carl Walker. Ele gostava de exercitar sua famosa técnica de "olhos nos olhos", em que capturava o olhar da vítima e o mantinha preso. Se a pessoa desviasse o olhar, Disney dizia: "Qual o problema, você não está interessado?[8]". Mas Pamela estava à sua altura. Ela o chamava de "Sr. Disney", enquanto quase todos o chamavam de "Walt", e não desviava o olhar durante suas longas conversas em Burbank naquele mês de abril. Tempos depois, ela reproduziu várias vezes uma dessas conversas: Disney havia dito "Acho que você é muito convencida!", e ela respondeu "Ah, eu sou?", "Sim", continuou ele, "você acha que conhece Mary Poppins melhor do que eu". "Bem, convencida ou não", ela sorriu, "Eu acho que a conheço bem mais do que você". Disney disse, triunfante: "Não você não a conhece!".

Pamela rabiscou todo o roteiro escrito por Bill Walsh e Don Da Gradi. Este certamente não era o esboço que ela e Bull haviam preparado com tanta dificuldade em Londres. Para começar, ela planejava utilizar no mínimo dezessete capítulos: "East Wind", "Mrs. Corry", "Laughing Gas", "John and Barbara's Story" e "West Wind" do primeiro livro; "Miss Andrew's Lark", "The New One", "The Kite", "Balloons and Balloons", "Bad Wednesday", "The Evening Out" e "Merry Go Round" do segundo livro; e "The Marble Boy", "Mr. Twigley's Wishes", "The Cat That Looked at a King", "High Tide" e "Happy Ever After" do terceiro livro.

Walsh e Da Gradi, contudo, haviam criado aventuras completamente novas para Mary Poppins e adaptado somente três histórias de Pamela, "East Wind", "The Day Out" e "Laughing Gas", e aproveitado alguns detalhes de "The BirdWoman", "John and Barbara's Story", "The Kite" e "WestWind".

Todo dia, durante dez dias, Pamela visitou os estúdios de produção. Linha por linha, ela modificou o esboço do roteiro preparado por Da Gradi e pelos Sherman. Os irmãos Sherman, Richard e Robert, eram mais do que músicos. Como parte da equipe de roteiristas da Disney, eles haviam escrito as músicas para *O Grande Amor de Nossas Vidas* e *Doce Verão dos Meus Sonhos* e desempenhariam um papel de destaque no desenvolvimento do roteiro de *Mary Poppins*.

No primeiro dia, os Sherman partiram do princípio, lendo o roteiro: "Outono em Londres, 1910. No número 17 da Alameda das Cerejeiras, a família Banks está em alvoroço".

Pamela imediatamente interrompeu: "Pare!".

Na primeira das suas objeções, interrupções e interjeições, ela ficou alarmada com a possível aparência da casa localizada no número 17 da Alameda das Cerejeiras. Pamela disse a eles que arranjaria uma foto de sua casa na Smith Street para que eles entendessem que a casa dos Banks era parecida com a dela, com jardins maiores.

"O pai chega em casa e encontra as crianças se comportando mal. O Sr. Banks fala sobre o emprego de sua mulher."

"Só um minuto. Isso, isso, não é emprego, ah, ah..."

"Área de atividade?"

"Talvez..."

"Responsabilidade?"

"Bem, nós não podemos ter um emprego, vamos deixar assim por um momento".

"Esfera de influência?"

"Ah, não não não não não. Ela simplesmente vivia. Não é bem isso também, você sabe..."

Nos arquivos da Disney e nas gravações que Pamela manteve dos encontros com Disney há transcrições de seis fitas de áudio produzidas durante os dez dias de reuniões. O tom dos escritores era respeitoso, e o de Pamela era tão ansioso quanto ditatorial. Ela queria deixar uma coisa *bem clara* para eles. Era fundamental para os livros e para a história — em qualquer forma que fosse apresentada — que Mary Poppins jamais fosse indelicada com ninguém, especialmente com o Sr. ou a Sra. Banks. A graça vinha justamente da personalidade reservada e solene desta pessoa através da qual a magia acontecia.

Enquanto os dias se arrastavam, ficou notório que Pamela queria detalhes de sua própria família espalhados por todo o filme. Para uma cena em que Poppins mede Jane e Michael Banks, ela pediu aos escritores que usassem o tipo de fita métrica de rolo que sua mãe usava quando ela era criança. Depois, ela fez questão de dizer que o Sr. Banks deveria usar pijama. Ela se lembrava de seu pai usando pijama. E também que as crianças deveriam dizer à Mary Poppins para não colocar mandioca na lista de compras, porque Pamela detestava mandioca quando criança. Um dos escritores mencionou que o Sr. Banks não era sempre afetuoso com sua esposa. Isso fez Pamela se lembrar de seus pais. O Sr. Banks "não era afetuoso" da mesma forma que "qualquer marido no dia a dia". Assim como seu pai, em Allora, ele não era indiferente, mas simplesmente incapaz de expressar seu amor.

Os esforços de Pamela em explicar que Poppins estava em uma busca particular não encontravam nenhuma compreensão. Eles queriam, ela acreditava, "a magia pela magia".[9] Mas a maior diferença de ideias girava em torno da relação crítica entre Mary Poppins e o Sr. Banks — que refletia uma relação idealizada por ela, com seu pai. No filme, o Sr. Banks é um homem confuso e infeliz até ser levado à uma felicidade histérica depois de ser demitido pelo diretor do banco. Nos livros, George Banks é mais reservado do que confuso, e mais mal-humorado do que rabugento e deprimido.

Os escritores foram francos com Pamela. Antes que pudessem estabelecer uma história coesa, eles queriam interpretar os seus livros em apenas uma frase: o *quê* Mary fazia e *por quê*. Eles decidiram que Mary Poppins encontrava um lar infeliz, chegava, e, através de sua presença, mostrava à família como podiam compreender uns aos outros. Quando ela conseguia, partia. Pamela sentiu um certo ar de psicanálise. Sim, isso estava certo sob uma perspectiva, mas não era exatamente uma família infeliz e sim uma família atormentada. Pamela achava que qualquer casal ficaria irritado se a babá fosse embora e não se encontrasse outra. Afinal de contas, ela havia passado por essa situação. Ela se lembrava de quando uma empregada ia embora e ela ainda não tinha encontrado outra. A família Banks estava encontrando dificuldades na vida, não entre eles. Ela não gostaria que fosse insinuado no roteiro nenhuma "loucura psicológica" ou algum resquício de "infelicidade Freudiana". A família Banks estava apenas... em conflito.

Mas, apenas "em conflito" não servia para um roteiro dramático. E suas curtas histórias gentis, com sua ambientação vitoriana, não eram suficientes para construir uma história com início, meio e fim. Os escritores precisavam de um enredo de sentimentos em preto e branco dentro de um cenário com cores brilhantes, o que seria uma das razões que explicam o fato de o Sr. Banks, no filme, ser aparentemente rude e frio. Ela lutou com eles sobre isso, Pamela contou depois. Na verdade, ela disse: "Eu mal podia suportar... Eu sempre amei o Sr. Banks. E perguntei, em Hollywood, por que o Sr. Banks tinha que ser esse monstro".[10]

Por que — ela pergunta — eles tinham que fazer o Sr. Banks rasgar um anúncio feito pelas crianças à procura de uma babá? Ele não somente rasgou, ele jogou na lareira. Ela perguntou aos escritores se eles tinham filhos. Sim, eles tinham. E eles escrevem cartas e fazem desenhos? Sim, claro. Vocês rasgariam seus desenhos? Claro que não. Então, por que vocês colocam isso em um filme para as crianças assistirem? Por que mentir?.[11]

Eles sorriram e fizeram perguntas simples, aparentemente interessadas em seu conhecimento superior. Ela partiu para cima deles, tentando eliminar o que havia de pior em seu americanismo, e conseguiu retirar uma cena em que Mary Poppins levava as crianças a Tombuctu, onde animais tocavam em uma orquestra. Esta cena era defendida por um dos escritores como a "representação" do toque estilizado da Disney.

Os Sherman falavam sobre fantasia constantemente — uma palavra, Pamela observa, muito usada no estúdio. Mas para ela, fantasia era ilusão. Eles afirmavam que entendiam verdadeiramente o significado de Mary Poppins: era o milagre por trás do cotidiano da vida. "Não!", ela respondia, asperamente, discordando. Não havia nenhum milagre *por trás* dos acontecimentos do dia a dia. O *dia a dia* era o milagre. Mas os rapazes não entendiam a teoria de Gurdjieff.

Agora a máquina da Disney já estava em movimento e não era mais possível voltar atrás. Pamela assinou outros contratos, incluindo a aprovação de uma longa lista de *merchandising*.[12] Ela realmente tentou se meter na escolha do elenco, dizendo que uma das condições para ela assinar o contrato havia sido a de que todo o filme seria interpretado por atores ingleses. (No final, Bert e Tio Albert foram interpretados por americanos.) Duas condições inegociáveis eram que o filme se passaria na era eduardiana e que não haveria nenhum romance entre Mary e Bert. Mas, como ela declarou depois, apesar de Disney concordar a princípio, no final Mary Poppins e Bert ficaram muito mais próximos do que ela gostaria, principalmente porque Disney não tinha certeza se Julie Andrews conseguiria conduzir o filme sozinha.[13]

Em uma noite, no Beverly Hills Hotel, Pamela escreveu uma carta de nove páginas aos escritores para prevenir que jamais mostrassem Mary Poppins como "uma garota assanhada". Se ela não passasse de uma moça espevitada ou uma moleca, o que aconteceria com a magia? Era a simplicidade de Mary Poppins — sua retidão absoluta sem arrogância, seu comportamento calmo e sereno em meio às aventuras mais improváveis — que construía o humor da história. Ela queria que eles entendessem que se a seriedade de Mary Poppins não fosse mantida, tudo estaria perdido. No roteiro, a babá havia se transformado em uma insolente. Eles teriam mais sorte se o mantivessem mais próximo dos livros. Não o contrário.

No dia 14 de abril, já de volta a Nova York, Pamela recebeu dos Sherman uma carta formal, de agradecimento. O conteúdo da carta a fez temer tê-los pressionado muito. Eles agradeceram por ela ter viajado para tão longe e por ter oferecido tanto a eles. Ela foi uma inspiração inestimável e um guia para todos eles. Ela havia citado o seu "temperamento", mas eles preferiam interpretar o seu comportamento como "um ardente desejo" de que eles compreendessem completamente Mary Poppins. Dessa forma, eles poderiam ser fiéis a ela.[14] E o próprio Disney enviou à Pamela um telegrama. "O projeto Mary Poppins era tão importante — disse ele — que suas duas sugestões seriam acatadas, se isso a deixasse feliz."[15] Ele se referia ao que ela havia reiterado: sem romance e em um cenário eduardiano.

PAMELA SE AJUSTOU FACILMENTE AO ritmo de Nova York, e estava satisfeita nos braços do grupo de Welch. Ela achava que tinha duelado com Disney e vencido. Ensimesmada com o brilho da vitória, Pamela impressionou um novato no grupo como uma mulher no auge de sua autoconfiança e poder, com mais de sessenta e ainda disposta, com olhos azuis vibrantes, fervilhando de energia e entusiasmo. Finalmente, Pamela se sentia intelectualmente entre iguais. Outra vez ela partiu, liderando o grupo em viagens espirituais sinuosas enquanto analisava, em voz alta, os contos de fadas e os obscuros contos Persas.[16]

Pamela agora estava transbordando de ideias para três livros, e queria publicá-los em seguida de *Mary Poppins from A to Z*, esperado como um sucesso de vendas. Eles seriam *Mary Poppins in Cherry Tree Lane* (que levou vinte anos para ser publicado), uma história chamada *The Fox at the Manger*, e um romance cujo personagem principal, Mallow, teria muitas coisas em comum com Lyndon Goff, de Queensland.

Pamela precisava de Mary Shepard mais uma vez, primeiro para ilustrar *Mary Poppins from A to Z*, um livro em que cada aventura começa com uma letra do alfabeto. Desta vez, Shepard não estava tão dócil quanto antes, especialmente depois de ter ouvido sobre o acordo com a Disney. Shepard escreveu para Harcourt Brace & World: "Eu entendi, através da Srta. Travers, que um filme sobre os livros de Mary Poppins será produzido pela companhia Walt Disney. Se isso for verdade, eu gostaria de saber se meus desenhos serão de alguma forma utilizados e, se forem, eu acredito que deva ser informada".[17] Além disso, Shepard escreveu para Pamela dizendo que não sabia se poderia aceitar o trabalho deste novo *Mary Poppins*, pois estava muito ocupada.[18]

Durante os meses seguintes, elas se corresponderam de maneira formal e irritada, Pamela de Mt. Kisco, em Nova York, onde estava hospedada com uma amiga americana, Vanessa Coward, e Shepard de sua casa em Hampstead, Londres. Ambas reclamavam da saúde. Pamela disse à Mary que não era um momento fácil para nenhuma das duas. Ela estava sofrendo de ansiedade havia quatro anos e não sabia quando isso acabaria.[19] Na verdade, seu estado de saúde era tão precário que não podia fazer nada além de descansar. Não era uma doença grave, mas sentia-se sempre exausta e com má digestão. Pamela planejava outra viagem em busca da cura, desta vez para a França e, depois, trabalhar no outono. Eram tantas novas ideias para Mary Poppins, mas ela não tinha energia para escrever. Ela disse à Shepard que se encontrava em um estado que definiu como "entre os atos".

Em agosto de 1961, Pamela contou para Shepard que havia começado a escrever *Mary Poppins in Cherry Tree Lane*, apesar de cada dia bom ser seguido por um ruim. Nos dias ruins ela mal conseguia pensar, quanto mais escrever.[20] No final de setembro, ela voltou para casa, em Londres. Shepard, que estava realmente doente e precisava fazer uma cirurgia, não se tranquilizou com o conselho de Pamela para que ela encarasse as coisas com calma. Pamela aconselhou Shepard a ir pacificamente para a sua operação. Pamela já havia tentado fazer isso, mas nem sempre havia conseguido. Mas, no processo, ela havia tido lampejos sobre o sentido da vida. "Estes raros lampejos significavam que eu não abandonaria minhas responsabilidades por nada", disse Pamela.

Em fevereiro de 1962, Shepard contou à Pamela que havia contratado um agente, um tal Sr. Knight, que queria tudo por escrito. Toda a relação deveria ser estabelecida de maneira formal em um contrato. Isso fez com que Pamela começasse a escrever cartas freneticamente. Ela não queria que nenhum agente ficasse entre elas, prejudicando o que havia sido uma relação de amizade amorosa e compreensiva. Por que isso agora, já que ela sempre manteve uma "relação respeitosa" com sua "querida ilustradora"?

No mês seguinte, o tom da carta de Pamela era o de mulher traída. Ela se sentia pressionada, como se fosse a galinha de um gigante malvado que tivesse botado cinco ovos de ouro, valiosos para os dois. Será que Shepard não entendia que uma palavra era vínculo suficiente? Ela não conseguia compreender a distinção que o Sr. Knight fazia entre um acordo formal e um informal. Afinal de contas, uma promissória tinha o mesmo valor se fosse escrita em um papel timbrado ou em um envelope antigo. Ela assegurou à Shepard que ela poderia vender os seus desenhos originais (Shepard detinha os direitos autorais). Além disso, ela estava pagando a ela um valor justo pelas traduções e, de qualquer modo, não haveria tradução em *A to Z*. (O que acabou se revelando uma mentira.)

Sobre o filme, ela havia conversado com seu advogado, que disse que não havia nenhuma necessidade de um contrato com a ilustradora. Disney estava usando os livros em um filme, não em uma animação. Pamela disse para Shepard não se incomodar em responder a não ser que houvessem assuntos ainda não discutidos.[21] Mas Shepard respondeu na semana seguinte dizendo que precisaria cobrar a mais pelas ilustrações de *A to Z*. O valor seria maior em relação aos outros livros porque seria mais trabalhoso para ela do que para Pamela.[22] Em notas autobiográficas, escritas para sua família, Shepard disse que "para o filme meus desenhos não eram necessários, então, meu agente conseguiu para mim uma compensação".

AGORA QUE O DINHEIRO DA Disney começava a fluir para a conta de Pamela, ela decidiu vender a casa da Smith Street. O dinheiro do aluguel era supérfluo e a casa georgiana de três andares parecia muito vazia sem Camillus, que passou a viver em um flat depois de sair da prisão. Ela guardou seus livros em um depósito e, no verão de 1962, alugou um lugar provisório por perto, em Cheyne Row, enquanto esperava a reforma de sua nova casa na Shawfield Street. Mais uma vez, iria morar em uma travessa da Kings Road, mas a casa Regency era menor e mais estreita do que a da Smith Street, tinha apenas dois andares, com uma sala na parte superior para um estúdio.

Era verdade, Pamela sabia, que ninguém queria outra coisa dela além de Mary Poppins,[23] mas em novembro de 1962, W. W. Norton, nos Estados Unidos, concordou em publicar o seu novo livro de Natal, *The Fox at the Manger*. Todas as suas histórias de Natal haviam sido autobiográficas e aqui estava mais uma: sua lembrança de Camillus como uma inocente criança, em 1945, quando ela o levou, junto com dois amigos, para a comemoração do Natal na igreja de St. Paul, a casa da mulher dos pássaros. Cada um deles deveria doar um brinquedo para as crianças pobres. Mas os três pequenos garotos não conseguiam largar os seus brinquedos: um leão que tinha o olho pendurado por um fio, um ônibus de plástico que estava com a pintura descascada e um rato de borracha. "X, Y e Z" ela chamava os três amigos, tão anônimos quanto as iniciais PLT.

Ela queria que a manjedoura tivesse uma de suas ovelhas negras favoritas. Ela contou para X,Y e Z uma lenda sobre a noite de Natal em que um macaco, uma vaca, uma ovelha e uma pomba chegaram até a manjedoura de Jesus com presentes. Os animais receberam o dom da fala. A criança X perguntou se havia algum animal selvagem na manjedoura, e ela disse que sim — uma raposa que dava o seu dom da astúcia para Cristo. Pamela depois explicou para um jornalista, "Eu sempre amei a raposa, ela sofreu tanto nas mãos de Esopo e La Fontaine, e das pessoas em geral. Ela é uma criatura indomável, por isso o homem não gosta dela".[24]

Anos depois, naquele Natal de 1962, ela não conseguia parar de pensar no destino de X — Camillus — que ela havia descrito uma vez como Rômulo, o gêmeo criado por um lobo selvagem. A dedicatória em *The Fox at the Manger* era: "Para que C. se lembre de X".

WALT DISNEY ESTAVA ENFEITIÇADO POR seu novo grande filme. Ele dormia no estúdio, cercado por desenhos sobre como deveria ser a aparência de Mary Poppins; ficava no escritório depois que os animadores iam embora, esvaziava a lixeira de cada um e, na manhã seguinte, acenava com esboços descartados dizendo: "voltem a trabalhar nisso". *Mary Poppins*, o musical, tinha que ser, no mínimo, revolucionário. Em uma cena, ele planejava misturar atores reais com animação, quando Mary, Bert, Jane e Michael pulassem dentro de uma das pinturas de Bert. Lá, no meio de uma cena bucólica, eles iriam dançar com pinguins, tartarugas, um porco, cavalos e outros animais da Disney, ao som de "É um feriado alegre com Mary".

Disney sabia que a escolha da atriz que interpretaria Mary Poppins seria a verdadeira chave para o sucesso. Na primavera de 1962, ele assistiu Julie Andrews interpretar Guinevere em uma produção de *Camelot*, da Broadway. Quando ela cantou, Disney sabia que havia encontrado sua Mary. Ela podia até assobiar! Ele correu até o seu camarim depois do espetáculo e se desmanchou em elogios sobre sua interpretação, e, no dia seguinte, ofereceu a ela o papel. Havia algo tão perfeitamente natural em Andrews, uma candura sedutora, que desmentia a rigidez construída por ela em seus anos de estrada como criança prodígio. Desde os cinco anos de idade ela havia dançado e cantado em uma trupe inglesa de *vaudeville*, junto com a mãe e o padrasto, impressionando as plateias com sua poderosa e madura voz. Na década de 1950, Andrews fez sua estreia em Nova York, com o musical *The Boyfriend*, no qual interpretava uma doce jovem, fazendo muito sucesso. Mas o maior de todos os seus papéis foi o de uma florista londrina, Eliza Dolittle, na peça de Lerner e Loewe, *My Fair Lady*. Apesar da interpretação impecável de Andrews, ela foi rejeitada para a versão cinematográfica, do diretor Jack Warner; em seu lugar foi escolhida Audrey Hepburn, que era linda, mas não cantava nada.

Andrews ficou magoada e a rejeição deve tê-la afetado de algum modo. Ela não aceitou a proposta de Disney imediatamente. Mas alegava ter uma razão para adiar a carreira cinematográfica naquele momento. Ela ainda era jovem — estava com vinte e seis anos de idade — e esperava seu primeiro filho com o cenógrafo Tony Walton, que desfrutava de um recente sucesso na Broadway, com a peça *A Funny Thing Happened on the Way to the Forum*. Mas Disney, muito convincente, ofereceu também a ele um cargo em *Mary Poppins*, como consultor de design, e sugeriu que os dois visitassem a sua obra-prima na Costa Oeste: a Disneylândia. Disney planejava acompanhá-los pessoalmente ao parque.

Ao chegarem, Andrews e Walton sentiram como se estivessem na presença de um deus. "Você está vendo aquela árvore?", perguntou para Andrews. "Ela possui três milhões de folhas e quatro milhões de flores". Depois, fez uma pausa e acrescentou, "Dizem que só Deus tem o poder de fazer uma árvore".[26]

Então, ele tocou para ela as músicas dos irmãos Sherman — e foi este o fator decisivo. As músicas tinham um sabor de *vaudeville* e ela sabia que poderia cantá-las. Andrews assinou um contrato de 150 mil dólares.[27] Existia apenas um problema: Pamela. Disney sabia que uma Poppins de meia-idade seria um desastre. Ele achava que Pamela pudesse idealizar a babá com a sua idade ou um pouco menos, e perguntou a ela, temeroso, "Qual a idade de Poppins?" Quando Pamela disse, precisamente, "entre vinte e quatro e vinte e sete anos de idade", Disney viu que o caminho estava livre.[28]

Mesmo assim, Pamela estava desesperada para conhecer essa tal Julie Andrews. No dia 27 de novembro de 1962, Julie deu à luz Emma Kate. No dia seguinte, Pamela ligou para ela no hospital. "Aqui é P. L. Travers", disse. "Fale comigo, quero ouvir sua voz". Andrews, ainda fragilizada, disse que queria se recuperar primeiro.[29]

Assim que pôde, Pamela convidou Andrews e Walton para um almoço. Quando se encontraram, a primeira coisa que ela disse foi, "Bem, parece que você foi feita para o papel". De qualquer forma, Andrews a adorava: "Ela era tão honesta e direta".[30]

Pamela também ficou encantada à primeira vista. Ela disse para muitos jornalistas que estava completamente entregue. "Ainda não havíamos conversado por cinco minutos e percebi que ela possuía a integridade necessária para o papel". Andrews confessou, "Eu não li os livros, não sei nada sobre eles e nunca me pediram para ler; me diga como interpretar Mary Poppins, devo usar um sotaque?" Pamela respondeu, "Eu não direi nada, interprete-a como você achar que deve. Não aceite opiniões, faça do seu jeito".[31]

No Natal, o editor de Pamela enviou a ela alguns exemplares de seus últimos livros; com um humor exuberante, Pamela pediu a ele para enviar a Coleção Mary Poppins para a esposa do presidente Kennedy, Jacqueline. Sua secretária, Letitia Baldridge, respondeu dizendo que a filha do presidente, Caroline, ficou encantada com a Coleção Mary Poppins, e que ela sabia que em alguns anos John Jr. também adoraria os livros.[32]

Em seguida, Pamela embrulhou um exemplar de *Mary Poppins from A to Z* para Walt Disney e enviou pelo correio, em dezembro, junto com uma carta explicando que o livro era para seus netos. E queria que ele soubesse que ela havia conversado com Julie Andrews e a achou, mesmo no início da maternidade, "muito atenta e inteligente". Apesar de ainda não ter assistido nenhuma interpretação de Andrews, acreditava que ela possuía a sinceridade interior e a segurança necessárias para interpretar Mary Poppins. Ela também nunca havia assistido Dick Van Dyke, que soube que interpretaria Bert. Ela esperava, em vão, que ele fosse inglês e conseguisse falar com o sotaque londrino adequado de East End. Pamela disse a Disney que Mary Poppins definitivamente não possuía o sotaque londrino, ela tinha uma voz recatada, sem sotaque.

Então, havia a questão da escolha do elenco. Ela sugeriu Margaret Rutherford para o papel da mulher dos pássaros e Karen Dotrice para o papel de Jane. As crianças deveriam se vestir como aquelas que ela marcou nas páginas arrancadas da *Punch* e da *Illustrated London News*. Ela tinha certeza de que a atmosfera eduardiana iria conferir ao filme um tom de magia e conto de fadas. Sem carros ou táxis, somente com os gritos dos vendedores e o som de bicicletas antigas. Disney desapontaria o público se não colocasse os gêmeos Banks no filme, e ela também avisou que Mary Poppins não era chamada de Mary nos livros, a não ser por seus estranhos parentes. Os Banks a chamavam pelo nome completo, como se fosse um título.

Pamela já sabia que os escritores da Disney haviam modificado o papel de Bert. O Bert da Disney seria um faz-tudo, um limpador de chaminés e um artista que conhece tudo sobre a magia de Mary Poppins e que claramente se igualava a ela. Pamela queria que Disney soubesse que Bert não poderia jamais aparecer como namorado de Mary, poderia somente apreciá-la a distância. Tímido, humilde e apaixonado, ele não deveria ter esperança de que esse amor pudesse ser recíproco. Ela lembrou Walt que nunca concordou com a inclusão de uma música romântica para os dois na sequência animada e esperava que ele também houvesse chegado à essa conclusão. Contudo, ela conseguia visualizar Bert cantando uma canção sem conotações emocionais... algo sem simulações.

Disney parecia ter aceitado a ideia de Pamela de que Bert deveria cantar e dançar enquanto Mary olhasse e sorrisse, batendo o pé, parecendo elegante e cerimoniosa. Pamela também sugeriu que Bert deveria aproveitar a imitação de guarda-chuva para dançar, contando para o guarda-chuva sobre Mary Poppins e depois, ao final, timidamente estender uma mão para Mary. Os dois dançariam a distância de um braço, sem pronunciar palavras de amor. Ela lembrou Walt Disney, o grande sentimentalista, que "se você tratar as coisas com leveza sentimentos profundos poderiam se infiltrar".

Apesar de não saber nada sobre música, Pamela aconselhou Disney sobre a trilha sonora, sugerindo que todos os números musicais deveriam ter o ritmo das canções eduardianas. Desta forma, as antigas melodias seriam filtradas através das novas, como fantasmas, dicas e lembretes. "Lily of Laguna" poderia ser o contraponto da música de Bert. "Ta ra ra boom de ay" poderia se mostrar através da canção entoada pelo Almirante Boom e "A canção de ninar de Brahms" poderia ser ouvida através de "Feed the Birds". As canções antigas, ela lembrava Walt, não somente eram lindas, mas estavam na moda outra vez.

A essa altura, o elenco do filme ainda não havia sido escolhido. Disney estava considerando Stanley Holloway — um sucesso em *My Fair Lady* como o pai de Eliza Dolittle —, para o papel do Almirante Boom. No fim, o papel do Almirante foi ampliado e ficou com Reginald Owen. (Sua mania de disparar a arma às oito horas da manhã e às seis horas da tarde se tornou uma piada tão simples que só as crianças entendiam.)

Disney honrou sua promessa de utilizar atores ingleses, ao menos nos papéis principais: escolheu David Tomlinson e Glynis Johns para representarem o Sr. e a Sra. Banks. Karen Dotrice e Matthew Garber seriam Jane e Michael Banks (os dois estiveram em seu filme anterior, *Um Grande Amor Nunca Morre*). Três talentosos atores ingleses interpretariam a empregada Ellen (Hermione Baddeley), a antiga babá dos Banks, Katie Nanna (Elsa Lanchester) e o guarda Jones (Arthur Treacher). Uma das atrizes de John Ford, Jane Darwell (que interpretou Ma Joad em *Vinhas da Ira*) foi escolhida para ser a mulher dos pássaros, e Ed Wynn interpretou a si mesmo como o Tio Albert, que não conseguia parar de rir e flutuou até o teto com uma dieta constante de piadas "boom boom".

Para dirigir essa lista de talentos, Disney recrutou outro inglês, Robert Stevenson, que já havia dirigido *O Fantástico Super-Homem*, um sucesso de 1961, estrelado por Fred MacMurray. Os Sherman, Bill Walsh e Don Da Gradi também trabalharam na produção do filme.

Em fevereiro de 1963, Disney enviou para Pamela o último roteiro e contou sobre os seus planos para o elenco. Em resposta, ela mandou uma carta com catorze páginas, a mais longa e detalhada até o momento. Ela estava muito feliz com o progresso, e sentia que seu filme seria um grande sucesso porque apresentaria, ela acreditava, "Uma enorme caixa de surpresas, aventura e diversão". Sim, estava muito longe dos livros, mas ela conseguia ver que a inspiração veio através deles. Acima de tudo, estava satisfeita que Mary Poppins mantivesse sua integridade inabalável. Bert agora também estava se relacionando com ela da forma correta, assim como o Sr. Banks. Não havia nenhum romance e nada muito cruel.

Mas, após os elogios, apareceram as advertências. Pamela estava horrorizada que sua gentil Sra. Banks tivesse sido transformada em uma sufragista. Contudo, ela podia ver que através da escolha de Glynis Johns, que era uma de suas atrizes favoritas, Disney pretendia que a Sra. Banks fosse a mais confusa, feminina e inadequada sufragista. O motivo dessa transformação da Sra. Banks não ficou esclarecido, mas ela era, evidentemente, uma feminista apenas no nome, que faz tudo por seu marido — como Lilian Disney. O retrato da Sra. Banks como uma dama amalucada carregando uma bandeira de votos para as mulheres poderia ser visto como uma brincadeira de adultos, dissimulada, contra as novas feministas americanas agitadas em 1960 pelo livro de Betty Friedan, *A Mística Feminina*. Isso, no entanto, não era problema de Pamela, uma mulher nascida no final do século dezenove que se relacionava com os homens através da paquera ou da intimidação. O seu entendimento de feminismo era tão limitado que ela chegou a dizer para Disney que uma sufragista tola como essa versão da Sra. Banks no filme sempre votaria no candidato mais bonito. "Na verdade", acrescentou, "ela também votaria". A sua principal preocupação era que a piada feminista não seria compreendida pelas crianças que sequer sabiam o que significava "votos para as mulheres".

Em seguida, houve o problema de uma nova aventura adicionada no roteiro, quando as crianças visitam o banco em que o pai trabalha, o que tudo indica, seja o Banco da Inglaterra. Michael Banks, inadvertidamente, inicia uma corrida pelo banco exigindo que o diretor, Sr. Dawes, lhe devolva dois centavos. Os clientes escutam a exigência e ficam aflitos. (Se Pamela entendeu a ironia da cena, criada por Walsh e Da Gradi, ela não contou para Disney. Foi o Banco da Inglaterra que, em 1891, precipitou uma crise com o Queensland National Bank da Austrália, que tinha Boyd, o tio de Pamela, como um dos diretores.) Esta cena continua sendo uma das mais hilárias do filme, e os créditos finais revelam que Dick Van Dyke também interpreta o diretor que finalmente morre de tanto rir de uma das piadas do Tio Albert. Pamela disse para Disney que achava que a morte era uma piada grosseira demais e sugeriu que ele simplesmente se aposentasse e passasse o resto de seus dias rindo.

Ela estava preocupada, também, com a opulência da casa dos Banks, que ela havia descrito em seus livros como "um tanto degradada". Ela achava que os roteiristas não haviam compreendido a posição dos Banks na escala social. Os empregados na Inglaterra não eram broncos rudimentares. No roteiro, ela disse, Ellen e a governanta, Sra. Brill, eram muito vulgares para serem criadas inglesas naquele ou em qualquer outro período. Poderia haver a pronúncia errada de alguma palavra, ou uma expressão mais animada, tudo bem, mas essas pessoas se consideravam respeitáveis e jamais usariam frases como "porca velha". Até Bert estava com o sotaque muito carregado. Ela se lembra que no filme da Disney, *101 Dálmatas*, de 1961, o sotaque era muito difícil de se entender. E a essência do sotaque londrino de East End era sua claridade e objetividade.

Página após página, ela fez objeções sobre cada detalhe. Mary Poppins havia sido descrita no roteiro como uma mulher jovem e atraente. Esse era mais um motivo para preocupação. Poppins não deveria ser bonita, e sim manter sua aparência de boneca holandesa: cabelos escuros e nariz arrebitado. Ela implorou para que Disney desse à Sra. Banks um nome mais simpático e eduardiano do que Cynthia, que ela odiava. De algum modo, ela achava o nome infeliz, frio e assexuado. Por que não Arabella, Lavinia, Victoria, Caroline, Julia, Gwendolyn, Araminta, Lydia, Alexandra, Olivia ou Winifred? Por fim, Disney escolheu Winifred.

Uma vez mais, Pamela eliminou do roteiro figuras de linguagem americanas que jamais seriam usadas por britânicos. Mary também não diria "fazendo uma farra". Ela nunca usava gíria. "Se refrescar" era uma frase contemporânea, e seria repugnante para um eduardiano. Os roteiristas deveriam se lembrar que o modo correto é "vamos empinar pipa". Entretanto, ela percebeu que este era apenas um primeiro esboço. (Ele provou não ser, para sua consternação.)

Em meados de 1963, Julie Andrews e Tony Walton se mudaram para uma casa alugada em Studio City, no Vale de San Fernando, em Los Angeles. Quando as filmagens começaram, ficou claro para Andrews que ela era o único contato que Pamela tinha para saber do andamento do filme. Ela recebeu longas cartas de Pamela, da Inglaterra, com inúmeras sugestões sobre como as coisas deveriam ser feitas.[33] Andrews tentava tranquilizar a simpática senhora em Chelsea.

Depois de filmar as cenas "Jolly Holiday" e "Uncle Albert", Andrews escreveu para Pamela dizendo que todos estavam trabalhando como loucos. Ela garantiu que Ed Wynn estava "adorável" como Tio Albert e que

Dick Van Dyke estava "bem" como Bert. O seu sotaque londrino de East End realmente não estava ruim — seria um tipo mais "específico" e não tão comum. As crianças estavam adoráveis, apesar do pequeno garoto que interpretava Michael ter medo de altura, chorando uma ou duas vezes. A cena "Chimpanzoo" tinha sido eliminada, mas a cena "Canção de ninar" estava de volta. A carta de Pamela tinha atingido o seu objetivo. Andrews disse a ela, "Por favor, não se preocupe com nada".

Andrews foi um pouco mais honesta sobre os contratempos na produção do filme em uma entrevista para o jornal *Christian Science Monitor*; na qual revelou que Matthew Garber — que interpretou Michael Banks — não gostava nem um pouco de voar pendurado por fios e por um longo tempo ninguém conseguiu convencê-lo a fazer as cenas. Até que alguém ofereceu a ele dez centavos de dólar por cada cena. Depois disso, ele "fez fortuna". Ele era "um monstrinho inteligente, um sedutor nato, e um futuro homem de negócios". Andrews também não achava muito interessante filmar pendurada. Com fios presos na altura do quadril, ela podia subir com facilidade, mas tinha uma tendência a ficar ereta, e Mary Poppins deveria voar inclinada, "ou seja, a pressão ficava toda nas minhas costas".[34]

QUANDO AS FILMAGENS CHEGARAM AO fim, e Disney começou a trabalhar no lançamento do filme, em 1964, Pamela se sentiu aliviada. E decidiu gastar um pouco do seu dinheiro. Através de amigos gurdjieffianos, ela ouviu um pouco a respeito do Zen e queria aprender mais. Talvez a meditação ajudasse suas entranhas e as ondas de ansiedade que surgiam com tanta frequência durante a noite. Esses dias antecediam a síndrome do intestino irritado, e seu médico deve ter pensado que a agitação e o sentimento de urgência em suas entranhas fossem psicossomáticos. Ela já havia sido informada que as aventuras de Poppins estavam "cheias de Zen",[35] um pensamento que a intrigava mais do que qualquer outra teoria.

Durante anos, Pamela foi obcecada pela imagem de uma estátua de Buda do século nove, erguida no templo Koryu-ji, em Quioto, e agora, com uma rede de segurança financeira, era o momento certo para uma viagem espiritual ao Japão. Mas ela decidiu primeiro ver suas irmãs. Pamela voou para Bangkok no final de julho e de lá para Sydney, para encontrar Biddy e Moya vivendo como um par de tias em Mosman, um confortável subúrbio de classe média, em Sydney. Essa foi a primeira visita de Pamela à cidade que ela havia deixado aos vinte e quatro anos de idade. E a última. Ela permaneceu somente duas semanas. Desde a morte do marido, Boyd Moriarty, na Segunda Guerra Mundial, Biddy vivia com Moya, que nunca se casara. Pamela se recusou a dar seus nomes a um repórter da revista *Australian Women's Weekly*, dizendo que "elas não se interessavam pela publicidade".

O seu editor australiano, Collins, havia organizado uma modesta campanha publicitária para a famosa autora infanto-juvenil e, durante um dia, ela cumpriu seu dever concedendo entrevistas, trajando um terno simples de tweed com uma blusa branca bordada e, destoando do figurino, oito braceletes Navajo de prata com turquesa em cada pulso. As fotos na imprensa mostravam que ela tinha ido ao cabeleireiro, seus cachos cobreados haviam sido domados com spray, mas o penteado não conseguia esconder os sinais de profundo cansaço ao redor dos olhos.

Para diversos repórteres de Sydney, Pamela discorreu as habituais histórias de como gostava de ser anônima; contudo, ao repórter da *The Sun-Herald*, ela contou que recentemente tinha enviado um bilhete para um jornalista de TV americano cancelando uma entrevista porque ele "nunca tinha ouvido falar sobre Mary Poppins". Ninguém perguntou o que ela tinha achado da Austrália, mas se tivessem, ela teria respondido. Alguns anos mais tarde, declarou: "Descobri que amo a Austrália, mas isso não significa que eu queira voltar lá. Eu não acho que aquele seja o meu lugar".[36]

NOS LONGOS MESES DE VERÃO em Quioto, Pamela estudou o zen com Ruth Sasaki, uma americana casada com um japonês que ela havia conhecido através de seus amigos Gardiners, companheiros de Gurdjieff. Pamela disse que Sasaki era a única mulher americana que havia se tornado uma abadessa zen. Em Quioto, Sasaki tinha o seu próprio *zendo*, um lugar para meditação.[37]

Pamela estudou as estátuas em um salão de leitura de uma casa de 622 d.C., um templo Koryu-ji, um dos mais antigos em Quioto,[38] e leu *Zen in English Literature* de R. H. Bly, "o livro mais maravilhoso". Ela meditava em um jardim de pedras, recebeu um ancinho das mãos de um monge e hesitantemente penteou linhas onduladas ao redor dos seixos. Pamela gostava da "qualidade gnômica" dos haicais que lia. Enquanto estava sentada no tatame, sua vida parecia fazer mais sentido do que antes. Ela ouviu um *koan* — tipo de enigma usado na meditação — que dizia, "Não foi criado, mas convocado". Isso, ela pensou, deve se referir à Mary Poppins. A babá deve ter sido convocada por alguma necessidade de Pamela.

Mesmo com seus novos insights, Pamela não abandonava sua necessidade de controle. Em fevereiro, quando voltou para Londres, ela começou a manipular Mary Shepard outra vez, dizendo que um editor japonês lançaria uma grande edição, em cores, dos dois primeiros livros de Mary Poppins. Os editores haviam sugerido uma taxa de 10 libras para a ilustração, mas para a sorte de Mary, ela havia conseguido o dobro. Com o lançamento do filme da Disney planejado para o final de 1964, em Londres, Collins queria novas capas para os primeiros livros e havia pedido que ela falasse com Shepard. Por outro lado, uma editora alemã que iria publicar *Mary Poppins from A to Z* estava planejando usar o seu próprio ilustrador. Finalmente, disse ela, a França havia decidido traduzir os livros, mas o editor, Hachette, também planejava usar o próprio ilustrador. Foi uma grande decepção mas, infelizmente, Pamela não tinha nenhum "poder de veto".[39]

Os pensamentos de Pamela agora se fixavam na estreia do filme da Disney, em Hollywood. Ela estava incrivelmente ansiosa para comparecer, enquanto o próprio Disney parecia mais interessado em que a irascível P. L. Travers não comparecesse. A grande noite havia sido marcada para 27 de agosto de 1964, no Grauman's Chinese Theatre, em Hollywood Boulevard. Em um frenesi de merchandising precursor de *O Rei Leão*, *A Pequena Sereia* e *A Bela e a Fera*, o departamento de marketing da Disney havia assinado contratos para quarenta e seis produtos com o nome Mary Poppins, incluindo vestidos, bonecas, joias e livros rotulados "Mary Poppins de Walt Disney". Nesses livros, a história era "adaptada" por vários escritores e artistas. (Uma versão foi escrita com tão pouco cuidado que a babá apareceu em um vento oeste). A editora americana de Pamela, Harcourt Brace & World, produziu uma nova edição com a combinação de *Mary Poppins* e *Mary Poppins Comes Back*, mas a versão da Disney a superava na proporção de cinco para um. Uma grande campanha de publicidade, "A Spoonful of Sugar", foi feita para a Compania Nacional de Açúcar.

Como um amante abandonado cujo coração acelera toda vez que o telefone toca, Pamela esperou por um convite de Walt Disney para comparecer à estreia. Quando nenhum convite apareceu, seu advogado, seu agente Diarmuid Russel e seu editor americano protestaram e tentaram intervir, sem sucesso.[40] Em uma manhã, ela acordou sabendo o que deveria ser feito.

Ela enviou um telegrama para Disney. Ele poderia gostar de saber que ela estava nos Estados Unidos (hospedada outra vez em Mt. Kisco), e que iria à estreia em Hollywood de qualquer forma. Ela sabia que alguém encontraria um lugar para ela. Será que ele poderia informar a ela os detalhes, a hora e o lugar? "Todo esse episódio embaraçoso foi essencial", disse ela ao seu editor inglês, "para preservar a dignidade dos livros e a sua relação com Disney".[41]

O editor Bill Dover respondeu prontamente, dizendo a ela que Walt estava enviando o convite. E se ofereceu para acompanhá-la ao local da estreia. Disney também escreveu, se contorcendo em uma posição desconfortável para dizer que contava com a presença dela na estreia de Mary Poppins em Londres, mas estava feliz em saber que ela poderia comparecer à estreia em Los Angeles. É claro que eles iriam assegurar um lugar para Pamela.[42] Harcourt Brace & World pagou para que ela voasse para Los Angeles no dia 26 de agosto e se hospedasse por três dias no Beverly Wilshire Hotel. Os executivos da Harcourt disseram a ela que ficaram chocados com os livros da Disney sobre o filme e concordaram com a avaliação de Pamela, que os considerou "pavorosos".[43]

Walt Disney estava ocupado demais para dar atenção à Pamela na noite de estreia. Ah, sim, ele posou ao lado dela para algumas fotos, mas precisava atender Julie Andrews também, e isso sem mencionar a enorme quantidade de fotografias que foram tiradas quando o trenzinho passou pela avenida, acompanhado pelos Três Porquinhos, o Lobo Mau, Pluto, Mickey Mouse, Branca de Neve e os Sete Anões, Peter Pan, Peter Rabbit, um gambá e quatro pinguins dançantes. Os atores caracterizados dançavam ao redor de Disney, e dez mil balões foram soltos pelo trem. Uma banda em trajes com botões de pérola tocou as músicas do filme. A partir de uma hora da tarde, mais de três mil fãs se reuniram para ver a chegada das estrelas para o evento que começaria às oito e meia da noite. Recepcionistas encaminhavam os convidados para as portas; a equipe da Disneylândia estava toda vestida à caráter, como policiais ingleses. Porteiros com trajes eduardianos acompanhavam os executivos da Disney — resplandecentes em seus smokings brancos — até os seus lugares reservados.

Os títulos na abertura apareceram enquanto a câmera mostrava uma vista exuberante de Londres ao amanhecer: o Big Ben, a Catedral de St Paul, o Tâmisa, as casas em Chelsea e Kensington. Mary Poppins podia ser vista sentada em uma nuvem, passando pó em seu nariz, esperando para voar para a casa dos Banks com sua sombrinha acima da cabeça. A câmera que filmava o céu e a cidade desce até Bert na Alameda das Cerejeiras, mostrando o faz-tudo falando com a câmera. Bert diz que vai conduzir a audiência em uma excursão pela alameda, onde a porta basculante do Almirante Boom é idêntica à da antiga casa de Pamela na 50 Smith Street).

Durante as duas horas seguintes, a audiência desfrutou de uma mistura da mágica de Pamela com a mágica de Disney. A dele ultrapassou a dela. Apesar da comicidade, do humor pseudo londrino e dos eficientes efeitos especiais, o filme manteve um pouco do tom de ironia e da sutileza de Pamela na caracterização de Mary Poppins e George Banks. Os irmãos Sherman produziram quatorze canções originais, algumas versões, mas muitas exclusivas, como "Spoonful of Sugar", "Supercalifragilisticexpialidocious", "Fidelity Fiduciary Bank". A plateia adorou a complexa sequência animada de "Jolly Holiday", com os cavalos do carrossel galopando livremente, sua dança, os pinguins se beijando e o curral de animais. Os estúdios Disney utilizaram efeitos especiais rebuscados — as crianças voavam pelas chaminés, os brinquedos se jogavam —, e depois misturaram tudo com trajes delicados, ricos cenários e poderosas coreografias no estilo de *Sete Noivas para Sete Irmãos*.

Apesar de o filme parecer antigo, dava impressão de retratar uma cidade pequena, temente a Deus, apoiando os valores da família. As melhores qualidades do filme se mostraram na brilhante interpretação de Andrews e Tomlinson, nas boas sequências de dança de Van Dyke ao estilo de Ray Bolger, nas canções cativantes, muitas delas faladas, como as do professor Higgins em *My Fair Lady*, e a surreal e estilizada cena do banco que manteve o impacto através das reedições do filme. A história se resolve quando o Sr. Banks é demitido do banco e se reaproxima da família. Mary Poppins não é mais necessária. A cena final, quando Mary fala com sua sombrinha com cabeça de papagaio e voa para as nuvens, permanece fiel ao tom dos livros, agridoce em vez de exageradamente sentimental.

Durante a estreia, Pamela chorou — desconcertando Disney e sua equipe. Foi um grande choque ver aquele nome na tela, *Mary Poppins*. Tão repentino.[44] Pouco importava que *seu* nome estivesse em letras tão pequenas, mencionado como uma "consultora" em primeiro lugar, e, em seguida na linha que dizia, "Baseado nas histórias de P. L. Travers". (O seu nome estava ainda menor nos anúncios da imprensa). A corporação Technicolor organizou uma festa com champanhe no cenário de um jardim inglês. Dançarinos vestidos como limpadores de chaminé rodopiavam com os convidados ao som da banda perolada. Pamela, em um vestigo longo branco, se sentia majestosa e tentava deixar claro para qualquer pessoa que parasse por um minuto à sua frente que seus livros ainda estavam vivos e assim permaneceriam, junto com a versão cinematográfica. Uma mulher correu até ela e começou a fazer comparações diante de Disney. Pamela rapidamente interrompeu a gafe anunciando que foi "um filme esplêndido com atores muito bem escolhidos".[45]

Na manhã seguinte, ela telegrafou para o "Querido Walt" dando os parabéns. O elenco de sua criação foi maravilhosamente escolhido, com uma interpretação adorável de se ver e fiel ao espírito de Mary Poppins. Ela guardou cuidadosamente uma cópia do telegrama, anotando na parte inferior que Disney "precisava de elogios", e que havia muito que ela não podia dizer no momento. Ele respondeu formalmente. Disney estava feliz de receber as impressões dela e apreciava ela ter gasto um pouco de seu tempo para isso antes de sair da cidade. Foi realmente uma pena que "as intensas atividades antes, durante e depois da estreia" fizeram com que eles se encontrassem tão pouco. Bill Dover contou a ele que ela havia gostado das festividades.[46]

Um dia depois, em Mt. Kisco, ela escreveu para ele novamente, dizendo, "OBRIGADA", e explicando que ela havia ido à estreia para mostrar a todos que a autora e o cineasta estavam em harmonia. Seu filme era "esplêndido, jovial, generoso e incrivelmente belo". A estreia também foi maravilhosa, mas ela achava que devia dizer que a verdadeira Mary Poppins permanecia por trás das capas dos livros. Naturalmente, ela esperava que o filme trouxesse um novo público para os livros. E outra coisa. Ela queria que ele soubesse que o filme fora dividido em duas partes. As cenas na casa dos Banks mantinham alguma ligação com os livros enquanto os números musicais eram puramente de Disney. David Tomlinson, interpretando o Sr. Banks, mantinha as duas partes unidas. Ele estava absolutamente perfeito. A interpretação de Julie Andrews também foi lindamente sutil.

Outra vez, para a posteridade, ela guardou uma cópia da carta e escreveu no final que esta era uma carta que revelava muito nas entrelinhas.[47] Pamela contou ao seu editor em Londres que apesar do filme ter sido recebido com uma reação delirante, ele demonstrava pouco da essência de seus livros. O filme era "totalmente Disney, espetacular, colorido, deslumbrante, mas tudo embrulhado em ideias medíocres e pobres lampejos de entendimento", com uma simplificação excessiva. Em resumo, era um filme de Hollywood que iria arrecadar uma fortuna. Apesar de ser a melhor coisa que Disney já havia produzido, para ela, o resultado era simplesmente triste. Ainda assim, ela havia feito as pazes com Disney indo a Hollywood, se manteve amiga dos escritores e estava bem satisfeita de possuir uma gorda conta bancária. Por trás de todas as suas bravatas, ela contou ao seu editor a verdade: que, de certo modo, ela gostava da fama e da atenção, mas sabia que sua vida havia mudado radicalmente.[48]

Depois do lançamento do filme demorou uma década para que Pamela retornasse ao status de "anônima", do qual ela havia surgido. Ela permaneceu em Nova York para a estreia em setembro, no Radio City Music Hall, concedeu entrevistas para alavancar a venda dos livros e, à noite, leu "Reveries", sobre a infância de Yeats, reconhecendo o reflexo de algo de sua própria família.

DISNEY SABIA QUE SEU CONCORRENTE de bilheteria e prêmios, *My Fair Lady*, seria lançado um mês depois de *Mary Poppins*. Sua campanha publicitária aproveitou essa vantagem inicial. Um de seus anúncios publicitários apresentava uma carta aberta de Samuel Goldwyn.[49] Datada em 11 de setembro de 1964 e endereçada ao "Querido Walt", a carta dizia:

> *Uma vez na vida, e apenas uma, surge um filme que não pode ser comparado com nenhum outro e ao qual nenhum outro pode se comparar. Um filme que escreve uma nova página na história do cinema. Um filme que possui um apelo tão universal que é um deleite para o pai, a mãe, os filhos... você o fez com MARY POPPINS. Você já fez muitos grandes filmes, Walt, que tocaram o coração do mundo... mas você nunca fez um tão maravilhoso, tão mágico, tão alegre, tão completamente a realização de tudo o que um grande filme deve ser como MARY POPPINS. Eu espero que todas as pessoas do mundo o assistam — isso é o que de melhor eu posso desejar para eles.*
>
> *Sinceramente, Sam (Samuel Goldwyn).*

Em 25 de setembro, a primeira crítica importante apareceu no jornal *The New York Times*. O crítico, Bosley Crowther, que colocou o nome de Pamela no primeiro parágrafo, chamou o filme de "brilhante... uma bela produção", com algumas "sequências deliciosamente animadas... uma envolvente trilha sonora, o entretenimento mais agradável que estreou no Music Hall neste ano. Esta é a genuína Mary Poppins que vem navegando no vento do leste... um maravilhoso e animador filme". Crowther destacou semelhanças na trilha e na aparência do filme com *Minha Bela Dama*, e Judith Crist, no jornal *Herald Tribune*, descreveu Andrews em *Mary Poppins* como "a dama mais bela de todas. Ela está excelente, só os depressivos devem ficar em casa".

Os anúncios seguiam as linhas elogiosas das críticas: "Ele brilha e alegra", Archer Winsten, no *New York Post*; "Walt Disney oferece um estonteante pacote para a família", revista *Cue*; "Uma delícia, maravilhosamente imaginativo, arrebatador", William Peper, jornal *World Telegram and Sun*. Um crítico que assinou "JWL" na revista *The New Yorker*, contudo, resmungou "Por que o Sr. Disney escolheu misturar dois elementos completamente diferentes é um segredo. A Senhorita Andrews e o Senhor Van Dyke sabiamente não se esforçaram em atuar melhor do que os porcos falantes, os cavalos risonhos e as tartarugas urbanas... A Sra. Andrews como Poppins é menos amarga que a original e o ar melancólico com o qual ela finalmente arruma sua bolsa sem fundo e abandona suas pequenas obrigações parece indicar um não muito distante reencontro".

O golpe mais acentuado veio de Francis Clarke Sayers, antiga diretora dos serviços para as crianças da Livraria Pública de Nova York; sua carta para o *Los Angeles Times* deflagrou novas entrevistas. Sayers disse que "a severidade de Mary Poppins, imprevisível, cheia de magia e mistério, transforma-se, com o tratamento do Sr. Disney, em um grande marshmallow coberto com profiterole".

Pamela desejava muito falar sobre a sua própria e verdadeira Mary Poppins, mas ela tinha muito medo de Disney e mantinha cautela, pela possibilidade de um segundo filme. Ela falou para um jornalista que "Existe a possibilidade de uma continuação, mas em termos que devem ser discutidos". Um filme com *Mary Poppins Comes Back* era improvável, principalmente porque Disney era "contra continuações por princípio" e Julie Andrews não parecia interessada. Ela leu que Andrews, que havia seguido em frente com o filme *Não Podes Comprar Meu Amor*, e logo estrelaria *A Noviça Rebelde*, agora exigia um milhão de dólares ou mais por um filme. Pamela desejava tanto uma continuação que iria conversar com Julie e "se ele [Disney] a quisesse, ela deveria ser generosa... Ele deu a ela sua primeira chance. Se ele quiser filmar uma continuação, eu estou do seu lado".[50]

Em 1965, duas revistas pediram artigos sobre a produção do filme, e ela esperava que quando a publicidade diminuísse pudesse fazer isso honestamente. O único problema era uma possível continuação. Pamela sabia que deveria permanecer em silêncio, e não se meter com "um espinhoso porco-espinho". Disney, ela sabia, podia ser feroz. Uma vez, quando fez um comentário depreciativo, ele se virou para ela com raiva. Por que ela falou contra o filme? Ele deu a ela pão e ela o pagava com uma pedra! Pamela escreveu para um amigo dizendo que tentou manter uma relação harmoniosa com Disney, mas sempre foi "um casamento desconfortável". Ela achava que Disney preferia que estivesse morta; afinal, até agora, todos os seus autores estavam mortos e não podiam reclamar direitos autorais. Ele estava zangado, disse, porque ela não tinha feito a ele um favor.

Em 1966, todos os rumores sobre uma continuação foram descartados. No relatório anual da companhia aos acionistas, Walt Disney declarou que não produziria uma continuação para *Mary Poppins*. A essa altura, ele já estava próximo da morte por causa de um câncer de pulmão, e acabou morrendo alguns meses depois, em 15 de dezembro de 1966.

Aos poucos, timidamente no início, Pamela passou a se pronunciar contra o filme, tanto em cartas quanto em artigos que ela fez questão de manter guardados em seus arquivos. A primeira declaração explícita foi em uma carta para um estudante da Illinois State University, na qual ela explicava o quanto se sentia incomodava em ver as palavras "*Mary Poppins* de Walt Disney", em cartazes por todos os lados. O cineasta deveria ter sido humilde o bastante para dizer "*Mary Poppins* de P. L. Travers adaptado ao cinema por Walt Disney".

Em seguida, ela contou a uma colaboradora do *The New York Times* que o filme estava na contramão dos livros; que não passava de uma extravagância colorida, tão longe da verdadeira magia quanto era possível estar. A apresentação de Bert como um "mágico" como Mary Poppins arruinou o filme e deixou a personagem de Mary sem sentido. Mas não, disse ela à jornalista, ela não poderia citar isso no *Times*.

Mesmo antes da morte de Disney, Pamela confiou em Janet Graham, escrevendo para a *Ladies' Home Journal* que ela detestava algumas partes do filme, incluindo o cavalo e o porco animados. E mais, foi muito chocante quando Mary retirou seu vestido eduardiano e mostrou suas roupas íntimas. (No entanto, ela teve que admitir que as crianças adoraram o filme, o que as levou em grande número aos livros. Desde o lançamento do filme, as vendas triplicaram.)

No momento em que Roy Newquist a citou em seu livro, *Conversations*, em 1967, Pamela transformou o impacto do filme em um choque emocional que a deixou profundamente perturbada. Era tudo tão exteriorizado, tão simplificado, tão generalizado. Não foi verdadeiramente divulgado: "O filme não possuía simplicidade, ele tinha simplificações". Em 1968, ela "não suportava" o filme. "Todos aqueles sorrisos, como os de um Iago [de Shakespeare]. E era tão falso — tudo fantasioso, nenhuma magia". Definitivamente, ela não queria ser lembrada pelo filme.

Em outubro de 1964, quando Pamela voltou de Nova York para Londres, a imprensa falava muito a seu respeito, "essa desconhecida mulher inglesa" que havia inspirado o filme de sucesso. Collins trouxe a nova edição do primeiro livro de *Mary Poppins*, com uma capa branca e rosa que trazia uma foto de Julie Andrews na contracapa.

"Agora", disse a repórter do *Trade News*, Ruth Martin, "as pessoas estão perguntando, 'quem é P. L. Travers?'. Ela é, na verdade, uma mulher de olhos brilhantes, esbelta, de meia-idade, com cabelos curtos e determinada a permanecer tão anônima quanto possível nas atuais circunstâncias". Martin entrevistou Pamela na 29 Shawfield Street, sua "charmosa, recém-reformada casa em Regency House, Chelsea, com pintura exterior cinza, uma elegante porta basculante, decoração novíssima, reluzente cozinha moderna, um pequeno quintal onde ela podia cultivar espinafre e fazer churrascos, um estúdio de paredes brancas no andar superior, com janelas panorâmicas e uma pequena varanda". Ela contou a Ruth que não ficava muito feliz com a descrição "*Mary Poppins* de Walt Disney". "É *Mary Poppins* adaptada para o cinema por Walt Disney, assim como é *Peter Pan* de J. M. Barrie, animado por Walt Disney — essa me parece ser a maneira apropriada de descrever".

A estreia europeia de *Mary Poppins,* "apresentada à realeza", aconteceu no Leicester Square Theatre, em 17 de dezembro de 1964. No Salão Walnut, acima do saguão, Pamela fez uma profunda reverência ao ser apresentada à princesa Margaret e a Lord Snowdon. Ela ficou com Julie Andrews, David Tomlinson e Hermione Baddeley. Walt não compareceu. Em seu lugar, estavam alguns diretores executivos da companhia. (Na semana seguinte, o departamento de relações públicas de Collins enviou, "com os devidos respeitos", os livros de Mary Poppins à princesa Margaret, para seus filhos).

As críticas confirmaram os receios de Pamela. Londres não era tão viciada em açúcar como a América. A capital inglesa vivia uma época cheia de *swing*, a cidade de Pete e Dud, com a Carnaby Street em plena floração psicodélica, e os The Kinks com suas jaquetas cor-de-rosa e meias pretas, cantando "You Really Got Me". Dilys Powell, a maior crítica de Londres, ficou decepcionada pelo tom monótono de desenho animado da *Mary Poppins* de Disney. Powell tinha feito o seu dever de casa ao reler o livro original — "criado por uma inglesa" — e descobriu que "Eu nunca gostei tanto de uma história infantil desde *Os Pequeninos*. O sucesso do livro me parece residir em sua fusão da magia com o dia a dia. Mas, no filme, o talentoso Dick Van Dyke foi persuadido a interpretar o artista da Srta. Travers com a ideia cinematográfica americana de um *cockney* [habitante de East End] cheio de sorrisos e contando vantagens". E sobre as aventuras mágicas, "em vez de ser uma criativa extensão da vida comum — em vez de vir de dentro — os personagens são quase sempre construídos pela aparência". David Robinson, crítico do *Financial Times*, farejou em *Mary Poppins* "uma oscilante irregularidade", e "um exibicionismo bastante datado".

Os quatro meses, do lançamento em Hollywood até Leicester Square, corresponderam, tanto mais quanto menos, ao que Pamela esperava. Quem realmente compreenderia o que ela estava tentando dizer com sua babá? Sua heroína havia sido sequestrada. Quem mais poderia dizer? Não Frances, nem Monsieur Bon Bon, não Madge, não Æ. Todos mortos. Os meios de comunicação, ansiosos para explorar uma nova celebridade, logo se reuniram ao redor dela, promovendo uma distração por algum tempo, mas no meio do inverno estava tudo acabado. Pamela se refugiou em uma crise de pneumonia. Ela planejava se recuperar em Todtmoos-Rutte, uma cidadezinha na região de Schwarzwald, a Floresta Negra, que fica na Alemanha. Quase perdendo o prazo, ela enviou um texto encomendado para a resenha de livros infantis, para Belle Rosenbaum, editor do *New York Herald Tribune*, que simpatizava com ela, "A pneumonia é algo desagradável e espero que ela desapareça para sempre. O ar puro de Schwarzwald deve ser a solução".

Pamela disse para Rosenbaum devolver os seus originais porque "meus papéis foram solicitados por uma universidade". Eles não foram, mas ela tinha esperança de vendê-los. Afinal, o seu nome ainda provocava o interesse jornalístico nos Estados Unidos. Ela viajou para a Alemanha com a notícia de que *Mary Poppins* havia recebido cinco estatuetas do Oscar: melhor atriz, melhor edição, melhor canção ("Chim Chim Cheree"), melhor trilha sonora original e melhor som. Mas, no final, a noite foi de *My Fair Lady*. O musical recebeu nove estatuetas, incluindo a de melhor filme, concorrendo com *Becket, O Favorito do Rei, Dr. Fantástico, Zorba, o Grego* e *Mary Poppins*.

Quanto mais prêmios, mais dinheiro, mas para Pamela, a melhor notícia veio em uma carta do dr. Dennison Morey, um cultivador de rosas californiano. Ele havia lido na *Saturday Review* que sua flor favorita era a rosa, e que ela estava trabalhando em um novo livro, a respeito do conto da *Bela Adormecida*, cuja princesa às vezes também era chamada de Rosa. No final, ele revelou que havia produzido três novos tipos de rosas: Pamela Travers, Mary Poppins e Bela Adormecida. Pamela respondeu a Morey que ela "mal podia acreditar em tamanha honra". Para ela, a rosa era "a flor das flores". Aberta ou fechada, ela nunca se desperdiçava. Uma rosa devia ser invejada, naturalmente, por sua natureza reservada.

Assim como Mary Poppins e seu "Buda favorito", Pamela era agora uma especialista em não se explicar. Ninguém além de seus amigos gurdjieffianos mais próximos sabia o que ela realmente estava fazendo em Todtmoos. O ar puro dos pinheiros não era a razão verdadeira da sua viagem à Floresta Negra. Ela foi atrás do último Sr. Banks de sua vida: o psicanalista Karfried von Dürckheim, um antigo professor alemão de psiquiatria que havia criado a chamada terapia iniciática, que combinava o cristianismo com o zen budismo. Von Dürckheim viveu no Japão durante oito anos, até depois da Guerra, e quando voltou para a Alemanha, em 1948, criou o Existential Psychological Training e fundou o Encounter Institute, em Todtmoos. Além de praticar a psiquiatria, a partir de 1950 ele publicou alguns livros, iniciando com *Japan and the Culture of Silence*, depois *Hara: the Vital Center of Man* e, mais tarde, *Everyday Therapy*. Von Dürckheim prometeu a paz de espírito para Pamela se ela praticasse a meditação e os exercícios de respiração. Ele não oferecia uma completa cura física aos seus pacientes que sofriam de problemas agudos, mas dizia a eles que sua terapia os levaria a profundos *insights* sobre si mesmos.

Para Pamela, os *insights* vieram lentamente, apesar dos exercícios respiratórios diários e das longas conversas com Von Dürckheim sobre sua vida.

Aos sessenta e cinco anos, ela continuava uma mulher dividida, esgotada — mas ainda com disposição para flertar —, apavorada e deslumbrada com as luzes da ribalta, tão fascinada consigo mesma quanto uma mulher solitária poderia ser. Com o tempo, todas essas partes se fundiram em um comportamento excêntrico, e ela incorporou o papel de uma imponente e sábia velha senhora. A sua disposição para o flerte e o seu instinto lúdico nunca mais apareceriam. Eles se foram, partiram em uma grande despedida pública, no final de 1964.

Naquele inverno, ao promover a venda de seus livros em Nova York, ela marcou uma entrevista com Haskel Frankel da *Saturday Review*. Ele confessou que não tinha nenhum interesse em se encontrar com P. L. Travers, mas começou a ler *Mary Poppins* na cama durante a noite anterior, absorvendo tudo com a sensação de cavar profundamente por trás das aparências. A todo momento, se pegava investigando o material, cavando mais e mais. Ao amanhecer, ele estava "irremediavelmente apaixonado" por Pamela. Frankel a encontrou no dia seguinte, em "uma mesa de canto num restaurante à meia-luz, bebericando algo suave". Em determinado ponto da entrevista, ele pegou um bloco de desenho, observando seus olhos azuis e seus cabelos encaracolados. Seriam castanho-acobreados? Ela respondeu, "Se você conseguir imaginar um loiro-acinzentado ou, quem sabe, um cinza-aloirado acredito que conseguirá capturar a realidade. O que ele estava fazendo? Nada de mais. Só um desenho. Repentinamente, ela disse: "Eu queria que você pudesse ver os meus pés. Eu gosto muito dos meus pés, mas não acho que eu possa colocar os pés sobre a mesa para você".

A sopa dele chegou — espinafre italiano. Ela olhou desconfiada. Ele a fez provar uma colherada, e ela perguntou se ele gostava de mulheres. Ele gostava. Ela sorriu. "Eu sabia! Muitos homens dizem que gostam de mulheres, mas o que eles realmente querem dizer é que gostam de uma mulher. Você sempre pode dizer quais homens realmente gostam de mulheres: eles sempre querem compartilhar o que têm em seus pratos". Ele olhou para ela.

"Por favor, não ache que sou uma eminência parda. Eu sou, na verdade, uma excêntrica, é isso que evita que eu seja descartada".

Depois, ela tentou conduzir a conversa de volta para o caminho das perguntas que ela esperava dos jornalistas. Por que ele não perguntou o motivo de escrever para crianças? Mas Frankel não queria brincar, disse que não precisava fazer perguntas sobre qualquer assunto. Ela fazia isso muito bem sozinha. Sem desanimar, Pamela continuou, "Bem, eu não escrevo para crianças". Em seguida, ele fez a pergunta padrão, por que ela se chamava de P. L.? Porque ela não queria ser rotulada com sentimentalismos, então "Assino minhas iniciais na esperança de que as pessoas não saibam se os livros foram escritos por um homem, uma mulher ou um canguru". Ela olhou para ele: "Você não vai me fazer alguma pergunta diferente?" Ele pensou. Ela parecia esperançosa. "Você vai", ela falou, lentamente, "você veio daquela revista agradável e inteligente. Pergunte-me algo que os outros não perguntariam". "Está bem", disse Frankel, "O que você vai fazer sábado à noite?".

Pamela deu um grito, bateu palmas, bateu na mesa. "Ah, inclua essa pergunta, essa é mesmo diferente, coloque-a na matéria!". Então, ela ficou tímida outra vez, confidenciando a ele que sua maior alegria seria ter uma rosa com seu nome. A margarida era a flor favorita das crianças. Ela era aberta. Mas a rosa nunca estava aberta, não até o momento final. Frankel viu seus braços se erguendo e, de alguma forma, se transformando em pétalas enquanto ela sussurrava, "É a rosa fechada, a rosa secreta... aahhhh".

Essa "rosa secreta", ele suspeitava "que representasse mais P. L. Travers do que Mary Poppins, dobrada sob uma capa de chuva feita de couro". Ela partiu, enigmática como um guru. "A vida íntima é a única vida que posso suportar. Eu não estou interessada nas cenas passageiras, porque elas passam". Depois, "um sorriso, um aceno, e P. L. Travers, mundialmente famosa e alegremente desconhecida, escapuliu, em um dia cinzento de Nova York. Com pés muito bonitos, devo acrescentar".

Pamela, mais tarde, contou para um jornalista que o artigo de Frankel era "encantador". Ela só precisou corrigir um detalhe. Ela escreveu para Frankel, dizendo, "Eu nunca, jamais, usei uma capa de chuva de couro. Seria algo *além de mim* usar uma peça tão sensata; a minha é azul-claro e de *seda francesa*".

Com isso, o flerte pareceu se dobrar sobre si mesmo até se transformar em um botão. Naquele mês, ela reclamou através de uma nota na imprensa que ela havia ficado bastante consternada com as atitudes dos americanos sobre suas avós: "O objetivo da vida de muitas mulheres é se transformar em avós e ficarem parecidas com as contadoras de história, as mulheres sábias, as mulheres engraçadas".

Aquela que flertava de seda francesa agora faria parte da mulher sábia e da contadora de histórias. No verão de 1965, na Shawfield Street, ela concedeu uma longa entrevista para uma escritora, Janet Graham, em que disse, "Eu acredito que o propósito da vida de uma mulher está em se tornar avó. Eu venho repetindo isso várias e várias vezes, donzela, mãe, nós temos que nos transformar em sábias anciãs, carregando as tradições que aprendemos. Você percebe que esse deve ser o nosso objetivo, reunir tudo ao final de nossas vidas". Esse era o papel da mulher, da "Deusa Tríplice", o que a fazia lembrar que Æ chamava Mary Poppins de deusa.[68]

Entretanto, por trás daquela nova personalidade de anciã, Pamela parecia estar tentando apresentar todos os traços da criança triste que estava dentro dela.

A transcrição da entrevista, que ela mantinha, é o resultado de sua vida aos sessenta e cinco anos de idade. Ela contou sobre sua mãe e suas irmãs, e de como ela conversava de maneira reconfortante com o seu falecido pai. Quando a matéria finalmente apareceu na *Ladies' Home Journal*, trazia a manchete "O Cálice da Tristeza na Vida De Toda Mulher". Uma boa parte da entrevista girou em torno da maneira como as mulheres retornam a um estado básico de tristeza. Para Pamela, a tristeza era o oposto da alegria que ela encontrava em Blake e Mozart. Era como ela se sentia, ainda, ao pôr-do-sol. Sempre foi "uma tristeza terrível". Ela contou para Graham que o "cálice da tristeza" estava sempre cheio. Este era um tema importante para ela. Naquela tarde, Graham falou sobre a tristeza do amor não correspondido que podia ser "um tipo secreto de alegria". Com isso, Pamela se assustou: "Ah, bem, sobre isso eu não opinarei". Ela fez referências veladas a Camillus, mas em nenhum momento usou as palavras "meu filho".

Notas

1. Marc Elliott, *Walt Disney: Hollywood's Dark Prince* (Secaucus, NJ: Carol, 1993).
2. Entrevista à Melinda Green, 1976.
3. "Some Friends of Mary Poppins", *McCall's*, maio de 1966.
4. *New York Herald Tribune*, 7 de julho de 1963.
5. Steven Watts, *The Magic Kingdom: Walt Disney and the American Way of Life* (Boston: Houghton Mifflin, 1997).
6. Ibid.
7. *Wisdom*, 1959.
8. Watts, *The Magic Kingdom*.
9. Entrevista à Virginia Peterson, Boston TV, 1965.
10. "Some Friends of Mary Poppins", *McCall's*, maio de 1966.
11. Ibid.
12. Carta para dr. Dennison Morey, janeiro de 1965.
13. Carta de Travers para "John", 1989.
14. Carta de 14 de abril de 1961.
15. Telegrama de Disney para Travers no Sheraton East, 14 de abril de 1961.
16. Entrevista com Jenny Koralek, maio de 1996.
17. Carta de 1961.
18. Carta de 6 de junho de 1961.
19. Carta de 10 de junho de 1961.
20. Carta de 26 de agosto de 1961.
21. Carta de 2 de março de 1962.
22. Carta de 9 de março de 1962.
23. Entrevista à Janet Graham, *Ladies Home Journal*, junho de 1965.
24. *The New Yorker*, 20 de outubro de 1962.
25. Vaudeville foi um gênero de show de variedades predominante nos Estados Unidos e no Canadá de 1880 a 1930. Criado a partir de muitas fontes, incluindo salas de concerto, apresentações circenses, cantores populares, exposições, danças e literatura burlesca, tornou-se um dos mais populares entretenimentos dos Estados Unidos. N. T.
26. "Julie Andrews, Back on Broadway", produção da WNET/Thirteen para a BBC Worldwide.
27. Robert Windeler, *Julie Andrews: A Biography* (Londres: W. H. Allen, 1982); Julie Andrews, Back on Broadway.
28. *New York Herald Tribune*, 7 de julho de 1963; e carta para Mary Shepard em 22 de março de 1966.
29. Windeler, *Julie Andrews*.
30. Ibid.
31. Entrevista de Virginia Peterson, Boston TV, 1965.
32. Carta de 21 de novembro de 1962.
33. *New York Herald Tribune*, 20 de setembro de 1964.
34. Nora E. Taylor, "If I Had to Lose..." Jornal *Christian Science Monitor*, 3 de novembro de 1964.
35. Shusha Guppy, *Looking Back: a panoramic view of a literary age by the grandes dames of european letters.* (Nova York: Simon & Schuster, 1993).
36. Entrevista de Janet Graham, 1965.

[37] Entrevista de Melinda Green, 1976.
[38] *Parabola*, 1987.
[39] Carta de 11 de fevereiro de 1964.
[40] Carta para Collins, 18 de agosto de 1964.
[41] Ibid.
[42] Carta de 12 de agosto de 1964.
[43] Carta para Collins, 18 de agosto de 1964.
[44] Carta para Collins, 1º de setembro de 1964.
[45] Ibid.
[46] Carta de 31 de agosto.
[47] Carta de 1º de setembro de 1964.
[48] Carta de 2 de setembro de 1964.
[49] Samuel Goldwyn foi um produtor de filmes americanos, e um dos fundadores da Paramount (1913). Criou a Goldwyn em 1918, que tornou-se a Metro-Goldwyn-Mayer em 1924. N. T.
[50] Entrevista de Janet Graham, 1965.
[51] Carta de Travers para M. Bryden, em Whitman Hall, Radcliffe, 1965.
[52] Ibid.
[53] Richard Schikel, *Walt Disney* (Londres: Weidenfeld and Nicolson, 1968).
[54] Carta para Joyce Madden, outubro de 1964.
[55] Carta para Dorothy Bart, 13 de fevereiro de 1965.
[56] Entrevista em 13 de junho de 1965.
[57] Carta para o Sr. Fadiman, 1968.
[58] Entrevista de Melinda Green, 1976.
[59] *Trade News*, 12 de dezembro de 1964.
[60] Pete e Dud foram personagens criados pelos comediantes Peter Cook e Dudley Moore, em 1964. N. T.
[61] The Kinks foi uma banda de rock britânica formada em 1964 pelos irmãos Ray e Dave Davies, reconhecida como um dos mais importantes e influentes grupos de rock de sua geração. N. T.
[62] Livro de Mary Norton que inspirou o filme *Os Pequeninos*, de 1997. N. T.
[63] Carta de 21 de janeiro de 1965.
[64] Carta para dr. Morey, 28 de janeiro de 1965.
[65] *Saturday Review*, 7 de novembro de 1964.
[66] *Chicago's American*, 5 de novembro de 1964.
[67] A Deusa Tríplice é tema de diversos textos de Robert Graves, adotada por muitos neopagãos (notadamente wicanos) como uma de suas divindades primárias. No uso comum, as três figuras femininas são frequentemente descritas como a Donzela, a Mãe e a Anciã, cada qual simbolizando tanto um estágio separado num ciclo da vida feminina quanto uma fase lunar. N. T.
[68] A entrevista aconteceu em 23 de junho de 1965. Dezenas de páginas transcritas foram enviadas para o *Ladie's Home Journal*, que publicou uma versão resumida em 1967.

III

A Anciã
1965–1996

"Uma anciã em uma cadeira de balanço é como o tique-taque do relógio da terra."[1]

BOWRAL, ABRIL DE 1912

Lyndon se debruçou na janela do quarto e olhou para cima. O céu estava tão claro que ela conseguia ver a configuração da constelação de Órion. Era o final de abril, os meses gelados do inverno já estavam para chegar, o que a forçou a entrar para o calor das brasas na grelha.

Eles disseram na escola que ela deveria estudar a Bíblia e aprender sobre Jesus, mas ela havia encontrado um livro na biblioteca sobre Buda e, uma noite, o levou para debaixo das cobertas e leu sobre as grandes estátuas que fizeram em sua homenagem.

"Ginty, apague as luzes!" Ela podia ouvir a voz de sua mãe, depois o silêncio. Cinco minutos se passaram. Lyndon achou que sua cabeça ia explodir com tudo o que havia descoberto. As palavras de Shakespeare estavam lá, misturadas com um poema que ela queria escrever para sua professora.

Ela tentou dormir, mas o vento do oeste estava chicoteando a sonolenta cidade de Bowral, os galhos do olmo se dobrando e dançando. Papai nunca havia conversado sobre a morte. Ele só não estava mais presente. Talvez ele tenha ido brincar com Órion e Hesperus no céu.

Pamela desceu da cama e ficou em pé ao lado da janela. No final do pasto ela podia ver o riacho bem cheio agora, os troncos de madeira correndo rápido rio abaixo. Ela sentiu um vazio na barriga, um sentimento estranho como se ela já não mais pertencesse a si mesma. Como era aquela canção de ninar que sua mãe costumava cantar? "Então la la la la tchau tchau, você quer a lua para brincar e as estrelas para fugir com elas?"

Lyndon conseguia ver sua mãe balançando para frente e para trás em sua cadeira de balanço barulhenta. Você quer a lua para brincar? A mamãe parecia conhecer tudo, mamãe e as grandes tias. Quando nós três nos encontraremos outra vez? Ela adorava esta frase. E a sábia fada em *A Bela Adormecida*. Ela não era culpada de não ter recebido um convite para a festa. Lyndon queria ser corajosa, forte e sábia como elas. Ela, contudo, teria que fazer isso sozinha. Quais foram as últimas palavras do hino na assembleia nesta manhã?

> *Nós sabemos que no final*
> *Herdaremos a vida.*
> *Então as fantasias desaparecerão*
> *Eu não temerei o que os homens dizem,*
> *Eu trabalharei dia e noite*
> *Para ser um peregrino.*

Os olhos de Lyndon se fecharam.

NOTA

[1] Entrevista na rádio de Boston, 1965.

14

UMA ANCIÃ ENTRE AS
BELAS ADORMECIDAS

Em 1966, Pamela contou a um jornalista do *The New York Times* que anciã era "uma palavra tão bela, como pomba — tranquila e cheia de conotações. Eu gostaria de viver até me transformar em uma daquelas anciãs dos contos de fadas, o último estágio da vida na caminhada de uma mulher". Ainda, no fundo, uma atriz, Pamela estava preparada para interpretar o papel da sábia mulher durante o último terço de sua vida. Na teoria, ela sabia que uma anciã não era uma miserável velhinha, mas uma admirável mulher que combinava as qualidades da Mamãe Gansa, de uma profetisa e de uma ama; que podia transmitir seus contos da carochinha para os mais jovens, assim como a ama da Julieta de Shakespeare. Essa anciã arquetípica era representada, na antiguidade, pela Rainha de Sabá. Ela era tanto a fada madrinha quanto a feiticeira. Talvez, se transformando nesta anciã, Pamela pudesse abandonar sua eterna busca por um guru e se tornar sua própria guia.

A verdade, no entanto, é que Pamela lutou contra a velhice, como toda mulher. Afinal, quem iria querer escutar a profetisa que ela pretendia ser? Sem nenhum menino seu para segurar em sua cadeira de balanço, ela teria que procurar outro rumo para sua vida e, na década de 1960, encontrou uma plateia disposta nos estudantes de graduação que se sentavam, literalmente, aos seus pés em um dormitório da universidade. Pamela passou o semestre do outono de 1965 e 1966 como uma escritora residente em duas universidades para mulheres, primeiro em Radcliffe College, que fazia parte do campus da Universidade de Harvard, em Cambridge, e depois no Smith College em Northampton.

O convite para Radcliffe foi feito no começo de 1965, por Barbara Solomon, a reitora. Em fevereiro, Pamela respondeu dizendo que tinha muito carinho pela universidade porque havia conhecido uma graduada especial de Radcliffe, Helen Keller. Pamela acreditava que nenhuma heroína dos contos de fadas jamais havia sido tão heroica quanto Keller, que perdera a audição e a visão ainda bebê e, ainda assim, tornou-se um exemplo célebre. Quanto aos detalhes, Pamela disse para Solomon não se preocupar com o pagamento, que ela não precisava de instalações e que simplesmente respirar o ar da América seria para ela "um deleite".

Insegura quanto a sua educação simplória na escola pública de Allora e Normanhurst, ela também se sentia obrigada a informar Solomon que não poderia chegar a Radcliffe "carregando nenhuma letra nobre" depois de seu nome. Ela havia sido educada "por governantas" e em escolas particulares. E nunca puderam oferecer o suficiente do que ela desejava — mito, lenda, contos de fadas e poesia.[2]

No final do verão, ela voou para Nova York. Do clube Cosmopolitan, na East 66th Street, ela escreveu apreensivamente para a Sra. Deane Lord, diretora do novo escritório da Radcliffe, dizendo que ninguém havia dito o que queriam que ela fizesse. "Não se preocupe, eu mesma sou um tanto Poppins e simplesmente deixarei que tudo se resolva naturalmente". Quanto à imprensa, avisou, ela possuía duas exigências rigorosas: atenderia apenas jornalistas que já tivessem lido os seus livros e que não fizessem perguntas pessoais. Ela lembrou para Lord que ideias eram muito mais importantes do que "fofocas". De qualquer forma, com estas requisições, os jornais enviariam repórteres mais inteligentes. Além disso, os jornalistas não deveriam ficar esperando sua chegada à universidade, pois fariam perguntas insensatas, como, "O que você acha de Cambridge?".[3]

Em Radcliffe, os estudantes e o pessoal da universidade esperavam pela chegada do cruzamento do espírito do vento do oeste com Julie Andrews. Este seria o primeiro encontro deles com essa estranha de raça diferente, uma escritora residente, e as preparações foram recheadas de ansiedade. A Srta. Travers iria se hospedar em East House, um nome imponente para o conjunto desordenado de antigos dormitórios femininos no lado leste do quadrado de Radcliffe. Ela ficaria no dormitório Whitman Hall. Mas onde uma celebridade como esta poderia dormir? Barbara Solomon confiscou dois quartos utilizados como secretaria pelo mestre de East House, Tony Oettinger, que levou seus arquivos para Harvard. A recém-batizada "suíte para convidados" era simples e singela. Eles tentaram deixá-la confortável, instalaram uma cozinha compacta sem fogão e colocaram o mobiliário mais básico.

Whitman era comandado por uma senhora, a residente sênior Ethel Desborough. Ela era a última de sua espécie, uma remanescente das mestras que guardavam os dez dormitórios de Radcliffe em 1901. Cinco anos após o período em que Pamela esteve na universidade, a administração passou a permitir que os homens de Harvard residissem nos dormitórios de Radcliffe. Mas, por enquanto, Harvard e Radcliffe ainda estavam longe da completa integração.

Antes da revolução no campus, no final da década de 1960, Harvard e Radcliffe tentavam emular os modelos britânicos de Oxford e Cambridge. Havia sinais de fermentação, incipientes pensamentos liberais que estimularam a politização dos estudantes em alguns anos. Oettinger era amigo de Daniel Ellsberg, que mais tarde deixaria vazar para a imprensa documentos do Pentágono que delineavam a história secreta da Guerra do Vietnã. Oettinger pediu que Ellsberg falasse com as mulheres de Radcliffe e convidasse amigos intelectuais de Boston para comparecer à universidade.[4] Alguns estudantes de Radcliffe chegaram a promover marchas contra a Guerra do Vietnã, que se transformaria no foco da revolta estudantil — a "mácula" na Grande Sociedade de Lyndon B. Johnson. Mas Radcliffe era, como um todo, controlada por costumes de caráter masculino. A presidenta em exercício, Helen Gilbert, assinava o nome de seu marido, Sr. Carl Gilbert, enquanto a decana de East House se designava Sra. Peter Solomon.

Quando Linda McVeigh quebrou uma tradição de noventa e três anos e se transformou na primeira editora-chefe do jornal da universidade, o *Harvard Crimson*, em 1966, a revista humorística *Harvard Lampoon* lançou uma edição especial comemorativa em cor-de-rosa, saturada com perfume barato. A *Lampoon* afirmou que a equipe masculina do *Crimson* encenou uma greve de trabalhadores e que McVeigh planejava pintar as paredes do jornal *Crimson* de rosa pastel.

O mundo de Radcliffe de "belas e esbeltas garotas que gargalhavam enquanto comiam grandes pedaços de bolo, que lotavam os salões de leitura de balões brilhantes e viam o mundo através de óculos coloridos" receberia a "total aprovação" de Mary Poppins, escreveu o *Sunday Globe* de Boston em um artigo celebrando a mudança de Pamela para o campus.[5]

Toda a mídia local sabia que a autora de Mary Poppins estava chegando em Radcliffe, é claro. A agência de notícias havia se assegurado disso, apesar das instruções de Pamela. Ela chegou ao Whitman Hall no dia 5 de outubro. Linda McVeigh a aguardava com um repórter do *The Harvard Crimson*, que iria entrevistá-la diante de uma plateia de estudantes. Oettinger foi surpreendido por essa "indefinível senhora — nossa primeira impressão — como um personagem britânico da Segunda Guerra Mundial. Comum, muito amável, mas comum". McVeigh não encontrou a amabilidade de Pamela. "Agora o que você escreveu?" ela perguntou para a repórter. "Você deve citar precisamente o que eu falo, entende? Você deve escrever somente o que eu falo, de outro modo não serei eu, será você. O relato deve possuir a mesma precisão da poesia. Eu não peço isso para mim, mas por respeito à escrita". Ela debateu sobre as cadeiras de balanço, citando que "gosto de balançar, porque permite ir a qualquer lugar, como em um carrossel", disse que nunca havia frequentado uma universidade já que havia recebido aulas particulares, e a uma pergunta sobre o filme da Disney, respondeu, "Não faça perguntas para as quais você já sabe as respostas".

Pamela estava satisfeita em sua suíte convertida às pressas. Ela desempacotou suas pinturas japonesas, espalhou potes com doces nas prateleiras, exatamente como no apartamento de Monsieur Bon bon, e alinhou seus livros. Entre eles, *A Gênese Africana* e seis volumes de *Motif Index of Folk Literature*, de Stith Thompson.[6]

Do lado de fora, ela achou o dourado e o castanho-avermelhado de Massachusetts muito brilhantes, algumas vezes ansiando pelo lilás e o cinza perolado da Inglaterra. Para Oettinger, ela deixou claro que queria o isolamento. E assim foi. Todos a deixaram sozinha. Na Biblioteca Widener, ela se deleitava com a mistura de tranquilidade e do excitamento das descobertas. Ele se sentia liberta, investigando referências mitológicas, completando todas as associações. Não havia o cheiro de homens e meias como na biblioteca do British Museum, onde ela se sentia oprimida pelo imenso volume de livros e culpada por haver colaborado no aumento desses números. Algumas vezes, ela se achava indolente ao se lembrar de um poema de Randall Jarrell, "The Girl in the Library", que dizia "a alma não possui atribuições, ela gasta o tempo, ela gasta o tempo". (Mais tarde ela disse que, a não ser que você saiba como gastar o tempo, você não saberá realmente coisa alguma sobre o tempo.)

Tendo seu próprio conto de fadas banalizado por Walt Disney, Pamela estava mais determinada do que nunca a reconquistar os contos de fadas para si mesma, afirmando o poder da narração alusiva, sem declarar tudo objetivamente como Disney achava necessário. Para o seu próximo livro, ela estava rastreando A Bela Adormecida desde os "seus primórdios". A heroína adormecida poderia representar nossas almas dormentes necessitando despertar; como diria um poeta escocês, "as asas dobradas dentro de um coração". Ao se deitar, ela pensava nos grandes épicos indianos que havia descoberto através de Æ, o *Mahabarata* e o *Ramaiana* (do qual recordava especialmente de *Hanuman,* o deus-macaco). Ela não podia falar sobre isso com o pessoal da universidade ou com os estudantes porque, "logo que são pronunciadas, as palavras se perdem e nunca mais reaparecem".[7]

Durante os meses de verão, ela se debruçou sobre os livros de referência na biblioteca da universidade, extraindo o máximo possível de versões sobre a princesa adormecida, desde *Sole, Luna e Talia*, de Giambattista Basile, à interpretação dos irmãos Grimm, *Dornroschen*. No erótico conto sobre a feminilidade, ela conseguia visualizar os elementos de seus sessenta e cinco anos. A Bela Adormecida, para ela, era um conto de fadas fundamental; sempre foi o que ela mais amou, acima de todos os outros.[8]

Enquanto o outono se transformava em inverno, Pamela descobriu o simbolismo da natureza no mito de A Bela Adormecida, como a terra na primavera, personificada em uma donzela, acorda de um longo sono de inverno. Ela saiu da biblioteca com os olhos embaçados, surpresa pela hora avançada. Pamela andou através da penumbra até o seu dormitório. Escondidas em seus quartos, com suas próprias cabeças inclinadas sobre textos de literatura inglesa, as mulheres de Radcliffe ainda estavam por se desvendar em raiva ou se oprimir por ressentimento como donas de casa. Antes da revolução do final da década de 1960, quando elas despertaram através das palavras de Betty Friedan, Gloria Steinem e Germaine Greer, essas mulheres esperavam se graduar para o mercado matrimonial. Dóceis, com longos cabelos, conscientemente acadêmicas, elas raramente faziam questionamentos.

Foi uma das últimas ironias da vida de Pamela que, enquanto ela estivesse representando a anciã, um papel que impõe respeito e dá sentido à vida das mulheres, ela tenha sido agitada por seu isolamento dentro de uma universidade de mulheres. "Eu fico sempre satisfeita", ela contou para a *Radcliffe Quarterlly*, "quando tanto homens quanto mulheres me visitam à noite... as perguntas são melhores quando os homens estão por perto". Ela ponderava se "as mulheres de Radcliffe não eram apresentadas a um banquete tão suntuoso que as deixava sem saber como escolher entre tantas maravilhas, porque, depois da universidade, o que elas teriam a fazer além de cuidar de bebês e de suas tinas de lavar roupa? Mesmo assim, era bom possuir vários temas para pensar diante da pia da cozinha".[9]

Ela confidenciou à Barbara Solomon que estava bastante insegura sobre quais deveriam ser as ocupações de uma escritora residente. Solomon disse "Nada minha querida, simplesmente esteja aqui, isso é o que desejamos". Ainda assim, algo parecia não estar certo. Talvez, Solomon acrescentou timidamente, ela pudesse receber estudantes? Lentamente, as mulheres de Radcliffe e alguns homens de Harvard marcaram hora para falar de sua poesia. Um estudante de Harvard perguntou como ele poderia dar sentido à uma entrevista que ele havia feito com Auden. Ela aconselhou "escreva todo o texto sobre o rosto dele". Pamela concordou em promover um encontro aberto para todos em sua suíte. Toda quinta-feira à noite os estudantes chegavam por volta das oito horas e se sentavam aos seus pés. Ela se reclinava em um sofá, vestindo um quimono, com suas pulseiras brilhantes, colocando e retirando seus óculos como se fossem um adereço de palco.

Exatamente como Gurdjieff havia feito, ela tentava atraí-los para fora, dizendo que o seu papel não seria o de falar e ensinar, mas sim ouvir e suscitar questões. Ela terminava suas próprias sentenças com um ponto de interrogação, sua voz era cadenciada, como a dos irlandeses. "Agora, podem me dizer?" Ou, então, "O que você acha Robert?" Ela adorava os rapazes, e os afagava com uma mão nos ombros, e os encorajava com um "siga em frente". Alguns garotos de Harvard trouxeram para ela um disco de *frisbee* personalizado, onde se lia "P. L. Travers". A conversa era boa, ela recorda, os estudantes eram abertos a novas ideias, e "tão preparados para lutar por elas. Eu gostava disso".[10]

Na verdade, apenas uma pessoa lutava por suas ideias e dominava as conversas, que podiam se estender até a meia-noite, mantidas por xícaras de café instantâneo. Gravações dessas noitadas de encontros abertos apresentam a voz de Pamela passando por cima de todas as outras, escapando das questões que se aproximavam muito dos assuntos pessoais demais para o seu gosto.

"Onde você nasceu?"

"Ah, então estamos neste nível de perguntas?"

"Você não concorda em escrever uma autobiografia?"

"Não, nascer, frequentar a escola, padecer de sarampo, se casar ou não, não seria classificado por mim como uma autobiografia. Uma autobiografia seria uma declaração íntima, como alguém evoluiu, suas esperanças, as dificuldades, os objetivos. Mas como nunca quero escrever nada sobre mim mesma, então, sem autobiografia". Robert gentilmente disparou, "Você não leria a biografia de um escritor, você leria o trabalho?" "Sim", ela suspirou, "essa é uma bela questão Robert, porque o trabalho seria a biografia".

Apesar de Pamela insistir que não poderia falar sobre o seu processo criativo, que era algo secreto, alguns detalhes pessoais escapavam. Ninguém a havia educado, ela se transformou em uma jornalista porque "era fácil", ela escrevia muito pouco, lentamente, tinha que lutar com os textos, sempre queria "trazer o excesso para um resumo. Eu resumia, reduzia... até que restasse apenas o eixo, uma lasca". O primeiro esboço era uma tortura, o segundo ainda não era fácil, mas o terceiro era "uma experiência maravilhosa". A sua composição literária era feita "nas entrelinhas".

Eles podiam perguntar o quanto quisessem sobre outros escritores, Yeats, Wordsworth, Tolkien e Auden. Ela contou a eles que adorava *O Hobbit* e as *Crônicas de Nárnia*, mas sentia que C. S. Lewis estava "olhando através dos olhos de E. Nesbit... Nesbit é mais puro". Era impossível não se apaixonar por Alice, apesar de ela esconder "um incipiente desgosto pelo próprio Lewis Carrol... *O Vento nos Salgueiros*, sem dúvida, *A Menina e o Porquinho*, e *Pooh*".

E, uma vez mais, ela insistiu em dizer que *Mary Poppins* não era para crianças. Quando um tímido estudante dizia que toda criança na América lia os livros de Mary Poppins, ela o colocava em seu devido lugar. Eles eram frequentemente lidos por "homens crescidos", advogados, doutores, por todo tipo de pessoa. Eles podiam estar a caminho da universidade, "e me diziam 'ah, agora nós entendemos o que você quis dizer'". Mas o seu maior interesse, ela falou, era a pequena perfeição dos contos de fadas que haviam sido polidos durante séculos até que somente permanecesse o essencial. Estes não eram entretenimento para crianças, eram os últimos remanescentes dos mitos. Até o século passado, eles eram transmitidos oralmente para os adultos. O material era para adultos, "uma ferramenta para ajudar a enfrentar a vida".

De vez em quando, as palestras se convertiam em uma livre troca de ideias. Quando ela soltou sua frase favorita, "pensamento é ligação", uma estudante apreendeu o significado imediatamente: "Sim, simplesmente faz a conexão!", e começou a procurar um papel e uma caneta, mas Pamela implorou a ela que não escrevesse. E. M. Forster já havia feito a conexão. Mas, de qualquer forma, "logo que você escreve uma palavra, você a perde".[11]

De tempos em tempos, alguém da imprensa aparecia para visitá-la, e frequentemente partia de mãos abanando. O *The Boston Globe* não encontrou nada sobre a famosa autora, além de uma falsa data de nascimento, 1906. Quando perguntaram o que ela achava dos textos americanos, ela disparou, "Isso seria muito pomposo, muito bombástico para que eu respondesse... muito amplo... o que me interessa é a profundidade, os nativos."[12] Paula Cronin, da *Radcliffe Quarterly*, estava apreensiva sobre sua entrevista antes de abrir a porta da suíte. "Eu devia ter uns trinta anos de idade, ela partiu com tudo para cima de mim. Eu me senti incapaz de continuar como gostaria. Ela era lendária por esse tipo de comportamento".[13]

Pamela perguntou para Nora E. Taylor, do *The Christian Science Monitor*, "Você preparou algumas perguntas?" Ela insistia que "fossem citações exatas, sem paráfrases". Questionada sobre as origens de Mary Poppins, ela caminhou pelo seu quarto e disse, "Você está tentando descobrir meus segredos. Um segredo é, exatamente, algo que não deve ser revelado. Apesar disso, eu lhe contarei o segredo: eu realmente não sei".

Com isso ela se sentou, cruzando os tornozelos, com seus braceletes de prata e turquesa balançando e tilintando. Ela aguardou serenamente. Nora perguntou, "Qual é o tipo de adulto que mantém as qualidades da infância, que encara a fantasia e a realidade como igualmente verdadeiras?" Mas "os dois punhos se levantaram e ela desapareceu atrás deles. 'Nenhum tipo de adulto'. 'Tudo bem', disse Nora, 'quanto tempo Mary Poppins levou para nascer?'". Ah, ela gostou desta, "que frase bonita", assim como gostou da pergunta "grande e bela" de Nora: Desde que Mary Poppins chegou, ela mudou a sua vida? O filme sim, ela admitiu, "realmente quase me derrubou". Seu principal objetivo em Radcliffe? "Suscitar questionamentos".[14]

No Natal, não muito antes do final da temporada de Pamela em Radcliffe, Oettinger sugeriu que ela organizasse uma festa para as crianças.

Ela concordou, relutantemente, e enviou bilhetes manuscritos para umas vinte crianças. Muitas não quiseram comparecer. Elas haviam ouvido histórias sobre a excêntrica senhora em Whitman Hall. Algumas crianças foram subornadas para participar e uma precisou até discutir isso com seu psiquiatra. Acabou não sendo tão ruim. Um flautista recrutado de Harvard tocou algumas canções natalinas. Pamela desligou as luzes. Na penumbra, cada criança segurava uma vela, formando um círculo e, obedientemente, cantaram músicas natalinas. Eles beberam Ginger Ale com cereja ao maraschino, e riram das salsichas de Vienna com palitos coloridos e do bolo Mary Poppins, recheado de moedas de dez centavos.

A conduta de Pamela com as crianças foi claramente demonstrada em um quadro de perguntas e respostas no "Boston Forum", um programa de rádio comandado por Palmer Paine no canal WNAC, "sua estação *companheira*". Alternadamente tirânica e encantadora, ameaçadora e maternal, ela assustou as crianças que ligaram para fazer perguntas. Ela instruiu o pequeno John a aprontar uma confusão quando não encontrasse os livros de Mary Poppins nas prateleiras, exigindo que ele dissesse aos donos das livrarias que "a autora está muito zangada. Vá e diga isso a eles".

Uma garotinha queria saber se haveria um novo livro de Mary Poppins, ao que Pamela respondeu, "Eu não posso fazer aparecer outro livro debaixo do meu chapéu! Escrever um livro é um processo muito demorado. Você já leu todos os livros de Mary Poppins? Não? Então devia se divertir lendo esses antes de me pedir mais livros!" A garota sussurrou "Ah, tchau".

O programa foi mais revelador do que qualquer entrevista ou gravação das universidades a respeito da personalidade de P. L. Travers aos sessenta e cinco anos de idade, e, coincidentemente, a condescendente natureza da mídia nesse período. Palmer Paine parecia estar funcionando com o piloto automático ligado, lendo calmamente os anúncios e recomendando prudência na despensa com o "fricassê de carne assada", perfeito para "todas as mulheres modernas, quando seus maridos trazem convidados inesperados para casa". Entre os anúncios promocionais, ele formulava perguntas à Pamela e exclamava em intervalos regulares, "Este é Palmer Paine. Nosso assunto de hoje — *O quê* [pausa] nossos filhos leem. Nossas linhas estão abertas agora. Boa noite, você está no ar, posso ouvir sua pergunta ou comentário, por favor?" Nada parecia surpreendê-lo, nenhuma excentricidade era capaz de perturbar a monótona transmissão.

Em contraste, Pamela estava elétrica, enfatizando suas palavras de maneira teatral, às vezes abaixando o tom de voz a um suspiro, outras vezes enunciando rispidamente, "Isso me deixa muuuito satisfeita!" Ela respondia aos questionamentos de Paine como a atriz shakespeariana de seu passado. Quando ele inquiria, sem muito interesse, "Aonde Mary Poppins vai?" ela replicava, "Você está perguntando para *mim*, como se eu *soubesse*". Ela revelou, no entanto, que quando Mary voou para longe, sua máquina de escrever estava "*encharcada* de lágrimas!".

Quando a conversa se encaminhou para "os jovens de hoje em dia", ela aconselhou os ouvintes a seguirem o recente conselho da diretora da universidade para mulheres Girton: "Mantenham os seus próprios valores, mesmo que os mais jovens os ataquem. Vocês devem permanecer como uma rocha diante do mar no meio da tempestade". Ela revelou que um jovem conhecido lhe disse: "Você vive em um ar sufocado de valores". Todavia, ela falou para esse jovem, sem nomear Camillus é claro, "'Eles são os *meus* valores, podem parecer sufocantes para você'. E ele respondeu, bastante envergonhado, 'Ah, mas eles são meus valores também'. E eu disse, 'Não, não, eles devem ser bastante testados e você terá que sofrer por esses valores. Por ora eles são meus. Mas eles poderão ser seus algum dia'".[15]

No começo de fevereiro, Pamela se despediu de Radcliffe com palavras apropriadas. Ela disse que nunca havia recebido um prêmio ou uma medalha por escrever, mas o semestre passado fora a sua recompensa: ser a primeira escritora residente na universidade Radcliffe. Ela sentia muito não poder ficar mais tempo, mas "Eu tenho uma casa, vocês sabem".

A CASA ESTREITA A ACOLHEU em sua chegada, abraçando-a com a sua mistura ímpar de peças de Quioto e Chelsea. Ela pensava no número 29 da Shawfield Street como se fosse uma pessoa, desconsolada e solitária quando a encontrou pela primeira vez, e agora um refúgio caloroso por trás da porta frontal pintada de rosa. (As outras portas da rua em marrons, verdes ou azuis.) O arquiteto torceu o nariz para o tamanho minúsculo do hall de entrada. Onde ela iria colocar os seus livros? Ela havia sugerido arrancar o teto e, de repente, os olhos dele brilharam ao visualizar mentalmente um estúdio no andar superior, com enormes portas de vidro. O lugar se transformou no seu santuário. No estúdio, após subir três lances de escada, ela podia sonhar no sofá perto da janela, ou usar a escrivaninha com sua iluminação moderna, que podia ser regulada. Ela adorava o cheiro da palha dos tatames e o Buda na grande varanda, amava assistir ao pôr-do-sol sobre as chaminés nos telhados georgianos. Uma estante de livros se estendia por todo o comprimento do cômodo, com os volumes de Blake ocupando os melhores lugares, perto da janela.[16]

    Em seu quarto, com vista para a rua, Pamela fechou as cortinas que havia escolhido especialmente por causa da padronagem de estrelas, e se deitou na cama. Mas nada era como ela esperava. As meditações praticadas em Quioto não afastavam o medo que a invadia em muitos momentos, como se fosse sólido, dividindo o seu corpo ao meio. Era como se ela houvesse se transformado nesse medo escuro, que em seus piores momentos estendia seus raios enegrecidos até outras partes de si mesma. Mesmo quando ela escrevia sobre esse medo, para si mesma, sua respiração ficava mais acelerada. Pamela começou a escrever pequenos bilhetes — que escondia em sua escrivaninha — expressando o seu medo, "um medo como o diabo", ela pensava.

    Ajudava um pouco quando ela via o sol, como se o seu calor inundasse essa escuridão. Ela queria que todos os quartos fossem virados para o oeste. Assim como ela havia dito às estudantes de Radcliffe, tudo o que ela queria agora eram dois confortos, "uma cadeira de balanço e uma janela para o oeste". Isso a remetia ao passado, "às minhas antigas ansiedades e meu amor pelo sol, o desejo de vê-lo se esconder no horizonte... Eu sempre fui atraída pelo oeste... Em minhas casas, os quartos precisam ser virados para o oeste; eu não quero perder nenhuma parte do sol". A cadeira de balanço "significa tanto para mim. Ficar sentada em uma cadeira de balanço é como ficar sentada em um cavalo de carrossel; quando criança, eu acreditava que estava indo a algum lugar e quando a música terminava e eu tinha que descer, sentia a mesma tristeza que sinto quando o sol se põe. Balançando, eu posso ir a praticamente qualquer lugar. Ela segue, tique-taque, tique-taque".[17]

    Ela retornou para von Dürckheim, em Todtmoos, e tentou focalizar seus pensamentos em outro outono nos Estados Unidos. Pamela escreveu para o Smith College, a algumas horas de carro de Boston, perguntando se eles aceitariam uma escritora residente.[18] Eles aceitariam. Assim como Mary Poppins, que foi até a casa dos Banks com uma missão, ela possuía duas razões para ir ao Smith College, ou melhor, duas pessoas para encontrar. Uma delas iria traduzir Mary Poppins para o latim, e a outra iria traduzir para o russo. Pelo menos assim ela esperava. Pamela era obcecada por uma versão russa desde o início da década de 1960. Em 1962, ela disse à revista *The New Yorker*, "Minha grande esperança é que ela [Mary Poppins] seja traduzida para o russo. Eu sei que não possuímos nenhum acordo de direitos autorais com a Rússia, mas eu disse para o meu agente, não importa, deixe-a em algum lugar em que os russos a possam roubar".[19] (Diarmuid Russell realmente havia aconselhado que ela fosse cautelosa. Ele achava que "uma pequena mordida russa poderia ser como a de um tubarão".)

Três anos depois, em Radcliffe, ela ainda se queixava para as estudantes e para os jornalistas que apesar de *Mary Poppins* já ter sido traduzido para dezessete línguas, não havia nenhuma tradução em russo. Em uma entrevista para o jornal *The Harvard Crimson*, ela reclamou, "Eu já disse para meus agentes não se incomodarem se os russos roubarem os livros. Eu disse que gostaria que eles colocassem os livros em banheiros e parques — em qualquer lugar que as pessoas pudessem pegar".[20]

Uma tradução para o latim ficou mais urgente quando ela soube da publicação de *Ursinho Pooh*, *Alice no País das Maravilhas* e *Pinóquio* em latim. Pamela escreveu para a diretora do Smith College, Peggy Lewis, perguntando os nomes de todos os acadêmicos apropriados em Amherst College, uma universidade parceira de Smith. Lewis sugeriu que ela entrasse em contato com o professor Peter Marshall, presidente do departamento de História Antiga de Amherst, e acreditava que alguém no departamento russo de Smith College poderia ser a pessoa certa para a tarefa.[21]

Pamela já havia passado à Lewis uma lista de instruções de como ela deveria ser tratada na universidade Smith e preenchido um questionário para o escritório do Smith College — no qual ela colocou sua data de nascimento como sendo 1907, e abaixo de "local de nascimento" escreveu "Comunidade Britânica", era menos vergonhoso, obviamente, que Austrália. Suas iniciais eram sagradas, explicou para Lewis, e ela deveria ser conhecida somente como P. L. Travers. Ela destacou que o Smith College também abrigava outro autor inglês, comumente conhecido como V. S. Pritchett, e não Victor Pritchett.[22]

O outono era o período mais bonito do ano em Northampton, uma pequena cidade que abrigava quatro universidades, duas das quais eram somente para mulheres. Northampton mantinha a aparência padrão das cidades americanas, tão nostálgica quanto uma capa de revista de Norman

Rockwell,[23] com seus prédios altos de tijolos à vista e igrejas com colunas e pórticos greco-romanos. Smith College era um microcosmo da cidade, uma delicada coleção de prédios de tijolos vermelhos, indiferente e majestosa, cada edifício agitado por garotas à procura de uma educação liberal, mas refinada.

A universidade foi fundada em 1871, por Sophia Smith, para "fornecer para o meu próprio gênero recursos e instalações para a educação equivalentes aos que são proporcionados em outras universidades aos jovens homens". A poetisa Sylvia Plath esteve lá na década de 1950, quando as garotas jogavam bridge e seguiam um rigoroso código sobre o que era correto para ocasiões casuais e para as refinadas. (Plath sentia que nunca estava com as roupas apropriadas.) Agora, em 1966, a educação para as duas mil e trezentas estudantes ainda levaria a maioria delas para o altar. Elas tinham esperança. Na faculdade de Inglês — anfitriã de Pamela — somente sete dos dezoito professores eram mulheres e ainda demoraria nove anos até que Jill Ker Conway se tornasse a primeira mulher presidente.

No final de setembro, Pamela foi conduzida até sua suíte de hóspedes em um andar inferior de Lamont House, um dormitório construído onze anos antes com dinheiro deixado em testamento por outra benfeitora, Florence Corliss Lamont. Assim que entrou, ela se sentiu confinada em uma bela prisão. Ela escreveu para Deane Lord, em Radcliffe, para dizer que após três dias em sua suíte ela se sentia como um cachorro girando dentro de sua casinha. Dar sentido à condição feminina era muito bom, mas ela ainda desejava ardentemente a companhia dos homens. Ela mantinha distância de Pritchett, ocupado em outra suíte escrevendo sua biografia de Balzac e ministrando palestras sobre "Certeza e Incerteza". O encantador Victor Pritchett, um experiente escritor residente, agora com sessenta e seis anos de idade, contou aos jornalistas que achava "bastante cativante viver em uma pequena cidade em uma região tão graciosa do país. A universidade de Smith é um lugar muito civilizado e incrivelmente hospitaleiro".[24]

Pamela não achava tudo tão maravilhoso. Ao contrário de Radcliffe, nem as estudantes nem a faculdade pareciam interessadas na famosa escritora, tampouco a respeitavam. Afinal, um ano havia se passado desde Radcliffe. O estado de espírito das universidades no país estava evoluindo para o de revolta, para a efervescência dos tiroteios em Kent State e as demonstrações de amor livre em Woodstock. Em 1966, as alunas da universidade Smith, como os estudantes em todos os lugares do país, apresentavam tanto a complacência quanto a rebeldia, a ansiedade e a irreverência. Algumas utilizavam um *boton* na lapela com os dizeres, "Mary Poppins é uma drogada".

Agora, o halo da fama de Pamela que veio com o filme da Disney estava diminuindo. As estudantes da universidade Smith amavam *O Hobbit*, *Snoopy*, e "livros de realismo espiritual", de acordo com o proprietário da livraria The Quill. O livros mais vendidos eram *O Profeta*, de Khalil Gibran, a coleção *Springs of Wisdom* com suas citações dos grandes filósofos, e "os livros sobre filosofia natural de Anne Morrow Lindbergh e Rachel Carson".

Uma professora-assistente na faculdade de Inglês, Elizabeth von Klemperer, ouviu que Pamela ficou magoada "porque o lugar não era feito para ela. Estava em um espaço estranho, pois ela era uma escritora infantil. E, naquela época, a literatura infantil não era grande coisa, tornou-se mais tarde. Eu não acho que os seus interesses coincidiram com os do departamento. Foi um triste capítulo".[25]

Quando um novo professor aparecia na universidade Smith, as estudantes normalmente o convidavam para um jantar ou para um chá da tarde na sexta-feira. As garotas de Lamont House pretendiam convidar Pamela para se juntar a elas no salão de chá Mary Marguerite em uma tarde, logo após sua chegada. Mas foram rapidamente desencorajadas belo boato que dizia que ela se recusava a ir a qualquer lugar sem um convite formal, mesmo para jantar em Lamont House. Ela logo deixou bastante claro que preferia que as garotas viessem até a ela ao invés do contrário.[26]

Algumas apareceram, se aproximando com cautela. No final de setembro, duas repórteres do jornal da universidade, o *Sophian*, foram recebidas com os usuais avisos quando ela disse que não poderia discutir sobre o seu atual projeto, porque "escrever é uma atividade privada, como parir um bebê". Elas encararam as prateleiras de livros notando um dicionário de latim próximo a *Os Três Pilares do Zen*. Ela explicou, "Estou preparando *Mary Poppins from A to Z* para o latim e espero sinceramente encontrar o tradutor ideal em Smith ou em Amherst enquanto estou aqui". Em seguida, havia mais um livro peculiar, sobre gorilas, "o seu animal favorito", disse ela às entrevistadoras. Subitamente, ela declarou, "Eu não gosto de animais de estimação... se alguém conseguisse fazer uma vaca bem pequenina caber no meu tapete, eu certamente teria um animal de estimação". Por que a vaca era sua favorita? Pensando em uma Pamela ideal, e como ela poderia ser vista, ela respondeu, "A vaca é a mais meditativa das criaturas, muito quieta, muito simples, extremamente curiosa e inquisitiva, além de muito bonita. Ela possui uma bela coroa de chifres, como uma duquesa, e tem um porte orgulhoso. E ela é tão serena e independente. Eu a amo". Mas gorilas? "Você nunca poderá fazer um gorila pequeno o suficiente para caber em uma casca de noz e este é o único tipo que eu poderia levar comigo".

Isso parecia soar realmente muito estranho para as alunas, que, no entanto, continuavam trabalhando obstinadamente através de sua lista de perguntas. Em um diálogo digno de Oscar Wilde, elas perguntaram: "Você tem uma abordagem muito incomum sobre a vida?" "Ah", disse Pamela, "você não aborda a vida, você vive a vida. Você aborda uma estação de trem". E, desviando para uma nova tangente, entoou, "Eu sou muito interessada pela frase 'arrebatamento na exatidão'. Você não pode ser arrebatada sem a exatidão, ou ao menos é nisso que eu acredito e, para mim, existe um tipo de exatidão no arrebatamento".[27]

A livre troca de ideias entre Pamela e suas inquisidoras continuou por dois caminhos paralelos que nunca se encontraram. A conversa possuía um caráter ligeiramente desequilibrado, o tema definitivamente não era o de uma anciã em uma cadeira de balanço distribuindo sabedoria, e sim o de uma mulher trancada dentro de si mesma. Ela poderia ter envolvido as entrevistadoras explicando sua fascinante teoria sobre o arrebatamento encontrado na exatidão, mas em lugar disso, ela se sentou e aguardou as estudantes a contradizerem.

Na primeira das duas únicas aparições públicas na universidade Smith, ela respeitosamente emergiu em um terno, casaco e luvas de couro para autografar livros em um evento para arrecadar fundos, Sophia's Circus. A universidade havia organizado uma exposição sobre Mary Poppins, com produtos temáticos sendo vendidos por três professores, ramalhetes Poppins, e uma barraca chamada "Uma Colherada de Açúcar", organizada pelas alunas casadas da faculdade que haviam preparado guloseimas e sorvetes.[28]

As fotos na imprensa mostravam uma figura mais cansada, mas gorda e mais sólida do que aquela que se apresentou à Radcliffe. Dois dias depois, no dia 7 de outubro, ela concedeu uma longa palestra chamada "Mitos, Contos de Fadas e Mary Poppins", no Sage Hall. Um escritor da revista *Smith College Quarterly* considerou que "após uma hora de divagações sobre sua infância na Austrália e os anos em que passou na Irlanda trabalhando com W. B. Yeats e Æ, ela finalmente chegou ao tema de Mitos, Contos de Fadas e Mary Poppins. Ela não colocava os assuntos de forma coesa, e a única coisa da qual consigo me lembrar claramente é a sua afirmação de que um escritor não cria um personagem ele o "convoca".[29]

A palestra de noventa minutos era um ensaio para uma outra mais significante, que seria ministrada no final de outubro na Biblioteca do Congresso, em Washington. Para celebrar a Semana Nacional do Livro Infantil, a biblioteca convidou Pamela para ser a conferencista, escolhida pelo Fundo de Literatura e Poesia Gertrude Clarke Whittall. Sua primeira palestra, no dia 31 de outubro, foi chamada "Apenas Faça a Conexão", e a segunda, no dia seguinte, "Nunca Explique".

"Apenas Faça a Conexão" significava várias coisas para Pamela. Ela contou à plateia que era uma tentativa de fazer a ligação do seu ceticismo com o seu desejo de significância, encontrar a chave humana para um mundo desumano, para conectar o indivíduo com a comunidade, o conhecido ao desconhecido, o passado ao presente e os dois ao futuro. "Apenas Faça a Conexão" foi retirado do romance *Howards End*, de E. M. Forster. A frase "havia se transformado em seu lema", disse ela, e "gostaria que fosse colocada em sua lápide".[30] A palestra foi uma longa declaração autobiográfica, começando por sua infância romantizada mergulhada no Crepúsculo Celta, seguindo até Æ e Yeats e chegando em como ela agora estava encantada com os contos de fadas — que ela interpretava como "minúsculas reafirmações dos mitos", nada de abracadabras e sim sobre antigos contos da carochinha. Naturalmente, ela acreditava nos antigos contos da carochinha. Afinal, era "a função adequada para as carochinhas, a de contadoras de contos". Se tornar uma anciã era a última grande esperança das mulheres. A palestra foi ministrada no Halloween, na noite em que as sombras ganhavam vida no livro *Mary Poppins in the Park*, e para Pamela, nesta noite, "as criaturas dos contos de fadas estão por todos os lados... as boas fadas e os demônios".

De volta à universidade Smith, ela se sentiu compelida a falar com as irritantes alunas. Elas leram no quadro de avisos que P. L. Travers estaria "em casa", em sua suíte em Lamont House, na quarta-feira às oito horas da noite. Patricia Forster e quatro amigas acharam que poderiam fazer uma tentativa. Pamela as recebeu de quimono e chinelos, e as conduziu para a sala de estar. "Falem", ela instruiu. Uma estudante se aventurou a perguntar sobre Mary Poppins. "Não, não, não, não esse tipo de pergunta. Com certeza vocês estão pensando sobre as questões *da vida*. É sobre isso que devemos conversar". As cinco garotas se sentaram, emudecidas. Ela fez perguntas pessoais. Forster disse que era uma inglesa e que seu maior interesse era o de lecionar. Isso redespertou em Pamela a sua insegurança sobre a falta de educação formal. Uma pessoa aprende, disse ela, pensando e ouvindo, não enchendo a cabeça de fatos como se ingerisse pílulas de óleo de fígado de bacalhau. A educação formal asfixia a imaginação e, assim que a imaginação morre, o espírito também morre.

Não foram muitas as alunas que retornaram à suíte para uma segunda palestra. Pamela não compreendia porque estava sendo abandonada. Na busca por alguma companhia masculina, ela concordou em conceder uma entrevista para a estação de rádio WFCH, de Amherst University's Four College, e ofereceu uma encorajadora entrevista para Amherst Record, dizendo que ela receberia estudantes de todas as instituições da vizinhança. "Adoro encontrar pessoas, professores e estudantes. Eu não quero ser largada sozinha em uma prateleira como uma peça de porcelana de Dresden. Eu gosto de receber os rapazes porque suas perguntas são muito boas e as mulheres se saem melhor quando existem homens presentes".[31]

A jogada pareceu funcionar, e durante o mês de novembro ela passou o seu tempo com o professor Peter Marshall do Departamento de História Antiga que havia concordado em trabalhar na tradução para o latim de *Mary Poppins from A to Z*. Sua xará Pamela, filha de Diarmuid Russell, também vivia em Amherst com o marido Andrew Haigh. Ela encantou os seus amigos e os seus filhos, mas, disse Pamela Haigh, "essa foi uma apresentação pública, utilizadas por muitos. Ela se definia como uma atriz. Ela possuía um talento teatral. Havia uma enorme diferença entre sua personalidade privada e sua personalidade social. Ela era muito solitária e defensiva sobre seu trabalho. E não tinha carro, então dependia de nós para se locomover".[32]

Em uma noite, Pamela pediu que Francis Murphy, uma professora associada ao Departamento de Inglês de Smith College, a levasse até uma festa em Amherst. A casa, no final de uma rua escura, foi muito difícil de encontrar. Murphy achou que tivesse visto algo no meio da estrada, parou o carro, e descobriu que era somente uma peça solta de algum outro veículo, e a jogou em uma vala. Em vez de ajudar, Pamela disse para Murphy, "Bem, tome muito cuidado, eu não quero perder minha motorista". Ao se lembrar dos detalhes daquela noite, trinta anos mais tarde, Murphy achou que Pamela não conseguia "deixar as pessoas à vontade porque era incrivelmente autocentrada. Ela me tratava como sua motorista e eu era uma professora de Inglês. Ela tinha muitas expectativas. Acreditava que as estudantes apareceriam para perguntar o que poderiam fazer por ela. Ela queria que *Mary Poppins* fosse traduzido para o latim porque o *Ursinho Pooh* havia sido traduzido, e me perguntou se eu conhecia algum estudioso de latim — um erudito realmente famoso — que pudesse executar o trabalho de tradução. Ela possuía grandes pretensões intelectuais. Existia muitas características de Mary Poppins nela, aquele ar superior, mas na vida real as coisas não funcionavam assim".[33]

No dia 13 de dezembro, algumas semanas antes de Pamela deixar o Smith College, a revista *Look* publicou um artigo de Joseph Roddy, conhecido de Deane Lord, uma amiga de Pamela em Radclife, que também era amiga dos editores da revista. Com a manchete "Um encontro com a Verdadeira Mary Poppins", o artigo exibia uma lisonjeadora foto de Pamela e começava com a imagem de uma segundanista batendo na "porta de P. L.", anunciando "Eu estou procurando paz de espírito". E continuava: "'Ah, essa é uma busca maravilhosa', disse P. L., 'mas paz de espírito não é para você minha querida. Nenhum jovem consegue alcançá-la'". Roddy, que achava que as garotas da universidade Smith estavam com "um brilho perigoso nos olhos" relatou como a conversa "percorria séculos todas as noites que P. L organizava os encontros abertos". E continuou, "Ela queria, sendo objetiva, mais homens por perto, porque sem eles as mulheres iriam perguntar como escrever livros para crianças. 'Como eu poderia saber? Eu não escrevo para crianças, eu viro de costas para elas... Minha querida, eu me iludo em pensar que meus livros são feitos para adultos'". Roddy escreveu que, "Em uma ocasião, as garotas da universidade Smith estavam conversando sobre os estágios na vida das mulheres: donzela, mãe e anciã". Pamela era "uma gentil e atemporal senhora que coexistia em todas as três". Ela disse, "Existe muita ênfase na estima pelo conhecimento. A educação é pensar e ouvir". E confessou que lastimava ter sido tratada na universidade Smith "como uma peça de porcelana de Dresden em uma prateleira... quando cheguei, elas me disseram, 'Tudo o que queremos é tocar na bainha do seu vestido'".[34]

Isso foi demais para as jovens da Smith. Cinco alunas planejavam escrever ao editor para reclamar sobre a representação das estudantes da universidade Smith "mais sábias do que sua idade... com um brilho em seus olhos", visitando a sua guru, procurando paz de espírito e chá. Depois, Patricia Forster escreveu na revista *Smith College Quarterly* que "A Srta. Travers insinua no artigo que estava partindo da universidade Smith porque queria mais homens por perto. Eu tenho certeza que se ela colocasse os pés para fora dos limites de sua suíte na universidade Smith ela teria encontrado homens quase todos os dias da semana. O artigo passou a impressão de que a Srta. Travers é uma graciosa, afável, encantadora e querida senhora que se sentia mal compreendida na universidade Smith. Ela alega que a tratamos como uma peça de porcelana de Dresden em uma prateleira. Se isso for verdade, é porque ela fez questão de deixar claro que era exatamente isso que queria e esperava".[35]

Duas semanas após o artigo da *Look*, o jornal *The New York Times* publicou uma espécie de réplica que mostrava evidências de uma pesquisa real, feita pelo repórter Richard R. Lingeman. Todavia, ele não foi capaz de persuadir os críticos de Pamela a se apresentarem publicamente. Ele citou um "professor inglês" que disse, "Ela é tão irascível quanto o próprio inferno. É um erro dizer que ela era uma escritora inglesa amada". Um "visitante erudito, conhecido por suas habilidades para imitar com acidez os seu companheiros da selva acadêmica", disse, "Eu me recuso terminantemente a falar sobre ela. Tudo o que sei é resultado de rumores, fofocas e de ouvir dizer".

Uma "garota gordinha de Lamont House" destacou, "A Srta. Travers — nós a chamávamos de Srta. Poppins — é realmente teimosa e simplesmente descarta tudo o que dizemos a ela. Ela disse que não se pode simplesmente bater na porta e entrar em seguida, mas ninguém a respeita intelectualmente, por isso ninguém se esforçou verdadeiramente". E uma "bela morena" contou ao repórter, "Algumas alunas achavam que a universidade deveria ter convidado uma escritora mais intelectualizada para a residência. Eles não a respeitam porque ela é um sucesso comercial".

Lingeman achava que o "pendor de Pamela por privacidade a convertia em um ogro à espreita atrás da porta por onde a sua comida chegava". Um dia, algumas estudantes que passavam pelo local viram que quase nada na bandeja havia sido tocado, e escreveram um bilhete, "Pense em todas as crianças famintas da China!" Depois, elas descobriram que "a Srta. Travers sofria com distúrbios estomacais e se sentiram culpadas". Por outro lado, ele havia visto uma alegre nota no Dia de Ação de Graças pregada no quadro de recados, dizendo para as alunas "Venham me ver, estou sempre em casa, simplesmente batam em minha porta".[36]

Quando o artigo foi publicado, Pamela já havia saído da universidade Smith e logo voltaria para Londres. Ela ainda tinha alguns negócios para tratar na Costa Oeste. No começo daquele ano, ela sugeriu que fosse erigida uma estátua de Mary Poppins no Central Park. Uma carta ao encarregado do parque da cidade de Nova York, Thomas Hoving, trouxe uma resposta em março de 1966, dizendo que quando ela voltasse para os Estados Unidos, no próximo outono, ele esperava que ela entrasse em contato para conversarem sobre a estátua. Seria "algo adorável" para o parque, "se conseguirmos o dinheiro". Naquele verão, Pamela havia posado na ponta dos pés em Shawfield Street para o escultor T. B. Huxley-Jones, que havia preparado alguns esboços, no papel, de Mary Poppins se parecendo mais com Julie Andrews do que com os desenhos de Mary Shepard. Em outubro, Thomas Hoving organizou uma coletiva da imprensa para dizer que seu departamento iria erigir a estátua. Ela já havia conseguido três contribuições que totalizavam quatro mil e quinhentos dólares, mas estava pedindo mais contribuições para atingir a meta de dez mil dólares, o custo de uma estátua de bronze em tamanho natural. Ela se juntaria a Alice no País das Maravilhas e Hans Christian Andersen na área do parque denominada Conservatory Lake, perto da 72nd Street. Ele apresentou cópias dos esboços, mas se recusou a revelar o nome dos três contribuintes.

Em novembro, Pamela contou ao *The New York Times* que a estátua não deveria ser uma em que se pudesse escalar, como a de Alice. "Mary Poppins não é alguém em quem se possa subir. As estátuas também possuem a sua própria dignidade". No mês seguinte, ela resmungava que a notícia sobre a estátua tinha saído muito cedo. Não ficaria próxima das estátuas de Alice e de Hans Christian Andersen, porque estas eram "gigantes e eu nunca visualizei Mary Poppins maior do que o tamanho real, na maior parte das vezes, menor do que isso. Eu sempre preferi o pequeno e delicado ao enorme e grandioso". O plano de Pamela emperrou. Ela disse a um pesquisador acadêmico, na década de 1980, que "as pessoas do parque" decidiram não construir a estátua, porque "uma estátua na qual não se pudesse subir não combinaria com as outras do parque".[37]

Contudo, um memorando interno do Departamento de Parques, escrito em dezembro, mostra que o projeto foi abandonado por falta de interesse. O único problema era "o que fazer com o dinheiro?". Havia apenas dois mil e cem dólares na conta. Deste montante, dois mil haviam sido dados por Pamela. O restante tinha se formado através de pequenas contribuições de umas trinta pessoas. "Este dinheiro, com juros, se existissem, deveria ser devolvido a todas essas pessoas, acompanhado de uma delicada explicação. O dinheiro que seria devolvido à Pamela deveria ser acompanhado de uma explicação ainda mais cuidadosa, em uma carta".[38]

Pamela Travers estava a caminho do total esquecimento, para a condição "anônima" que ela sempre declarou desejar.

Notas

[1] *The New York Times*, 25 de dezembro de 1966 e Marina Warner, *From the Beast to the Blond: On Fairy Tales and Their Tellers* (Londres: Chatto & Windus, 1994).
[2] Carta de 11 de fevereiro de 1965.
[3] Carta de 29 de agosto de 1965.
[4] Entrevista com Anthony Oettinger, janeiro de 1997.
[5] Edição de 5 de dezembro de 1965.
[6] Gravações "Em casa", em janeiro de 1966, parte das quais apareceram na revista *Radcliffe*, "The Island", em março de 1966.
[7] Ibid.
[8] Ibid.
[9] Entrevista de Paula Budlong Cronin para a revista *Radcliffe Quarterly*, fevereiro de 1966.
[10] Discurso "Apenas Faça a Conexão" na Biblioteca do Congresso, 31 de outubro de 1966.
[11] Ibid.
[12] *Boston Globe*, 10 de outubro de 1965.
[13] Entrevista com Paula Cronin, janeiro de 1997.
[14] *Christian Science Monitor*, 16 de novembro de 1965.
[15] WNAC, Boston Forum, 4 de janeiro de 1966.
[16] *Homes and Gardens* (Reino Unido), janeiro de 1966.
[17] Entrevista para a estação de rádio de Boston, em 1965.
[18] Entrevista em janeiro de 1997, com Francis Murphy, antigo professor associado da faculdade de Inglês em Smith College, que disse que Travers escreveu ao escritório do presidente, Thomas C. Mendenhall, em busca de residência e que ele, então, perguntou ao Departamento de Inglês se eles poderiam recebê-la.

[19] *The New Yorker*, 20 de outubro de 1962.
[20] 17 novembro de 1965.
[21] Carta de 30 de setembro de 1966.
[22] Carta de 5 de junho de 1966.
[23] Norman Rockwell (3 de fevereiro de 1894–8 de novembro de 1978) foi um ilustrador estadunidense muito popular, especialmente em razão das 323 capas da revista *The Saturday Evening Post* que criou durante mais de quatro décadas, e das ilustrações do cotidiano nas pequenas cidades americanas. N.T.
[24] "Uma Carta da Universidade Smith College", dezembro de 1971.
[25] *The New York Times*, 25 de dezembro de 1966.
[26] Entrevista com Elizabeth von Klemperer, janeiro de 1997.
[27] *The Sophian*, 6 de outubro de 1966.
[28] Ibid.
[29] *Smith College Quarterly*.
[30] Entrevista de rádio para Amherst's Four College no dia 8 de novembro de 1966 e para *Amherst Record*, em 15 de novembro de 1966.
[31] *Amherst Record*, 10 de novembro de 1966.
[32] Entrevista com Pamela Russell Haigh, agora Pamela Jessup, janeiro de 1997.
[33] Entrevista com FrancisMurphy, janeiro de 1997.
[34] *Look*, 13 de dezembro de 1966.
[35] *Smith College Quarterly*, fevereiro de 1967.
[36] *The New York Times*, 25 de dezembro de 1966.
[37] Patricia Demers, *P. L. Travers* (Boston: Twayne Publishers, 1991).
[38] Memorando de 13 de dezembro de 1967.

15

EM BUSCA DE PAMELA TRAVERS

Na velhice, Pamela foi atraída pelos gurus da Nova Era. Enquanto os novos hippies festejavam a Era de Aquário, ela se tornava a irmã espiritual dos gurus. Em vez de se acomodar no conforto de sua cadeira de balanço, Pamela viajou incansavelmente de guru em guru, da Floresta Negra a Roma, da Suíça à Irlanda, da Califórnia a Nova York, ainda em busca de si mesma, aos setenta anos de idade.

Eurípedes disse que "os homens mais sábios seguem sua própria direção e não precisam de nenhum profeta para guiá-los". Mas Pamela não conseguia abrir mão de seus profetas. Enquanto permanecia fiel a von Dürckheim, ela também se encantou pelo carismático guru indiano Krishnamurti. Os anos 1960 e 1970 passaram em transe de meditação, enquanto ela contemplava Budas e se interessava pelo sufismo.

Agora, três demônios a assombravam. O primeiro era o medo da própria morte. Embora mentisse sobre a idade, ela sabia que logo completaria setenta anos. Em um esforço para conservar e enaltecer a figura pública de P. L. Travers — que em breve seria ainda mais celebrada com uma Ordem do Império Britânico e um doutorado — ela planejava vender seus papéis literários para uma universidade e doar a coleção de lembranças de Mary Poppins para a Biblioteca Pública de Nova York. O segundo demônio levava Pamela, enquanto indivíduo, a rememorar sua vida através das disciplinas espirituais. Como ela escreveu em *A Bela Adormecida*, se você não acordar, a vida fica sem sentido. A teoria de que os adultos adormecidos precisam acordar para a iluminação era salientada nos ensinamentos de Ouspensky e Gurdjieff, e ela tentou transmiti-la para um grupo de amigos que se reunia em sua casa, nos anos 1970. Uma vez, Pamela contou para o grupo a história de um anjo que aparecia para todos os bebês no nascimento e lhes revelava o sentido da vida. O anjo colocava um dedo sobre a boca do bebê, o que explica porque as curvaturas do lábio superior são separadas — é a marca deixada pela pressão suave do dedo do anjo. A maioria das pessoas esquece a mensagem do anjo, mas com uma busca aplicada, o sentido da vida pode ser recuperado.

Nada disso serviu de ajuda para lidar com o terceiro demônio, o sofrimento físico que a atacou no abdome, área que ela pensava ser o seu centro espiritual. A dor estava sempre ligada à sua preocupação com Camillus. Quase uma década havia se passado desde que ele soube de sua adoção. Apesar da revolta, Camillus não a rejeitou e nunca procurou sua família, ao contrário de sua irmã Sheila, que saiu em busca da família e os encontrou em 1964, ligando para todos os Hone da lista telefônica de Dublin. Camillus, cuja mãe biológica morreu em 1963, conservou o sobrenome Travers e manteve uma relação mais ou menos amigável com Pamela. Mas sua vida, como a de seu pai, foi seriamente atingida pela bebida. Ela afetou todos os empregos que ele arrumou, da corretagem ao trabalho com moda, feito com o amigo Martin Harris.

Pamela tentou aceitar a ideia de que tinha feito o possível para seu filho e iria entregá-lo a Deus. Ela nunca conseguiu. Em março de 1967, Pamela voltou ao Hospital Salvadore Mundi, de onde escreveu para um amigo contando que esperava ter resultado com o tratamento. Mas era uma condição crônica, grande parte da cura era psicológica.[1]

Depois de Roma, ela planejou ir para Todtmoos para ver von Dürckheim por mais uma semana. O velho bicho-papão jornalístico, "você não é nada se não estiver o tempo todo com alguma coisa em preparação ou para ser impressa", não deixava que Pamela abandonasse o estúdio na Shawfield Street. Vários projetos estavam em andamento. Ainda visando o reconhecimento póstumo, ela ofereceu seus documentos literários e as cartas de Æ para a Universidade do Texas (a cotação para a venda era de 15 mil dólares). Ao mesmo tempo, havia um esboço para uma possível versão de *Mary Poppins* para a Broadway, a revisão das provas finais da edição em latim de *Mary Poppins from A to Z* e, em 1968, um livro de Mary Poppins para colorir.[2]

Havia um certo constrangimento em lançar um livro infantil para colorir. Ao mesmo tempo, ela estava pensando em algo muito mais profundo, o conto sobre um macaco heroico e divino. Durante o ano de 1966, ela começou a trabalhar em um projeto que seria publicado em cinco anos como *Friend Monkey*. À primeira vista, o texto é uma imitação exagerada de Mary Poppins, mas foi elaborado para ser uma declaração de fé religiosa, um resumo de sua infância, e um símbolo de seu fascínio pelas lendas da Índia — berço de muitos contos e mitos.

Passado em Londres, em 1897, *Friend Monkey* conta como um pequeno macaco viaja a bordo de um navio para Londres, onde é adotado pela família do pobre-porém-honesto Alfred Linnet, funcionário de uma empresa de navegação no porto de Londres. Linnet faz as listas de mercadorias que são descarregadas, os engradados de chá, os sacos de açúcar e especiarias, e os rolos de seda. O macaco não é apenas parte da carga, mas um empregado com alma humana, e fica tão ansioso para ajudar que, onde quer que vá, cria um caos — o oposto de Mary Poppins. O lar de Linnet tem muito em comum com a casa na 17 Cherry Tree Lane. A Sra. Linnet, assim como a Sra. Banks, é indecisa e confusa. Os Linnet têm dois filhos, sendo que Edward é o mais sensível, equivalente a Jane Banks. Mas, enquanto os Banks viviam razoavelmente bem, os Linnet eram pobres. Sua benfeitora é uma vizinha idosa, a Srta. Brown Potter. O vilão da história parece ser o professor McWhirter, um colecionador de animais a quem Pamela deu um sotaque escocês horrível.

Pamela admitia a semelhança de temas em *Friend Monkey* e *Mary Poppins* — "talvez eu não seja muito criativa". Ela concordou que a Srta. Brown Potter continha elementos de Mary Poppins, assim como da exploradora Mary Kingsley e Beatrix Potter, com quem compartilhava o nome e a educação protegida.[3]

Pamela nunca confessou que a Srta. Brown Potter era, na verdade, outra versão de Tia Ellie. Enquanto Ellie tinha dois cachorros, Badger e Tinker, a Srta. Brown Potter tinha um texugo chamado Tinker e o cachorro Badger. Ellie e a Srta. Brown Potter usavam boinas pretas com flores, capas de veludo negro e botas com elástico. Eram tímidas e solitárias, criadas por governantas. Elas se lembravam de ficar espiando as festas dos pais, o farfalhar do tafetá e o tilintar da prata na porcelana, em um cenário com um quarteto tocando *O Danúbio Azul*. Assim como Tia Ellie, e a própria

Pamela, a Srta. Brown Potter era uma viajante inveterada, e na sua juventude sonhava com lugares distantes. Ela tinha até pensado na Austrália. E, enquanto Tia Ellie protegia as meninas Goff e Pamela adotou um menino, a Srta. Brown Potter levou para casa um garoto africano surdo-mudo chamado Stanley Livingston Fan. Tudo em *Friend Monkey* evoca o passado de Pamela, em Allora e Bowral, e chega a indicar sua verdadeira origem: o Sr. Linnet é o alterego do avô de Pamela, Henry Lyndon Bradish Goff, um agente marítimo.

Como Pamela disse à escritora Shusha Guppy, "De todos os meus livros, *Friend Monkey* é realmente o preferido, porque é baseado em um mito hindu do deus macaco, que amava tanto que criava o caos onde quer que fosse. Se você ler o *Ramayana*, vai encontrar a história de Hanuman, sobre a qual eu construí minha versão do mito antigo".

No *Ramayana*, Hanuman era o criado do grande rei Rama, a quem ele ajudou em uma batalha contra o rei demônio do Ceilão. Quando Rama foi ferido, Hanuman sabia que a única erva para curar os ferimentos estava muito longe, no Himalaia. Ele deu um salto do Ceilão ao Himalaia, onde não colheu apenas uma, mas uma montanha de ervas. Hanuman foi consagrado na Índia como um deus para o povo. Adorado em seus templos, acredita-se que ele tenha o poder de conceder o dom da vida longa.

Pamela vinha pensando sobre o significado do *Ramayana* desde que Æ lhe contou sobre os mitos da Índia, quando eles caminhavam na areia, em Donegal. Agora que ela sabia mais, do zen-budismo às origens dos contos de fadas, Hanuman tinha um significado ainda maior. Ela tinha pesquisado sobre os contos de fadas da Rússia, da Europa e da Escandinávia, chegando às suas origens na Índia e na Pérsia, e imaginou se os Irmãos Grimm sabiam que todos os príncipes tinham Rama como "nome secreto". Pamela também sabia que o deus indiano Vishnu tinha enviado nove avatares (um deus invisível) para a terra, sendo um deles Rama e o outro Buda, mas que Vishnu ainda deveria mandar o décimo, que daria início a um novo mundo. Este avatar seria um cavalo branco, como aquele que inspirou Mary Poppins, na história que Pamela contou para as irmãs, à beira da lareira, em Bowral.

Desde que foi buscar a salvação na prescrição de Dürckheim, de cristianismo e budismo, Hanuman passou a ser o seu mito pessoal. Ela estava emocionada com seu amor excessivo, do tipo que "não pode esperar para servir". Havia algo mágico no fato de ele não ter meias-medidas, sempre exagerando as coisas em sua abnegação. Mas, acima de tudo, para ela, Hanuman era o servo amante de Deus, assim como Mary Poppins era, antes de tudo, uma serva.[4]

Pamela começou a escrever *Friend Monkey* no seu estúdio em Chelsea, quando alguns amigos gurdjieffianos lhe pediram para cuidar de uma família de três tibetanos que visitava Londres. Ela concordou que eles ficassem no estúdio, apesar de intimamente irritada por ter seu santuário ocupado por semanas. Além disso, ela teve que preparar refeições especiais temperadas com pimentas, lavar as roupas e até mesmo procurar um médico adequado quando um deles ficou doente. Quando eles finalmente foram embora, ela voltou à sua escrivaninha, ansiosa para trabalhar no manuscrito de duzentas páginas de *Friend Monkey*. Mas ele tinha desaparecido. Alinhada com as crenças da Nova Era, Pamela chamou duas videntes, que foram até sua casa com pêndulos. Elas procuraram por toda parte, até nas caixas de chapéu e nas malas, no banheiro, no jardim, debaixo do sofá. Nada. Por fim, resignada com a possibilidade de terem sido jogados no lixo, Pamela tentou esquecer a história do macaco que veio para servir.

EM 1968, ELA RETORNOU AOS cuidados de von Dürckheim, em Todtmoos, desta vez trabalhando com ele na tradução do livro *The Way of Transformation*, que indicava a vida cotidiana como um exercício espiritual. Ela anotava seus sonhos, medos e resoluções, como estava rica mas se sentia pobre, como deveria ser uma boa mãe para si mesma, como deveria cultivar a coragem, a confiança e a paciência, como fazer uma coisa diferente a cada dia, e se livrar "de todos os bloqueios da vida interior". Aos poucos, Pamela começou a reescrever *Friend Monkey*. A meditação a ajudou a voltar. Quando ela se mudou para a Suíça, no mesmo verão, um terceiro rascunho veio para ela, palavra por palavra, como estava no original.

Ela alugou um chalé por um mês na vila de Saanen, próxima de Gstaad, onde no verão, Krishnamurti encantava seus discípulos em grandes encontros. Centenas deles se reuniam sob a sombra de uma grande tenda, com seus rostos tristes e ansiosos elevados para o guru no alto. Naquele ano, Pamela estava entre eles, acompanhada por Jessmin Howarth e a filha Dushka, e outra amiga de Gurdjieff de Nova York, Dorothea Dorling. As mulheres achavam que seu rosto expressivo e seu comportamento eram o de um deus, com mais dignidade do que o guru dos Beatles, Maharishi, ou o guru do povo cor de laranja, o Bhagwan Shree Rajneesh.

Com seu perfil romano, a aura fluindo dos cabelos brancos e o corpo embrulhado em um dhoti vermelho bordado, Krishnamurti caminhou "cercado pelo povo, mas sem ser tocado por ele". Ao se sentar sobre a plataforma, sua presença se expandiu e trouxe os ouvintes para perto. Ele transmitia mensagens simples, porém memoráveis, como "A vida é tão rica, apesar de vivermos com os corações vazios", "A vida é estranha, precisamos de flexibilidade infinita", "Seja mentalmente flexível", "Fique absolutamente atento, não faça esforço".[5]

Para Pamela, Krishnamurti era a reencarnação de Gurdjieff. Todo verão, ela participava da corte de Saanen.

Nascido no sul da Índia, em 1895, ele era quatro anos mais velho que Pamela. Na hora do parto, sua mãe pronunciou as palavras "Rama, Rama, Anjaneya" — Anjaneya é outro nome para Hanuman. Ele foi levado para a Sociedade Teosófica ainda menino. Um dos líderes da sociedade, Charles Webster Leadbetter, tinha uma simpatia especial por ele, e começou a investigar as vidas passadas de Krishnamurti, publicando o trabalho como *The Lives of Alcyone*, uma referência a Alcyone, a estrela mais brilhante das Plêiades. Quando tinha 18 anos, Krishnamurti desenvolveu seu próprio séquito. Assim como Dürckheim e Pamela, ele praticava ioga, e meditava diante da imagem de Buda, conhecido como Maitreya. Ele viveu no refúgio californiano de Ojai e contou com o patrocínio de europeus ricos. Como Gurdjieff, ele atraiu mulheres artistas — incluindo Fried Lawrence, que achava que "as coisas ditas por Krishnamurti lembravam [D. H.] Lawrence".[6] Acima de tudo, ele atraía mulheres ricas, muitas delas viúvas, solteiras ou divorciadas, em busca de um sentido para a vida. Elas sabiam que Krishnamurti era solteiro, o que o tornava muito mais atraente.

Krishnamurti não dava sinais aparentes de ser um charlatão. Charmoso, gentil, corajoso e compassivo, ele dedicava total atenção a cada discípulo. Era convincente — em público e pessoalmente — ao mostrar que sua pretensão era ajudar, aliviar o sofrimento e curar. Porém, depois que ele falava nos encontros coletivos, ninguém sabia muito bem o que ele tinha dito. Como o escritor americano Peter Washington citou em *Madame Blavatsky Baboon*, um livro sobre gurus, essa confusão poderia ser uma definição para carisma. Cada um usou Krishnamurti como um espelho para refletir sua própria condição interior.

Os amigos e adeptos incluíam alguns dos melhores escritores, músicos e atores da época. Entre eles, Christopher Isherwood, Aldous Huxley, Luise Rainer, Anita Loos, Greta Garbo, Bertolt Brecht, Igor Stravinsky e Charlie Chaplin. Suas patronesses europeias foram Signora Vanda Scaravelli e a Srta. Doris Pratt, sua representante inglesa. De 1961, o primeiro ano em que reuniu os fiéis em Saanen, até 1963, Krishnamurti passou todos os meses de julho e parte de agosto com a Signora Scaravelli em seu chalé Tannegg, em Gstaad. Lá ele ganhou um Mercedes, que dirigia com habilidade pelas estradas nas montanhas. (Ele também gostava de cortar os cabelos na Bond Street e de usar ternos feitos sob medida da Huntsman, na Savile Row.)

Dois de seus amigos mais próximos eram seu gerente comercial, Desikacharya Rajagopal e sua esposa Rosalind Williams, uma americana. Rajagopal dirigia a empresa de Krishnamurti, responsável pelos direitos autorais, edição e publicação dos livros escritos pelo guru. Ele também supervisionava as suas propriedades e controlava as finanças quando Krishnamurti queria permanecer em Saanen e no Reino Unido. O relacionamento entre os três revelou-se a grande hipocrisia da vida de Krishnamurti. Desde 1932, ele tinha um caso com Rosalind. Quando Rajagopal descobriu, o inevitável rompimento levou a batalhas judiciais dolorosas entre os dois. Krishnamurti acusou o ex-amigo de má administração dos fundos e a disputa levou à denúncia pública de Rajagopal, por Krishnamurti, em Saanen, em 1968, e ao estabelecimento de uma nova organização, a Fundação Krishnamurti, com sede em Brockwood Park, na Inglaterra. Depois de anos de litígio e reclamações mútuas, os processos judiciais foram finalmente liquidados. Krishnamurti morreu em 1986, com seus biógrafos oficiais patinando sobre a verdade a respeito de sua vida. A filha de Rajagopal revelou os detalhes do caso amoroso no livro *Lives in the Shadow*, publicado em 1991.

Se soubesse que o messiânico Krishnamurti escondia um caso com a mulher de seu amigo mais próximo enquanto pregava a bondade, honestidade e simplicidade, Pamela não teria se importado. Afinal, ela evitou comentários sobre a superficialidade de Gurdjieff. Ela se aproximou dele por suas bênçãos e promessas de discernimento e paz. Seus bálsamos filosóficos valiam muito mais do que qualquer desvio de caráter.

Qualquer pessoa que conheceu Pamela em suas últimas aparições públicas viu uma mulher arguta, dominadora, totalmente confiante e segura. No entanto, durante os anos 1970, a P. L. Travers pública, íntegra e arrogante encobria uma mulher ainda em busca de autoafirmação. A idade não abrandou a busca, que se tornou ainda mais intensa quando sua breve década de fama na Disney quase desapareceu.

Em 1970, ela visitou a amiga Bettina Hurlimann em sua casa de campo em Uerikon, na Suíça, onde trabalhou no quarto rascunho de *Friend Monkey*. Uma noite, ela colocou o manuscrito nas mãos de Hurlimann e foi para a cama às nove. Pamela estava desesperada por aprovação, e pediu para Hurlimann e o marido opinarem na manhã seguinte.[7]

No final de 1969, ela tinha enviado um prospecto de uma página promovendo-se como "a autora de Mary Poppins" para ser escritora residente em qualquer universidade da Costa Oeste dos Estados Unidos. Dinheiro não era uma questão. Ela apenas gostaria de estar confortável em um campus onde os estudantes pudessem ir e vir e ela pudesse trabalhar no seu próximo livro. Entre os que receberam o prospecto estava o diretor do Blaisdell Institute, um local dedicado aos estudos avançados em culturas e religiões, em Claremont, na Califórnia, que passou o material para a Scripps College, também em Claremont, uma universidade para mulheres, cujo nome homenageava a sua fundadora, Ellen B. Scripps, irmã do empresário do ramo jornalístico, Wyllis Scripps.

O presidente da Scripps, Mark Curtis, escreveu para Pamela oferecendo dois meses no semestre da primavera como escritora residente e professora de escrita criativa. Ele também poderia lhe oferecer o programa de leitorado Clark, oferecido a cada ano para uma mulher de destaque, geralmente escritora. Pamela aceitou prontamente, apesar de dizer a Curtis que seu tipo de escrita não poderia ser ensinado, porque "nascia do inconsciente". Ela ficaria feliz em participar do leitorado, mas gostaria de ter um público maior do que as alunas da Scripps, e sugeriu uma "mistura" de homens e mulheres de todas as idades. Em uma carta para a reitora da universidade, Marjorie Downing, Pamela disse que estava animada para ir à Califórnia. Ela já tinha visitado o estado duas vezes, uma vez para falar sobre o roteiro do filme, e depois para a estreia de *Mary Poppins*, ocasião em que "só uma heroína conseguiria deter o choro". Uma vez, ela ouviu de um "médium" que a Califórnia era o lugar do mundo mais propício para ela.

Ela chegou a Scripps em 10 de fevereiro de 1970, e dois dias depois proferiu uma palestra chamada "Em busca do herói — a relevância do mito e do conto de fadas". Pamela falou muito pouco para as estudantes da Scripps e deixou poucas lembranças, quando foi embora no início de abril. Em uma carta para a reitora, declarou que foi feliz em Claremont, passeando entre camélias e magnólias, "grávida de um livro e com tempo para escrevê-lo". Ela garantiu para Downing que as alunas seriam boas mães e mulheres, não mulheres boas, mas boas mulheres. Nos jardins da Scripps ela deixou mudas de três tipos de rosas: Pamela Travers, Bela Adormecida e Mary Poppins.[8]

Nas semanas que passou na Scripps, Pamela finalizou *Friend Monkey*. Quando o livro foi publicado no ano seguinte, ela ficou surpresa ao ver seu amado deus macado despedaçado pelos críticos. O *New York Times* zombou dos "personagens comuns e cansativos de *Friend Monkey*, do texto exagerado, cheio de adjetivos pretensamente 'poéticos' e metáforas forçadas".[9] Em fevereiro de 1972, o *Horn Book Review* apontou a "abundância de personagens... com pouca diversidade cômica" e a trama transbordava em incidentes "ridículos sem ser engraçados". Pamela suspirou em uma carta que escreveu alguns anos depois, que "Ai de mim! O livro não foi aceito — todos queriam outro *Mary Poppins*".[10] Na verdade, ela disse em entrevistas que o livro ficou muito pouco tempo nas prateleiras, que os exemplares logo foram devolvidos para os editores. Pamela nunca aceitou a rejeição. Ela sabia muito bem que era seu melhor livro e estava tão orgulhosa de seu trabalho que, no final de 1972, enviou uma cópia para a rainha.[11]

NOVA YORK CONTINUOU SENDO SEU lar espiritual. Ela decidiu alugar um apartamento em um edifício imponente com vista para East River, na 1385 York Avenue. Em Nova York, os galeses a receberam mais uma vez no grupo de Gurjieff. Agora consagrada como a velha senhora que já tinha estado pessoalmente aos pés de Gurdjieff e Ouspensky, ela dava conferências sobre o significado do mito para homens e mulheres que nunca conheceram os mestres. No final da primavera de 1972, Pamela decidiu doar algumas memórias para a Biblioteca Pública de Nova York. Ela recolheu todos os seus pequenos tesouros — um prato Doulton, um cavalo de pau, uma boneca, uma galinha — e um punhado de bugigangas que inspiraram alguns capítulos dos livros de Mary Poppins. A biblioteca, ávida por publicidade, anunciou que Pamela entregaria os objetos pessoalmente e falaria ao público na cerimônia. A mídia foi convidada. Feenie Ziner, escritora e professora, descreveu a cena para o *The New York Times*, sob o título "Mary Poppins como um monge zen".

Pamela era uma sessentona antiquada, com muitas pulseiras de prata e um lindo colar de jade. Ninguém se aproximou. Ziner tentou uma jogada de abertura. "Um de meus alunos", disse ela, "escreveu um trabalho no qual descreve Mary Poppins como um macaco zen. Você poderia comentar?" "A cabeça grisalha se ergueu, os olhos se apertaram. 'Esta é uma ideia muito interessante. Gostaria de ler o trabalho. É claro que eu não o comentaria ou rebateria. Você poderia enviá-lo para meu editor'". Ziner foi repelida. A cerimônia de doação começou. Com incrível distanciamento, Pamela falou que depois de sua morte a humilde coleção permaneceria na grande biblioteca, para as crianças.

Ela olhou para os tesouros de sua vida, um Pégaso de plástico, uma boneca articulada de madeira, completamente sem roupa, um gato de cerâmica florida, uma galinha de vidro azul translúcido e um leão de Staffordshire. Ela encarou o bibliotecário: "Você o colocou na lista como cachorro!" O público se acalmou quando ela falou de seu pai, "que teve o privilégio de dar nomes as suas bonecas". Mais tarde, ela lembrou de "quando eu estava fazendo o filme com George Disney — este é o nome, não é, George? — ele insistiu em um romance entre Mary Poppins e Bert. Eu tive momentos difíceis com ele". Mais uma vez, ela explicou que o Sr. Banks era o verdadeiro antagonista de Mary. Pamela pegou um pequeno peso para papel feito de vidro, com as palavras "Lar Doce Lar". "Algum dia", disse, "escreverei uma história sobre este peso de papel, porque hoje em dia poucas pessoas — muito poucas — têm esta noção de lar, um lugar seguro, constante, escondido em seus corações". Ela olhou fixamente para o vidro, "tempo suficiente para que as pessoas se perguntassem se ela tinha terminado o discurso. De pé, na frente da sala, ela estava distante. Ela não conseguia continuar? Estava a ponto de chorar?" Ela se equilibrava sobre aquela diferença milimétrica que separa o céu e a terra. Lentamente, seu rosto se ergueu em direção à luz, como se uma flecha tivesse sido disparada dentro dela. Transfigurada de alegria, ela disse, 'Talvez eu a esteja escrevendo agora.'"[12] A atriz emergiu novamente, o *timing* que ela conhecia tão bem, o prazer de controlar o público só por mais um momento.

Em julho, de volta à Suíça, desta vez no Hotel Olden Gstaad, as palavras de Krishnamurti eram um bálsamo para sua mente, mas o corpo ainda estava na mesma situação complicada de sempre. Seu médico em Londres, Bernard Courtenay Mayers, disse que tentaria ajudá-la, prescrevendo uma mistura de fenobarbital, bismuto, caulim e óleo de hortelã.

Todos aqueles anos, os cheques dos estúdios da Disney continuavam a chegar, não apenas pelo filme, mas também pelos produtos e outras produções, nas quais os personagens de Mary Poppins aparecem. Em 1970, Pamela e seus advogados fundaram a Cherry Tree Trust, uma fundação que ajudava crianças usando parte dos lucros do filme. Mas os fundos fiduciários representavam apenas uma fatia do dinheiro da Disney; quanto mais dinheiro chegava, maior a carga tributária. O consultor financeiro de Pamela sabia que na Irlanda os escritores viviam praticamente livres de impostos, e sugeriu que ela fixasse residência no país. Parecia uma ideia brilhante, manter um apartamento em Nova York e viver boa parte do ano no país que ela amou na juventude. Pamela comprou uma casa na 69 Upper Leeson Street, em Dublin. Mas a terra prometida de seus vinte anos — a cidade onde ela se apaixonou por Æ e Yeats há quase cinquenta anos — tinha desaparecido. Segundo sua amiga Jenny Koralek, foi um desastre, "porque é claro que a Irlanda estava mudada. Ela ligava para mim e dizia 'Ache pessoas interessantes aqui ou eu vou morrer.'"[13]

Em setembro de 1972, ela escapou para Brockwook Park, o centro da Fundação Krishnamurti próximo de Alresford, na Inglaterra, onde podia conversar com pessoas que sentiam a mesma necessidade de ajuda ou simplesmente meditar em seu quarto. Ela tentou focar a mente, "restringir" os desejos e vontades a um ou dois. Ela contou em uma entrevista que isso tornou "o canal mais profundo e deu mais força a ele". Contudo, todo o seu esforço para escrever estava dirigido para o livro *About the Sleeping Beauty*, encubado desde o Radcliffe College. Em 1975, quando finalmente foi publicado pela McGraw-Hill, Pamela começou a se corresponder com o último de seus modelos de Sr. Banks, um professor na Suécia.

A correspondência, longa e íntima, representou uma espécie de caso amoroso — apenas no papel. Durante três anos, Pamela contou a ele seus segredos, como se deixasse cair um véu de cada vez. Seu nome era Staffan Bergsten, da Universidade de Uppsala, que, como muitos dos requerentes anteriores, buscava informações sobre o significado de Mary Poppins. Ele planejava escrever uma tese sobre "Poppins e o mito". Ela ficou extasiada.

Bergsten pensou mais profundamente do que qualquer outro homem sobre a babá e todos os seus significados. Ele viu as associações com o zen,

Blake, Yeats e Æ, como se lesse a mente de Pamela. Tudo era muito lisonjeiro e tranquilizador. Pamela escreveu para ele a primeira vez em fevereiro de 1975. Os aerogramas que transitaram entre a Suécia e Londres por três anos incluíam três longas cartas de Pamela, seguidas de duas cartas finais nos anos 1980. Nelas, perguntava a Bergsten se ele poderia lhe enviar as cartas originais — não para serem destruídas, mas para fazer parte de uma coleção de documentos pessoais, que ela vendeu principalmente para a Biblioteca Mitchell, em Sidney, na Austrália. A inclusão destas cartas na coleção — disponível gratuitamente para ser lida por qualquer pessoa — parece ser a prova irrefutável de que ela queria sua vida pessoal revelada, apesar de muitos protestos nos quais ela se referia a si mesma como Anon personificada e queria continuar assim.

Na primeira carta, ela adotou seu tom lisonjeiro habitual, dizendo para Bergsten que os homens e os rapazes sempre faziam as melhores perguntas. Ela começou com algumas respostas padrão, que não pensou em Poppins como parte da tradição cristã, mas estava sempre pensando no que as crianças sabiam e depois esqueciam. O próximo movimento de Bergsten foi lhe enviar seu livro sobre o poeta sueco Östen Sjöstrand. Pamela lhe enviaria *Friend Monkey*, um livro "muito importante para mim". Mas, por mais que ela se apegasse a Hanuman, *Bela Adormecida* seria sua declaração final, como explicou para o professor. Embora soubesse que a editora McGrawhill estava muito interessada em seu manuscrito, Pamela também explicou modestamente que se tratava de um livro pequeno, e provavelmente não teria muita repercussão.

As cartas mais reveladoras de Pamela seguiram a publicação de *About the Sleeping Beauty*, em 1975. Ela passou o ano anterior aperfeiçoando o livro sobre a princesa, sua corte e seu destino. Ninguém soube, com certeza nem Bergsten, ou qualquer crítico, o quanto e de quantas formas a personagem a encantava, de como ela tinha pensado por anos nesta mulher que espera para ser lembrada. Repetindo os ensinamentos que tomou de Ouspensky e Gurdjieff, ela especulou sobre o impulso de homens e mulheres para despertar do sono, para ver uma realidade superior e adquirir conhecimento esotérico. O que era isso, ela queria saber, que em algum momento adormece em todos? Quem está escondido dentro de nós? Quem viria finalmente nos despertar — qual aspecto de nós mesmos?

O livro traz cinco versões da história da Bela Adormecida, incluindo Grimm e Perrault, assim como sua própria versão do conto e um posfácio.

O conto de Pamela, passado na corte de um sultão, era carregado de simbolismo ou, na opinião de um professor, de "conversa yunguiana". Quando o príncipe olhou para a princesa, ele soube que estava no centro do mundo e no centro de si mesmo, onde todos os homens se encontram, olhando para o desejo de seu coração, ou talvez, para os seus "eus" mais íntimos. O beijo era a experiência de movimentação da terra, quando os amantes "avaliam a altitude, a profundidade e ascendem vigorosamente para a superfície, de volta para as margens do tempo".[14] Em março de 1976, ela disse para Bergsten que *The Sleeping Beauty* certamente era erótico, como muitos dos contos de fadas. Por isso ela incluiu em sua versão da história uma pomba e um gato, a ave e o animal mais sensuais, e um lagarto, que é um símbolo fálico, assim como o fuso.

No posfácio do livro, ela ligou a Bela Adormecida a outros adormecidos famosos da literatura: Branca de Neve, Brunilda, Carlos Magno, rei Arthur, Holga a dinamarquesa, Oisin, rei da Irlanda e um rei hindu. O sono da princesa era a morte simbólica de toda a corte. Quando ela acordou, todos acordaram também, o que remete Pamela à lenda do Santo Graal, na qual toda a corte se desorganiza quando o rei adoece. (Isto levou Bergsten a lhe contar que um livro sobre a lenda do Santo Graal estava no cerne da obra *The Waste Land*, de T. S. Eliot.)

A reação americana ao livro *About the Sleeping Beauty* foi predominantemente negativa, com a *Kirkus Reviews* atacando o posfácio como "repetitivo e ruidoso... soterrado sob um blablablá narcisista".[15]

Mas quando foi publicado pela Collins na Inglaterra, em 1977, o suplemento literário do *Times* o elogiou, como um "grande sucesso".[16] Entretanto, nos dois países, o leitor comum que foi capturado pela magia simples de Mary Poppins ficou perdido no labirinto. Quem teria tempo e disposição para seguir esses meandros? Aquele era um livro para pessoas bem informadas. Ou talvez apenas para Pamela, uma mulher falando consigo mesma.

NO INÍCIO DE 1976, PAMELA decidiu voltar para Londres, não apenas como um pombo que volta para a cidade que sentia ser seu lugar de nascimento, mas por motivos práticos. Ela tinha duas casas, uma em Shawfield Street, em Londres, e outra em Upper Leeson Street, em Dublin, mas estava pagando aluguel em Nova York. Como cidadã britânica, apesar de rica, ela pagava o aluguel em dólares. E ficava preocupada porque os dólares nunca eram suficientes. No verão, o apartamento na York Avenue estava empacotado, Pamela pronta para partir, as mesas cheias de livros, a sala de estar lotada de caixas empilhadas. Ela falou em entrevistas e para amigos sobre o seu nervosismo, e mesmo desânimo, com esta grande mudança.

Em uma carta para Bergsten, Pamela disse que pertencia aos Estados Unidos, uma nação que estava sempre em renovação. No entanto, Londres seria um novo começo, ela lhe disse, não muito convencida. Haveria outra Mary Poppins no ar, mas ela não tinha certeza se esta história era "necessária". Pamela sentia que não tinha mais nada a dizer. Ela editou aleatoriamente ensaios e palestras para compor um livro. Contou para Bergsten que dois editores americanos estavam interessados. Ela levou a sério um comentário leviano de que não estaria realizando seu destino se não estivesse escrevendo. Isso a aborreceu. Ela negou. Não, o destino de uma pessoa deve ser algo mais profundo. Destino significa permitir-se habitar o que Keats chamou de "vale da edificação da alma". Ela disse para Bergsten que todos queriam que ela ficasse nos Estados Unidos para realizar palestras, mas ela teve que partir, mesmo que, ao contrário de Mary Poppins, partir era sempre morrer um pouco. Pamela disse que "precisava segurar firme na cabeça do papagaio de seu guarda-chuva interior e partir".[17]

No final de junho, Pamela foi para a Irlanda e depois para a Escócia, de férias, antes de se instalar novamente na Shawfield Street, em setembro. Embora tivesse repudiado o pensamento para Bergsten, a morte realmente parecia próxima, tão próxima que ela disse a Jenny Koralek, que "tinha voltado para casa para morrer". Mais tarde, naquele ano, ela começou a pensar exatamente onde deveria morrer.

Camillus, agora com trinta e poucos anos, decidiu se casar. Os tempos de bebedeiras e festas com seu amigo Martin Harris, com quem trabalhou na Martinique Fashions, acabaram. Em junho, ele tinha escrito sobre seus planos para a mãe em Nova York. Não haveria cerimônia religiosa e ele tinha marcado o casamento com Frances para o dia 30 de julho, às 11 horas, no Cartório de Registros de Chelsea, e depois, um almoço. Afinal, tudo que ele precisava era parar de beber. A bebida tinha causado muita dor, além do tratamento no Hospital Ticehurst, em East Sussex. Pamela também deve ter rezado pelo fim dessa agonia.

Logo depois de voltar para a Inglaterra, ela foi atraída por um artigo na *Listener*. A mensagem era religiosa e sugeria que um pecado realmente arrependido "não aconteceu". A promessa a preencheu de uma luz repentina. Era isso, agora Pamela sabia que uma coisa ou um evento poderia ter "não acontecido"! Não apenas na cabeça, mas na pessoa como um todo. Isso estava completamente de acordo com a ideia de Gurdjieff, que eles discutiram, de que a pessoa pode "consertar" o passado. Ela deu um presente para Camillus, a escultura em bronze de sua cabeça quando menino, feita por Gertrude Hermes. Depois da lua de mel na Irlanda, Camillus e Frances se mudaram para uma casa em Ifield Road, Fulham, próxima ao cemitério de Brompton, onde Pamela gostava de caminhar, pensando no filho, sonhando com o pátio da igreja de Allora, onde ela lia as escrituras nas lápides de todas as crianças perdidas.

No final do ano, Pamela tinha certeza de que não lhe restava nenhum tempo de vida, tampouco vontade de viver. Ela escreveu para o diretor do Hospital St. Christopher, em Sydnham, pedindo orientação. Ele sugeriu que se encontrassem no início do ano seguinte. Até onde ele podia ver, não havia urgência.

Só restava uma coisa. Ela subiu para o estúdio e começou a escrever novamente. Ali, encontrou conforto em seus princípios. Em uma parede, estava a cópia do quadro do século 19, apresentando Hanuman com Shiva no coração. Em outra, uma pintura Sengai que representava um salgueiro quase quebrando com o vento, seis caquis, um galo cantando e algumas galinhas. Ela contemplou os quadros de boi de pastoreio, uma série de pinturas alegóricas concebidas como um guia de treinamento para monges budistas chineses. Ao lado estavam as fotos de budas, incluindo Maitreya. Ela gostava do jeito como Buda levantava a mão e dizia, "Silêncio, não explique, isso não pode ser explicado". Um pequeno Buda de mármore ficava no terraço, entre as camélias e um loureiro. Na cozinha, a coleção de galinhas sobre o aparador e na porta dos fundos, Pamela pendurou com capricho, vinte variedades de ervas.[18]

Um dia, o carteiro trouxe uma correspondência de sua amiga em Nova York, Dorothea Dorling. Será que ela escreveria para a nova revista de Dorling? No inverno de 1976, Dorling se lançou em uma nova aventura, a *Parabola*, "Uma Revista sobre Mitos e Tradições". Para Dorling e Pamela, a palavra parábola significava "voltando para o início", ela se curvou e retornou para o repouso. Elas achavam que, da mesma forma, todos os mitos e contos de fadas voltavam ao princípio; você pode procurar quanto quiser, mas não descobrirá onde eles começaram. Dorling tinha conversado com Pamela sobre o projeto em Nova York, tentando convencê-la a ser uma das editoras. Muitos caminhos religaram Dorling a Gurdjieff. Sua irmã tinha sido uma das primeiras discípulas de Gurdjieff em Fontainebleau, e ela mesma tinha conhecido Gurdjieff nos Estados Unidos, em 1948. Nos anos 1950, Dorling deixou o marido, um estancieiro de Montana, e se mudou para Nova York, onde conheceu Pamela. As duas trabalharam juntas em um livro, *A Way of Working: The Spiritual Dimension of Craft*, que até certo ponto serviu de modelo para a revista *Parabola*.

 Dorling tinha 60 anos quando lançou a revista. Há anos ela estava convencida de que a sabedoria dos mitos tradicionais esclarecia sua própria busca existencial. No folheto sobre a *Parabola*, Dorling explicou aos possíveis anunciantes e leitores, que cada edição da revista seria dedicada a um tema. A *Parabola* não era um órgão oficial da Fundação Gurdjieff e tampouco "estava limitada, tanto para leitores e escritores, aos membros de nossos grupos, mas ela dever ter um ponto de vista, que precisa estar consonante com o ensinamento de Gurdjieff, não para dar respostas, mas para orientar a busca do lugar do homem no mundo". O objetivo era reunir "as melhores formulações que encontrarmos... de ideias sobre o quarto caminho, como aparecem em todas as tradições". O folheto questionava se haveria uma maneira de recuperar a "sensação de uma dimensão sagrada na nossa existência?" Os editores tinham certeza que a tradição sagrada ainda poderia falar com "a necessidade presente". A *Parabola* incluiria artigos sobre lendas, mitos e contos populares, bem como histórias sufistas e zen, trazidas pelos melhores escritores.

 O tema da primeira edição foi O Herói. A assinatura de P. L. Travers apareceu neste número do inverno de 1976 e em muitas edições subsequentes. Bons escritores e o dinheiro de mulheres ricas sustentaram a aventura arriscada. Ao longo dos anos, Isaac Bashevis Singer escreveu sobre a morte, o Dalai Lama sobre obstáculos e Pamela conversou com Laurens van der Post sobre "sonhos e visões". Muitos outros simpatizantes do quarto caminho eram escritores cujos nomes ajudavam a vender assinaturas — Joseph Campbell, Italo Calvino, John Updike, Peter Brook, Robert Bly, Lincoln

Kirstein, Dag Hammarskjold, Krishnamurti, Karlfried von Dürckheim, David Malouf e o príncipe Charles. Os assuntos eram os mais variados: apego, morte, cura, dança sagrada, o sol e a lua, furto, tristeza, máscara, metáfora, e cerimônias.

Pamela escreveu para a *Parabola* sobre ser o herói de si mesmo, o tempo da criação, um poeta sufista, os *koans* do zen-budismo, uma cerimônia de druidas para o Dia de Finados, Stonehenge, Silbury e Avebury, a grande deusa, o tolo e o irmão mais novo. Seus ensaios densos, em códigos mitológicos, permitiam apenas vislumbrar a vida íntima e pessoal de Pamela. De vez em quando ela falava de sua infância; em outro momento, sobre a antecipação da morte, enquanto caminhava no cemitério de Brompton, pensando na preparação de Camillus para ser pai.[19]

A circulação da *Parabola* nunca foi alta, mas a revista ainda estava viva em 1999, com as propagandas típicas dos inconstantes anos 1990, com ofertas de bacharelado em "psicologia transpessoal", catálogos da Fundação Krishnamurti, livros sobre a sexualidade da alma e sobre o quarto caminho, de Ouspensky, Bennett e Gurdjieff. Para o buscador aplicado, uma empresa divulgou "a imensidão selvagem das Montanhas Rochosas para o reencantamento de nós mesmos, pais e filhos adultos — jornada terapêutica".

Apesar do Buda no terraço da Shawfield Street e da filosofia zen em mente, Pamela levou a sério o conselho de Dürckheim, que o caminho certo para a paz vinha com uma dose equilibrada de Cristianismo. Ela tomava a comunhão em uma igreja cristã da vizinhança, em uma igreja anglicana em Chelsea, e, ao ajoelhar-se, refletia que não estava simplesmente se ajoelhando diante de uma cruz, mas oferecendo a si mesma como um vaso vazio, em um gesto de submissão. Para os paroquianos de Chelsea, sem dúvida, parecia uma senhora idosa tradicional de classe média alta, com um sotaque pronunciado, roupas conservadoras, apesar dos braceletes navajos e uma tendência a usar vestidos largos e estranhos que terminavam em um babado. No início, os vizinhos e os membros da congregação se mantiveram à distância — ela ostentava um ar superior e esnobe, que refletia a insegurança diante de estranhos.

Pamela ficou muito feliz ao saber que receberia a Ordem do Império Britânico na lista de honrarias de 1977, e perguntou ao secretário particular da rainha, Sir Martin Charteris, se deveria usar um chapéu na cerimônia. Em uma carta para Charteris, ela explicou que quando conheceu o presidente Roosevelt, comprou um chapéu para a ocasião, mas Pamela sabia, os tempos mudaram. Será que um chapéu seria adequado? Ela também gostaria que a rainha soubesse o quanto foi tocada por seu discurso de Natal, tão real e cheio de sentimento.[20]

No início de 1977, ela voltou a Nova York para uma palestra no Cosmopolitan Club, na Fundação Jung e na igreja St. John the Divine, onde leu *The Fox at the Manger*. Para o público na igreja, ela era uma figura excêntrica usando um casaco de pele de cordeiro e galochas marrons. Sob o traje xadrez em tons de rosa transparecia o brilho da prata, os braços ainda carregavam o trabalho dos Navajos.[21]

De volta a Londres, uma carta estava à sua espera. O professor Bergsten estava próximo do objetivo de sua tese. Será que ela poderia falar mais alguma coisa sobre si mesma, além de Mary Poppins? Em fevereiro de 1977, em sua carta mais longa e emotiva, ela escreveu sobre o problema do pai com a bebida e de seu sentimento de vergonha com relação à morte dele. Ela sabia que ele era um alcoólatra, apesar da recusa das irmãs. Além disso, ela sempre sofreu por causa desse problema com os homens próximos a ela.

Na carta do mês seguinte, ela contou para Bergsten que não se arrependia de revelar tanto. Ela ainda tinha saudade dos Estados Unidos. Suas esperanças de um novo começo na Inglaterra não deram em nada. Na verdade, ela sequer tinha certeza do motivo de sua volta.[22]

No final de março, Pamela recebeu sua homenagem no palácio de Buckingham — não da rainha, mas do não menos importante duque de Kent. Para a mídia, ela declarou solenemente "Eu o aceitei por Mary Poppins", mas, para Bergsten ela confessou que ainda era uma estúpida. Minha literatura poderia ser atribuída a um idiota.

Em abril de 1977, Frances Travers deu à luz Katherine Lyndon Travers. Em seis meses, o problema de Camillus com a bebida voltou. Os amigos de Pamela tentaram consolá-la, ma agora ela parecia mais obstinada e resignada do que antes, mantendo rigorosamente sua agenda de palestras, incluindo leituras regulares de *The Fox at the Manger*, todo Natal em Nova York. Pamela também mantinha seu próprio grupo de Gurdjieff na Shawfield Street, tentando transmitir os princípios do guru para adeptos tímidos e mais jovens do que ela.

A correspondência com Bergsten estava prestes a acabar, com a publicação da tese do professor, *Mary Poppins and Mith*, em Estocolmo, em 1978.[23]

Ele enviou uma cópia para Pamela, com a inscrição para "a misteriosa P. L. Travers". Pamela disse a ele que não ficou feliz ao ver seu nome no primeiro capítulo como Pamela e não P. L., mas isso não era motivo suficiente para interromper a comunicação. Ela planejou enviar a ele uma tese escrita por uma americana sobre os livros de Mary Poppins, que os comparou com o trabalho de E. Nebit, "uma honra para mim". A aluna insistiu que todos os livros eram sobre o crescimento, a perda de tudo que conhecemos na infância, sendo Mary Poppins a única que nunca esquece. Pamela considerava este ponto de vista válido.[24]

Finalmente, ela iria receber o prêmio que sempre desejou desde que os primeiros livros foram publicados, há quarenta e cinco anos. Não era um reconhecimento literário, mas era ao menos uma validação de sua inteligência. Em maio de 1978, a Chatham College, em Pittsburgh, na Pensilvânia, lhe concedeu um doutorado honorário em letras. Chatham era uma pequena faculdade para mulheres, com menos de oitocentas alunas, que conferia títulos honoríficos em busca de publicidade. Mas Pamela aceitou o doutorado com muito orgulho, e daí em diante insistiu em ser chamada de doutora. Agora, ela tinha voltado a sonhar com seu antigo amor, Francis Macnamara. No sonho, ele falava para um círculo de homens ao seu redor: "Esta é Pamela, devemos chamá-la de doutora agora". Ela se perguntou se doutora não seria uma metáfora para algum novo sentimento dele. No sonho, estava também a esposa de Francis. Ela sabia que esse era o momento para revelar seu amor. Em outros sonhos mais turbulentos, ela viu Æ doente, em uma piscina, e Gurdjieff triste, desanimado. Pamela escreveu uma nota para si mesma, quase um *post-scriptum* de sua vida, que "todos os nossos dias são como relva".

Em julho de 1979, Jonathan Cott, um consultor da *Parabola*, a procurou em depressão. Ela o chamou de "querido", outro jovem em busca de ajuda. Em uma longa entrevista para um livro, *Pipers at the Gates of Dawn*, Cott tirou de Pamela como ela cuidava de sua própria turbulência interna. Ela lhe disse para "aceitar tudo que vem e transformar em joias". Ela não queria parecer religiosa, mas "eu sinto assim e é isso que eu chamo de natureza heroica, você só pode ser o herói de sua própria história se aceitá-la totalmente".

Ela brincou com a ideia do sufismo absorvida do poeta sufista Jaladu'ddin Rumi, meditada no "grande vaso do abdome", e deitada acordada pensando como Little Bo Peep perdeu suas ovelhas, mas quando as deixou sozinhas, todas voltaram para casa. Ela achava que você precisa deixar o problema sozinho. Sequer procure por uma solução e, assim, ela virá. "Eu sei onde deixá-lo sozinho, bem aqui abaixo do umbigo, no centro vital, é para onde tudo vai e é deixado para cozinhar".

Ela levou Cott para conhecer sua casa, apontando o seu retrato inclinada em uma árvore, feito por Æ (ela disse que Æ era a "divindade tutelar da casa"), as pinturas japonesas e, na entrada, um cavalo de pau que ela tinha comprado para as netas, mas gostava muito para se desfazer. No cavalo de pau estavam representadas todas as coisas que ela já tinha amado, o carrossel, a cadeira de balanço e Pégaso.

No início daquele ano, Barbara Moriarty morreu em Sidney — a irmã que foi muito mais bonita e teve uma vida bem mais fácil, que mal tinha viajado além do subúrbio por décadas. Pamela não deixou nenhum registro — em um poema, carta ou nota de qualquer espécie — sobre seus sentimentos a respeito da morte. Moya ficou sozinha em Mosman, contando com a amizade e o apoio de um vizinho.[25]

PAMELA, AGORA, ERA MAIS GURU do que discípula. Como Dra. Travers, a grande senhora que conheceu Ouspensky e Gurdjieff, era procurada como conselheira pela terceira e quarta geração de gurdjieffianos. Em maio de 1979, ela falou em um encontro sobre o tema "Gurdjieff: um homem universal". Sua voz era profunda mas abafada, ligeiramente arrastada pela idade, sem fôlego, em contraste com as vozes calmas, claras e vivas do público jovem. Ela contou sobre sua amizade com Ouspensky, que a aconselhou a "falar em outras categorias, pensar em outras categorias", e sobre como ela se lembrava de pensar, "Como poderei pensar sobre a quarta dimensão sem uma mente científica?"

A Dra. Travers pediu que fizessem perguntas. Não houve nenhuma. Depois de um longo silêncio, ela disse, "Eu estava pensando, pelo menos permita-me não fazer mal algum". Outro longo silêncio. "Nós falamos muito sobre o Gurdjieff como homem e professor, mas nem tanto sobre suas ideias. Gostaria de saber se alguém tem algo a dizer". Silêncio. Ela contou que em Paris, ele dava palestras, mas frequentemente pedia perguntas. Silêncio de morte. Finalmente, uma mulher perguntou humildemente se Gurdjieff falou sobre reencarnação. Pamela respondeu com irritação que nunca ouviu ele falar sobre isso. Ela poderia apenas indicar o livro de

Ouspensky, *In Search of the Miraculous*, no qual ele falou sobre recorrência, que nossas vidas dão voltas ao redor da mesma velha trilha. Pamela explicou que não gostaria de ser específica ou infalível sobre nada. Conforme ela envelhecia, menos sabia. Na verdade, se eles conhecessem as mulheres recostadas, cravejadas de buracos de Henry Moore, ela estava assim, e ficando mais esburacada a cada dia. Mas ela também achava fundamentel a ideia de consertar o passado.

A sessão terminou com uma das citações favoritas de Pamela, das Eclesiastes:

> *ou a corda de prata nunca será solta,*
> *ou o copo de ouro será quebrado...*
> *então o pó retornará à terra como era:*
> *e o espírito retornará a Deus que o concedeu.*

Cansada, ela disse que era tudo. "Se for muito demorado, as coisas se deterioram, as pessoas tagarelam e tudo se perde."

Era extraordinário que aos oitenta anos ela ainda mantivesse o ritmo. Como escreveu para Jessmin Howarth, em novembro de 1979, ela tinha perdido sua empregada de seis anos, não encontrou substituta e ficava cada dia mais cansada, tentando organizar a casa, cozinhar e trabalhar. Uma palestra no mês anterior foi um grande sucesso, mas esgotou sua energia. Na verdade, as coisas estavam horríveis. Mesmo escrever uma carta no estúdio, com o ouvido atento à campainha, era trabalhoso. Ela lutava constantemente para se retirar para os "verdes pastos" de sua mente.

Pamela manteve a pressão sobre si mesma. O único alívio parecia vir do apoio dos membros mais jovens de seu grupo e do amor que tinha por suas netas. (Frances e Camillus tiveram outra filha em novembro de 1979. Ela recebeu o nome das famílias Goff e Morehead, Cicely Jane).

No Natal de 1980, o grupo de Gurdjieff se reuniu para orar e cantar antigas canções inglesas que ela se lembrava da infância: "Drink to Me Only with Thine Eyes," "Greensleeves," "A Frog He Would a Wooing Go," "Green Grow the Rushes, oh."

A Shawfield Street foi invadida por vozes verdadeiras e solenes, que foram encerradas com o Salmo 23, seguido por "God Be in My Head" e "Lord of the Dance."

Eu sou o senhor da dança ele disse,
Dance, então, onde quer que esteja.

Naquele ano, Pamela descansou em Chandenom, na Suíça. Ela não conseguia se livrar da ideia de que Mary Poppins deveria voltar mais uma vez.

Notas

[1] Carta para Margaret McElderry de 31 de março de 1967.
[2] P. L. Travers, *Mary Poppins from A to Z*, traduzido para o latim por G. M. Lyne (Nova York: Harcourt Brace, 1968). O livro foi dedicado a Arnold Abraham Goodman; o tradutor é o inglês Maxwell Lyne, não o professor americano de Amherst.
[3] Shusha Guppy, *Looking Back: A Panoramic View of a Literary Age by the Grandes Dames of European Letters*. (Nova York: Simon & Schuster, 1993) e cartas para Staffan Bergsten, janeiro e março de 1976.
[4] *The New York Times*, 14 de janeiro de 1977; cartas para Staffan Bergsten, janeiro e setembro de 1976.
[5] Pupul Jayakar, *Krishnamurti: A Biography* (São Francisco: Harper and Row, 1986).
[6] Radha Rajagopal Sloss, *Lives in the Shadow with J. Krishnamurti* (Londres: Bloomsbury, 1991).
[7] Bettina Hürlimann, *Seven Houses: my life with books*, trad. Anthea Bell (Londres: The Bodley Head, 1976).
[8] Cartas de Travers para Marjorie Downing, 1º de abril de 1970 e do dr. Dennison Morey para o Scripps College, 12 de fevereiro de 1970.
[9] *The New York Times*, 7 de novembro de 1971.
[10] Carta para Staffan Bergsten de 14 de fevereiro de 1975.
[11] Carta de William Heseltine de 15 de setembro de 1972.
[12] *The New York Times*, 7 de maio de 1972.
[13] Entrevista com Jenny Koralek, maio de 1996.
[14] Patricia Demers, *P. L. Travers* (Boston: Twayne Publishers, 1991).
[15] Ibid.
[16] *The Times Literary Supplement*, 2 de dezembro de 1977.
[17] Cartas de 8 de março, 21 de abril e 14 de maio de 1976.
[18] Jonathan Cott, *Pipers at the Gates of Dawn: The Wisdom of Children's Literature* (Nova York: Random House, 1983), e cartas para Bergsten, várias datas.
[19] Ensaios de *Parabola*, 1976 a 1979.
[20] Carta de 27 de dezembro de 1976.
[21] *The New York Times*, 3 de janeiro de 1977.
[22] Carta de 20 de março de 1977.
[23] Staffan Bergsten, *Mary Poppins and Myth* (Estocolmo: Almqvist and Wiksell International, 1978).
[24] Carta de 20 de fevereiro de 1978.
[25] Barbara Moriarty morreu em 11 de janeiro de 1979.

16

NÃO TEMA MAIS O CALOR DO SOL

Em 1991, a televisão sueca ligou para Shawfield Street. Surpresos ao descobrir que Pamela Travers ainda estava viva, a equipe de documentário estava animada com a possibilidade de que ela revelasse as origens de Mary Poppins. O repórter insinuou que Mary era um nome comum. "Comum, sim", disse Pamela. Ela olhou para cima, apontando para o céu. Mas o nome "Mary" poderia significar... E, então, houve uma pausa. Pamela quase suspirou, "Poderia significar... coisas mais elevadas".

Ela falou com grande dificuldade, como se tivesse os dentes cerrados. Seu nariz pendia tristemente, a língua inquieta explorava os lábios e a boca. Mas os olhos permaneceram muito vivos quando insinuou que sua babá perfeita estava relacionada com a mãe de Deus. Pamela garantiu ao entrevistador que "todos os homens se apaixonam" por Mary Poppins. "Mas ela não os ama?" "Ah, não!" Mesmo aos 91 anos, Pamela mantinha a aura de mulher misteriosa e brincalhona. Na verdade, a ranzinzice representava um estado de permanente ansiedade com a saúde, os editores, o dinheiro e o filho. Sua única companhia habitual era uma sucessão de empregadas. Agora ela via o grupo de Gurdjieff e as netas com menos frequência.

Aos oitenta e poucos anos, a energia de Pamela parecia intacta, mas uma década depois, sua força física estava quase extinta. Em um dia bom, ela conseguia caminhar a distância de três postes na Shawfield Street, em um dia ruim, nada. De vez em quando, ela ia até a Kings Road, onde gostava de conversar com os punks, sem temer sua costumeira agressividade. Os olhos azuis lacrimejantes de Pamela compreendiam o cabelo esculpido em picos com gel de limão e framboesa, o pescoço acorrentado, o piercing no nariz. Pamela imaginava o motivo pelo qual eles se vestiam de forma estranha. Talvez suas vidas fossem tão limitadas que precisassem fazer algo desesperado para encontrar sentido. Ela dizia para eles que eram "encantadores". Com isso, eles perdiam a empáfia e a revolta se amenizava. Os punks a ignoravam ou zombavam dela. Mas a velha senhora sabia mais do que eles jamais poderiam imaginar. Ela até conhecia a letra de "Strawberry Fields Forever", muito mais inteligente do que seus hinos subversivos. E não apenas isso, mas a compradora enrugada da Kings Road era uma milionária, e seus agentes e advogados a tranquilizavam constantemente quanto à sua fortuna. Ela tinha mais de um milhão de libras investidas e outras quinhentas mil em conta corrente. Mas o dinheiro era algo desconfortável para Pamela. Ela ainda se preocupava se teria o suficiente para pagar os salários de suas cuidadoras.

Na velhice, Pamela escreveu mais dois livros sobre Mary Poppins. Eles não só refletiam seu isolamento, mas também revelavam o sentimento de separação da pátria. Pamela nunca voltou à Austrália, mas retornou espiritualmente, quase contra sua vontade, quando seus trabalhos literários e documentos pessoais foram vendidos para a Biblioteca Mitchel, de Sidney.

A longa viagem para casa foi retomada em 1980, quando ela pediu a seus agentes literários, da David Higham Associates, que lhe enviassem uma cópia do catálogo de seus trabalhos, preparado há uma década. Desta vez, ela estava determinada a levar um resumo do trabalho de sua vida para uma biblioteca. Ela também pediu ao escritório de advocacia em Nova York para verificar se Harvard teria algum interesse nos documentos. Os advogados achavam que não e sugeriram a Universidade de Boston ou do Texas. Bruce Hunter, da David Higham, não foi nada encorajador, dizendo-lhe que o mercado estava fraco para arquivos literários. A empresa já tinha oferecido a coleção para livreiros antiquários, para a Biblioteca Pública de Toronto, Biblioteca da Universidade de Toronto, Biblioteca McMaster, Universidade do Texas e Anthony Rota, sem sucesso.

Afinal, não havia mais espaço na David Higham para as pilhas de papéis que foram despachados do andar superior dos escritórios na Golden Square, no Soho, para os armazéns de Bernard Quaritch. O antiquário os preparou para serem vendidos. Uma carta datilografada oferecia a coleção por 75 mil dólares australianos. Não é certeza que a carta tenha sido enviada, mas ela indica um plano de ação. Pamela ou seus agentes tinham a Austrália em mente.

A carta dizia: "Para os estudiosos da literatura do século 20, as cartas de Æ para a Srta. Travers são achados valiosos e animadores... existem aqui mais de 160 cartas, muitas delas ilustradas com seus desenhos encantadores". Ela também destacava as cartas da infância de Pamela, as primeiras fotos e as lembranças de Tia Ellie, e lembravam que os documentos ofertados eram os únicos que Pamela conservou. (Na verdade, seu estúdio em casa estava cheio de cartas, fragmentos de diários, fotografias e fitas de áudio.) Como "o arquivo de um autor de fama internacional, esta coleção seria de interesse e valor para muitas instituições no mundo. Para a Austrália, ela é algo mais, é a soma do passado de sua melhor autora, cuja vida e trabalho pertencem justa e diretamente à história da Austrália, uma parte significativa do patrimônio do país".

Em 1980, quando Pamela sentia urgência na venda de seus documentos, ela começou a trabalhar em uma nova aventura de Mary Poppins. O quinto livro de Poppins, destinado a ser a apoteose de sua própria vida, acabou sendo seu favorito. Ela escreveu um rascunho de *Mary Poppins in Cherry Tree Lane,* no distrito montanhoso de Valais, na Suíça, onde sempre passava o verão hospedada na casa de Bettina Hurlimann.

Uma vez ela escreveu que por trás da história havia a premissa de que "tudo que se perdeu está em algum lugar". A frase veio para ela primeiro como uma música, uma melodia arrebatadora, que ela não conseguiu tirar da cabeça. Todos em *Mary Poppins in Cherry Tree Lane* estão em busca de alguma coisa — todos, menos Mary Poppins. O livro tem o clima de um sonho de uma noite de verão, na qual todos os tipos de plantas aparecem como agentes de feitiçaria e cura. É a véspera do solstício de verão. O cenário é um piquenique no gramado de um parque. Todos os amigos estão lá, o guarda do parque, a Srta. Lark, as crianças Banks, a Sra. Corry, Ellen, e, é claro, o Sr. Banks.

O sol reluta para se pôr, um tema comum na vida de Pamela, e, como o crepúsculo persiste, os casais entram no parque, um a um. A Srta. Lark está ali, esperando por seu amor, um professor. Ela pensa que ele se perdeu no caminho, mas finalmente o encontra, assim como o professor Bergsten entrou na vida de Pamela. A seguir, o guarda do parque procura seu verdadeiro amor. Ele encontra Ellen, transbordando a sabedoria das avós. Ela conta que se ele andar de costas, poderá finalmente encontrar sua amada. Ele faz isso e tropeça na relva, onde Mary Poppins e as crianças Banks estão festejando com as estrelas, incluindo as constelações conhecidas como Ursa Menor, Raposa e Lebre. Orion também está presente, um caçador gigante nos céus, sempre perseguindo as Plêiades e os gêmeos celestiais, Castor e Pólux.

Orion, belo e seminu em sua pele de leão faz o discurso central do livro, quando diz aos terráqueos que eles não têm espaço para espalhar suas asas por aqui. Na terra, as coisas estão muito perto umas das outras. As casas são encostadas. As árvores e arbustos, amontoados. As moedas, tinindo nos bolsos. Amigos e vizinhos estavam sempre ao alcance da mão. Orion diz, penalizado, que na terra sempre havia alguém com quem conversar, alguém para escutar. Ele preferia o silêncio, ou talvez, o ruído das estrelas cantando no céu.

O Sr. Banks chega para a festa, procurando por uma moeda perdida. Ele procura em vão. A peça de prata foi levada de volta para o céu com Orion. No céu, Orion a coloca em seu cinturão, para ser a quarta estrela. O Sr. Banks olha para o céu, emocionado ao descobrir que o cinturão de Orion agora tem quatro estrelas em vez de três. A cena foi inspirada diretamente na vida de Pamela em Allora, mas *Mary Poppins in Cherry Tree Lane* contém toda uma galáxia de lembranças de Allora e Bowral, da loja de doces ao medo que Pamela tinha do pôr-do-sol. Em 1989, ela contou para Bergsten que amava seu novo livro sobre Mary Poppins, no qual tudo existia em duplo, como a terra e o céu ou um homem ao lado de uma mulher.

Mary Shepard, que agora morava sozinha em St. Johns Wood, usou seu próprio reflexo no espelho como modelo para Mary Poppins, mas desta vez a arte final apresentava uma babá mais jovem e arredondada, e não a Mary firme e ossuda dos anos 1930. Fazia muito tempo que Pamela e Shepard tinham escolhido a boneca holandesa como modelo, enquanto caminhavam no parque. Além de sua própria imagem, Shepard consultou desenhos nos volumes encadernados em couro da revista *Punch*, de seu falecido marido, para relembrar o mundo nos anos 1930.[1]

Pamela escreveu para sua editora nos Estados Unidos, Harcourt Brace Jovanovich, dizendo que este seria o melhor de todos os livros sobre Mary Poppins. Além disso, seus agentes na Inglaterra e nos Estados Unidos não ficaram apenas encantados com o livro, mas eufóricos.[2] Eles podem ter ficado satisfeitos, mas a Collins pagou um adiantamento de apenas 1500 libras antes do livro ser publicado na Grã-Bretanha, em 1982.

A maior parte da receita de Pamela sempre veio dos Estados Unidos, mas, quase duas décadas depois do filme da Disney, parecia que isso também estava mudando. Pamela chegou a um ponto crítico em seu relacionamento com a Harcourt Brace Jovanovish. Primeiro, ela temia que o editor-chefe de livros infantis não estivesse interessado em seu trabalho, mas, o mais importante, ela acreditava que a empresa estava acabando com o departamento de livros infantis. No início de 1981, quando *Mary Poppins in Cherry Tree Lane* foi enviado para a Harcourt, o editor rejeitou o livro com o argumento de que era muito obscuro e continha muitas referências a plantas e mitologia. Pamela ficou ofendida. Parecia que toda a edificação editorial americana estava desmoronando. Ela já tinha reclamado que outra editora dos Estados Unidos, a Viking, tinha cometido a gafe de publicar um de seus contos que já tinha aparecido na *Parabola*. Ela achou a apresentação do livro — chamado *Two Pairs of Shoes* e publicado em 1980 — vulgar e as ilustrações "abomináveis".[3]

Mesmo antes da rejeição da Harcourt, Pamela disse aos agentes literários de Nova York, da Harond Ober Associates, que temia dar seu novo livro sobre Mary Poppins para o editor-chefe de livros infantis, instigando-os a encontrar alguém para negociar com a Harcourt Brace. Talvez eles pudessem convencer outro editor a assumir toda a sua produção, ou o que ela chamou de sua "oeuvre". Eles poderiam lhe enviar uma lista de todos os escritores infanto-juvenis, porque ela certamente não gostaria de estar na lista dos que "já eram".

Em janeiro de 1982, a Harold Ober Associates enviou o livro novo para a Delacorte/Dell, esperando que a editora reunisse todos os títulos de Mary Poppins sob o mesmo selo, em seu catálogo de livros de bolso. Os lucros estavam se esvaindo. No final de 1982, os contadores declararam que Pamela tinha recebido apenas 7000 libras em royalties das edições dos livros de Mary Poppins pela Harcourt. Talvez a Dell pudesse assumir o controle dos títulos e relançá-los em uma edição de bolso autorizada.

A Hartcourt, que durante anos vendeu pelo menos 1,5 milhões de cópias dos livros de Mary Poppins, em capa dura, sempre resistiu em publicá-los em edições de bolso para o mercado de consumo em massa. Ao longo do tempo, a editora recebeu 5% dos lucros do filme da Disney, nos

Estados Unidos e no Canadá, enquanto a parte de Pamela ficou em 2,5% da receita mundial. Portanto, a Harcourt tinha um bom motivo para reter os direitos dos livros de capa dura, embora o filme já tivesse completado seu ciclo. Na época, a Harcourt rejeitou a oferta de 100 mil dólares da Dell pelos direitos para a edição de bolso, sugerindo que poderia iniciar um novo esforço de marketing para os títulos de Mary Poppins.

A causa subjacente da tensão entre Pamela e a Harcourt Brace Jovanovich remontava aos anos 1980, quando o *Los Angeles Times* revelou que *Mary Poppins* tinha sido retirado da Biblioteca de São Francisco, devido a referências racistas em "Bad Tuesday", uma das aventuras do primeiro livro da série. O diretor do departamento infanto-juvenil da biblioteca, politicamente correto, e, sem dúvida, interessado na publicidade, decidiu que "o livro trata as minorias de forma depreciativa, é escrito do ponto de vista inglês antigo do 'fardo do homem branco'". Na história, Mary Poppins e as crianças viajam pelo mundo com a ajuda de uma bússola. No Norte, eles encontram um esquimó que os cumprimenta esfregando o nariz com eles. A esposa lhes oferece uma sopa quente de gordura de baleia. Em uma ilha dos mares do sul, um "negrinho" caricatural senta-se no colo de "uma mulher negra", que tem um sotaque parecido com um negro americano. O capítulo já tinha sido modificado nos anos 1960, quando uma amiga de Pamela, dra. Francelia Butler, contou como tinha ficado constrangida ao ler o texto em voz alta para alunos negros, em 1962. Na época, Pamela transformou a "mulher negra" em "mulher escura", e o termo caricatural "negrinho" se transformou em "bebezinho ameixa". O livro foi reimpresso em 1971, mas Pamela se via pressionada a mudar o capítulo inteiro, não porque acreditasse que as minorias poderiam se ofender, mas porque se o livro não fosse indicado para crianças, toda a série também sofreria. Ela disse para os amigos que "tinha que pensar em seu sustento". Em 1981, Pamela reescreveu "Bad Tuesday" e levou as crianças para visitar um urso polar (no Norte), uma arara-jacinta (no Sul), um urso panda (no Leste) e um golfinho (no Oeste). Ela soube da confusão pelos amigos, e não pela Harcourt. E, para Pamela, isso significava que a editora não a defendeu como deveria. A Harcourt reimprimiu o livro e pediu que ela recebesse um royalty menor sobre uma edição de apenas 5000 cópias. Ela concordou desde que a capa fosse impressa em cores diferentes e estampasse as palavras "edição revisada".

Em todas as negociações de Pamela, seu tom autoritário não revelava nenhum sinal de sua verdadeira fraqueza — a idade avançada, os problemas de saúde e as tensões que provocavam suas explosões. Seus pontos fortes, combinados com a vulnerabilidade, foram vistos com clareza na época por Nancy Mills, do *Herald Tribune*, que a visitou na Shawfield Street em 1981, para conversar sobre "Bad Tuesday".

Mills observou Pamela "subindo lentamente as escadas para chegar ao estúdio... ofegante, acomodando seu corpo robusto no sofá". Mesmo assim, parecia formidável. "Ela falava lentamente... seus olhos lacrimejantes olhavam firmemente para a intrusa". Pamela vociferou, "Afinal, quem é um escritor? Eu apenas rabisco". Ela se recusou a posar para uma foto. Mills reparou em um cartaz na parede do estúdio, que advertia, "O Maior dos Pecados está nos Pensamentos Errantes. Preste Atenção!"

Quando os pensamentos divagavam, como sempre, sua mente se voltava para Camillus, para sua solidão e para seus problemas intermináveis com as cuidadoras. Ela sempre pensava nas palavras de Walter de La Mare, "olhe para todas as coisas lindas a cada hora". Em 1981, o casamento de Camillus estava prestes a desmoronar. Frances queria se divorciar, incapaz de continuar suportando seu problema com a bebida. Pamela ainda se preocupava muito com ele e, principalmente, com suas netas, que se abraçavam fortemente a ela. Pamela não as via com frequência; agora elas vivam longe, em Twickenham.

Alberta, sua empregada, era uma solteirona de 42 anos. Ela lia filosofia alemã e não sabia cozinhar um ovo, porém, a casa era bem cuidada, e nenhuma partícula de pó flutuava no hall de entrada. Pamela não tinha energia para cozinhar, mas, de qualquer modo, a comida não era seu problema principal. Ela achava que precisava desesperadamente de alguém para animá-la enquanto escrevia, porque era no trabalho que Pamela sentia seus picos de energia.

No final de 1981, Frances lhe disse que tinha decidido não se divorciar. Camillus sempre oscilou entre ser encantador e impossível, mas sempre voltava a ser encantador. Pamela tinha medo de falar demais.

Todos os verões, na casa de Bettina Hurlimann ou no Hotel Plampras, em Chandolin, ela continuava em contato constante com seus agentes, advogados, amigos, contadores. No verão de 1981, Pamela pediu a David Higham para procurar Jules Fisher, um produtor da Broadway, que queria levar um musical de *Mary Poppins* para os palcos. Fisher, que produziu com sucesso o musical *Dancin'* na Broadway, assim como *Lenny* (sobre Lenny Bruce) e *Beatlemania*, encontrou Pamela em Londres, em janeiro de 1982. Eles conversaram sobre possíveis escritores para o roteiro do musical, talvez Richard Wilbur, que adaptou *Tartufo*, ou Jay Presson Allen, que escreveu *The Prime of Miss Jean Brodie*. Em fevereiro, Fisher falou com Stephen Sondheim. Fisher disse para Pamela que Sondheim sempre adorou seus livros e, como um exercício, quando começou no teatro, ele tentou escrever a versão musical de Mary Poppins. A má notícia era que agora Sondheim queria produzir algo bem americano, contemporâneo e contundente. Mary Poppins não era assim.

Novamente, as cartas versavam sobre a questão de quem possuía o que, quanto eles deveriam receber, e quais escritores seriam sutis, mas não obscuros. O contrato original da Disney com Pamela era ambíguo, mas parece que ela detinha os direitos para os musicais ao vivo. Ela queria que Lord Goodman escrevesse para a Disney para reivindicar esse direito. Fisher sugeriu outros escritores possíveis: Tim Rice, Peter Schaffer, David Storey, Tom Stoppard, Frederick Raphael, Jonathan Miller e Arthur Laurents. Por sua vez, ela propôs Wally Shawn, que escreveu *My Dinner With Andre*, Alan Jay Lerner (ela amou meu *My Fair Lady*), e Paul McCartney. Ela disse para Fisher, "Agora Paul pode escrever um poema lírico, 'Strawberry Fields Forever'". Ela não estava segura sobre os arranjos. Mas, se ele gostou dos livros, ela conseguiria entusiasmá-lo. Pamela esperava que Vanessa Redgrave ou Maggie Smith representassem Mary Poppins.[4]

No verão de 1983, a Disney informou que não tinha objeções ao musical, e Fischer estava prestes a oferecer a Wally Shawn o trabalho de escrever o roteiro.

Ao mesmo tempo, outra proposta para Poppins chegou da Walt Disney Television, que queria produzir uma série de treze episódios. Pamela segurou; o musical deve vir primeiro. Mas a Disney, como de costume, não desistiu. No início de 1984, a empresa ofereceu 86 mil dólares para os primeiros seis episódios de uma hora para TV. Se a Disney continuasse e produzisse os treze episódios, como planejado, sua parte nos direitos e honorários de consultoria chegaria a 200 mil dólares. Em fevereiro, Ed Self, da Walt Disney Television nos Estados Unidos, ligou para Pamela. Ela concordou e eles comemoraram com um Jack Daniels duplo. No mês seguinte, ele a convidou para colaborar na série televisiva com Max Shulman, o roteirista que escreveu *Rally Round the Flag Boys*, *The Tender Trap*, *House Calls* e a série de TV *Dobie Gillis*.

Nos anos restantes da década de 1980, os instintos comerciais e criativos de Pamela estavam em um grande conflito. As ofertas dos últimos anos foram todas frustradas. O musical de Jules Fischer encalhou. O plano para Shawn escrever o roteiro furou. Fisher propôs um tratamento por Arthur Giron, mas Pamela insistiu em Alan Jay Lerner. Fisher disse que seria um problema sério encontrar um escritor para adaptar Poppins. O material de Pamela era tão brilhante que a maioria dos escritores consagrados desistiu do projeto, duvidando que fosse possível acrescentar o suficiente para valer a pena.[5] Pamela pediu que ele voltasse e tentasse Rice e Lerner mais uma vez. Ambos rejeitaram. Ela nunca abandonou a esperança de fazer o musical, e chegou a incluir em seu testamento o desejo de que o projeto fosse realizado.

No início de maio de 1987, a irmã de Pamela, Moya, morreu em Sidney, na Edina Nursing Home, em Waverley. Embora Pamela tenha feito um acordo para transferir o rendimento de algumas de suas ações para Biddy e Moya, quando Moya fez seu testamento, ela deixou quase todo seu patrimônio para uma amiga, Agnes Williams. A herança de Pamela foi de apenas dez mil dólares australianos. Ela soube do legado pelo advogado de Moya, que descreveu o pequeno grupo de pessoas tristes presentes no Northern Suburbs Crematorium. Ele lhe enviou o dinheiro em setembro e perguntou se ela planejava fazer uma reclamação judicial. Mas, isso estava fora de questão. Nenhum juiz da Suprema Corte de Nova Gales do Sul teria pena de uma milionária de Chelsea.

A morte da irmã reforçou sua determinação em deixar o trabalho de sua vida para uma instituição. No final de 1987, Pamela escreveu novamente para o professor na Suécia. Ela pensou que ele teria um ataque cardíaco ao receber notícias suas novamente depois de todos esses anos. Mas será que ele poderia lhe devolver as cartas para seus arquivos? Ela disse que elas fariam parte dos documentos que estavam sendo catalogados.[6]

Bergsten ficou apreensivo sobre a possibilidade de sua correspondência acabar em um arquivo. Parecia tão suspeito quanto o serviço secreto. No entanto, arriscou.[7] No início de 1988, ele lhe devolveu as cartas que recebeu. Ela as enviou para Bernard Quaritch juntá-las a sua coleção, que foi finalmente vendida em 1989 para a Biblioteca Mitchell, em Sidney, por 20 mil libras. Pamela queria receber um valor bem maior. Ela disse para Bergsten que os documentos tinham sido vendidos para "algum instituto em Nova Gales do Sul".[8]

Embora tenha prometido à jornalista Michele Field, em 1986, que nunca permitiria uma sequência do filme,[9] em 9 de janeiro de 1988 ela concordou com a última proposta da Disney. O estúdio finalmente decidiu levar adiante um segundo filme, *Mary Poppins Comes Back* e, novamente, Pamela receberia 2,5% do lucro bruto. Como adiantamento, seriam 100 mil dólares pelos direitos e mais 25 mil dólares pelo tratamento, a serem compartilhados entre Pamela e seu colaborador, o dramaturgo Brian Sibley.

Por que ela mudou de ideia? Deve ser mais um caso da força do charme de Disney, ou a ilusão de que, mesmo agora, ela precisava de dinheiro. Walt estava morto, mas o vice-presidente da Walt Disney Productions, Martin Kaplan, responsável pela produção, adulou Pamela dizendo que seu esboço era encantador e extremamente promissor.[10]

O enredo girava em torno do colapso eminente do banco do Sr. Banks, um tema perfeito para o ano depois da queda desastrosa do mercado de ações no mundo todo. Assim como os bancos de Queensland nos anos 1890, o banco do Sr. Banks estava em sérias dificuldades, devido a investimentos imprudentes. Uma empresa rival queria assumir, mas o Sr. Banks esperava protelar o acordo. Mais uma vez, a proposta para o filme deu em nada, e a Disney abandonou o projeto que seria muito dispendioso.

Até agora, Jules Fisher tinha gasto pelo menos 200 mil dólares na tentativa de realizar o musical. Cada vez que visitava Shawfield Street, ele tomava inúmeras xícaras de chá e doses de Jack Daniels, enquanto escutava Pamela contar como Walt Disney pessoalmente a "iludiu" sobre o filme. Pelo menos parecia que ele tinha o homem certo para o roteiro, Jules Feiffer, mas Pamela ainda não estava satisfeita. No final de 1988, a colaboradora de Fisher, Graciela Daniele, sugeriu que eles abandonassem o musical por um espetáculo mais convencional, usando uma "nova linguagem de dança e teatro". Seria um "mundo de imagens, uma dança com músicas". Fisher esboçou a sugestão para Pamela, mas confessou que "talvez não sejamos as pessoas certas para este projeto". Ele estava certo. No final, as exigências de Pamela pesaram.[11]

E isso se aplicava a todos. Ela achava que apenas uma pessoa poderia traduzir Poppins para o palco: ela própria. Mas estava errada. Como Jules Fisher disse, suas histórias eram perfeitas para serem lidas para as crianças na hora de dormir. O teatro precisava de drama para fazer as pessoas voltarem depois do intervalo.

Todos os planos fracassados para adaptar seus livros a fizeram voltar para mais uma aventura de Mary. O herói deste pequeno livro era a casa vizinha aos Banks. O número 18 da Alameda das Cerejeiras era uma casa de sonhos, vazia há muitos anos, habitada por fantasias. O Sr. Banks achava que um astrônomo vivia ali, um velho sábio com um telescópio no sótão, dando sentido ao universo. Michael Banks esperava que um palhaço morasse no número 18, enquanto Jane Banks imaginou a Bela Adormecida dentro da casa, com o dedo ainda ensanguentado pela picada do fuso.

Mary Poppins and the House Next Door abre com a volta de uma velha senhora, a antiga governanta do Sr. Banks, Euphemia Andrew, que desta vez traz com ela um menino de ares angelicais dos Mares do Sul, parecido com Jesus. Seu nome significa "Filho do Sol" e ele sorri para todos, cumprimentando-os com "paz e bênçãos". Assim como Mary Poppins, ele é um empregado que atende aos pedidos impertinentes da Sra. Andrew. Ele faz amizade com os filhos dos Banks e nunca reclama de sua sorte, até ouvir uma voz que o chama de volta para o sul do Pacífico. Pode ser sua avó, Keria, que gosta de lançar feitiços de seu forno de barro. Com a ajuda de Mary Poppins ele visita o Homem da Lua, e parte em sua viagem para casa usando as nuvens como degraus, vestindo apenas um sarongue rosa, feito com um lenço de Mary.

Mary Poppins parece uma figura mais sombria do que antes. A ênfase está na reconciliação, nos objetos e nos relacionamentos rompidos e reparados, nas mulheres sábias, e a lua e as estrelas. A terra natal de Luti, uma ilha do Pacífico, era perto da Austrália. Com *Mary Poppins and the House Next Door*, Pamela completou o ciclo, chegando ao seu próprio lar no Hemisfério Sul. Luti era a reencarnação dela mesma, o Pequeno Menino Negro do poema de Blake, nascido no sul selvagem, como Lyndon Goff, que foi chamada a Londres.

Pamela contou para Staffan Bergsten que imaginou que Luti era nascido nas Ilhas Gilbert e Ellice (atual Tuvalu). A inspiração para Luti veio dos livros de Arthur Grimble, o ex-administrador das Ilhas Gilbert e Ellice, uma colônia britânica. As ilhas, uma série de atóis de coral de baixa altitude no nordeste da Austrália, eram dependentes dos vapores da Burns, Philp and Co., para seu abastecimento. Um dos livros de Grimble, *A Pattern of Islands*, publicado em 1952, vendeu surpreendentes 250 mil cópias. Ele ficou nas estantes de Pamela por décadas. Ela lembrou que Grimble explica como os habitantes das ilhas diziam "bênçãos e paz" e contou para Bergsten que inverteu a frase. Assim como os ilhéus de Grimble, Luti pensava que o sol era seu ancestral. Mesmo Keria, a mulher sábia, foi inspirada nas mulheres de *A Pattern of Islands*, que lançavam feitiços em seus fornos de barro. Pamela dedicou o último livro de Mary Poppins a seu único neto, Bruno Henry Travers, nascido em 1985. O adiantamento da Collins foi de 4 mil libras, apenas o suficiente para cobrir o salário que ela pagou às suas ajudantes mas, novamente, os americanos pagaram melhor. Quando o livro foi publicado nos Estados Unidos, a Delacorte Press pagou um adiantamento de 24 mil dólares.

Agora, Pamela explicou a cada correspondente que a artrite em suas mãos doía muito quando ela escrevia ou datilografava. Os pés doíam ainda mais. Ele tentou a reflexologia e os banhos farádicos, e acupressão, mas sempre sem sucesso. Ela andava pela casa e quase não ousava caminhar pela Shawfield Street. Seria artrite reumatoide? Courtenay Mayers garantiu que a dor era apenas uma forma leve de artrite na coluna e nas mãos.

Pamela excluiu o mundo. Nada de jornais (ela gostava do *Guardian*), nada de caminhadas pela Kings Road. Ela se sentava na cadeira perto da janela. Na parede ao seu lado ficava um anjo de madeira. No hall de entrada, o cavalo de balanço sem cavaleiro. Ela o chamava de Mervyn, em homenagem a Mervyn Peake, o autor de *Gormensghast*. Agora, ela só escrevia para a *Parabola*. Uma coleção de artigos da *Parabola* foi publicada como *What the Bee Knows*. Foi seu último livro, publicado em 1989, pela Aquarian Press. Seus antigos fãs, assim como os novos pesquisadores em busca de informações sobre sua vida, se apressavam em ler *What the Bee Knows*, que ela considerou um guia para sua jornada na vida. O problema era que o livro tinha sido escrito para um círculo fechado que estudava o mito e seguia "O Trabalho". Para os leigos, tudo era pouco claro, do título, que vinha de um antigo adágio inglês, "Pergunte à abelha selvagem o que os druidas sabiam", até a abelha na ilustração da capa, que não era uma comum, mas, como ela explicou, uma abelha hieroglífica, que era o símbolo do rei do baixo Egito, no túmulo de Mykerinos, 3633 a.C.

Com esforço sobre-humano, Pamela ainda conseguia chegar à parte superior da casa, até sua máquina de escrever. Os papéis estavam bagunçados, a escrivaninha coberta de poeira, elásticos e papel carbono. Nos dias bons, ela datilografava um pouco. Em junho de 1989, ela escreveu uma carta para Camilllus. O tom era modesto. Se não fosse muito complicado, ela gostaria de lhe explicar como conduzir seu funeral. Pamela gostaria de ser enterrada no cemitério da igreja de St. Luke, em Bovington, perto de Hemel Hempstead, em Hertfordshire, onde ela fez o discurso fúnebre de Rosemary Nott. Depois do funeral de Rosemary, ela tinha comprado uma sepultura. Eles poderiam levá-la para lá no caixão um dia depois da cerimônia funerária na Christ Church, onde ela tinha sido uma paroquiana regular e seus três netos foram batizados.

Ele deveria informar todos os adeptos de Gurdjieff sobre sua morte. As pessoas envolvidas n'O Trabalho tinham o costume de velar o morto por algum tempo. O velório poderia ser em seu quarto, onde ela estaria deitada em sua cama, ou talvez na sala de visitas. Para o funeral, ela gostaria do hino de John Bunyan, "He Who Would Valiant Be". O funeral deveria terminar com "God Be in My Head". Antes de qualquer coisa, ela gostaria que seu funeral fosse alegre. Ela também gostaria de músicas dos anos Gurdjieff, que ela ouviu nos salões de movimento de Londres e Paris. Se alguém quisesse falar, tudo bem, caso contrário alguém poderia recitar "Não tema mais o calor do sol", de *Cimbelino*, de Shakespeare.

O *Times* teria que ser avisado, mas a notícia da morte não deveria revelar nenhuma informação pessoal, apenas "Pamela Lyndon Travers, filha mais velha de Robert e Margaret Goff, já falecidos".

Camillus não deveria revelar sua idade, nem nada. Pamela lembrou a ele o quanto valorizava o anonimato. Quanto mais informações ele liberasse, maior seria o assédio dos repórteres. De qualquer forma, os obituários tendiam a conter muitos disparates.

No início de 1991, Pamela assinou um testamento deixando legados específicos para a Sociedade Gurdjieff, para a filha de Jessmin Howarth, Dushka, para seus netos e para Camillus. Seus curadores teriam que administrar dois fundos para Camillus e Frances. Ela gostaria que sua morte fosse confirmada por Bernard Courtenay Mayers e que o enterro fosse adiado por algum tempo depois de sua morte, para que as pessoas pudessem vir para o velório. Desta vez, ela deixou as sugestões para o funeral com Adam Nott, e não fez nenhum pedido especial para que os obituários fossem modestos e reticentes.

A morte parecia próxima. Na maioria dos dias, Pamela achava que estava doente e nenhum dos antigos remédios ajudavam. Ela consultou um neurologista, dois cirurgiões ortopédicos e um especialista em pés, mas nada a tranquilizava. Da cabeça aos pés, Pamela era um compêndio ambulante de preocupações. Um médico removeu as verrugas de seu rosto e outro lhe assegurou que seus pés não estavam encolhendo.

Em 1992, ela se mudou para uma casa de repouso em Pimlico, mas voltou para Shawfield Street em poucas semanas, onde a única opção foi instalar uma escada rolante. Ela também encomendou cadeiras ortopédicas especiais e uma série de sinos, para chamar as cuidadoras e empregadas. Os sinos poderiam tocar a qualquer hora do dia ou da noite, até mesmo às três da manhã.

Houve uma sucessão de cuidadoras — Maria, Kay, Sheryl e Marli, mas a principal ajuda veio de Patricia Feltman, uma amiga do grupo de Gurdjieff que administrava seus assuntos comerciais e pessoais, e até lidava com seus advogados.

Em 1994, uma repórter do *The New York Times* a fez lembrar de quanto ela esperou por sua cadeira de balanço e por conhecer todas as respostas. Pamela quase gritou, "Mas eu estou sentada em minha cadeira e não acho que conhecerei todas as respostas. Eu sou humana". No ano seguinte, uma jornalista do *Observer*, Nicci Gerrard, encontrou Pamela falando aos solavancos, o corpo enrugado sentado perto da janela, a língua enrolando sobre lábios inchados, as mãos contidas sobre o colo. Ela respondeu, "Não tenho talento para números" às perguntas de Gerrard, "Há quanto tempo você vive aqui?", "Quantos anos você tem?" e "Ouvi dizer que você tem muitos netos, quantos?" E repetia o mantra, "Querida, você está me fazendo as perguntas erradas, não tenho talento para números".

Na verdade, tudo que poderia dizer para Gerrard era que, "Estive em busca de uma ideia durante toda minha vida. Eu sei o que é e algumas vezes chego perto, e é tudo o que tenho a dizer". Será que Gerrard sabia que existe algo mais profundo do que a felicidade? A felicidade é como o clima. Sim, às vezes ela tinha medo da morte. Depois da entrevista, Pamela falou com Gerrard ao telefone. Havia apenas uma coisa que ela gostaria de acrescentar: felicidade não era equivalente à despreocupação. "Eu não tinha dito isso antes, mas eu sofri muito na vida. Só vou compartilhar meu sofrimento com meu travesseiro".[12]

O motivo da entrevista foi um último vislumbre de esperança para a realização do musical *Mary Poppins*. Em 1995, seus agentes deram a opção de direitos para os produtores David Pugh e Cameron Mackintosh. Ainda não havia um roteiro, mas muita esperança; afinal, Mackintosh era um empresário de posses. Desta vez, corria o boato de que Meryl Streep, Emma Thompson ou Fiona Shaw poderiam representar Mary Poppins.

PAMELA PASSOU O ÚLTIMO ANO de sua vida reclusa na Shawfield Street. Algumas vezes, ela escrevia algumas linhas para Camillus ou para os amigos, com sua mão magra e oscilante. Como na última carta de Tia Ellie, as palavras pareciam escapar da folha. No verão de 1995, ela escreveu para o "Querido Camillus", pedindo que viesse vê-la. Ela precisava falar com ele; afinal faria noventa anos em agosto.

Entre todas as pequenas dores, nos dedos, nas articulações, na coluna e no estômago, eram os tornozelos que doíam mais. Courtenay Mayers sugeriu botas de pele de carneiro. Ela ligou para os escritórios da Goodman Derrick. Já era tempo de assinar um novo testamento. Seus três curadores deveriam ser advogados da Goodman Derrick. Os três deveriam administrar uma "curadoria discricionária" da qual Camillus e seus filhos eram os principais beneficiários. A Cherry Tree Foundation seria a outra beneficiária. Pamela deixou 2000 libras para Bernard, 5000 libras para Dushka Howarth, e seus livros e dois quadros de Æ para Camillus. Parte de suas joias de prata foi legada para Patricia Feltham, enquanto outros amigos deveriam receber quantias específicas do rendimento da produção comercial futura de Mary Poppins. Uma das favorecidas foi a neta de Æ, Pamela Jessup. O testamento foi testemunhado em 9 de fevereiro pela empregada de Pamela, Kay Ercolano e uma dinamarquesa da agência de cuidadores, Pernille Boldt.

O testamento era curiosamente semelhante ao de Tia Ellie, nem tão cuidadoso e detalhado, os tesouros de sua vida organizados como colherinhas de café. Nada para Mary Shepard, que agora vivia em uma casa de repouso. Nada para ser enviado à Austrália — já não existia mais ninguém lá para ser lembrado.

Pamela morreu em abril. Para T. S. Eliot, o "mês mais cruel, misturando memória e desejo, remexendo raízes encobertas com a chuva da primavera". No inverno, ela ficou aconchegada, como seus pés doloridos nas botas de pele de carneiro, mas agora, com os primeiros raios da primavera, seu corpo se recusava a continuar. Dois dias antes de sua morte, o amigo Ben Haggaraty a viu em uma espécie de sono profundo. Ele achou que seu rosto parecia profundamente celta.

Camillus chegou a Shawfield Street no dia 22 de abril, um dia antes da morte de Pamela. Ela não conseguia falar. Ele sentou-se ao seu lado e começou a cantar uma canção de ninar, uma das que ela cantava para ele. "Você quer a lua para brincar, e as estrelas para fugir?"

Patricia Feltham preparou o obituário oficial do *Times*. Foi o primeiro tributo publicado na imprensa, acompanhado de dados biográficos do catálogo de documentos de Pamela da Biblioteca Mitchell. Dias depois, outros tributos apareceram: de um ex-editor, Adrian House, no *Guardian*, de Susha Guppi, no *Independent*, de Margalit Fox, no *The New York Times* (que dizia que o pai de Pamela havia sido um plantador de cana). A organização Disney publicou anúncios em revistas que mostravam o Mickey Mouse aos prantos.

O funeral foi realizado no dia 1º de maio, na Christ Church, segundo o desejo de Pamela. Os contadores e advogados, enigmáticos e vestidos de preto, sentaram-se juntos. Em outro bloco, sentaram-se os adeptos de Gurdjieff. Eles já tinham feito suas despedidas, velando o corpo de Pamela, assim como ela tinha velado o corpo de Gurdjieff no American Hospital, em Paris. Nas mãos, todos seguravam o roteiro da cerimônia, cuja capa amarela estampava um retrato de Mary Poppins voando para o céu com o guarda-chuva aberto na mão direita, e na mão esquerda, a mala de viagem preparada para a eternidade.

Tudo aconteceu como ela esperava, começando com o hino de St. Patrick, "I Bind unto Myself Today". Camillus falou. Ele escolheu as palavras de Salomão, nos Apócrifos, que se referem ao deus cósmico Aeon. A leitura começou com "Mas a alma dos justos está nas mãos de Deus, e nenhum sofrimento irá tocá-las". E terminou com as palavras que evocaram uma luz dourada e difusa, como os horizontes em chamas de um quadro de Turner:

Tendo sido um pouco disciplinados
eles receberão um bem maior
porque Deus os pôs à prova e
descobriu que eram dignos de Si
como ouro na fornalha Ele os testou
e como uma oferenda sacrificial
Ele os aceitou
no tempo de sua visita
eles brilharão
e se espalharão como centelhas na palha

A congregação cantou o Salmo 23. Depois, Patricia Feltham leu um trecho de Cimbelino:

Não tema mais o calor do sol
nem a ira de invernos furiosos
a tua tarefa mundana está feita
a arte se foi e só ficastes com a recompensa
meninos e meninas dourados devem
como varredores de chaminés tornar-se pó.

Pamela tinha pedido que Ben Haggarty fizesse o elogio fúnebre. Haggarty era contador de histórias e ex-ator, tinha lido seu primeiro artigo na *Parabola*, "The World of the Hero", e sentiu que sua vida se transformou. Este era o seu desejo: que um daqueles jovens que sempre fez as melhores perguntas lesse as últimas palavras para ela.

O coro cantou "God Be in My Head" à capela. A congregação se levantou e cantou "He Who Would Valiant Be", e, quando o caixão deixava a igreja, o grupo de Gurdjieff de Pamela cantou espontaneamente "Lord of the Dance". Ela, a dançarina, amava aquela canção. Seu corpo foi cremado e as cinzas depositadas no jardim do pátio da igreja de St. Mary the Virgin, com vista para o Tâmisa, em Twickenham. Pamela disse que gostaria de ficar perto sua única família, na sepultura esquecida em Bovington. Para marcar o local do descanso final de Pamela, atriz, escritora e poetisa, havia apenas uma placa onde se lia "Pamela Travers". Sem datas ou detalhes. Os restos mortais do poeta Alexander Pope estão enterrados dentro da igreja.

Em setembro, sua herança foi legitimada em pouco mais de dois milhões de libras. Camillus, agora divorciado, foi viver em Shawfield Street.

Cameron Mackintosh teve problemas com a Disney, como era de se esperar. Ele queria que a versão de *Mary Poppins* para os palcos fosse completamente diferente dos livros e do cinema, mas achava essencial manter as canções mais conhecidas das partituras dos irmãos Sherman. A Disney não permitiu o uso das canções. Foi um novo impasse.

UMA VEZ, PAMELA DISSE QUE se algum dia seus amigos realizassem uma cerimônia em sua homenagem, ela gostaria que fossem lidas algumas linhas do poema "Night", de Blake, de sua série de poemas chamada *Songs of Innocence*, que assim começa:

> O sol caindo no oeste
> A estrela da noite brilha.
> Os pássaros estão silentes no ninho,
> E eu preciso procurar o que é meu,
> A lua como uma flor,
> No alto do céu reside,
> Em silencioso prazer
> Jaz e sorri na noite.

As palavras a levaram de volta para o céu na noite de Allora, ao momento em que tudo se aquietava, ao pôr-do-sol, a lembrança da grama espetando seus ombros nus, as luzes brilhantes da casa, a mãe chamando por ela, "Lyndon, Lyndon...".

Quando pensava em quem realmente era, não a dra. P. L. Travers, mas Helen Lyndon Goff, uma mulher australiana que empreendeu uma viagem tortuosa de quase cem anos, ela reconheceu a verdade das palavras que sempre citava do poeta americano Theodore Roethke: "Você aprende indo aonde tem que ir". Como ela dizia, "Você não pode aprender antes de se colocar a caminho, pode? Você segue pela estrada e aprende com o caminho".[13] Ouspensky tinha lhe dito que a busca espiritual se justificava por si mesma. Ele citou T. S. Eliot: "Chegar ao fim é chegar ao começo". Foi isso que se revelou para Pamela.

Ela passou a vida em busca do Sr. Banks. Nunca o encontrou. Todos "senhores Banks" que surgiram no caminho, de Lawrence Campbell a Allan Wilkie, Frank Morton, Yeats, Orage, Æ, Ouspensky, Gurdjieff e Krishnamurti, ajudaram Helen Lyndon Goff a se transformar em Pamela

Travers. Mas, no final, ela encontrou sua própria identidade, mesmo que disfarçada, através de uma longa busca solitária. Ela foi como sempre soube que seria, a heroína de uma história — a sua própria.

Notas

1. "The Pooh Poppins Connection", *Hampstead and Highgate Express*, 21 de maio de 1982.
2. Carta para o editor americano Harcourt Brace Jovanovich, 21 de fevereiro de 1981.
3. Carta para Barbara Lucas em Harcourt Brace Jovanovich, 25 de fevereiro de 1981.
4. Carta para Jules Fisher, 17 de agosto de 1982.
5. Carta de Jules Fisher, 27 de abril de 1984.
6. Carta para Staffan Bergsten, 9 de dezembro de 1987.
7. Carta de Staffan Bergsten, 21 de dezembro de 1987.
8. Carta para Staffan Bergsten, maio de 1989.
9. Artigos para o *Good Weekend*, 25 de janeiro de 1986, e para o *Publishers Weekly*, 21 de março de 1986.
10. Carta de Martin Kaplan, 8 de março de 1988.
11. Entrevista com Jules Fisher em setembro de 1998, e carta de Jules Fisher de 28 de dezembro de 1988. Graciela Daniele passou a coreografar os filmes de Woody Allen, *Poderosa Afrodite* e *Todos Dizem Eu Te Amo*.
12. Entrevista no *The Observer*, março de 1995.
13. Jonathan Cott, *Pipers at the Gates of Dawn: The Wisdom of Children's Literature* (Nova York: Random House, 1983).

BIBLIOGRAFIA

Ackroyd, Peter. *T. S. Eliot*. Londres: Hamish Hamilton, 1984.

Anderson, Margaret C. *The Unknowable Gurdjieff*. Londres: Routledge & Keegan Paul, 1962.

Bennett, J. G.; Bennett E. *Idiots in Paris: The Diaries of J. G. Bennett and Elizabeth Bennett*, 1949. York Beach, ME: Samuel Weiser Inc., 1991.

Bennett, J. G. *Witness: The Story of a Search*. Londres: Hodder & Stoughton, 1962.

Bergsten, Staffan. *Mary Poppins and Myth*. Estocolmo: Almqvist and Wiksell International, 1978.

Bettelheim, Bruno. *The Uses of Enchantment: The Meaning and Importance of Fairy Tales*. Londres: Thames & Hudson, 1976.

Blake, William. *The Complete Poems*. Londres: Penguin, 1977.

Butler, Hubert. *Independent Spirit: Essays*. Nova York: Farrar, Straus & Giroux, 1996.

Cooper, J. C., ed. *Brewer's Book of Myth and Legend*. Londres: Cassell, 1992.

Demers, Patricia. *P. L. Travers*. Boston: Twayne Publishers, 1991.

Dhu, Corbie [Bert Munro Sims], ed. *Allora's Past: The Early History of the Allora District, Darling Downs, Queensland. Incorporating Forgotten Tales*. Queensland, Austrália: Allora Bicentennial Committee, 1987.

Eldridge, John. *Growing Up in Wartime Mayfield, 1939–45*. Books for Dillons Only, 1997.

Eliot, T. S. *The Waste Land and Other Poems*. Londres: Faber and Faber, 1940.

Eliot, Marc. *Walt Disney: Hollywood's Dark Prince*. Secaucus, NJ: Carol, 1993.

Ellmann, Richard. *Yeats: The Man and the Masks*. Nova York: W.W. Norton, 1979.

Foster, R. F. W. B. *Yeats: A Life*. Oxford: Oxford University Press, 1997.

Fuchs, John. *Forty Years After Gurdjieff: a guide to practical work*. Denver, CO: Gurdjieff Group of Denver, 1994.

Grant, Michael; Haze J. *Who's Who in Classical Mythology*. Londres: Weidenfeld & Nicolson, 1973.

Green, Martin. *Children of the Sun: A Narrative of Decadence in England After 1918*. Londres: Constable, 1977.

Grimble, Sir Arthur. *A Pattern of Islands*. Londres: John Murray, 1952.

BIBLIOGRAFIA

Guppy, Shusha. *Looking Back: a panoramic view of a literary age by the grandes dames of european letters*. Nova York: Simon & Schuster, 1993.

Hürlimann, Bettina. *Seven Houses: my life with books*. Trad. Anthea Bell. Londres: The Bodley Head, 1976.

Igoe, Vivien. *A Literary Guide to Dublin: Literary Associations and Anecdotes*. Londres: Methuen, 1994.

Jackson, Carlton. *Who Will Take Our Children? The Story of the Evacuation in Britain 1939-1945*. Londres: Methuen, 1985.

Jayakar, Pupul. *Krishnamurti: A Biography*. São Francisco: Harper & Row, 1986.

Lane, Margaret. *The Tale of Beatrix Potter: A Biography*. Londres: Warne, 1946.

Lucas, Robert. *Frieda von Richthofen: Ihe Leben mit D. H. Lawrence*. Munique: Kindler Verlag, 1972.

Maddox, Brenda. *The Married Man: A Life of D. H. Lawrence*. Londres: Sinclair-Stevenson, 1994.

Maltin, Leonard. *The Disney Films*. Nova York: Crown, 1973.

Maryborough, Wide Bay e Burnett Historical Society. *A History of Maryborough, 1842-1976*. Queensland, Austrália, 1976.

Moore, Harry T. *The Priest of Love: A Life of D. H. Lawrence*. Londres: William Heinemann, 1974.

Moore, James. *Gurdjieff: The Anatomy of a Myth*. Shaftesbury, Reino Unido: Element, 1991.

Page, Susanne, e Jake Page. *Navajo*. Nova York: Harry N. Abrams, 1995.

Patterson, William Patrick. *The Ladies of the Rope: Gurdjieff's Special Left Bank Women's Group*. Fairfax, CA: Arete Communications, 1999.

Peters, Fritz. *Gurdjieff Remembered*. Londres: Victor Gollanz, 1965.

Rudnick, Lois Palken. *Mabel Dodge Luhan: New Woman, New Worlds*. Albuquerque: University of New Mexico Press, 1984.

Rutledge, Helen. *My Grandfather's House*. Sidney: Doubleday, 1986.

Schickel, Richard. *Walt Disney*. Londres: Weidenfeld & Nicolson, 1968.

Sloss, Radha Rajagopal. *Lives in the Shadow with J. Krishnamurti*. Londres: Bloomsbury, 1991.

Storr, Anthony. *Feet of Clay: A Study of Gurus*. Londres: HarperCollins, 1996.

Summerfield, Henry. *That Myriad Minded Man: A Biography of George Russell "Æ," 1867-1935*. Gerrards Cross, Reino Unido: Collins Smythe, 1975.

Thompson, David. *England in the Twentieth Century, 1914-63*. Baltimore: Penguin Books, 1965.

Travers, P. L., *"Gurdjieff" in Man, Myth and Magic: An Illustrated Encyclopedia of the Supernatural*. Richard Cavendish (ed.), Londres: Purnell for BPC, 1970-1972.

Warner, Marina. *From the Beast to the Blonde: On Fairy Tales and Their Tellers*. Londres: Chatto & Windus, 1994.

Washington, Peter. *Madame Blavatsky's Baboon: Theosophy and the Emergence of the Western Guru*. Londres: Secker & Warburg, 1993.

Watts, Steven. *The Magic Kingdom: Walt Disney and the American Way of Life*. Boston: Houghton Mifflin, 1997.

Windeler, Robert. *Julie Andrews: A Biography*. Londres: W. H. Allen, 1982.

Wullschlager, Jackie. *Inventing Wonderland: The Lives and Fantasies of Lewis Carroll, Edward Lear, J. M. Barrie, Kenneth Grahame, and A. A. Milne*. Londres: Methuen, 1995.

Yeats, W. B. *The Poems*. Londres: Dent, 1990.

LIVROS PUBLICADOS POR P. L. TRAVERS

Moscow Excursion. Nova York: Reynal & Hitchcock, 1934.

Mary Poppins. Londres: Gerald Howe, 1934.

Mary Poppins Comes Back. Londres: L. Dickson & Thompson, 1935.

I Go by Sea, I Go by Land. Londres: Peter Davies, 1941.

Aunt Sass. Nova York: Reynal & Hitchcock, 1941.

Ah Wong. Nova York: Reynal & Hitchcock, 1943.

Johnny Delaney. Nova York: Reynal & Hitchcock, 1944.

Mary Poppins Opens the Door. Londres: Peter Davies, 1944.

Mary Poppins in the Park. Londres: Peter Davies, 1952.

Mary Poppins from A to Z. Londres: Collins, 1963.

The Fox at the Manger. Londres: Collins, 1963.

Friend Monkey, Londres: Collins, 1972.

About the Sleeping Beauty. Londres: Collins, 1975.

Mary Poppins in the Kitchen: a cookery book with a story. Nova York e Londres: Harcourt Brace Jovanovich, 1975.

Two Pairs of Shoes. Nova York: Viking Press, 1980.

Mary Poppins in Cherry Tree Lane. Londres: Collins, 1982.

Mary Poppins and the House Next Door. Nova York: Delacorte Press, 1989.

What the Bee Knows: reflections on myth and symbol. Wellingborough, Reino Unido: Aquarian Press, 1989.

AGRADECIMENTOS

Muitas pessoas me ajudaram e apoiaram na pesquisa e produção deste livro, mas agradeço especialmente ao filho de P. L. Travers, Camillus Travers, por permitir o acesso ao estúdio de sua falecida mãe, por sua generosidade durante esse tempo, e pela disposição de compartilhar as lembranças de sua mãe e de sua própria vida.

Três mulheres foram importantes na década necessária para que a ideia do livro se tornasse realidade. Michele Field, que entrevistou Travers em meados dos anos 1980, sugeriu a biografia em 1990. Cinco anos depois, Alison Pressley me entusiasmou mais uma vez, e durante o longo processo de publicação, foi uma aliada e amiga maravilhosa. E, entre todos os altos e baixos, Lyn Tranter me fez sorrir e seguir em frente. Aos bibliotecários da Biblioteca Mitchell, em Nova Gales do Sul, meus profundos agradecimentos, particularmente a Louise Anemaat, que catalogou os documentos de Travers, a Paul Brunton, responsável pelos manuscritos, e a Rosemary Block, curadora de história oral.

Em Wellington, Nova Zelândia, Rachel Lawson e Nicholas Lawson pesquisaram no *Christchursh Sun*. Suas descobertas enriqueceram muito o trabalho realizado por F. W. Nielsen Wright, sobre o jornalismo de Travers na Nova Zelândia.

No Reino Unido e nos Estados Unidos, meus agradecimentos à agente de Mary Shepard, Katly Jakeman, por sua generosidade e gentileza; à Ann Orage, pelo trabalho detalhado nos diários de Jessie Orage; à neta de George William Russell (Æ), Pamela Jessup; ao irmão de Camillus Travers,

AGRADECIMENTOS

Joseph Hone, sua irmã, Sheila Martin e sua tia, Sally Cooke Smith, pelas lembranças interessantes sobre a família Hone.

A Doris Vockin (atualmente, Doris Bruce), Lucy Firrell e Andew Firrell, em Mayfield, Sussex, agradeço pelas tardes ao sol em Pound Cottage e sua ajuda generosa.

Agradeço também a Ellen Dooling Draper, Penelope Fitzgerald, Jules Fisher, Robert Gray, Dushka Howarth, Minette Hunt, Joy McEntee, Sir Cameron Mackintosh, Maureen J. Russell, Michael Theis, Frances White, à Maryborough Historical Society, à Allora Historical Society, à Jane Knowles do Radcliffe College, aos arquivistas do Smith College, do Scripps College e do Chatham College, aos bibliotecários da Biblioteca Nacional de Dublin, da Biblioteca Britânica e U.S. National Archives, da Biblioteca Nacional dos EUA, ao departamento de Parques e Recreação de Nova York, ao escritório de relações públicas da Biblioteca do Congresso Americano e à equipe da revista *Parabola*, de Nova York.

Agradeço também a Faber and Faber e aos curadores da herança de Eliot, por permitirem a reprodução de uma citação de "Little Gidding", de T. S. Eliot.

Agradeço a Victor, Lucy e Annie Carroll por me acompanharem na "caçada à Pamela", através dos Estados Unidos, Irlanda e Reino Unido, e por tornar as viagens de trabalho mais agradáveis.